JN366808

대전광역시교육청

교육공무직원 소양평가

시대에듀

2026 최신판 시대에듀 대전광역시교육청 교육공무직원 소양평가 인성검사 3회 + 모의고사 7회 + 면접 + 무료공무직특강

Always **with you**

사람의 인연은 길에서 우연하게 만나거나 함께 살아가는 것만을 의미하지는 않습니다.
책을 펴내는 출판사와 그 책을 읽는 독자의 만남도 소중한 인연입니다.
시대에듀는 항상 독자의 마음을 헤아리기 위해 노력하고 있습니다. 늘 독자와 함께하겠습니다.

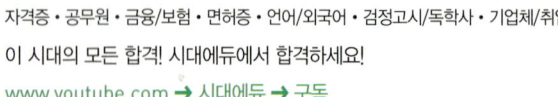

PREFACE

머리말

대전광역시교육청은 교육공무직원을 채용하기 위해 소양평가를 실시하여 지원자가 업무에 필요한 역량을 갖추고 있는지 평가한다.

채용절차는 「응시원서 접수 ➡ 1차 시험(인성검사 및 직무능력검사) ➡ 2차 시험(면접심사) ➡ 합격자 결정」 순서로 진행하며, 직종별로 1차 시험 방법이 상이하므로 반드시 확정된 채용공고를 확인해야 한다. 또한, 1차 시험 합격자에 한해 2차 시험 응시 기회가 주어지므로, 1차 시험에서 고득점을 하기 위한 타 수험생과의 차별화된 전략이 필요하다.

이에 시대에듀에서는 대전광역시교육청 교육공무직원 소양평가를 준비하는 수험생들을 위해 다음과 같은 특징의 본서를 출간하게 되었다.

도서의 특징

❶ 대전광역시교육청 기관 소개

- 대전광역시교육청 소개를 수록하여 대전광역시교육청 교육목표 및 교육공무직원 업무에 대한 전반적인 이해가 가능하도록 하였다.

❷ 5개년 기출복원문제

- 2025~2021년 시행된 대전광역시교육청 5개년 기출복원문제를 통해 최근 출제경향을 파악할 수 있도록 하였다.

❸ 인성검사 소개 및 모의테스트

- 인성검사 소개 및 모의테스트 2회분을 통해 인성검사 문항을 사전에 익히고 체계적으로 연습할 수 있도록 하였다.

❹ 직무능력검사 핵심이론 및 기출예상문제

- 대전광역시교육청 교육공무직원 직무능력검사 3개 영역별 핵심이론 및 기출예상문제를 수록하여 소양평가에 완벽히 대비하도록 하였다.

❺ 최종점검 모의고사

- 실제 시험과 같은 문항 수와 출제영역으로 구성된 모의고사 4회분을 수록하여 시험 전 자신의 실력을 스스로 점검할 수 있도록 하였다.

❻ 면접 소개 및 예상 면접질문

- 면접 소개 및 예상 면접질문을 통해 한 권으로 대전광역시교육청 교육공무직원 채용을 준비할 수 있도록 하였다.

끝으로 본서를 통해 대전광역시교육청 교육공무직원 채용을 준비하는 모든 수험생에게 합격의 행운이 따르기를 진심으로 기원한다.

SDC(Sidae Data Center) 씀

대전광역시교육청 소개

교육비전

행복한 학교 **미래를 여는** 대전교육

교육지표

바른 인성과 **창의성**을 갖춘 **세계시민** 육성

정책방향

창의융합교육	**미래를 선도하는 창의융합교육** 미래를 선도할 바른 인성과 창의성을 갖춘 인재를 육성하기 위해 창의융합교육을 추진하고 지속가능한 미래교육환경을 조성한다.
혁신교육	**배움과 성장이 있는 혁신교육** 미래역량을 키우는 맞춤형 교육과정을 운영하고, 자기주도적 미래설계를 위한 진로 · 직업교육을 강화하여 배움과 성장이 중심이 되는 혁신교육을 추진한다.
책임교육	**교육기회를 보장하는 책임교육** 모든 학생들에게 고른 배움의 기회를 보장하고 학습자 특성을 배려하는 맞춤교육으로 책임교육을 구현한다.
안전 · 건강	**안전하고 건강한 교육환경** 배려와 존중의 학교문화를 바탕으로 안전하고 건강한 교육환경 시스템을 강화하여 몸과 마음이 건강한 배움터를 만든다.
소통 · 협력	**소통하고 협력하는 교육행정** 교육공동체의 참여와 소통으로 만들어 가는 교육정책과 학교현장 중심의 행정지원으로 소통하고 협력하는 교육행정을 펼친다.

중점 추진과제

꿈과 끼를 디자인하는 **진로 · 진학 · 직업 교육**

모두가 성장하는 **다양성 교육**

모두의 실력을 키우는 **맞춤형 교육**

미래역량을 키우는 **디지털 교육**

심벌마크

대전광역시교육청 심벌마크는 펼친 책을 형상화하여 미래지향적으로 발전해 나가는 '열린 대전교육'을 의미하고, 바탕의 원은 화합과 일치를 상징적으로 나타낸다.
또한 양쪽의 책면은 대전광역시교육청과 산하기관의 유기적인 상호협조관계의 결실을 표현한다.

교육공무직원 소개

교육공무직원의 8가지 의무

1. 교육공무직원은 맡은 바 직무를 성실히 수행하여야 하며, 직무를 수행함에 있어 사용부서의 장의 직무상의 명령을 이행하여야 한다.

2. 교육공무직원이 근무지를 이탈할 경우에는 사용부서의 장에게 허가를 받아야 한다. 다만, 불가피한 사유로 사전허가를 받을 수 없는 경우에는 구두 또는 유선으로 허가를 받아야 한다.

3. 교육공무직원은 근무기간 중은 물론, 근로관계가 종료된 후에도 직무상 알게 된 사항을 타인에게 누설하거나 부당한 목적을 위하여 사용하여서는 아니 된다. 다만, 공공기관의 정보공개에 관한 법률 및 그 밖의 법령에 따라 공개하는 경우는 그러하지 아니하다.

4. 교육공무직원은 직무의 내 · 외를 불문하고 그 품위를 손상하는 행위를 하여서는 아니 된다.

5. 교육공무직원은 공과 사를 명백히 분별하고 국민의 권리를 존중하며, 친절 · 공정하고 신속 · 정확하게 모든 업무를 처리하여야 한다.

6. 교육공무직원은 직무와 관련하여 직접 또는 간접을 불문하고 사례를 주거나 받을 수 없다.

7. 교육공무직원은 다른 직무를 겸직할 수 없다. 다만, 부득이한 경우에는 사용부서의 장에게 신청하고 사전 허가를 받아야 한다.

8. 사용부서의 장은 업무에 지장을 주거나 교육기관 특성상 부적절한 영향을 초래할 우려가 있는 경우 겸직을 허가하지 아니하거나 겸직 허가를 취소할 수 있다.

교육공무직원의 업무

구분	내용
교무행정 늘봄실무원	• 늘봄학교(방과후학교 포함) 운영 관련 행정 업무 • 늘봄학교 관련 계약 전반 업무(회계관리, 만족도 조사 등) • 저소득층 자유수강권 관리 업무 • 병설유치원 늘봄 행정 업무 • 교무행정 업무 및 기타 기관(학교)장이 지정하는 업무
교육복지사	• 교육복지우선지원사업 중점학교 운영 및 지원 업무 • 교육취약계층 학생을 지원하기 위해 필요한 업무 • 교육 · 문화 · 복지 등 지역사회 기관 연계 · 협력 업무 • 기타 기관(학교)장이 지정하는 업무
돌봄전담사	• 학생 및 돌봄교실 관리 업무 • 초등 돌봄교실(방과후학교 연계형 돌봄교실 포함) 운영 계획 수립 및 학교 운영위원회 심의 • 특기 적성 프로그램 관리 • 급 · 간식 제공 및 관리 업무 • 돌봄전담사 대체인력풀 운영 • 돌봄교실 관련 예산 관리 업무, NEIS 업무 • 기타 초등 돌봄교실 관련 업무 및 학교장이 지정하는 업무
특수교육실무원	• 특수교육대상자의 교수학습 활동, 방과후활동, 신변처리, 급식, 교내외 활동, 등 · 하교 등 교육 및 학교 활동에 대한 전반적인 지원 • 기타 학교장이 지정하는 업무
전문상담사	• 117 학교폭력 사안 접수 및 초기 상담 • 학교폭력 사안에 대한 조사 및 통보
기숙사생활지도원(남/여)	• 기숙사 순회 및 학생 인원 파악 • 기숙사 생활지도, 안전지도 및 환자보호 조치 • 기타 학교장이 지정하는 업무

교육행정서비스헌장

교육행정서비스헌장이란?

교육행정기관이 제공하는 ❶ 행정서비스의 기준과 내용, ❷ 제공방법 및 절차, ❸ 잘못된 서비스에 대한 시정 및 보상조치 등을 구체적으로 정하여 공표하고, 이의 실현을 민원인인 국민에게 약속하는 제도

도입 배경

❶ 행정환경의 변화에 따라 행정서비스도 행정기관 편의 위주에서 고객 편의 위주로 일대 쇄신의 필요성 제기

❷ 교육청 추진상황 행정기관 서비스의 고객 기대 충족 목적

❸ 정부 개혁의 성공적 추진을 뒷받침하기 위한 개혁 전략의 차원

도입 목적

❶ 수요자의 필요와 요구에 적극적으로 대응하고 공공서비스를 효율적으로 제공

❷ 공무원의 책무성 제고와 임무를 명확히 함으로써, 공공기관이 제공하는 서비스의 수준을 한층 높여 '수요자 만족'을 실현

대전광역시교육청 교육행정서비스헌장

우리 대전광역시교육청 모든 직원은 "행복한 학교 미래를 여는 대전교육" 실현을 위해 고객이 만족하는 최고의 행정서비스를 제공하여 고객들로부터 사랑받고 신뢰받는 교육청이 될 수 있도록 다음과 같이 실천할 것이다.

우리는 항상 밝은 미소와 상냥한 말씨로 정중하게 고객을 맞이한다.

우리는 모든 민원을 고객의 입장에서 생각하고 신속 · 공정 · 친절 · 적법하게 처리한다.

우리는 고객의 다양한 의견을 수렴하고 교육정책에 적극 반영하여 수요자 중심의 교육행정서비스를 제공한다.

우리는 교육행정서비스를 제공하는 과정에서 행정착오나 과실로 인하여 민원을 부당하게 처리하였을 경우, 즉시 바로잡고 이에 대해 적정한 보상을 한다.

우리는 교육행정서비스 실천에 대하여 고객으로부터 매년 평가를 받고 그 결과를 공표한다.

이러한 목표를 달성하기 위하여 대전광역시 교육행정서비스헌장 공통 이행 기준과 부서별 이행 기준을 정하고 이를 성실히 지킬 것을 약속한다.

2025년 기출분석

총평

2025년 대전광역시교육청 교육공무직원 채용은 1차 인성검사 및 직무능력검사와 2차 면접심사로 진행되었다. 직무능력검사는 예년과 동일하게 언어논리력, 수리력, 문제해결능력으로 구성되었고, 영역별로 문제 순서가 섞여서 출제되었다. 언어논리력의 경우 지문이 길었기 때문에 시간 관리가 필수였다. 수리력은 단순 계산 문제가 많아서 비교적 수월하게 풀 수 있었지만, 문제해결력은 사고력을 묻는 문제 위주로 출제되었기 때문에 주어진 조건과 지문을 해석하는 데 시간이 부족할 수 있었다. 따라서 평소 문제해결력 유형을 많이 접해보고 익숙해지는 게 중요하다.

필기시험

구분	출제영역	문항 수	시간
인성검사	–	200문항	40분
직무능력검사	언어논리력, 수리력, 문제해결력	45문항	45분

출제유형

구분	출제유형
언어논리력	• 말과 관련 없는 한자성어 찾기 기출 키워드 언중유골 · 촌철살인 · 어부지리 • 지문의 주장에 대한 반박을 고르는 문제 기출 키워드 SNS · 독서 · 종이책 · 전자책 • 뜻이 다른 단어를 찾는 문제 기출 키워드 되다 • 바꿔 쓸 수 있는 단어를 찾는 문제 기출 키워드 또래–선배 · 후배 · 동급생 · 청소년 • 같은 의미로 쓰인 단어를 찾는 문제 기출 키워드 무대, 입을 열다 • 국어 음운 규칙(비음화, 유음화, 경음화)을 묻는 문제 기출 키워드 대관령 · 만리포 · 선릉 · 독도
수리력	• 확률 문제 기출 키워드 구슬 • 시간 문제 기출 키워드 수업시간 • 승률 문제 기출 키워드 야구 • 원가 문제 기출 키워드 20% 할인 시 이익 165만 원 • 수열 문제
문제해결력	• 주어진 조건을 토대로 순서를 찾는 문제 기출 키워드 달리기 • 빈칸에 들어갈 명제를 추론하는 문제 • 주어진 조건을 토대로 원탁에 배치될 사람을 찾는 문제

도서 200% 활용하기

5개년 기출복원문제

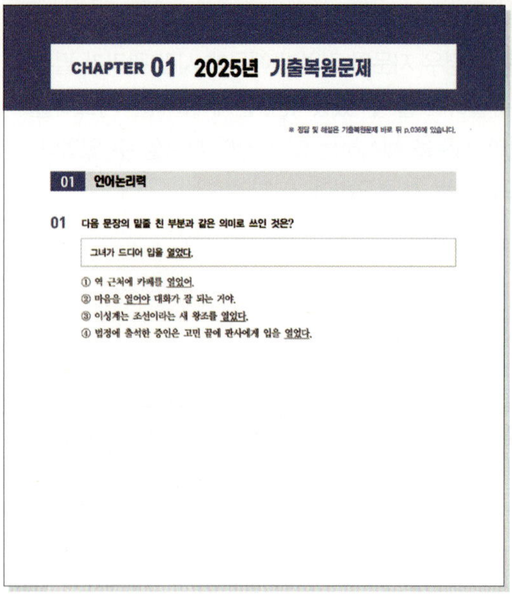

CHAPTER 01 2025년 기출복원문제

※ 정답 및 해설은 기출복원문제 바로 뒤 p.036에 있습니다.

01 언어논리력

01 다음 문장의 밑줄 친 부분과 같은 의미로 쓰인 것은?

그녀가 드디어 입을 열었다.

① 역 근처에 카페를 열었어.
② 마음을 열어야 대화가 잘 되는 거야.
③ 이성계는 조선이라는 새 왕조를 열었다.
④ 법정에 출석한 증인은 고민 끝에 판사에게 입을 열었다.

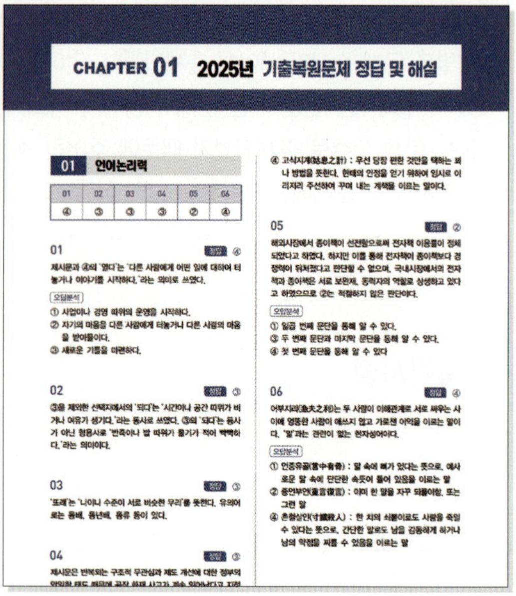

CHAPTER 01 2025년 기출복원문제 정답 및 해설

01 언어논리력

01	02	03	04	05	06
④	③	③	③	②	④

01 정답 ④

제시문과 ④의 '열다'는 '다른 사람에게 어떤 일에 대하여 터놓거나 이야기를 시작하다.'라는 의미로 쓰였다.

오답분석

① 사업이나 경영 따위의 운영을 시작하다.
② 자기의 마음을 다른 사람에게 터놓거나 다른 사람의 마음을 받아들이다.
③ 새로운 기틀을 마련하다.

02 정답 ③

③을 제외한 선택지에서의 '되다'는 '시간이나 공간 따위가 비거나 여유가 생기다.'라는 동사로 쓰였다. ③의 '되다'는 동사가 아닌 형용사로 '반죽이나 밥 따위가 물기가 적어 빡빡하다.'라는 의미이다.

03 정답 ③

'또래'는 '나이나 수준이 서로 비슷한 무리'를 뜻한다. 유의어로는 동배, 동년배, 동류 등이 있다.

04 정답 ③

제시문은 반복되는 구조적 무관심과 제도 개선에 대한 정부의

④ 고식지계(姑息之計) : 우선 당장 편한 것만을 택하는 꾀나 방법을 뜻한다. 한때의 안정을 얻기 위하여 임시로 이리저리 주선하여 꾸며 내는 계책을 이르는 말이다.

05 정답 ②

해외시장에서 종이책이 선전함으로써 전자책 이용률이 정체되었다고 하였다. 하지만 이를 통해 전자책이 종이책보다 경쟁력이 뒤처졌다고 판단할 수 없으며, 국내시장에서의 전자책과 종이책은 서로 보완재, 동력자의 역할로 상생하고 있다고 하였으므로 ②는 적절하지 않은 판단이다.

오답분석

① 일곱 번째 문단을 통해 알 수 있다.
③ 두 번째 문단과 마지막 문단을 통해 알 수 있다.
④ 첫 번째 문단을 통해 알 수 있다

06 정답 ④

어부지리(漁夫之利)는 두 사람이 이해관계로 서로 싸우는 사이에 엉뚱한 사람이 애쓰지 않고 가로챈 이익을 이르는 말이다. '말'과는 관련이 없는 한자성어이다.

오답분석

① 언중유골(言中有骨) : 말 속에 뼈가 있다는 뜻으로, 예사로운 말 속에 단단한 속뜻이 들어 있음을 이르는 말
② 중언부언(重言復言) : 이미 한 말을 자꾸 되풀이함. 또는 그런 말
④ 촌철살인(寸鐵殺人) : 한 치의 쇠붙이로도 사람을 죽일 수 있다는 뜻으로, 간단한 말로도 남을 감동하게 하거나 남의 약점을 찌를 수 있음을 이르는 말

2025～2021년 시행된 대전광역시교육청 기출복원문제를 수록하여 최근 출제경향을 파악할 수 있도록 하였다.

인성검사 + 면접

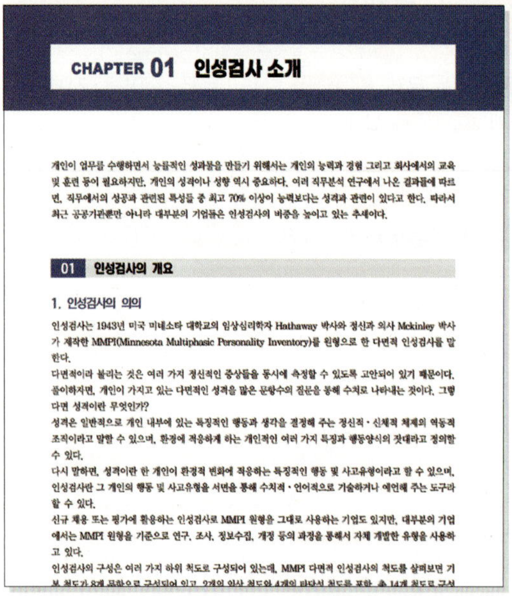

CHAPTER 01 인성검사 소개

개인이 업무를 수행하면서 능률적인 성과물을 만들기 위해서는 개인의 능력과 경험 그리고 회사에서의 교육 및 훈련 등이 필요하지만, 개인의 성격이나 성향 역시 중요하다. 여러 직무분석 연구에서 나온 결과들에 따르면, 직무에서의 성공과 관련된 특성들 중 최고 70% 이상이 능력보다는 성격과 관련이 있다고 한다. 따라서 최근 공공기관뿐만 아니라 대부분의 기업들은 인성검사의 비중을 높이고 있는 추세이다.

01 인성검사의 개요

1. 인성검사의 의의

인성검사는 1943년 미국 미네소타 대학교의 임상심리학자 Hathaway 박사와 정신과 의사 Mckinley 박사가 제작한 MMPI(Minnesota Multiphasic Personality Inventory)를 원형으로 한 다면적 인성검사를 말한다.

다면적이라 불리는 것은 여러 가지 정신적인 증상들을 동시에 측정할 수 있도록 고안되어 있기 때문이다. 풀이하자면, 개인이 가지고 있는 다면적인 성격을 많은 문항수의 질문을 통해 수치로 나타내는 것이다. 그렇다면 성격이란 무엇인가?

성격은 일반적으로 개인 내부에 있는 특징적인 행동과 생각을 결정해 주는 정신적·신체적 체제의 역동적 조직이라고 말할 수 있으며, 환경에 적응하게 하는 개인적인 여러 가지 특징과 행동양식의 잣대라고 정의할 수 있다.

다시 말하면, 성격이란 한 개인이 환경적 변화에 적응하는 특징적인 행동 및 사고유형이라고 할 수 있으며, 인성검사란 그 개인의 행동 및 사고유형을 서면을 통해 수치적·언어적으로 기술하거나 예언해 주는 도구라 할 수 있다.

신규 채용 또는 평가에 활용하는 인성검사로 MMPI 원형을 그대로 사용하는 기업도 있지만, 대부분의 기업에서는 MMPI 원형을 기준으로 연구, 조사, 정보수집, 개정 등의 과정을 통해서 자체 개발한 유형을 사용하고 있다.

인성검사의 구성은 여러 가지 하위 척도로 구성되어 있는데, MMPI 다면적 인성검사의 척도를 살펴보면 기

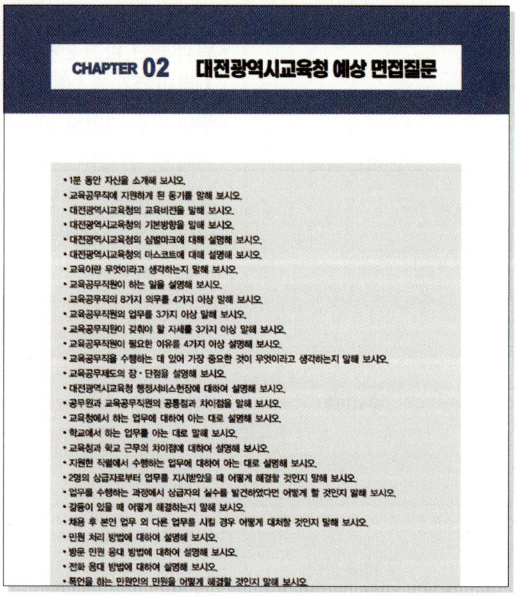

CHAPTER 02 대전광역시교육청 예상 면접질문

- 1분 동안 자신을 소개해 보시오.
- 교육공무직에 지원하게 된 동기를 말해 보시오.
- 대전광역시교육청의 교육비전을 말해 보시오.
- 대전광역시교육청의 기본방향을 말해 보시오.
- 대전광역시교육청의 심벌마크에 대해 설명해 보시오.
- 대전광역시교육청의 마스코트에 대해 설명해 보시오.
- 교육이란 무엇이라고 생각하는지 말해 보시오.
- 교육공무직원이 하는 일을 설명해 보시오.
- 교육공무직의 8가지 의무를 4가지 이상 말해 보시오.
- 교육공무직원의 업무를 3가지 이상 말해 보시오.
- 교육공무직원이 갖춰야 할 자세를 3가지 이상 말해 보시오.
- 교육공무직원이 필요한 이유를 4가지 이상 설명해 보시오.
- 교육공무직을 수행하는 데 있어 가장 중요한 것이 무엇이라고 생각하는지 말해 보시오.
- 교육공무제도의 장·단점을 설명해 보시오.
- 대전광역시교육청 행정서비스헌장에 대하여 설명해 보시오.
- 공무원과 교육공무직원의 공통점과 차이점을 말해 보시오.
- 교육청에서 하는 업무에 대하여 아는 대로 설명해 보시오.
- 학교에서 하는 업무를 아는 대로 말해 보시오.
- 교육청과 학교 근무의 차이점에 대하여 설명해 보시오.
- 지원한 직렬에서 수행하는 업무에 대하여 아는 대로 설명해 보시오.
- 2명의 상급자로부터 업무를 지시받았을 때 어떻게 해결할 것인지 말해 보시오.
- 업무를 수행하는 과정에서 상급자의 실수를 발견하였다면 어떻게 할 것인지 말해 보시오.
- 갈등이 있을 때 어떻게 해결하는지 말해 보시오.
- 채용 후 본인 업무 외 다른 업무를 시킬 경우 어떻게 대처할 것인지 말해 보시오.
- 민원 처리 방법에 대하여 설명해 보시오.
- 방문 민원 응대 방법에 대하여 설명해 보시오.
- 전화 응대 방법에 대하여 설명해 보시오.
- 폭언을 하는 민원인의 민원을 어떻게 해결할 것인지 말해 보시오.

인성검사 모의테스트 및 예상 면접질문을 수록하여 대전광역시교육청 인재상에 부합하는지 확인할 수 있도록 하였다.

직무능력검사

CHAPTER 01 언어논리력 핵심이론

01 어휘의 의미

1. 의미 관계

(1) 유의 관계

유의어는 두 개 이상의 어휘가 서로 소리는 다르나 의미가 비슷한 경우로, 유의 관계의 대부분은 개념적 의미의 동일성을 전제로 한다.

(2) 반의 관계

반의어는 둘 이상의 단어에서 의미가 서로 짝을 이루어 대립하는 경우로, 어휘의 의미가 서로 대립되는 단어를 말하며, 이러한 어휘들의 관계를 반의 관계라고 한다. 한 쌍의 단어가 반의어가 되려면, 두 어휘 사이에 공통적인 의미 요소가 있으면서도 동시에 하나의 의미 요소만 달라야 한다.

(3) 상하 관계

상하 관계는 단어의 의미적 계층 구조에서 한쪽이 의미상 다른 쪽을 포함하거나 다른 쪽에 포섭되는 관계를 말한다. 상하 관계를 형성하는 단어들은 상위어일수록 일반적이고 포괄적인 의미를 지니며, 하위어일수록 개별적이고 한정적인 의미를 지니므로 하위어는 상위어를 의미적으로 함의하게 된다. 즉, 상위어가 가지고 있는 의미 특성을 하위어가 자동적으로 가지게 된다.

(4) 부분 관계

부분 관계는 한 단어가 다른 단어의 부분이 되는 관계를 말하며, 전체-부분 관계라고도 한다. 부분 관계에서 부분을 가리키는 단어를 부분어, 전체를 가리키는 단어를 전체어라고 한다. 예를 들면, '머리, 팔, 몸통, 다리'는 '몸'의 부분어이며, 이러한 부분어들에 의해 이루어진 '몸'은 전체어이다.

CHAPTER 01 언어논리력 기출예상문제

정답 및 해설 p.002

01 어휘력

대표유형 1 유의어

다음 제시된 단어와 같거나 유사한 의미를 가진 단어는?

어릿하다

① 쓰리다 ② 짜다
③ 흐리다 ④ 어리숙하다

| 해설 | • 어릿하다 : 조금 쓰리고 따가운 느낌이 있다.
① 쓰리다 : 쑤시는 것같이 아프다.

오답분석
② 짜다 : 인색하다. 또는 누르거나 비틀어서 물기나 기름 따위를 빼내다.
③ 흐리다 : 분명하지 아니하고 어렴풋하다.
④ 어리숙하다 : 겉모습이나 언행이 치밀하지 못하여 순진하고 어리석은 데가 있다.

정답 ①

※ 다음 제시된 단어와 같거나 유사한 의미를 가진 단어를 고르시오. [1~20]

01 수단

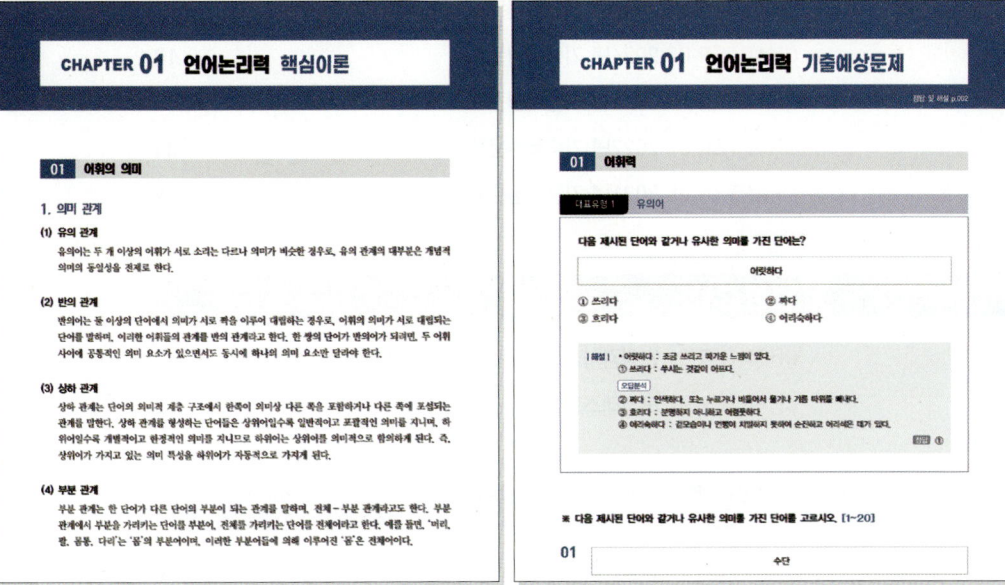

직무능력검사 3개 출제영역에 대한 핵심이론 및 기출예상문제를 수록하여 출제유형을 익힐 수 있도록 하였다.

최종점검 모의고사

제1회 최종점검 모의고사

모바일 OMR 답안채점 / 성적분석 서비스

☑ 응시시간 : 45분 ☑ 문항 수 : 45문항 정답 및 해설 p.036

※ 다음 제시된 단어와 같거나 유사한 의미를 가진 단어를 고르시오. [1~3]

01 미수걸이

① 시작 ② 시초
③ 개시 ④ 시의

02 납득

① 사려 ② 수긍
③ 모반 ④ 번역

제4회 최종점검 모의고사

모바일 OMR 답안채점 / 성적분석 서비스

☑ 응시시간 : 45분 ☑ 문항 수 : 45문항 정답 및 해설 p.060

※ 다음 밑줄 친 부분과 같은 의미로 쓰인 것을 고르시오. [1~2]

01 우리 회사는 이번 정부 사업에서 판매권을 땄다.

① 선영이네 과일 가게는 막내딸 선영이의 이름을 딴 것이다.
② 이 병을 따기 위해서는 병따개가 필요할 것 같아.
③ 지난 올림픽에서 금메달을 딴 선수는 이번 경기에서도 좋은 소식을 전해 줄 것이다.
④ 서글서글한 막내 사위는 이번 가족 행사에서 장인어른에게 많은 점수를 땄다.

02 모든 일에는 다 때가 있는 법이다.

① 아무 때나 방문해도 괜찮을까요?
② 반려동물을 위한 병원을 선택할 때 고려해야 할 점은 무엇인가?
③ 때를 자주 거르면 소화 기능이 떨어질 수 있다.
④ 아직은 때가 아니므로 조용히 기다려야 한다.

※ 다음 제시된 단어와 같거나 유사한 의미를 가진 단어를 고르시오. [3~4]

03 나위

① 유용 ② 여지

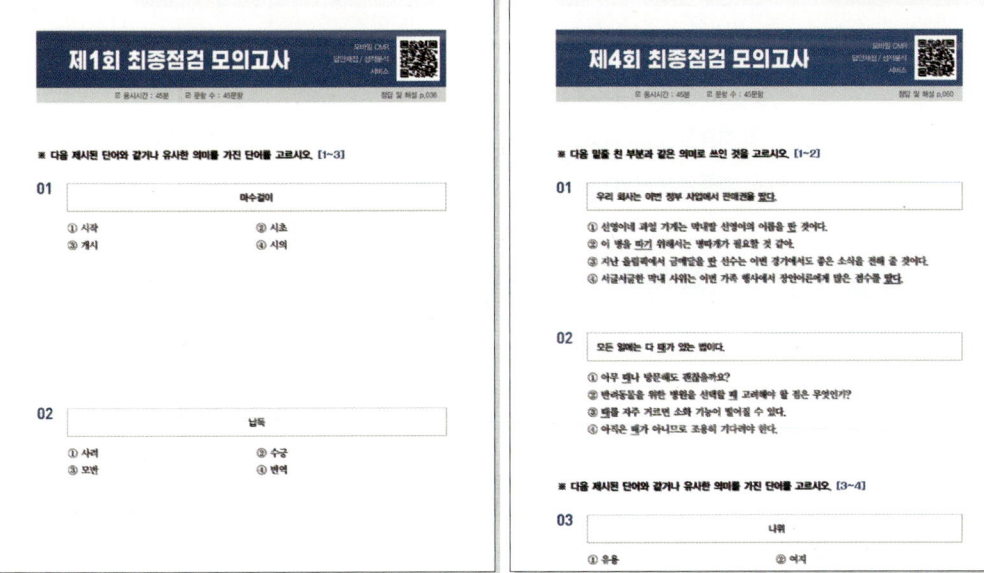

실제 시험과 유사하게 구성된 최종점검 모의고사 4회를 수록하여 소양평가에 대비할 수 있도록 하였다.

이 책의 차례

Add+

5개년 기출복원문제

※ 기출복원문제는 수험생들의 후기를 통해 시대에듀에서 복원한 문제로 실제 문제와 다소 차이가 있을 수 있으며, 본 저작물의 무단전재 및 복제를 금합니다.

CHAPTER 01 2025년 기출복원문제

※ 정답 및 해설은 기출복원문제 바로 뒤 p.036에 있습니다.

01 언어논리력

01 다음 밑줄 친 단어와 같은 의미로 쓰인 것은?

그녀가 드디어 입을 <u>열었다</u>.

① 역 근처에 카페를 열었어.
② 마음을 열어야 대화가 잘 되는 거야.
③ 이성계는 조선이라는 새 왕조를 열었다.
④ 법정에 출석한 증인은 고민 끝에 판사에게 입을 열었다.

02 다음 밑줄 친 단어 중 다른 의미로 쓰인 것은?

① 이번 주말에 시간이 되세요?
② 오늘 여유가 되면 같이 점심 먹자.
③ 물 양을 적게 했더니 밥이 너무 되다.
④ 안쪽에 자리가 되니까 이쪽에 앉으세요.

03 다음 중 밑줄 친 단어와 바꿔 쓸 수 있는 단어는?

D주임, 이분은 오늘 입사한 신입사원 ○○○씨예요. 같은 또래니까 옆에서 잘 가르쳐 주세요.

① 친구
② 지인
③ 동배
④ 선배

04 다음 글과 관련이 없는 한자성어는?

2024년 6월 24일 오전 경기도 화성시 향남읍의 리튬 일차전지 제조업체 아리셀 공장에서 대형 화재가 발생했다. 순식간에 번진 불길은 작업 중이던 노동자들을 덮쳤고, 이 사고로 23명이 사망하고 8명이 부상을 입는 참사로 이어졌다. 희생자 다수는 외국인 노동자였으며, 불길은 건물 내 저장된 리튬 배터리와 인화성 물질에 의해 급속히 확산됐다.

사고가 발생한 공장은 비교적 신축 건물이었지만, 내부 벽체와 천장은 여전히 우레탄, 스티로폼 등 가연성 자재로 이루어진 구조였다. 법적으로는 '준불연'으로 분류된 글라스울 패널이 사용된 것으로 알려졌지만, 실제 화염 확산을 막기에는 역부족이었다. 문제는 과거에도 비슷한 유형의 공장 화재가 반복돼 왔다는 점이다. 2020년 이천 한익스프레스 물류창고 화재, 2022년 평택 냉동창고 화재 등 산업 현장에서 발생한 대형 사고들마다 위험 자재, 미흡한 초기 대응, 구조적 안전 부재가 공통 원인으로 지목되었으나, 제도적 개선은 지지부진했다.

전문가들은 이번 화성 화재 역시 예견된 인재(人災)라고 지적한다. 특히 배터리 제조업 특성상 화재 발생 위험이 높은 시설임에도 불구하고, 자동 소화설비, 감지 시스템, 화재구획 등 예방 시스템이 제대로 작동하지 않았다는 점에서 안전 관리의 허술함이 도마에 올랐다. 또한 공장 내 인력 대부분이 외국인 노동자였음에도 불구하고, 화재 대피 훈련이나 비상 매뉴얼이 체계적으로 마련돼 있지 않았다는 점도 문제로 지적된다.

화재 이후 정부는 '전례 없는 급격한 연소 확산'이라는 입장을 내놓았지만, 유가족과 시민사회는 이번 사고를 '예외적인 참사'가 아닌, 반복되는 구조적 무관심의 산물로 보고 있다. 현장에 대한 실질적 통제 권한이 미비하고, 사업주의 자율에 맡긴 채로 형식적인 점검만 이어지는 시스템 속에서, 다시 한 번 목숨이 희생된 것이다.

① 하석상대(下石上臺)
② 미봉지책(彌縫之策)
③ 견원지간(犬猿之間)
④ 고식지계(姑息之計)

05 **전자책과 종이책 사이에서 고민하는 A씨가 다음 글을 읽고 보일 반응으로 적절하지 않은 것은?**

국내에서는 종이책과 전자책이 저마다 확고한 시장을 확보하고 공존하고 있다. 출판업계 관계자들은 전자책에 대해 종이책을 밀어내는 '경쟁자'의 입장이 아닌 '보완재' 혹은 '동력자'의 관계로 보고 있다. K문고 관계자에 따르면 "종이책과 전자책은 저마다의 장점이 있다. 종이책은 책의 속성인 종이를 넘기는 경험을 주고 전자책은 갖고 다니기 편리한 점이 있다."며 "전자책의 등장으로 출판업의 형태가 변화했을 뿐 전자책과 종이책을 경쟁상대로 보는 것은 맞지 않다."고 말했다. 즉, 종이책과 전자책은 상생하고 있다는 것이다.

일주일에 한 번은 서점을 들른다는 김 모(26) 씨도 인터넷신문이 등장하면서 종이신문을 보기 힘들게 된 것처럼 전자책이 종이책을 잡아먹을 것이라고 생각했다. 그러나 "종이책 고유의 감성은 강했다."며 "종이책이 가진 감성을 전자책이 메우기는 힘들다."고 말했다. K문고 E－비즈니스본부장은 "먼 미래에는 어떻게 환경이 바뀌게 될지 예측하기 어렵지만 당분간은 종이책과 전자책이 공존하면서 독서시장을 키울 것으로 보인다. 종이책의 적은 전자책이 아니며, 전자책이 전체 독서시장의 외연을 넓히는 순기능을 할 것으로 기대하고 있다."고 말했다.

현재 국내 전자책 시장은 '웹소설'과 '웹툰'을 필두로 입지를 다지고 있다. 어느 웹소설 전문사이트의 경우 지난 2008년 최초로 웹소설 판매를 시작한 이후 2009년 2억 원이던 연매출이 지난해 125억 원으로 급성장했다. 웹툰 시장은 지난해 5,840억 원에서 올해 7,240억 원으로 23% 성장했다.

한국전자출판협회 관계자는 "출판사는 전자책과 종이책 판매량을 따지지만 협회에서는 개별로 본다."며 "국내 출판산업은 전자책과 종이책을 비교할 수 없는 구조다. 종이책을 만들지 않는 웹소설과 웹툰도 전자책으로 분류할 수 있어 시장 구분이 모호하다."라며 비교대상이 아니라고 말했다. 또 "책이라는 큰 카테고리 안에서 전자책은 종이책과 공존해야 할 대상이라고 생각한다."라고 덧붙였다.

프랑스는 종이책의 선전(善戰)을 입증하는 나라로 꼽힌다. 한때 프랑스에 전자책이 상륙하면서 오프라인 서점과 종이책은 3년 내 멸종할 것이란 전망까지 나왔지만 뚜껑을 열고 보니 오판이었다. 전통을 중시하는 프랑스에서 전자책은 전 세계에서 가장 힘을 못 쓰고 있는 것이다.

전통을 존중하는 프랑스가 원체 유별나긴 하지만, 미국도 사실 크게 다르지 않다. 2007년 아마존이 전자책을 출시하면서 매년 급속한 성장을 이어가던 전자책은 최근 영어권 국가를 중심으로 성장률에 정체 신호가 들어왔다. 미국출판협회(AAP) 집계에 따르면, 2016년 1월부터 9월까지 도서 판매에서 전자책 매출은 18.7% 감소하고, 종이책은 7.5% 증가했다고 발표했다. 영국출판협회(PA)도 2016년 영국의 전자책 판매가 17% 감소, 종이책은 7% 증가했다고 발표했다. 전자책 전용 단말기 판매도 2011년 최고치를 기록한 이후 5년간 약 40% 정도 감소했다.

이러한 해외 전자책 시장 정체의 주요 원인으로는 이용자들의 디지털 피로도 현상과 메이저 출판사들의 전자책 가격 인상으로 나타났다. 이용자 관점에서 보았을 때 다수 독자가 느끼는 전자기기를 통한 장문 읽기의 부담감과 다양한 멀티미디어와 엔터테인먼트 콘텐츠 이용률의 증가가 정체의 원인으로 나타난 것이다.

책은 지식 정보의 전달 수단만이 아니라 인간 감성을 다루는 예술이다. 종이책은 책장 넘기는 소리, 저마다 다른 종이 재질 그리고 잉크 냄새 등 전자책은 흉내 낼 수 없는 아날로그 감수성의 결집체이다. 이것이 전자책이 출시된 지 10년이 지난 지금도 많은 인문주의자가 책의 내용만큼 책 그 자체를 아끼는 이유다.

① 해외시장에서의 전자책 성장률 정체는 이용자들이 전자기기를 통한 장문 읽기에 부담을 느꼈기 때문이야.
② 해외시장의 사례를 보아 국내에서 전자책은 종이책보다 경쟁력이 뒤처질 것임을 알 수 있어.
③ 종이책이 살아남을 수 있었던 이유는 이용자의 아날로그 감성을 자극했기 때문이군.
④ 국내 시장에서 종이책과 전자책은 저마다의 확고한 시장 속에서 공존하고 있어.

06 **다음 중 말과 관련이 없는 한자성어는?**

① 언중유골(言中有骨)
② 중언부언(重言復言)
③ 어부지리(漁夫之利)
④ 촌철살인(寸鐵殺人)

02 수리력

01 대전의 한 초등학교에서는 하루에 총 6번의 수업을 한다. 수업은 오전 8시 50분에 시작하며 각 수업은 30분간 진행되고, 수업 사이에는 15분의 쉬는시간이 주어진다. 마지막 수업이 끝나는 시각은?(단, 점심시간은 없다)

① 오후 1시 ② 오후 1시 5분

③ 오후 1시 10분 ④ 오후 1시 15분

02 2025년 고교 야구리그에 출전한 모든 팀은 40경기를 치러야 한다. D고등학교는 현재 15승 2패를 기록 중이다. D고등학교가 나머지 경기를 모두 이긴다면 최종 승률은 몇 %인가?

① 80% ② 85%

③ 90% ④ 95%

03 D씨는 올해 초 창업을 위해 은행에서 1억 원을 대출받았다. 매달 325,000원의 이자를 내고 있다면 D씨가 받은 대출상품의 연 이율은 몇 %인가?

① 3.6% ② 3.7%

③ 3.8% ④ 3.9%

04 빵 1개를 먹는 데 A는 2분, B는 3분, C는 6분이 걸린다. 이들이 한 팀이 되어 동시에 빵을 먹는다고 할 때 6개를 다 먹는 데 소요되는 시간은?

① 6분
② 7분
③ 8분
④ 9분

05 주머니 안에 빨간 구슬 7개, 노란 구슬 5개, 파란 구슬 3개가 들어있다. 이 중 3개를 1개씩 차례로 꺼낼 때, 3개 중에 파란색 구슬이 있을 확률을 구하면?

① $\frac{44}{182}$
② $\frac{47}{182}$
③ $\frac{44}{91}$
④ $\frac{47}{91}$

06 다음은 교육기관 등록 현황에 대한 표이다. 이에 대한 설명으로 옳은 것은?

〈연도별 교육기관 등록 현황〉

(단위 : 개)

구분	2016년	2017년	2018년	2019년	2020년	2021년	2022년	2023년	2024년
등록	17	15	12	7	4	4	2	1	2

① 교육기관으로 등록되는 수는 계속 감소하고 있다.
② 2016년부터 2020년까지 교육기관으로 등록된 수의 평균은 11개소이다.
③ 2018년과 2022년에 등록된 교육기관 수의 전년 대비 감소폭은 같다.
④ 위의 자료를 통해 2024년 교육기관 총등록현황을 파악할 수 있다.

01 일정한 규칙에 따라 수를 나열할 때, 빈칸에 들어갈 수로 적절한 것은?

10	8	16	13	39	35	( )

① 90
② 100
③ 120
④ 140

02 제시된 명제가 참일 때, 다음 빈칸에 들어갈 명제로 가장 적절한 것은?

- 채소를 좋아하는 사람은 해산물을 싫어한다.
- ______________________
- 디저트를 좋아하는 사람은 채소를 싫어한다.

① 채소를 싫어하는 사람은 해산물을 좋아한다.
② 디저트를 좋아하는 사람은 해산물을 싫어한다.
③ 채소를 싫어하는 사람은 디저트를 싫어한다.
④ 디저트를 좋아하는 사람은 해산물을 좋아한다.

03 D초등학교 운동장에서 A ~ E 다섯 명이 달리기를 했다. 다음 〈조건〉을 토대로 할 때, 결승선에 먼저 들어온 순서대로 바르게 나열한 것은?

조건
- A는 C보다 먼저 들어왔다.
- D는 C보다 늦게 들어왔고 둘 사이에는 아무도 없다.
- 다섯 명 중 B가 가장 마지막에 들어왔다.
- A는 E보다 늦게 들어왔다.

① A – E – C – D – B
② E – A – C – D – B
③ E – C – A – D – B
④ E – C – D – A – B

04 **다음 중 한 명만 거짓말을 할 때 항상 옳은 것은?(단, 5층 건물이며, 한 층에 한 명만 내린다)**

- A : B는 1층에서 내렸다.
- B : C는 1층에서 내렸다.
- C : D는 적어도 3층에서 내리지 않았다.
- D : A는 4층에서 내렸다.
- E : A는 4층에서 내리고 나는 5층에 내렸다.

① C는 1층에서 내렸다.

② A는 4층에서 내리지 않았다.

③ D는 3층에서 내렸다.

④ A는 D보다 높은 층에서 내렸다.

05 **D초등학교에 근무하는 직원 A～E 다섯 명이 원탁에 앉아 저녁을 먹기로 했다. 다음 〈조건〉에 따라 원탁에 앉을 때, C가 앉는 자리를 첫 번째로 하여 시계 방향으로 세 번째 자리에 앉는 사람은 누구인가?(단, 좌우 방향은 원탁을 바라보고 앉은 상태를 기준으로 한다)**

조건

- C 바로 옆 자리에 E가 앉고, B는 앉지 못한다.
- D가 앉은 자리와 B가 앉은 자리 사이에 1명 이상 앉아 있다.
- A가 앉은 자리의 바로 오른쪽은 D가 앉는다.

① A　　② B

③ C　　④ D

CHAPTER 02 2024년 기출복원문제

※ 정답 및 해설은 기출복원문제 바로 뒤 p.039에 있습니다.

01 언어논리력

01 다음 상황과 관련 있는 한자성어는?

> 부채위기를 해결하겠다고 나선 유럽 국가들의 움직임이 당장 눈앞에 닥친 위기 상황을 모면하려는 미봉책이라서 안타깝다. 이것은 유럽중앙은행(ECB)의 대차대조표에서 명백한 정황으로 드러난다. ECB에 따르면 지난해 말 대차대조표는 2조 730억 유로로 사상 최고치를 기록했다. 3개월 전에 비해 5,530억 유로 늘어난 수치이다. 문제는 ECB의 장부가 대폭 부풀어 오른 배경이다. 유로존 주변국의 중앙은행은 채권을 발행해 이를 담보로 ECB에서 자금을 조달한다. 이렇게 ECB의 자금을 손에 넣은 중앙은행은 정부가 발행한 국채를 사들인다. 금융시장에서 '팔기 힘든' 국채를 소화하기 위한 임기응변인 셈이다.

① 피발영관(被髮纓冠)
② 탄주지어(呑舟之魚)
③ 양상군자(梁上君子)
④ 하석상대(下石上臺)

02 다음 중 맞춤법이 옳지 않은 문장은?

① 과녁에 화살을 맞추다.
② 오랜만에 친구를 만났다.
③ 그는 저기에 움츠리고 있었다.
④ 단언컨대 내 말이 맞다.

03 다음 글의 내용으로 적절하지 않은 것은?

역사란 무엇인가 하는 대단히 어려운 물음에 아주 쉽게 답한다면, 그것은 인간 사회의 지난날에 일어난 사실(事實) 자체를 가리키기도 하고, 또 그 사실에 관해 적어 놓은 기록을 가리키기도 한다고 말할 수 있다. 그러나 지난날의 인간 사회에서 일어난 사실이 모두 역사가 되는 것은 아니다. 쉬운 예를 들면, 김 총각과 박 처녀가 결혼한 사실은 역사가 될 수 없고, 한글이 만들어진 사실, 임진왜란이 일어난 사실 등은 역사가 된다.

이렇게 보면 사소한 일, 일상적으로 반복되는 일은 역사가 될 수 없고, 거대한 사실, 한 번만 일어나는 사실만이 역사가 될 것 같지만, 반드시 그런 것도 아니다. 고려 시대의 경우를 예로 들면, 주기적으로 일어나는 자연 현상인 일식과 월식은 모두 역사로 기록되었지만, 우리는 지금 세계 최고(最古)의 금속 활자를 누가 몇 년에 처음으로 만들었는지 모르고 있다. 일식과 월식은 자연 현상이면서도 하늘이 인간 세계의 부조리를 경고하는 것이라고 생각했기 때문에 역사가 되었지만, 목판(木版)이나 목활자 인쇄술이 금속 활자로 넘어가는 중요성이 인식되지 않았기 때문에 금속 활자는 역사가 될 수 없었다. 이렇게 보면 또 역사라는 것은 지난날의 인간 사회에서 일어난 사실 중에서 누군가에 의해 중요한 일이라고 인정되어 뽑힌 것이라고 할 수 있다. 이 경우 그것을 뽑은 사람은 기록을 담당한 사람, 곧 역사가라고 할 수 있으며, 뽑힌 사실이란 곧 역사책을 비롯한 각종 기록에 남은 사실들이다. 다시 말하면 역사란 결국 기록에 남은 것이며, 기록에 남지 않은 것은 역사가 아니라고 할 수 있다. 일식과 월식은 과학이 발달한 오늘날에는 역사로서 기록에 남지 않게 되었다. 금속 활자의 발견은 그 중요성을 안 훗날 사람들의 노력에 의해 최초로 발명한 사람과 정확한 연대(年代)는 모른 채 고려 말기의 중요한 역사로 추가 기록되었다. '지난날의 인간 사회에서 일어난 수많은 사실 중에서 누군가가 기록해 둘 만한 중요한 일이라고 인정하여 기록한 것이 역사이다.'라고 생각해 보면, 여기에 좀 더 깊이 생각해 보아야 할 몇 가지 문제가 있다.

첫째는 '기록해 둘 만한 중요한 사실이란 무엇을 말하는 것인가?' 하는 문제이고, 둘째는 '과거에 일어난 일들 중에서 기록해 둘 만한 중요한 사실을 가려내는 사람의 생각과 처지'의 문제이다. 먼저 '무엇이 기록해 둘 만한 중요한 문제인가? 기록해 둘 만하다는 기준(基準)이 무엇인가?'라고 생각해 보면, 후세(後世) 사람들에게 어떤 참고가 될 만한 일이라고 말할 수 있겠다. 다시 말해 오늘날의 역사책에 남아 있는 사실들은 모두 우리가 살아나가는 데 참고가 될 만한 일들이라고 할 수 있다. 다음으로, 참고가 될 만한 일과 그렇지 않은 일을 가려 내는 것은 사람에 따라 다를 수 있고 또 시대에 따라 다를 수 있다. 고려 시대나 조선 시대 사람들은 일식과 월식을 정치를 잘못한 왕이나 관리들에 대한 하늘의 노여움이라고 생각했기 때문에 역사에 기록되었지만, 오늘날에는 그렇지 않다는 것을 알게 되었기 때문에 역사에 기록되지 않는다.

① 인간 사회에서 일어난 모든 사실이 역사가 될 수는 없다.
② 역사라는 것은 역사가의 관점에 의하여 선택된 사실이다.
③ 역사의 가치는 시대나 사회의 흐름과 무관한 절대적인 것이다.
④ 역사는 기록에 남은 것이며, 기록된 것은 가치가 있는 것이어야 한다.

02 수리력

01 A와 B는 휴일을 맞아 B의 집에서 49km 떨어진 전시회장에 가기 위해 각자 집에서 출발하여 전시회장의 주차장에서 만나려고 한다. B는 항상 70km/h의 속력으로 운전하고, A는 55km/h의 속력으로 운전한다. 전시회장에서 B의 집이 A의 집보다 더 멀어 30분 먼저 출발해야 같은 시간에 주차장에 도착할 수 있을 때, A와 B의 집 사이의 거리는 몇 km인가?(단, A와 B의 운전 방향은 같다)

① 37km ② 38km
③ 39km ④ 40km

02 두 개의 주사위가 있다. 주사위를 굴려서 눈의 합이 2 이하가 나오는 확률은?

① $\frac{1}{36}$ ② $\frac{1}{18}$
③ $\frac{1}{12}$ ④ $\frac{1}{9}$

03 인쇄소에 M1과 M2 두 대의 인쇄기가 있다. 하루에 M1은 50,000장을 인쇄하고, M2는 40,000장을 인쇄할 수 있다. M1의 불량률은 5%이고 M2의 불량률은 4%일 때, 방금 나온 오류 인쇄물이 M1에서 나온 인쇄물일 확률은?(단, 소수점 첫째 자리에서 반올림한다)

① 60% ② 61%
③ 62% ④ 63%

04 D기업은 조직 개편을 하려고 한다. 5명을 한 팀으로 조직하면 2명이 팀에 편성되지 않고, 6명을 한 팀으로 조직하면 팀에 편성되지 않는 사람은 없지만 5명을 한 팀으로 조직했을 때보다 2팀이 줄어든다. 5명을 한 팀으로 조직했을 때, 만들어지는 팀은 총 몇 팀인가?(단, 6명을 한 팀으로 조직할 때 각 팀의 인원수는 모두 같다)

① 12팀 ② 13팀

③ 14팀 ④ 15팀

05 다음은 2023년 예식장 사업 형태에 대한 자료이다. 이에 대한 설명으로 옳지 않은 것은?

〈예식장 사업 형태〉

(단위 : 개, 십억 원)

구분	개인경영	회사법인	회사 이외의 법인	비법인 단체	합계
사업체 수	900	50	85	15	1,050
매출	270	40	17	3	330
비용	150	25	10	2	187

※ $[\text{수익률}(\%)]=\left[\frac{(\text{매출})}{(\text{비용})}-1\right]\times 100$

① 예식장 사업은 대부분 개인경영 형태로 이루어지고 있다.

② 사업체 1개당 매출액이 가장 큰 예식장 사업 형태는 회사법인이다.

③ 수익률이 가장 높은 예식장 사업 형태는 회사법인이다.

④ 개인경영 형태의 예식장 수익률은 비법인 단체 형태의 예식장 수익률의 2배 미만이다.

01 일정한 규칙에 따라 수를 나열할 때, 빈칸에 들어갈 수로 적절한 것은?

−8 −2 10 34 82 178 ( )

① −356
② 297
③ 360
④ 370

02 일정한 규칙에 따라 문자를 나열할 때, 빈칸에 들어갈 문자로 적절한 것은?

H ㄷ ( ) ㅂ L ㅌ

① B
② D
③ I
④ J

03 4일간 태국으로 여행을 간 현수는 하루에 한 번씩 매일 발 마사지를 받았는데, 현수가 간 마사지 숍에는 30분, 1시간, 1시간 30분, 2시간의 발 마사지 코스가 있었다. 제시된 내용이 모두 참일 때, 다음 중 항상 참인 것은?

• 첫째 날에는 2시간이 소요되는 코스를 선택하였다. • 둘째 날에는 셋째 날보다 1시간이 더 소요되는 코스를 선택하였다. • 넷째 날에 받은 코스의 소요 시간은 첫째 날의 코스보다 짧고 셋째 날의 코스보다 길었다.

① 첫째 날에 받은 마사지 코스가 둘째 날에 받은 마사지 코스보다 길다.
② 첫째 날에 받은 마사지 코스는 넷째 날에 받은 마사지 코스보다 1시간 이상 더 길다.
③ 셋째 날에 가장 짧은 마사지 코스를 선택하였다.
④ 넷째 날에 받은 마사지 코스는 둘째 날에 받은 마사지 코스보다 짧다.

04 **기획조정부 A과장, B대리, C대리, D주임, E주임, F사원이 포럼 참석을 위해 부산에 있는 숙소에서 숙박할 예정이다. 다음 숙소 정보와 배정조건에 따라 숙소의 호실이 배정되며, B대리가 다리를 다치며 의무실에서 가장 가까운 3동 1층 숙소를 이용하게 되었다. 이를 고려할 때, 1동 1층 호실을 배정받을 직원은?**

〈숙소 정보〉

- 숙소는 1동, 2동, 3동으로 나뉘며, 각 동은 1층부터 2층까지 있다.
- 각 호실은 층마다 1개씩만 있다.

〈숙소 배정조건〉

- 직원들은 각자 1개의 호실을 이용한다.
- A과장은 2층 호실을 이용한다.
- 주임끼리는 같은 동에 숙소를 배정받는다.
- F사원은 A과장과 같은 동에 숙소를 배정받는다.
- D주임은 2동 2층 숙소를 이용한다.

① A과장 ② B대리

③ D주임 ④ F사원

CHAPTER 03 2023년 기출복원문제

※ 정답 및 해설은 기출복원문제 바로 뒤 p.041에 있습니다.

01 언어논리력

01 다음 글의 내용으로 가장 적절한 것은?

> 사람의 목숨을 좌우할 수 있는 형벌문제는 군현(郡縣)에서 항상 일어나는 것이고 지방 관리가 되면 늘 처리해야 하는 일인데도, 사건을 조사하는 것이 항상 엉성하고 죄를 결정하는 것이 항상 잘못된다.
> 옛날에 자산이라는 사람이 형벌규정을 정한 형전(刑典)을 새기자 어진 사람들이 그것을 나무랐고, 이회가 법률서적을 만들자 후대의 사람이 그를 가벼이 보았다. 그 뒤 수(隋)나라와 당(唐)나라 때에 와서는 이를 절도(竊盜)・투송(鬪訟)과 혼합하고 나누지 않아서, 세상에서 아는 것은 오직 한패공(漢沛公, 한고조 유방)이 선언한 '사람을 죽인 자는 죽인다.'라는 규정뿐이었다.
> 그런데 선비들은 어려서부터 머리가 희어질 때까지 오직 글쓰기나 서예 등만 익혔을 뿐이므로 갑자기 지방관리가 되면 당황하여 어찌할 바를 모른다. 그래서 간사한 아전에게 맡겨 버리고는 스스로 알아서 처리하지 못하니, 저 재화(財貨)만을 숭상하고 의리를 천히 여기는 간사한 아전이 어찌 이치에 맞게 형벌을 처리할 수 있겠는가?
>
> – 정약용, 『흠흠신서(欽欽新書)』 서문

① 고대 중국에서는 형벌 문제를 중시하였다.
② 아전을 형벌 전문가로서 높이 평가하고 있다.
③ 조선 시대의 사대부들은 형벌에 대해 잘 알지 못한다.
④ 지방관들은 인명을 다루는 사건을 현명하게 처리하고 있다.

02 다음 문단을 논리적 순서대로 바르게 나열한 것은?

(가) 대부분의 반딧불이는 빛을 사랑의 도구로 사용하지만, 어떤 반딧불이는 번식 목적이 아닌 적대의 목적으로 사용하기도 한다. 포투루스(Photurus)라는 반딧불이의 암컷은 아무렇지 않게 상대 반딧불이를 잡아먹는다. 이 무시무시한 작업을 벌이기 위해 암컷 포투루스는 포티너스(Photinus) 암컷의 불빛을 흉내 낸다. 이를 자신과 같은 종으로 생각한 수컷 포티너스가 사랑이 가득 찬 마음으로 암컷 포투루스에게 달려들지만, 정체를 알았을 때는 이미 너무 늦었다는 것을 알게 된다.

(나) 먼저 땅에 사는 반딧불이 한 마리가 60마리 정도의 다른 반딧불이들과 함께 일렬로 빛을 내뿜는 경우가 있다. 수많은 반딧불이가 기차처럼 줄을 지어 리더의 지시에 따르듯 한 반딧불이의 섬광을 따라 불빛을 내는 모습은 마치 작은 번개처럼 보인다. 이처럼 반딧불이는 집단으로 멋진 작품을 연출하는데, 그중 가장 유명한 것은 동남아시아에 서식하는 반딧불이다. 이들은 동시에 그리고 완벽하게 발광함으로써 크리스마스트리의 불빛을 연상시키기도 한다. 그러다 암컷을 발견한 반딧불이는 무리에서 빠져나와 암컷을 향해 직접 빛을 번쩍거리기도 한다.

(다) 이렇게 다른 종의 불빛을 흉내 내는 반딧불이는 북아메리카에서 흔히 찾아볼 수 있다. 그러므로 짝을 찾아 헤매는 수컷 반딧불이에게 황혼이 찾아드는 하늘은 유혹의 무대인 동시에 위험한 장소이기도 하다. 성욕을 채우려 연인을 찾다 그만 식욕만 왕성한 암컷을 만나는 비운을 맞을 수 있기 때문이다.

(라) 사랑과 관련하여 반딧불이의 섬광은 여러 가지 형태의 신호가 있으며, 빛 색깔의 다양성, 밝기, 빛을 내는 빈도, 빛의 지속성 등에서 반딧불이 자신만의 특징을 가지기도 한다. 예를 들어 황혼 무렵에 사랑을 나누고 싶어 하는 반딧불이는 오렌지색을 선호하며, 그래도 역시 사랑엔 깊은 밤이 최고라는 반딧불이는 초록 계열의 색을 선호한다. 발광 장소도 땅이나 공중, 식물 등 그 선호도가 다양하다. 반딧불이는 모든 요소를 결합하여 다양한 모습을 보여주는데, 이런 다양성이 조화를 이루거나 또는 동시에 이루어지면 말 그대로 장관을 이루게 된다.

(마) 이처럼 혼자 행동하기를 좋아하는 반딧불이는 빛을 번쩍거리면서 서식지를 홀로 돌아다니기도 한다. 대표적으로 뉴기니 지역의 반딧불이는 짝을 찾아 좁은 해안선과 근처 숲 사이를 반복적으로 왔다 갔다 한다. 반딧불이 역시 달이 빛나고 파도가 철썩이는 해변을 사랑을 나누기에 최적인 로맨틱한 장소로 여기는 것이다.

① (가) – (나) – (다) – (라) – (마)
② (가) – (다) – (라) – (나) – (마)
③ (라) – (가) – (다) – (마) – (나)
④ (라) – (나) – (마) – (가) – (다)

03 **다음 글에서 ㉠~㉣의 수정 방안으로 적절하지 않은 것은?**

> 사회복지와 근로 의욕과의 관계에 대한 설문 조사 결과를 보면 '사회복지와 근로 의욕이 관계가 있다.'라는 응답과 '그렇지 않다.'라는 응답의 비율이 비슷하게 나타난다. 하지만 기타 의견에 ㉠ <u>따라</u> 과도한 사회복지는 근로 의욕을 떨어뜨릴 수 있다는 응답이 많았던 것으로 조사되었다. 예를 들어 정부 지원금을 받으나 아르바이트를 하나 비슷한 돈이 나온다면 ㉡ <u>더군다나</u> 일하지 않고 정부 지원금으로만 먹고사는 사람들이 많이 있다는 것이다. 여기서 주목해야 할 점은 과도한 복지 때문이 아닌 정책상의 문제라는 의견도 있다는 사실이다. 현실적으로 일을 할 수 있는 능력이 있는 사람에게는 ㉢ <u>최대한의</u> 생계 비용 이외의 수입을 인정하고, 빈곤층에서 벗어날 수 있도록 지원해주는 것이 개인에게도, 국가에도 바람직한 방식이라는 것이다.
>
> 이 설문 조사 결과에서 주목해야 할 또 다른 측면은 사회복지 체제가 잘되어 있을수록 근로 의욕이 떨어진다고 응답한 사람의 과반수 이상이 중산층 이상의 경제력을 가지고 있었다는 점이다. 재산이 많은 사람에게는 약간의 세금 확대도 ㉣ <u>영향이 적을 수 있기 때문에</u> 경제 발전을 위한 세금 확대는 찬성하더라도 복지 정책을 위한 세금 확대는 반대하는 것이다. 이러한 점을 고려해보면 소득 격차 축소를 원하는 국민보다 복지 정책을 위한 세금 확대에 반대하는 국민이 많은 다소 모순된 설문 결과에 대한 설명이 가능하다.

① ㉠ : 호응 관계를 고려하여 '따르면'으로 수정한다.

② ㉡ : 앞뒤 내용의 관계를 고려하여 '오히려'로 수정한다.

③ ㉢ : 전반적인 내용의 흐름을 고려하여 '최소한의'로 수정한다.

④ ㉣ : 일반적인 사실을 말하는 것이므로 '영향이 적기 때문에'로 수정한다.

02 수리력

01 D사 본점에서 근무하는 희경이는 미팅을 위해 A지점에 간다. 버스를 타고 60km/h의 속력으로 20km를 갔다가 미팅시간이 얼마 남지 않아 택시로 바꿔 타고 90km/h의 속력으로 갔더니 오후 3시에 도착하였다. 본점과 A지점의 거리가 총 50km라고 할 때, 본점에서 나온 시각은?(단, 본점에서 나와 버스를 기다린 시간과 버스에서 택시로 바꿔 탄 시간은 고려하지 않는다)

① 오후 1시 40분
② 오후 2시
③ 오후 2시 20분
④ 오후 2시 40분

02 하이킹을 하는데 올라갈 때는 10km/h의 속력으로 달리고, 내려올 때는 올라갈 때보다 10km 더 먼 길을 20km/h의 속력으로 달렸다. 올라갔다가 내려오는 데 총 5시간이 걸렸다면, 올라갈 때 달린 거리는?

① 15km
② 20km
③ 25km
④ 30km

03 **다음 내용이 모두 참일 때, 팀장의 나이를 추론하면 몇 세인가?**

- 팀장의 나이는 과장보다 4살이 많다.
- 대리의 나이는 31세이다.
- 사원은 대리보다 6살 어리다.
- 과장과 팀장의 나이 합은 사원과 대리의 나이 합의 2배이다.

① 56세 ② 57세

③ 58세 ④ 59세

04 **다음과 같은 모양의 직각삼각형 ABC가 있다. 변 AB의 길이는 18cm이고 직각삼각형의 둘레가 72cm일 때, 직각삼각형 ABC의 넓이는?**

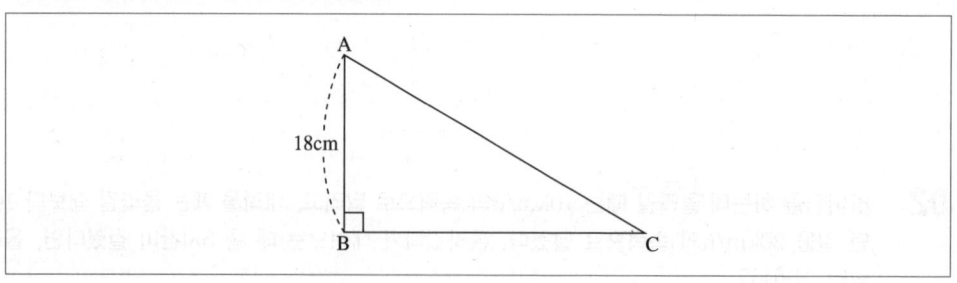

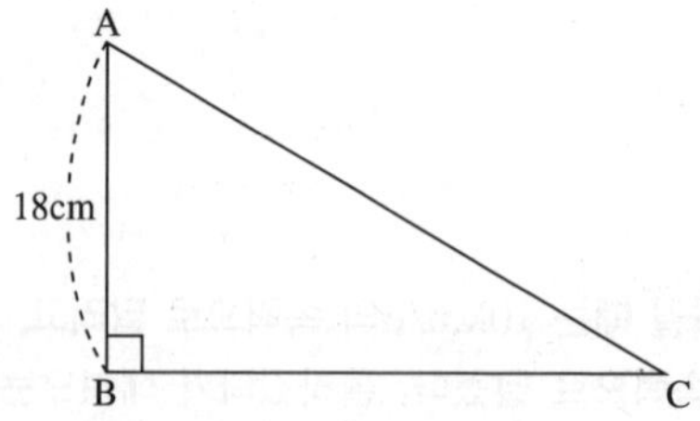

① 182cm^2 ② 186cm^2

③ 210cm^2 ④ 216cm^2

03 문제해결력

01 **A～D부서에서 신입사원을 1명씩 선발하였다. 지원자는 총 5명이었으며, 선발 결과에 대해 다음과 같이 진술하였다. 이 중 1명의 진술만 거짓으로 밝혀졌을 때, 항상 참인 것은?**

- 지원자 1 : 지원자 2가 A부서에 선발되었다.
- 지원자 2 : 지원자 3은 A 또는 D부서에 선발되었다.
- 지원자 3 : 지원자 4는 C부서가 아닌 다른 부서에 선발되었다.
- 지원자 4 : 지원자 5는 D부서에 선발되었다.
- 지원자 5 : 나는 D부서에 선발되었는데, 지원자 1은 선발되지 않았다.

① 지원자 1은 B부서에 선발되었다.
② 지원자 2는 A부서에 선발되었다.
③ 지원자 3은 D부서에 선발되었다.
④ 지원자 4는 B부서에 선발되었다.

02 **D사의 대전 지점에서 근무 중인 A과장, B대리, C대리, D대리, E사원은 2명 또는 3명으로 팀을 이루어 세종특별시, 서울특별시, 광주광역시, 인천광역시 네 지역으로 출장을 가야 한다. 지역별로 출장을 가는 팀을 구성한 결과가 다음과 같을 때, 항상 참인 것은?(단, 모든 직원은 1회 이상 출장을 가며, 지역별 출장일은 서로 다르다)**

- A과장은 네 지역으로 모두 출장을 간다.
- B대리는 모든 특별시로 출장을 간다.
- C대리와 D대리가 함께 출장을 가는 경우는 단 한 번뿐이다.
- 광주광역시에는 E사원을 포함한 2명의 직원이 출장을 간다.
- 한 지역으로만 출장을 가는 사람은 E사원뿐이다.

① B대리는 D대리와 함께 출장을 가지 않는다.
② D대리는 E사원과 함께 출장을 가지 않는다.
③ C대리는 특별시로 출장을 가지 않는다.
④ D대리는 특별시로 출장을 가지 않는다.

03 **직원들끼리 이번 달 성과급에 대해 이야기를 나누고 있다. 성과급은 반드시 늘거나 줄어들었고, 직원 중 1명만 거짓말을 하고 있을 때, 항상 참인 것은?**

- 직원 A : 나는 이번에 성과급이 늘어났어. 그래도 B만큼 오르지는 않았네.
- 직원 B : 맞아, 난 성과급이 조금 늘어났지. D보다 조금 더 늘었어.
- 직원 C : 좋겠다. 오~ E도 성과급이 늘어났네.
- 직원 D : 응? 무슨 소리야. E는 C와 같이 성과급이 줄어들었는데.
- 직원 E : 그보다 D가 A보다 성과급이 덜 올랐는데.

① 직원 B의 성과급이 가장 많이 올랐다.
② 직원 D의 성과급이 가장 많이 올랐다.
③ 직원 A의 성과급이 오른 사람 중 가장 적다.
④ 직원 C는 성과급이 줄어들었다.

04 **다음 〈조건〉을 참고할 때, 〈보기〉에 대한 판단으로 옳은 것은?**

조건
- 월요일부터 일요일까지 4형제가 돌아가면서 어머니 병간호를 하기로 했다.
- 첫째, 둘째, 셋째는 이틀씩, 넷째는 하루씩 병간호를 하기로 했다.
- 어머니가 혼자 계시도록 두는 날은 없다.
- 첫째는 화요일과 목요일에 병간호를 할 수 없다.
- 둘째는 평일에 하루, 주말에 하루 병간호를 하기로 했다.
- 셋째는 일요일과 평일에 병간호를 하기로 했다.
- 넷째는 수요일에 병간호를 하기로 했다.

보기

셋째는 목요일과 일요일에 병간호를 할 것이다.

① 확실히 아니다.
② 확실하지 않지만 틀릴 확률이 높다.
③ 확실히 맞다.
④ 알 수 없다.

CHAPTER 04 2022년 기출복원문제

※ 정답 및 해설은 기출복원문제 바로 뒤 p.043에 있습니다.

01 언어논리력

01 다음 중 띄어쓰기가 옳지 않은 것은?

① 남자같이 생겼다.
② 호랑이같은 힘이 난다.
③ 불꽃같은 형상이 나타났다.
④ 저 자동차와 같이 가면 된다.

02 다음 글의 주제와 어울리는 속담은?

> 부지런함이란 무얼 뜻하겠는가? 오늘 할 일을 내일로 미루지 않고, 아침에 할 일을 저녁으로 미루지 않으며, 맑은 날에 해야 할 일을 비 오는 날까지 끌지 않고, 비 오는 날 해야 할 일도 맑은 날까지 끌지 않아야 한다. 늙은이는 앉아서 감독하고, 어린 사람들은 직접 행동으로 어른의 감독을 실천에 옮기고, 젊은이는 힘이 드는 일을 하고, 병이 든 사람은 집을 지키고, 부인들은 길쌈을 하느라 한밤중이 넘도록 잠을 자지 않아야 한다. 요컨대 집안의 상하 남녀 간에 단 한 사람도 놀고먹는 사람이 없게 하고, 또 잠깐이라도 한가롭게 보여서는 안 된다. 이런 걸 부지런함이라 한다.

① 백짓장도 맞들면 낫다.
② 작은 것부터 큰 것이 이루어진다.
③ 사공이 많으면 배가 산으로 간다.
④ 일찍 일어나는 새가 벌레를 잡는다.

03 다음 제시된 문장을 읽고 이어질 문단을 논리적 순서대로 바르게 나열한 것은?

역사적으로 볼 때 기본권은 인권 사상에서 유래되었지만, 개념상으로 인권과 기본권은 구별된다.

(가) 기본권 중에는 생래적 권리가 헌법에 수용된 것도 있지만, 헌법에 의해서 비로소 형성되거나 구체화된다고 생각되는 청구권적 기본권, 참정권, 환경권 등도 있으므로 엄격한 의미에서 인권과 기본권은 동일한 것으로 볼 수 없다.

(나) 인권은 인간의 권리, 즉 인간이 인간이기 때문에 당연히 갖는다고 생각되는 생래적(生來的) · 천부적(天賦的) 권리를 말하며, 기본권은 헌법이 보장하는 국민의 기본적인 권리를 의미한다.

(다) 그런데 이러한 주관적 공권으로서의 권리는 어떠한 성질의 것이냐에 따라서 자연권설, 실정권설, 통합가치설 등으로 견해가 나뉘고 있다.

(라) 기본권은 일반적으로 주관적 공권(公權)으로서의 성격을 가진다. 이는 기본권이 기본권의 주체인 개인이 자기 자신을 위하여 가지는 현실적이고 구체적인 권리이기 때문에 국가 권력을 직접적으로 구속하고, 따라서 개인은 국가에 대하여 작위(作爲)나 부작위(不作爲)*를 요청할 수 있으며 헌법 질서를 형성하고 개선해 나갈 수 있다는 것을 뜻한다.

*작위, 부작위 : '작위'는 의식적으로 한 적극적인 행위나 동작이고, '부작위'는 마땅히 해야 할 일을 의식적으로 하지 않는 일을 뜻함

① (가) – (나) – (다) – (라)
② (나) – (가) – (라) – (다)
③ (나) – (다) – (라) – (가)
④ (다) – (가) – (나) – (라)

04 다음 글의 제목으로 가장 적절한 것은?

우리는 처음 만난 사람의 외모를 보고 그를 어떤 방식으로 대우해야 할지 결정할 때가 많다. 그가 여자인지 남자인지, 얼굴색이 흰지 검은지, 나이가 많은지 적은지 혹은 그의 스타일이 조금은 상류층의 모습을 띠고 있는지 아니면 너무나 흔해서 별 특징이 드러나 보이지 않는 외모를 하고 있는지 등을 통해 그들과 나의 차이를 재빨리 감지한다. 일단 감지하면 우리는 둘 사이의 지위 차이를 인식하고 우리가 알고 있는 방식으로 그를 대하게 된다. 한 개인이 특정 집단에 속한다는 것은 단순히 다른 집단의 사람과 다르다는 것뿐만 아니라, 그 집단이 다른 집단보다는 지위가 높거나 우월하다는 믿음을 갖게 한다. 모든 인간은 평등하다는 우리의 신념에도 불구하고 왜 인간들 사이의 이러한 위계화(位階化)를 당연한 것으로 받아들일까? 위계화란 특정 부류의 사람들은 자원과 권력을 소유하고 다른 부류의 사람들은 낮은 사회적 지위를 갖게 되는 사회적이며 문화적인 체계이다.
인간이 불평등을 경험하게 되는 방식은 여러 측면으로 나눌 수 있다. 산업 사회에서의 불평등은 계층과 계급의 차이를 통해서 정당화되는데, 이는 재산, 생산 수단의 소유 여부, 학력, 집안 배경 등등의 요소들의 결합에 의해 사람들 사이의 위계를 만들어 낸다. 또한 모든 사회에서 인간은 태어날 때부터 얻게 되는 인종, 성, 종족 등의 생득적 특성과 나이를 통해 불평등을 경험한다. 이러한 특성들은 단순히 생물학적인 차이를 지칭하는 것이 아니라, 개인의 열등성과 우등성을 가늠하게 만드는 사회적 개념이 되곤 한다.
한편 불평등이 재생산되는 다양한 사회적 기제들이 때로는 관습이나 전통이라는 이름 아래 특정 사회의 본질적인 문화적 특성으로 간주되고 당연시되는 경우가 많다. 불평등은 체계적으로 조직되고 개인에 의해 경험됨으로써 문화의 주요 부분이 되었다. 그 결과 같은 문화권 내의 구성원들 사이에 권력 차이와 그에 따른 폭력이나 비인간적인 행위들이 자연스럽게 수용될 때가 많다.
문화 인류학자들은 사회 집단의 차이와 불평등, 사회의 관습 또는 전통이라고 이야기되는 문화 현상에 대해 어떤 입장을 취해야 할지 고민한다. 문화 인류학자가 이러한 문화 현상은 고유한 역사적 산물이므로 나름대로 가치를 지닌다는 입장만을 반복하거나 단순히 관찰자로서의 입장에 안주한다면 차별의 형태를 제거하는 데 도움을 줄 수 없다. 실제로 문화 인류학 연구는 기존의 권력관계를 유지시켜주는 다양한 문화적 이데올로기를 분석하고, 인간 간의 차이가 우등성과 열등성을 구분하는 지표가 아닌 동등한 다름일 뿐이라는 것을 일깨우는 데 기여해 왔다.

① 차이와 불평등
② 차이의 감지 능력
③ 문화 인류학의 역사
④ 위계화의 개념과 구조

02 수리력

01 학생 5명과 어른 6명이 놀이공원에 가는데 어른의 입장료는 학생의 입장료보다 2배 더 비싸다고 한다. 11명의 입장료를 합하여 51,000원을 냈다면 어른 1명의 입장료는 얼마인가?

① 2,500원　② 3,000원
③ 6,000원　④ 6,500원

02 A와 B는 함께 자격증 시험에 도전하였다. A가 불합격할 확률이 $\frac{2}{3}$이고 B가 합격할 확률이 60%일 때 A, B 둘 다 합격할 확률은?

① 20%　② 30%
③ 40%　④ 50%

03 어느 해의 3월 1일이 금요일이라면, 그해의 5월 25일은 무슨 요일인가?

① 목요일　② 금요일
③ 토요일　④ 일요일

04 다음 그림과 같이 한 대각선의 길이가 6으로 같은 마름모 2개가 겹쳐져 있다. 다른 대각선 길이가 각각 4, 9일 때 두 마름모의 넓이 차는?

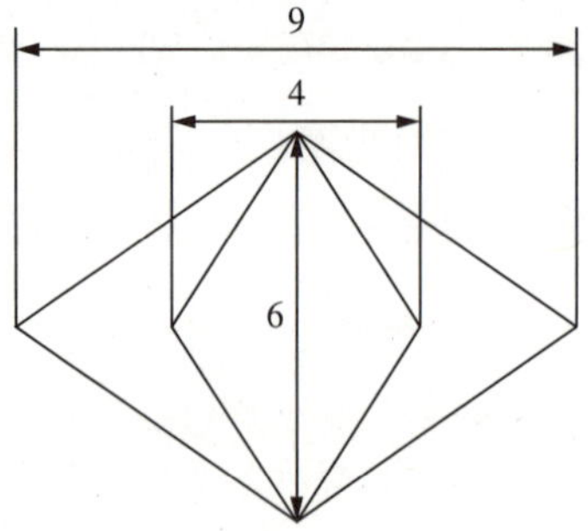

① 9　② 12
③ 15　④ 24

03 문제해결력

01 일정한 규칙으로 수를 나열할 때, 빈칸에 들어갈 수로 적절한 것은?

3 5 19   5 9 ( )   7 11 71

① 39
② 41
③ 43
④ 45

02 일정한 규칙에 따라 문자를 나열할 때, 빈칸에 들어갈 문자로 적절한 것은?

Z ( ) P K F A

① X
② W
③ V
④ U

03 다음 명제가 모두 참일 때, 반드시 참인 것은?

- 마라톤을 좋아하는 사람은 체력이 좋고, 인내심도 있다.
- 몸무게가 무거운 사람은 체력이 좋다.
- 명랑한 사람은 마라톤을 좋아한다.

① 체력이 좋은 사람은 인내심이 없다.
② 인내심이 없는 사람은 명랑하지 않다.
③ 마라톤을 좋아하는 사람은 몸무게가 가볍다.
④ 몸무게가 무겁지 않은 사람은 인내심이 있다.

04 다음 도형을 오른쪽으로 뒤집고 시계 반대 방향으로 90° 회전 후, 위로 뒤집었을 때의 모양으로 옳은 것은?

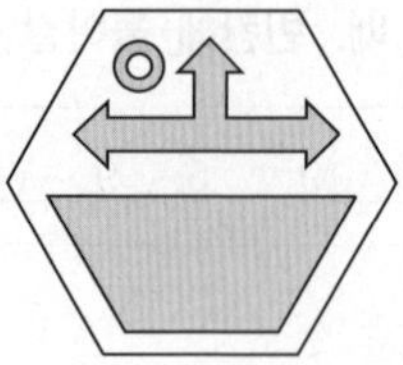

① 

② 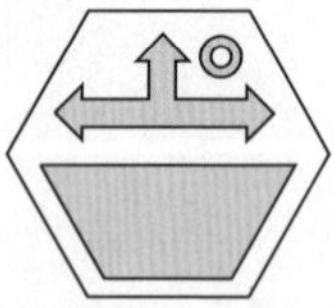

③ 

④ 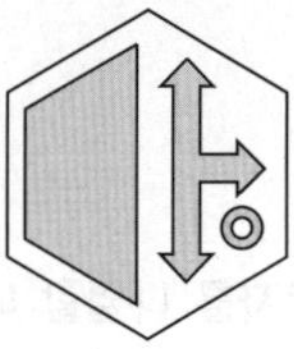

CHAPTER 05 2021년 기출복원문제

※ 정답 및 해설은 기출복원문제 바로 뒤 p.045에 있습니다.

01 언어논리력

01 하준이는 조카와 놀아주며 끝말잇기를 하고 있다. 의미를 통해 단어를 유추하여 끝말잇기를 진행한다고 할 때, 빈칸에 해당하는 단어로 가장 적절한 것은?(단, 끝말잇기에 활용되는 단어는 두 글자이다)

때를 씻어 낼 때 쓰는 물건

⇩

사방을 바라볼 수 있도록 문과 벽이 없이 다락처럼 높은 집

⇩

?

⇩

글자로 기록한 문서를 통틀어 이르는 말

① 각호
② 각서
③ 집회
④ 판서

02 다음 글을 읽고 알 수 있는 내용으로 가장 적절한 것은?

창은 채광이나 환기를 위해서, 문은 사람들의 출입을 위해서 건물 벽에 설치한 개폐가 가능한 시설이다. 일반적으로 현대적인 건축물에서 창과 문은 각각의 기능이 명확하고 크기와 형태가 달라 구별이 쉽다. 그러나 한국 전통 건축, 곧 한옥에서 창과 문은 그 크기와 형태가 비슷해서 구별하지 않는 경우가 많다. 그리하여 창과 문을 합쳐서 창호(窓戶)라고 부른다. 이것은 창호가 창과 문의 기능, 미를 공유하고 있다는 것을 의미한다. 그런데 창과 문을 굳이 구별한다면 머름이라는 건축 구성 요소를 통해 가능하다.

머름은 창 아래 설치된 낮은 창턱으로, 팔을 얹고 기대어 앉기에 편안한 높이로 하였다. 공간의 가변성을 특징으로 하는 한옥에서 창호는 핵심적인 역할을 한다. 여러 짝으로 된 큰 창호가 한쪽 벽면 전체를 대체하기도 하는데, 이때 외부에 면한 창호뿐만 아니라 방과 방 사이에 있는 창호를 열면 별개의 공간이 합쳐지면서 넓은 새로운 공간을 형성하게 된다. 창호의 개폐로 안과 밖의 공간이 연결되거나 분리되고 실내 공간의 구획이 변화되기도 하는 것이다. 이처럼 창호는 한옥의 공간 구성에서 빠트릴 수 없는 중요한 위치를 차지한다.

한편, 한옥에서 창호는 건축의 심미성이 잘 드러나는 독특한 요소이다. 창호가 열려 있을 때 방 안에서 창호와 일정 거리 떨어져 밖을 내다보면 창호를 감싸는 바깥 둘레 안으로 한 폭의 풍경화를 감상할 수 있다. 방 안의 사람이 방 밖의 자연과 완전히 소통하여 인공의 미가 아닌 자연의 미를 직접 받아들임으로써, 한옥의 실내 공간은 자연과 하나 된 심미적인 공간으로 탈바꿈한다. 열린 창호가 안과 밖, 사람과 자연 사이의 경계를 없앤 것이다.

창호가 닫혀 있을 때에는 창살 문양과 창호지가 중요한 심미적 기능을 한다. 한옥에서 창호지는 방 쪽의 창살에 바른다. 방 밖에서 보았을 때 대칭적으로 배열된 여러 창살이 서로 어울려 만들어내는 창살 문양은 단정한 선의 미를 창출한다. 창살로 구현된 다양한 문양에 따라 집의 표정을 읽을 수 있고 집주인의 품격도 알 수 있다. 방 안에서 보았을 때 창호지에 어리는 햇빛은 이른 아침에 청회색을 띠고, 대낮의 햇빛이 들어올 때는 뽀얀 우윳빛, 일과가 끝날 때쯤이면 석양의 붉은색으로 변한다. 또한 창호지가 얇기 때문에 창호가 닫혀 있더라도 외부와 소통할 수 있다. 방 안에서 바깥의 바람과 새의 소리를 들을 수 있고, 화창한 날과 흐린 날의 정서와 분위기를 느낄 수 있다. 이처럼 창호는 사람과 자연 간의 지속적인 소통을 가능케 함으로써 양자가 서로 조화롭게 어울리도록 한다.

① 한옥의 창살은 방 안쪽으로 노출되어 있다.
② 한옥에서 창살 문양은 집주인의 품격을 나타내는 표지가 된다.
③ 한옥의 방에서 바라보면 창호지에 어린 색채는 종일 일정하다.
④ 한옥의 머름은 한쪽 벽면 전체를 대체할 수 있는 건축 구성 요소이다.

03 다음 글의 빈칸에 들어갈 접속어로 적절한 것끼리 바르게 짝지어진 것은?

> 앞으로는 공무원이 공공기관 민원시스템에서 신고성 민원 등의 서류를 출력해도 민원인 정보는 자동으로 삭제된다. ㉠ 민원인 정보를 제3자에게 제공할 때도 유의사항 등을 담은 세부 처리지침이 조성된다. 국민권익위원회는 이 같은 내용을 담은 '공공기관 민원인 개인정보 보호 강화방안'을 마련해 499개 공공기관과 행정안전부에 제도 개선을 권고했다. 권고안에는 민원담당 공무원이 기관별 민원시스템에서 신고성 민원 등의 내용을 출력해도 민원인 이름 등 개인정보는 자동으로 삭제되고 민원 내용만 인쇄되도록 하는 내용이 담겨 있다. 이와 함께 민원인 정보를 제3자에게 제공할 때 민원담당자가 지켜야 하는 세부 처리지침을 '민원행정 및 제도개선 기본지침'에 반영하도록 했다. 특히 각 기관에서 신고성 민원을 처리할 때 민원인 비밀보장 준수, 신고자 보호·보상제도 안내 등 관련 유의사항이 담기도록 했다.
>
> 그간 개인정보보호를 위한 정부의 노력에도 불구하고 민원처리 과정에서 민원인 정보가 유출되어 국민의 권익이 침해되는 사례가 지속해서 발생하고 있었다. ㉡ 민원처리 지침 등에는 민원인 정보 유출 관련 주의사항, 처벌 규정 등만 명시되어 있을 뿐 민원인 정보를 제3자에게 제공할 수 있는 범위와 한계 등에 관한 규정이 없었다. 기관별로 접수되는 신고성 민원은 내용과 요건에 따라 부패·공익신고에 해당할 경우 신고자 보호 범위가 넓은 「공익신고자 보호법」 등에 따라 처리되어야 함에도 민원 담당자들이 이를 제대로 알지 못해 신고자 보호 규정을 제대로 준수하지 못했다. 따라서 이를 보완하려는 후속 조치가 마련된 것이다.
>
> 국민권익위원회의 권익개선정책국장은 "이번 제도개선으로 공공기관 민원처리 과정에서 신고성 민원 등을 신청한 민원인의 개인정보가 유출되는 사례를 방지할 수 있을 것"이라며 "앞으로도 국민권익위 정부 혁신 실행과제인 '국민의 목소리를 반영한 생활밀착형 제도개선'을 적극 추진하겠다."라고 말했다.

	㉠	㉡
①	또한	한편
②	또한	그러나
③	그러므로	그러나
④	그러므로	한편

02 수리력

01 민호는 자신의 집에서 수지네 집으로 3m/s의 속력으로 가고 수지는 자신의 집에서 민호네 집으로 2m/s의 속력으로 간다. 민호와 수지네 집은 900m 떨어져 있고 수지가 민호보다 3분 늦게 출발했을 때, 민호는 집에서 출발한 지 얼마 만에 수지와 만나는가?(단, 민호와 수지네 집 사이의 길은 한 가지밖에 없다)

① 1분 12초　　② 2분 12초
③ 3분 12초　　④ 4분 12초

02 어느 빵집에서 개당 재료비 5만 원을 들여 만든 케이크 50개를 10%의 이윤을 남기고 판매하려 했는데, 재료 수급에 문제가 생겨 20개밖에 만들 수 없게 되었다. 원래의 계획대로 50개를 만들어 판매할 때 남는 이윤과 같은 이윤을 남기기 위해서는 케이크의 판매가를 얼마로 책정해야 하는가? (단, 만들어진 케이크는 모두 판매한다고 가정하여 이윤을 계산한다)

① 57,500원　　② 59,000원
③ 60,000원　　④ 62,500원

03 30명의 남학생 중에서 16명, 20명의 여학생 중에서 14명이 수학여행으로 국외를 선호한다. 전체 50명의 학생 중 임의로 선택한 1명이 국내 여행을 선호하는 학생일 때, 이 학생이 남학생일 확률은?

① $\frac{3}{5}$　　② $\frac{7}{10}$
③ $\frac{4}{5}$　　④ $\frac{9}{10}$

04 다음은 10대 무역수지 흑자국에 대한 자료이다. 미국의 2018년 대비 2020년의 흑자액 증가율은 얼마인가?(단, 소수점 둘째 자리에서 반올림한다)

〈10대 무역수지 흑자국〉

(단위 : 백만 달러)

구분	2018년		2019년		2020년	
	국가명	금액	국가명	금액	국가명	금액
1	중국	32,457	중국	45,264	중국	47,779
2	홍콩	18,174	홍콩	23,348	홍콩	28,659
3	마샬군도	9,632	미국	9,413	싱가포르	11,890
4	미국	8,610	싱가포르	7,395	미국	11,635
5	멕시코	6,161	멕시코	7,325	베트남	8,466
6	싱가포르	5,745	베트남	6,321	멕시코	7,413
7	라이베리아	4,884	인도	5,760	라이베리아	7,344
8	베트남	4,780	라이베리아	5,401	마샬군도	6,991
9	폴란드	3,913	마샬군도	4,686	브라질	5,484
10	인도	3,872	슬로바키아	4,325	인도	4,793

① 35.1%
② 37.8%
③ 39.9%
④ 41.5%

03 문제해결력

01 일정한 규칙에 따라 수를 나열할 때, 빈칸에 들어갈 수로 적절한 것은?

2	3	1	-0.7	( )	-4.9	$\frac{1}{4}$	-9.6

① $\frac{1}{2}$
② -1
③ -2.5
④ -3

02 현수, 주현, 지연, 재현, 형호는 한 유명 가수의 첫 공연을 보기 위해 각자 표를 예매하기로 했다. 모두 서로 다른 열의 좌석을 예매했을 때, 다음을 읽고 바르게 추론한 것은?(단, 앞 열일수록 무대와 가깝다)

- 현수의 좌석은 지연이와 주현이의 좌석보다 무대와 가깝다.
- 재현이의 좌석은 지연이의 좌석보다 앞이고, 형호의 좌석보다는 뒤이다.
- 무대와 형호의 좌석 간 거리는 무대와 현수의 좌석 간 거리보다 길다.
- 주현이의 좌석이 무대와 가장 멀리 떨어져 있다.

① 형호는 현수와 재현 사이의 좌석을 예매했다.
② 형호는 현수 바로 뒤의 좌석을 예매했다.
③ 형호는 재현이와 지연 사이의 좌석을 예매했다.
④ 현수는 다섯 명 중 가장 뒤쪽 열의 좌석을 예매했다.

03 K기업은 2021년을 맞이하여 이웃과 함께하는 봉사 프로젝트 준비를 위해 회의를 진행하려고 한다. 다음 〈조건〉에 따라 준비한다고 할 때 항상 참인 것은?

조건

- 회의장을 세팅하는 사람은 회의록을 작성하지 않는다.
- 회의에 쓰일 자료를 복사하는 사람은 자료 준비에 참여한 것이다.
- 자료 준비에 참여하는 사람은 회의장 세팅에 참여하지 않는다.
- 자료 준비를 하는 사람은 회의 중 회의록을 작성한다.

① A사원이 회의록을 작성하면 회의 자료를 준비한다.
② B사원이 회의록을 작성하지 않으면 회의 자료를 복사하지 않는다.
③ C사원이 회의에 쓰일 자료를 복사하면 회의록을 작성하지 않는다.
④ D사원이 회의장을 세팅하면 회의 자료를 복사한다.

04 다음 제시된 도형을 회전할 때 나올 수 있는 도형으로 옳은 것은?

① 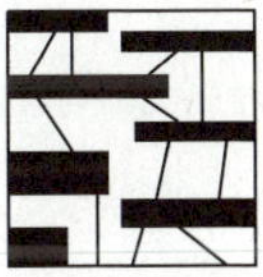

② 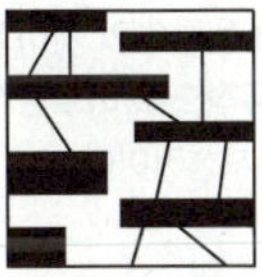

③ 

④ 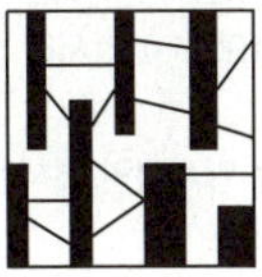

CHAPTER 01 2025년 기출복원문제 정답 및 해설

01 언어논리력

01	02	03	04	05	06
④	③	③	③	②	③

01

정답 ④

제시문과 ④의 '열다'는 '다른 사람에게 어떤 일에 대하여 터놓거나 이야기를 시작하다.'라는 의미로 쓰였다.

오답분석

① 사업이나 경영 따위의 운영을 시작하다.
② 자기의 마음을 다른 사람에게 터놓거나 다른 사람의 마음을 받아들이다.
③ 새로운 기틀을 마련하다.

02

정답 ③

③을 제외한 선택지에서의 '되다'는 '시간이나 공간 따위가 비거나 여유가 생기다.'라는 동사로 쓰였다. ③의 '되다'는 동사가 아닌 형용사로 '반죽이나 밥 따위가 물기가 적어 빡빡하다.'라는 의미이다.

03

정답 ③

'또래'는 '나이나 수준이 서로 비슷한 무리'를 뜻한다. 유의어로는 동배, 동년배, 동류 등이 있다.

04

정답 ③

제시문은 반복되는 구조적 무관심과 제도 개선에 대한 정부의 안일한 태도 때문에 공장 화재 사고가 계속 일어난다고 지적하고 있다. 견원지간(犬猿之間)은 '개와 원숭이의 사이'라는 뜻으로, 사이가 매우 나쁜 두 관계를 비유적으로 이르는 말이다. 제시문의 내용과는 관련이 없는 한자성어이다.

오답분석

① 하석상대(下石上臺) : '아랫돌 빼서 윗돌 괴고 윗돌 빼서 아랫돌 괸다.'라는 뜻으로, 임시변통으로 이리저리 둘러맞춤을 이르는 말이다.
② 미봉지책(彌縫之策) : 눈가림만 하는 일시적인 계책을 이르는 말이다.
④ 고식지계(姑息之計) : 우선 당장 편한 것만을 택하는 꾀나 방법을 뜻한다. 한때의 안정을 얻기 위하여 임시로 이리저리 주선하여 꾸며 내는 계책을 이르는 말이다.

05

정답 ②

해외시장에서 종이책이 선전함으로써 전자책 이용률이 정체되었다고 하였다. 하지만 이것만으로 전자책이 종이책보다 경쟁력이 뒤처졌다고 판단할 수 없으며, 국내시장에서의 전자책과 종이책은 서로 보완재, 동력자의 역할로 상생하고 있다고 하였으므로 ②는 적절하지 않은 판단이다.

오답분석

① 일곱 번째 문단을 통해 알 수 있다.
③ 두 번째 문단과 마지막 문단을 통해 알 수 있다.
④ 첫 번째 문단을 통해 알 수 있다.

06

정답 ③

어부지리(漁夫之利)는 두 사람이 이해관계로 서로 싸우는 사이에 엉뚱한 사람이 애쓰지 않고 가로챈 이익을 이르는 말이다. '말'과는 관련이 없는 한자성어이다.

오답분석

① 언중유골(言中有骨) : 말 속에 뼈가 있다는 뜻으로, 예사로운 말 속에 단단한 속뜻이 들어 있음을 이르는 말
② 중언부언(重言復言) : 이미 한 말을 자꾸 되풀이함. 또는 그런 말
④ 촌철살인(寸鐵殺人) : 한 치의 쇠붙이로도 사람을 죽일 수 있다는 뜻으로, 간단한 말로도 남을 감동하게 하거나 남의 약점을 찌를 수 있음을 이르는 말

02 수리력

01	02	03	04	05	06
②	④	④	①	④	②

01

정답 ②

총수업시간은 30분씩 6회이므로 180분, 총휴식시간은 15분씩 5회이므로 75분이다. 총소요시간은 $180+75=255$분$=4$시간 15분이다. 따라서 마지막 수업이 끝나는 시각은 수업 시작 시간인 8시 50분에서 4시간 15분 후로, 오후 1시 5분이다.

02

정답 ④

총 40경기 중에서 17경기를 치른 상태이므로 남은 경기 수는 23회이다. 23회를 모두 이겼다고 가정하면 40경기 중 총 38경기를 이긴 것이므로 D고등학교의 최종 승률은 $\frac{38}{40}\times100$ $=95\%$이다.

03

정답 ④

매달 내는 이자가 325,000원이면, 1년간 내는 이자를 구하면 $325,000\times12=3,900,000$원이다.

[연 이율(%)]=(연 이자÷대출금)×100이므로, 연 이율은 $\frac{3,900,000}{100,000,000}\times100=3.9\%$이다.

04

정답 ①

빵 1개를 먹는 데 A는 2분, B는 3분, C는 6분이 걸리므로, 1분에 빵 $\frac{1}{2}$개, $\frac{1}{3}$개, $\frac{1}{6}$개를 먹는 것과 같다. 그러므로 이들 셋이 함께 1분에 먹는 빵의 개수는 다음과 같다.

$\frac{1}{2}+\frac{1}{3}+\frac{1}{6}=\frac{3+2+1}{6}=1$개

따라서 6개의 빵을 먹으려면 총 6분이 소요된다.

05

정답 ④

(차례로 꺼낸 3개의 구슬 중 파란색 구슬이 있을 확률)

$=1-$(파란색 구슬을 한 번도 뽑지 않을 확률)

$1-\frac{12}{15}\times\frac{11}{14}\times\frac{10}{13}=1-\frac{44}{91}=\frac{47}{91}$

06

정답 ②

2016 ~ 2020년 교육기관으로 등록된 수의 평균을 구하면 다음과 같다.

$(17+15+12+7+4)\div5=11$

따라서 평균은 11개소이다.

오답분석

① 2024년 교육기관 등록 수는 2023년보다 증가했다.

③ 2018년 전년 대비 등록 감소 폭은 3개소, 2022년은 2개소이다.

④ 해당 자료만으로는 교육기관 총등록현황을 알 수 없다.

03 문제해결력

01	02	03	04	05
④	④	②	④	①

01

정답 ④

-2, $\times2$, -3, $\times3$, -4, $\times4$, …인 수열이다.

따라서 (　)$=35\times4=140$이다.

02

정답 ④

'채소를 좋아한다.'를 A, '해산물을 싫어한다.'를 B, '디저트를 싫어한다.'를 C라고 하면 첫 번째 명제는 A → B로 표현할 수 있다. 마지막 명제는 ~C → ~A로 표현할 수 있고 이의 대우 명제는 A → C이다. 따라서 빈칸에는 B → C가 와야 하므로 이의 대우 명제인 ④가 적절하다.

03

정답 ②

조건을 종합해 봤을 때 가장 먼저 들어온 사람은 E임을 알 수 있다. 두 번째로 들어온 사람은 A이다. C와 D는 연달아 들어왔고, 세 번째 조건에서 B가 가장 마지막에 들어왔다고 했으므로 E－A－C－D－B 순서로 나열하는 것이 옳다.

04

정답 ④

A와 B의 진술은 모순된다. 문제에서 한 명이 거짓말을 한다고 하였으므로, A와 B 둘 중 한 명이 거짓말을 하였다.

i) A가 거짓말을 했을 경우

1층	2층	3층	4층	5층
C	D	B	A	E

ii) B가 거짓말을 했을 경우

1층	2층	3층	4층	5층
B	D	C	A	E

따라서 두 경우를 고려했을 때, A는 항상 D보다 높은 층에서 내린다.

05

정답 ①

원탁 자리에 다음과 같이 임의로 번호를 지정하고, 기준이 되는 C를 앉히고 나머지를 배치한다.

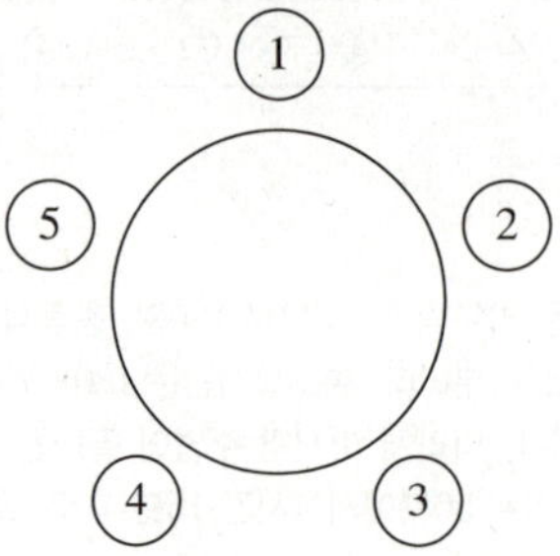

C를 1번에 앉히면, 첫 번째 조건에서 C 바로 옆에 E가 앉아야 하므로 E는 5번 또는 2번에 앉는다. 만약 E를 2번에 앉히고, 세 번째 조건에 따라 A, D가 4번과 3번에 앉으면 B가 5번에 앉게 되어 첫 번째 조건에 부합하지 않는다. 또한 A가 5번, D가 4번에 앉는 경우 B는 3번에 앉게 되지만 두 번째 조건에서 D와 B는 나란히 앉을 수 없어 불가능하다.
E를 5번에 앉히고 A는 3번, D는 2번에 앉게 되면 B는 4번에 앉아야 하므로 모든 조건을 만족하게 된다.
따라서 C를 첫 번째로 하여 시계 방향으로 세 번째에 앉는 사람은 A이다.

CHAPTER 02 2024년 기출복원문제 정답 및 해설

01 언어논리력

01	02	03		
④	①	③		

01

정답 ④

제시문은 부채위기를 해결하려는 유럽 국가들이 당장 눈앞에 닥친 위기만을 극복하기 위해 임시방편으로 대책을 세우는 것을 비판하는 글이다. 따라서 이와 관련 있는 한자성어는 '아랫돌 빼서 윗돌 괴고, 윗돌 빼서 아랫돌 괴기'라는 뜻으로, 임기응변으로 어려운 일을 처리함을 의미하는 '하석상대(下石上臺)'이다.

오답분석

① 피발영관(被髮纓冠) : '머리를 흐트러뜨린 채 관을 쓴다.'라는 뜻으로 머리를 손질할 틈이 없을 만큼 바쁨을 의미하는 말
② 탄주지어(呑舟之魚) : '배를 삼킬 만한 큰 고기'라는 뜻으로 큰 인물을 비유하는 말
③ 양상군자(梁上君子) : '들보 위의 군자'라는 뜻으로 도둑을 지칭하는 말

02

정답 ①

'물체(화살)를 쏘거나 던져서 어떤 물체(과녁)에 닿게 하다.'라는 의미의 단어는 '맞히다'이다. 따라서 '과녁에 화살을 맞히다.'로 표기하는 것이 옳다.

- 맞히다 : 1. 문제에 대한 답을 틀리지 않게 하다.
  2. 물체를 쏘거나 던져서 어떤 물체에 닿게 하다.
- 맞추다 : 1. 서로 떨어져 있는 부분을 제자리에 맞게 대어 붙이다.
  2. 서로 어긋남이 없이 조화를 이루다.

03

정답 ③

제시문에 따르면 역사의 가치는 변하는 것이며, 시대나 사회의 흐름에 따라 달라지는 상대적인 것이다.

02 수리력

01	02	03	04	05
②	①	②	③	③

01

정답 ②

A의 집과 B의 집 사이의 거리를 $x$km, A의 집에서 주차장까지 걸린 시간을 y시간이라고 하자.

A의 집과 B의 집 사이의 거리와 B의 집에서 주차장까지의 거리를 구하면 다음과 같다.

$70\times\left(y+\frac{30}{60}\right)-55\times y=x$ …㉠

$70\times\left(y+\frac{30}{60}\right)=49\text{km}$

$\rightarrow y+\frac{30}{60}=\frac{49}{70}$

$\rightarrow y+0.5=0.7$

$\therefore\ y=0.2$

y는 0.2시간임을 알 수 있고, ㉠에 y를 대입하여 x를 구하면 $x=49-55\times0.2=38$이다.

따라서 A의 집과 B의 집 사이의 거리는 38km이다.

02

정답 ①

두 개의 주사위를 굴려서 나올 수 있는 모든 경우의 수는 $6\times6=36$가지이고, 눈의 합이 2 이하가 되는 경우는 주사위의 눈이 (1, 1)인 경우이다.

따라서 눈의 합이 2 이하가 나오는 확률은 $\frac{1}{36}$이다.

03

정답 ②

M1의 오류 인쇄물은 $50,000\times0.05=2,500$장이고, M2는 $40,000\times0.04=1,600$장이다.

$\frac{2,500}{2,500+1,600}\times100\fallingdotseq60.9\%$이므로 방금 나온 오류 인쇄물이 M1에서 나온 오류 인쇄물일 확률은 61%이다.

04 정답 ③

5명을 한 팀으로 조직했을 때 만들어지는 팀의 수를 x개라고 하면 다음과 같은 식이 성립한다.

$5\times x+2=6\times(x-2)$

$\therefore\ x=14$

따라서 만들어지는 팀은 총 14팀이다.

05 정답 ③

각 사업 형태의 수익률을 구하면 다음과 같다.

- 개인경영 : $\left(\frac{270}{150}-1\right)\times100=80\%$
- 회사법인 : $\left(\frac{40}{25}-1\right)\times100=60\%$
- 회사 이외의 법인 : $\left(\frac{17}{10}-1\right)\times100=70\%$
- 비법인 단체 : $\left(\frac{3}{2}-1\right)\times100=50\%$

따라서 수익률이 가장 높은 사업 형태는 개인경영이다.

오답분석

① 사업체 수를 보면 다른 사업 형태보다 개인경영 사업체 수가 많은 것을 확인할 수 있다.

② 사업체 1개당 매출액을 구하면 다음과 같다.

- 개인경영 : $\frac{270}{900}=0.3$ → 3억 원
- 회사법인 : $\frac{40}{50}=0.8$ → 8억 원
- 회사 이외의 법인 : $\frac{17}{85}=0.2$ → 2억 원
- 비법인 단체 : $\frac{3}{15}=0.2$ → 2억 원

따라서 사업체 1개당 매출액이 가장 큰 예식장 사업 형태는 회사법인이다.

④ 개인경영 형태의 예식장 수익률은 80%로 비법인 단체 형태의 예식장 수익률인 50%의 2배인 100% 미만이다.

03 문제해결력

01	02	03	04	
④	④	③	④	

01 정답 ④

[(앞의 항)+7]×2=(뒤의 항)인 수열이다.

따라서 (　)=(178+7)×2=370이다.

02 정답 ④

홀수 항은 2씩 더하고, 짝수 항은 2씩 곱하는 수열이다.

H	ㄷ	(J)	ㅂ	L	ㅌ
8	3	10	6	12	12

03 정답 ③

두 번째 조건에 따라 둘째 날에는 2시간 또는 1시간 30분의 발 마사지 코스를 선택할 수 있다.

- 둘째 날에 2시간의 발 마사지 코스를 선택하는 경우 첫째 날에는 2시간, 셋째 날에는 1시간, 넷째 날에는 1시간 30분 동안 발 마사지를 받는다.
- 둘째 날에 1시간 30분의 발 마사지 코스를 선택하는 경우 첫째 날에는 2시간, 셋째 날에는 30분, 넷째 날에는 1시간 또는 1시간 30분 동안 발 마사지를 받는다.

따라서 현수는 셋째 날에 가장 짧은 마사지 코스를 선택하였다.

04 정답 ④

숙소 배정조건과 B대리가 다리를 다친 상황을 반영하면 다음과 같다.

구분	1동	2동	3동
2층	A과장	D주임	C대리
1층	F사원	E주임	B대리

따라서 1동 1층 호실을 배정받을 직원은 F사원이다.

CHAPTER 03 2023년 기출복원문제 정답 및 해설

01 언어논리력

01	02	03		
③	④	④		

01 정답 ③

마지막 문단의 '선비들은 어려서부터 머리가 희어질 때까지 오직 글쓰기나 서예 등만 익혔을 뿐이므로 갑자기 지방관리가 되면 당황하여 어찌할 바를 모른다.'를 통해 형벌에 대한 사대부들의 무지를 비판하고 있음을 알 수 있다.

02 정답 ④

사랑과 관련하여 여러 형태의 빛 신호를 가지고 있는 반딧불이를 소개하고, 이들이 단체로 빛을 내면 장관을 이룬다는 내용의 (라) 문단이 맨 처음에 와야 한다. 다음으로는 (라) 문단의 마지막 내용과 연결되는 (나) 문단이 이어지는 것이 자연스럽다. 그리고 단독으로 행동하기를 좋아하는 반딧불이가 짝을 찾는 모습을 소개한 (마) 문단이 이어져야 하며, 그러한 특성을 이용해 먹잇감을 찾는 반딧불이의 종류를 설명하는 (가) 문단이 뒤따라야 한다. (다) 문단은 (가) 문단에 이어지는 내용이므로 그 뒤에 배치되어야 한다.

03 정답 ④

밑줄 친 ㉣의 앞뒤 문맥에 따르면 재산이 많은 사람은 약간의 세율 변동에도 큰 영향을 받는다. 따라서 '영향이 크기 때문에'로 수정해야 한다.

02 수리력

01	02	03	04	
③	④	③	④	

01 정답 ③

본점에서 A지점까지 가는 데 걸린 시간은 $\frac{20}{60}+\frac{30}{90}=\frac{2}{3}$시간으로, 40분이다.

따라서 오후 2시 20분에 본점에서 나왔다는 것을 알 수 있다.

02 정답 ④

올라갈 때 달린 거리를 $x$km라고 하자.

$\frac{x}{10}+\frac{x+10}{20}=5$

→ $20x+10(x+10)=1,000$

→ $30x=900$

∴ $x=30$

따라서 올라갈 때 달린 거리는 30km이다.

03 정답 ③

팀장의 나이를 x세라고 할 때, 과장의 나이는 $(x-4)$세, 대리는 31세, 사원은 25세이다. 과장과 팀장의 나이 합이 사원과 대리의 나이 합의 2배이므로 다음과 같은 식이 성립한다.

$x+(x-4)=2\times(31+25)$

→ $2x-4=112$

∴ $x=58$

따라서 팀장의 나이는 58세이다.

04

정답 ④

변 BC를 $x$cm라고 하고 변 AC를 $y$cm라고 할 때, 피타고라스의 정리에 의해 다음과 같은 식이 성립한다.

$18^2+x^2=y^2$

→ $y^2-x^2=324$

→ $(y+x)(y-x)=324$ ⋯ ㉠

직각삼각형 ABC의 둘레의 길이가 72cm라고 하였으므로 다음과 같은 식이 성립한다.

$x+y+18=72$

→ $x+y=54$ ⋯ ㉡

㉡을 ㉠에 대입하면 다음과 같다.

$54(y-x)=324$

→ $y-x=6$ ⋯ ㉢

㉡과 ㉢을 더하면 다음과 같다.

$2y=60$

$\therefore y=30$

이를 ㉢에 대입하면 $30-x=6$이다.

$\therefore x=24$

따라서 직각삼각형 ABC의 넓이는 $24\times18\times\frac{1}{2}=216\text{cm}^2$이다.

03 문제해결력

01	02	03	04	
④	②	①	④	

01

정답 ④

지원자 4의 진술이 거짓이면 지원자 5의 진술도 거짓이고, 지원자 4의 진술이 참이면 지원자 5의 진술도 참이다. 즉, 1명의 진술만 거짓이므로 지원자 4, 5의 진술은 참이다. 그러면 지원자 1과 지원자 2의 진술이 모순되므로 각각의 진술이 참인 경우를 정리하면 다음과 같다.

- 지원자 1의 진술이 참인 경우
  지원자 2는 A부서에 선발되었고, 지원자 3은 B 또는 C부서에 선발되었다. 이때, 지원자 3의 진술에 따라 지원자 4가 B부서, 지원자 3이 C부서에 선발되었다.
  ∴ A부서 : 지원자 2, B부서 : 지원자 4, C부서 : 지원자 3, D부서 : 지원자 5
- 지원자 2의 진술이 참인 경우
  지원자 3은 A부서에 선발되었고, 지원자 2는 B 또는 C부서에 선발되었다. 이때, 지원자 3의 진술에 따라 지원자 4가 B부서, 지원자 2가 C부서에 선발되었다.
  ∴ A부서 : 지원자 3, B부서 : 지원자 4, C부서 : 지원자 2, D부서 : 지원자 5

따라서 지원자 4는 항상 B부서에 선발된다.

02

정답 ②

첫 번째 결과에 따라 A과장은 네 지역으로 모두 출장을 가므로 E사원과 함께 광주광역시로 출장을 가는 직원은 A과장임을 알 수 있다. 다음으로 두 번째 결과에 따라 모든 특별시에는 A과장과 B대리가 출장을 가므로 C대리와 D대리는 특별시로 함께 출장을 갈 수 없다. 결국 세 번째 결과에서 C대리와 D대리가 함께 출장을 가는 지역은 인천광역시임을 알 수 있다. 또한 마지막 결과에 따라 한 지역으로만 출장을 가는 사람은 E사원뿐이므로 C대리와 D대리는 세종특별시 또는 서울특별시 중 한 곳으로 더 출장을 가야 하는 것을 알 수 있다. 출장 지역에 따른 팀원을 정리하면 다음과 같다.

구분	세종특별시	서울특별시	광주광역시	인천광역시
경우 1	A과장, B대리, C대리	A과장, B대리, D대리	A과장, E사원	A과장, C대리, D대리
경우 2	A과장, B대리, D대리	A과장, B대리, C대리	A과장, E사원	A과장, C대리, D대리

따라서 항상 참인 것은 'D대리는 E사원과 함께 출장을 가지 않는다.'이다.

03

정답 ①

직원 A ~ E 중 직원 C는 직원 E의 성과급이 늘었다고 하였고, 직원 D는 직원 E의 성과급이 줄었다고 하였으므로 직원 C와 D 중 1명은 거짓말을 하고 있다.

- 직원 C가 거짓말을 하고 있는 경우
  직원 B – A – D 순으로 성과급이 늘었고, 직원 C와 E는 성과급이 줄어들었다.
- 직원 D가 거짓말을 하고 있는 경우
  직원 B – A – D 순으로 성과급이 늘었고, 직원 C와 E도 성과급이 늘었지만, 순위는 알 수 없다.

따라서 어떤 경우이든 직원 B의 성과급이 가장 많이 올랐음을 알 수 있다.

04

정답 ④

제시된 조건을 표로 정리하면 다음과 같다.

구분	월	화	수	목	금	토	일
첫째	○	×		×	○		
둘째						○	
셋째							○
넷째			○				

첫째는 화·목요일에 병간호를 할 수 없고, 수·토·일요일은 다른 형제들이 간호를 하므로 월·금요일에 병간호를 할 것이다.

둘째와 셋째에게 남은 요일은 화·목요일이다. 그러나 둘 중 누가 화요일 또는 목요일에 간호를 할지는 알 수 없다.

CHAPTER 04 2022년 기출복원문제 정답 및 해설

01 언어논리력

01	02	03	04	
②	④	②	④	

01

정답 ②

형용사 '같다'의 활용형인 '같은'은 앞말과 띄어 써야 하므로 '호랑이 같은'으로 쓴다. 다만 '불꽃같다'와 같은 합성 형용사의 어간 뒤에 어미 '-은'을 붙여 활용할 때는 '불꽃같은'처럼 붙여 쓴다.

오답분석

① '같이'가 체언 뒤에 붙어 조사로 쓰이는 경우 앞말과 붙여 쓴다.

④ '같이'가 주로 격조사 '와(과)'나 여럿임을 뜻하는 말 뒤에서 부사로 쓰이는 경우 앞말과 띄어 쓴다.

02

정답 ④

제시문은 부지런함에 대해 말하고 있으므로, '일찍 일어나는 새가 벌레를 잡는다.'라는 속담과 어울린다.

오답분석

① 백짓장도 맞들면 낫다. : 쉬운 일이라도 협력하여 하면 훨씬 쉽다.

② 작은 것부터 큰 것이 이루어진다. : 아무리 큰 일이라도 시작은 작은 일이다.

③ 사공이 많으면 배가 산으로 간다. : 주관하는 사람 없이 여러 사람이 자기주장만 내세우면 일이 제대로 되기 어렵다.

03

정답 ②

제시문은 개념상으로 구별되는 기본권과 인권의 차이에 대하여 설명하고 있다. 먼저 제시된 문장에서는 개념상으로 인권과 기본권이 구별된다고 언급하고 있으므로 이어질 내용에서는 인권과 기본권의 차이에 대하여 구체적으로 언급하는 것이 적절하다. 따라서 (나) 인권과 기본권의 차이점 – (가) 기본권에 대한 보충 설명 – (라) 주관적 공권으로서의 성격을 가지는 기본권 – (다) 성질에 따라 견해가 나뉘는 주관적 공권으로서의 권리 순서로 이어지는 것이 적절하다.

04

정답 ④

제시문의 첫 문단에서 위계화의 개념을 설명하고, 이러한 불평등의 원인과 구조에 대해 살펴보고 있다.
따라서 제목으로는 '위계화의 개념과 구조'가 적절하다.

02 수리력

01	02	03	04	
③	①	③	③	

01

정답 ③

학생, 어른의 입장료를 각각 x원, $2x$원이라고 하면 다음과 같은 식이 성립한다.

$5x+6\times2x=51,000$

$\therefore x=3,000$

따라서 어른 1명의 입장료는 $2x=6,000$원이다.

02

정답 ①

A가 합격할 확률은 $\frac{1}{3}$이고 B가 합격할 확률은 $\frac{3}{5}$이다.

따라서 A, B 둘 다 합격할 확률은 $\frac{1}{3}\times\frac{3}{5}=\frac{3}{15}=\frac{1}{5}=20\%$이다.

03

정답 ③

3월 1일에서 5월 25일까지 일수는 30+30+25=85일이다.

$85\div7=12 \cdots 1$

따라서 5월 25일은 토요일이다.

04

정답 ③

(마름모의 넓이)=(한 대각선의 길이)×(다른 대각선의 길이)×$\frac{1}{2}$이므로 다음과 같은 식이 성립한다.

$\left(9\times6\times\frac{1}{2}\right)-\left(4\times6\times\frac{1}{2}\right)=27-12=15$

따라서 두 마름모의 넓이 차는 15이다.

03 문제해결력

01	02	03	04	
③	④	②	③	

01

정답 ③

$\underline{A\ \ B\ \ C} \rightarrow A^2+2B=C$

따라서 (　)$=5^2+2\times9=43$이다.

02

정답 ④

앞의 항에서 5씩 빼는 수열이다.

Z	(U)	P	K	F	A
26	21	16	11	6	1

03

정답 ②

제시된 명제를 정리하면 '명랑한 사람 → 마라톤을 좋아함 → 체력이 좋고, 인내심도 있음'이므로 '명랑한 사람은 인내심이 있다.'가 성립된다.

따라서 이 명제의 대우인 '인내심이 없는 사람은 명랑하지 않다.'는 항상 참이다.

04

정답 ③

도형을 오른쪽으로 뒤집으면 ②, 이를 시계 반대 방향으로 90° 회전하면 ①, 다시 위로 뒤집으면 ③의 도형이 된다.

CHAPTER 05 2021년 기출복원문제 정답 및 해설

01 언어논리력

01	02	03		
②	②	②		

01

정답 ②

'비누' → '누각' → ? → '서류'의 순서로 끝말잇기가 진행된다. 따라서 빈칸에 해당하는 단어로는 '약속을 지키겠다는 내용을 적은 문서'를 뜻하는 '각서'가 가장 적절하다.

오답분석

① 각호(各戶) : 각각의 집
③ 집회(集會) : 여러 사람이 어떤 목적을 위하여 일시적으로 모임
④ 판서(板書) : 칠판에 분필로 글을 씀

02

정답 ②

마지막 문단의 '창살로 구현된 다양한 문양에 따라 집의 표정을 읽을 수 있고 집주인의 품격도 알 수 있다.'를 통해 ②의 내용을 알 수 있다.

03

정답 ②

㉠ 앞의 문장에서는 앞으로 변경되는 민원인 정보 처리 방안을, ㉠ 뒤의 문장에서는 민원인 정보와 관련하여 새롭게 조성되는 세부 처리지침을 이야기하므로 ㉠에는 '또한'이 들어가는 것이 적절하다.
㉡ 앞의 문장을 보면 민원인 정보 유출로 인해 국민의 권익이 침해되는 사례가 지속적으로 발생하고 있었지만, ㉡ 뒤의 문장에서는 민원인 정보를 제3자에게 제공할 수 있는 범위와 한계에 관한 규정이 없었다고 이야기하므로 ㉡에는 역접의 접속어인 '그러나'가 적절하다.

02 수리력

01	02	03	04	
④	④	②	①	

01

정답 ④

민호가 이동한 시간을 x초, 수지가 이동한 시간을 $(x-180)$초라고 하면 다음과 같은 식이 성립한다.

$3x+2(x-180)=900$

$\therefore x=252$

따라서 민호는 출발한 지 4분 12초 후에 수지와 만난다.

02

정답 ④

케이크 재료비는 개당 50,000원이고, 케이크를 50개 만들었을 때 남는 이윤은 $50,000\times0.1\times50=250,000$원이다.
케이크를 20개 만들었을 때의 재료비는 $50,000\times20=1,000,000$원이므로 다음과 같은 식이 성립한다.

$\frac{1,000,000+250,000}{20}=62,500$

따라서 개당 62,500원으로 판매가를 책정해야 50개를 만들었을 때 남는 이윤과 같은 이윤을 남길 수 있다.

03

정답 ②

- 국내 여행을 선호하는 남학생 수 : $30-16=14$명
- 국내 여행을 선호하는 여학생 수 : $20-14=6$명
- 국내 여행을 선호하는 학생 수 : $14+6=20$명

따라서 구하고자 하는 확률은 $\frac{14}{20}=\frac{7}{10}$이다.

04

정답 ①

2018년 8,610백만 달러에서 2020년 11,635백만 달러로 증가했다.
따라서 증가율은 $\{(11,635-8,610)\div8,610\}\times100\fallingdotseq35.1\%$이다.

03 문제해결력

01	02	03	04	
①	①	②	①	

01
정답 ①

홀수 항은 $\times\frac{1}{2}$, 짝수 항은 -3.7, -4.2, -4.7, …인 수열이다.

따라서 ( )$=1\times\frac{1}{2}=\frac{1}{2}$ 이다.

02
정답 ①

주어진 조건에 따라 좌석을 무대와 가까운 순서대로 나열하면 '현수 – 형호 – 재현 – 지연 – 주현'이므로 형호는 현수와 재현 사이의 좌석을 예매했음을 알 수 있다.
이때, 제시된 조건만으로 정확한 좌석의 위치를 알 수 없으므로 서로의 좌석이 바로 뒤 또는 바로 앞의 좌석인지는 추론할 수 없다.

03
정답 ②

'회의장 세팅'을 p, '회의록 작성'을 q, '회의 자료 복사'를 r, '자료 준비'를 s라고 하면 $p \rightarrow \sim q \rightarrow \sim s \rightarrow \sim r$이 성립한다.
따라서 '회의록을 작성하지 않으면 회의 자료를 복사하지 않는다.'는 항상 참이다.

04
정답 ①

제시된 도형을 시계 반대 방향으로 90° 회전한 것이다.

PART

1

인성검사

CHAPTER 01 인성검사 소개

CHAPTER 02 모의테스트

CHAPTER 01 인성검사 소개

개인이 업무를 수행하면서 능률적인 성과물을 만들기 위해서는 개인의 능력과 경험 그리고 회사에서의 교육 및 훈련 등이 필요하지만, 개인의 성격이나 성향 역시 중요하다. 여러 직무분석 연구에서 나온 결과들에 따르면, 직무에서의 성공과 관련된 특성들 중 최고 70% 이상이 능력보다는 성격과 관련이 있다고 한다. 따라서 최근 공공기관뿐만 아니라 대부분의 기업들은 인성검사의 비중을 높이고 있는 추세이다.

01 인성검사의 개요

1. 인성검사의 의의

인성검사는 1943년 미국 미네소타 대학교의 임상심리학자 Hathaway 박사와 정신과 의사 Mckinley 박사가 제작한 MMPI(Minnesota Multiphasic Personality Inventory)를 원형으로 한 다면적 인성검사를 말한다.

다면적이라 불리는 것은 여러 가지 정신적인 증상들을 동시에 측정할 수 있도록 고안되어 있기 때문이다. 풀이하자면, 개인이 가지고 있는 다면적인 성격을 많은 문항수의 질문을 통해 수치로 나타내는 것이다. 그렇다면 성격이란 무엇인가?

성격은 일반적으로 개인 내부에 있는 특징적인 행동과 생각을 결정해 주는 정신적·신체적 체제의 역동적 조직이라고 말할 수 있으며, 환경에 적응하게 하는 개인적인 여러 가지 특징과 행동양식의 잣대라고 정의할 수 있다.

다시 말하면, 성격이란 한 개인이 환경적 변화에 적응하는 특징적인 행동 및 사고유형이라고 할 수 있으며, 인성검사란 그 개인의 행동 및 사고유형을 서면을 통해 수치적·언어적으로 기술하거나 예언해 주는 도구라 할 수 있다.

신규 채용 또는 평가에 활용하는 인성검사로 MMPI 원형을 그대로 사용하는 기업도 있지만, 대부분의 기업에서는 MMPI 원형을 기준으로 연구, 조사, 정보수집, 개정 등의 과정을 통해서 자체 개발한 유형을 사용하고 있다.

인성검사의 구성은 여러 가지 하위 척도로 구성되어 있는데, MMPI 다면적 인성검사의 척도를 살펴보면 기본 척도가 8개 문항으로 구성되어 있고, 2개의 임상 척도와 4개의 타당성 척도를 포함, 총 14개 척도로 구성되어 있다.

캘리포니아 심리검사(CPI; California Psychological Inventory)의 경우는 48개 문항, 18개의 척도로 구성되어 있다.

2. 인성검사의 해석단계

해석단계는 첫 번째, 각 타당성 및 임상 척도에 대한 피검사자의 점수를 검토하는 방법으로 각 척도마다 피검사자의 점수가 정해진 범위에 속하는지 여부를 검토하게 된다.
두 번째, 척도별 연관성에 대한 분석으로 각 척도에서의 점수 범위가 의미하는 것과 그것들이 나타낼 가설들을 종합하고, 어느 특정 척도의 점수를 근거로 하여 다른 척도들에 대한 예측을 시도하게 된다.
세 번째, 척도 간의 응집 또는 분산을 찾아보고 그에 따른 해석적 가설을 형성하는 과정으로 두 개 척도 간의 관계만을 가지고 해석하게 된다.
네 번째, 매우 낮은 임상 척도에 대한 검토로서, 일부 척도에서 낮은 점수가 특별히 의미 있는 경우가 있기 때문에 신중히 다뤄지게 된다.
다섯 번째, 타당성 및 임상 척도에 대한 형태적 분석으로서, 타당성 척도들과 임상 척도들 전체의 형태적 분석이다. 주로 척도들의 상승도와 기울기 및 굴곡을 해석해서 피검사자에 대한 종합적이고 총체적인 추론적 해석을 하게 된다.

PART 1

02 척도구성

1. MMPI 척도구성

(1) 타당성 척도

타당성 척도는 피검사자가 검사에 올바른 태도를 보였는지, 또 피검사자가 응답한 검사 문항들의 결론이 신뢰할 수 있는 결론인가를 알아보는 라이스케일(허위척도)이라 할 수 있다. 타당성 4개 척도는 잘못된 검사 태도를 탐지하게 할 뿐만 아니라, 임상 척도와 더불어 검사 이외의 행동에 대하여 유추할 수 있는 자료를 제공해 줌으로써, 의미있는 인성요인을 밝혀주기도 한다.

〈타당성 4개 척도구성〉

무응답 척도 (?)	무응답 척도는 피검사자가 응답하지 않은 문항과 '그렇다'와 '아니다'에 모두 답한 문항들의 총합이다. 척도점수의 크기는 다른 척도점수에 영향을 미치게 되므로, 빠뜨린 문항의 수를 최소로 줄이는 것이 중요하다.
허구 척도 (L)	L 척도는 피검사자가 자신을 좋은 인상으로 나타내 보이기 위해 하는 고의적이고 부정직하며 세련되지 못한 시도를 측정하는 허구 척도이다. L 척도의 문항들은 정직하지 못하거나 결점들을 고의적으로 감춰 자신을 좋게 보이려는 사람들의 장점마저도 부인하게 된다.
신뢰성 척도 (F)	F 척도는 검사 문항에 빗나간 방식의 답변을 응답하는 경향을 평가하기 위한 척도로 정상적인 집단의 10% 이하가 응답한 내용을 기준으로 일반 대중의 생각이나 경험과 다른 정도를 측정한다.
교정 척도 (K)	K 척도는 분명한 정신적인 장애를 지니면서도 정상적인 프로파일을 보이는 사람들을 식별하기 위한 것이다. K 척도는 L 척도와 유사하게 거짓 답안을 확인하지만 L 척도보다 더 미세하고 효과적으로 측정한다.

(2) 임상 척도

임상 척도는 검사의 주된 내용으로써 비정상 행동의 종류를 측정하는 10가지 척도로 되어 있다. 임상 척도의 수치는 높은 것이 좋다고 해석하는 경우도 있지만, 개별 척도별로 해석을 참고하는 경우가 대부분이다.

건강염려증(Hs) Hypochondriasis	개인이 말하는 신체적 증상과 이러한 증상들이 다른 사람을 조정하는 데 사용되고 있지는 않은지 여부를 측정하는 척도로서, 측정 내용은 신체의 기능에 대한 과도한 집착 및 이와 관련된 질환이나 비정상적인 상태에 대한 불안감 등이다.
우울증(D) Depression	개인의 비관 및 슬픔의 정도를 나타내는 기분상태의 척도로서, 자신에 대한 태도와 타인과의 관계에 대한 태도, 절망감, 희망의 상실, 무력감 등을 원인으로 나타나는 활동에 대한 흥미의 결여, 불면증과 같은 신체적 증상 및 과도한 민감성 등을 표현한다.
히스테리(Hy) Hysteria	현실에 직면한 어려움이나 갈등을 회피하는 방법인 부인기제를 사용하는 경향 정도를 진단하려는 것으로서 특정한 신체적 증상을 나타내는 문항들과 아무런 심리적·정서적 장애도 가지고 있지 않다고 주장하는 것을 나타내는 문항들의 두 가지 다른 유형으로 구성되어 있다.
반사회성(Pd) Psychopathic Deviate	가정이나 일반사회에 대한 불만, 자신 및 사회와의 격리, 권태 등을 주로 측정하는 것으로서 반사회적 성격, 비도덕적인 성격 경향 정도를 알아보기 위한 척도이다.
남성-여성특성(Mf) Masculinity-Femininity	직업에 관한 관심, 취미, 종교적 취향, 능동·수동성, 대인 감수성 등의 내용을 담고 있으며, 흥미 형태의 남성 특성과 여성 특성을 측정하고 진단하는 검사이다.
편집증(Pa) Paranoia	편집증을 평가하기 위한 것으로서 정신병적인 행동과 과대의심, 관계망상, 피해망상, 과대망상, 과민함, 비사교적 행동, 타인에 대한 불만감 같은 내용의 문항들로 구성되어 있다.
강박증(Pt) Psychasthenia	병적인 공포, 불안감, 과대근심, 강박관념, 자기 비판적 행동, 집중력 곤란, 죄책감 등을 검사하는 내용으로 구성되어 있으며, 주로 오랫동안 지속된 만성적인 불안을 측정한다.
정신분열증(Sc) Schizophrenia	정신적 혼란을 측정하는 척도로서 가장 많은 문항에 내포하고 있다. 이 척도는 별난 사고방식이나 행동양식을 지닌 사람을 판별하는 것으로서 사회적 고립, 가족관계의 문제, 성적 관심, 충동억제불능, 두려움, 불만족 등의 내용으로 구성되어 있다.
경조증(Ma) Hypomania	정신적 에너지를 측정하는 것으로서, 사고의 다양성과 과장성, 행동 영역의 불안정성, 흥분성, 민감성 등을 나타낸다. 이 척도가 높으면 무엇인가를 하지 않고는 못 견디는 정력적인 사람이다.
내향성(Si) Social Introversion	피검사자의 내향성과 외향성을 측정하기 위한 척도로서, 개인의 사회적 접촉 회피, 대인관계의 기피, 비사회성 등의 인성요인을 측정한다. 이 척도의 내향성과 외향성은 어느 하나가 좋고 나쁨을 나타내는 것이 아니라, 피검사자가 어떤 성향의 사람인가를 알아내는 것이다.

2. CPI 척도구성

〈18 척도〉

지배성 척도 (Do)	강력하고 지배적이며, 리더십이 강하고 대인관계에서 주도권을 잡는 지배적인 사람을 변별하고자 하는 척도이다.
지위능력 척도 (Cs)	현재의 개인 자신의 지위를 측정하는 것이 아니라, 개인의 내부에 잠재되어 있어 어떤 지위에 도달하게끔 하는 자기 확신, 야심, 자신감 등을 평가하기 위한 척도이다.
사교성 척도 (Sy)	사교적이고 활달하며 참여 기질이 좋은 사람과, 사회적으로 자신을 나타내기 싫어하고 참여 기질이 좋지 않은 사람을 변별하고자 하는 척도이다.
사회적 태도 척도 (Sp)	사회생활에서의 안정감, 활력, 자발성, 자신감 등을 평가하기 위한 척도로서, 사교성과 밀접한 관계가 있다. 고득점자는 타인 앞에 나서기를 좋아하고, 타인의 방어기제를 공격하여 즐거움을 얻고자 하는 성격을 가지고 있다.
자기수용 척도 (Sa)	자신에 대한 믿음, 자신의 생각을 수용하는 자기확신을 가지고 있는 사람을 변별하기 위한 척도이다.
행복감 척도 (Wb)	근본 목적은 행복감을 느끼는 사람과 그렇지 않은 사람을 변별해 내는 척도 검사이지만, 긍정적인 성격으로 가장하기 위해서 반응한 사람을 변별해 내는 타당성 척도로서의 목적도 가지고 있다.
책임감 척도 (Re)	법과 질서에 대해서 철저하고 양심적이며 책임감이 강해 신뢰할 수 있는 사람과 인생은 이성에 의해서 지배되어야 한다고 믿는 사람을 변별하기 위한 척도이다.
사회성 척도 (So)	사회생활에서 이탈된 행동이나 범죄의 가능성이 있는 사람을 변별하기 위한 척도로서 범죄자 유형의 사람은 정상인보다 매우 낮은 점수를 나타낸다.
자기통제 척도 (Sc)	자기통제의 유무, 충동, 자기중심에서 벗어날 수 있는 통제의 적절성, 규율과 규칙에 동의하는 정도를 측정하는 척도로서, 점수가 높은 사람은 지나치게 자신을 통제하려 하며, 낮은 사람은 자기 통제가 잘 안되므로 충동적이 된다.
관용성 척도 (To)	침묵을 지키고 어떤 사실에 대하여 성급하게 판단하기를 삼가고 다양한 관점을 수용하려는 사회적 신념과 태도를 재려는 척도이다.
좋은 인상 척도 (Gi)	타인이 자신에 대해 어떻게 반응하는가, 타인에게 좋은 인상을 주었는가에 흥미를 느끼는 사람을 변별하고, 자신을 긍정적으로 보이기 위해 솔직하지 못한 반응을 하는 사람을 찾아내기 위한 타당성 척도이다.
추종성 척도 (Cm)	사회에 대한 보수적인 태도와 생각을 측정하는 척도검사이다. 아무렇게나 적당히 반응한 피검사자를 찾아내는 타당성 척도로서의 목적도 있다.
순응을 위한 성취 척도 (Ac)	강한 성취욕구를 측정하기 위한 척도로서 학업성취에 관련된 동기요인과 성격요인을 측정하기 위해서 만들어졌다.
독립성을 통한 성취 척도 (Ai)	독립적인 사고, 창조력, 자기실현을 위한 성취능력의 정도를 측정하는 척도이다.
지적 능률 척도 (Ie)	지적 능률성을 측정하기 위한 척도이며, 지능과 의미 있는 상관관계를 가지고 있는 성격특성을 나타내는 항목을 제공한다.
심리적 예민성 척도 (Py)	동기, 내적 욕구, 타인의 경험에 공명하고 흥미를 느끼는 정도를 재는 척도이다.
유연성 척도 (Fx)	개인의 사고와 사회적 행동에 대한 유연성, 순응성 정도를 나타내는 척도이다.
여향성 척도 (Fe)	흥미의 남향성과 여향성을 측정하기 위한 척도이다.

03 인성검사 수검요령

인성검사는 특별한 수검요령이 없다. 다시 말하면 모범답안이 없고, 정답이 없다는 이야기이다. 국어 문제처럼 말의 뜻을 풀이하는 것도 아니다. 굳이 수검요령을 말하자면, 진실하고 솔직한 내 생각을 답하는 것이라고 할 수 있다.

인성검사에서 가장 중요한 것은 첫째, 솔직한 답변이다. 지금까지 경험을 통해서 축적된 내 생각과 행동을 거짓 없이 솔직하게 기재하는 것이다. 예를 들어, "나는 타인의 물건을 훔치고 싶은 충동을 느껴 본 적이 있다."라는 질문에 피검사자들은 많은 생각을 하게 된다. 생각해 보라. 유년기에 또는 성인이 되어서도 타인의 물건을 훔치는 일을 저지른 적은 없더라도, 훔치고 싶은 충동은 누구나 조금이라도 다 느껴보았을 것이다. 그런데 간혹 이 질문에 고민을 하는 사람이 있다. 과연 이 질문에 "예"라고 대답하면 담당 검사관들이 나를 사회적으로 문제가 있는 사람으로 여기지는 않을까 하는 생각에 "아니요"라는 답을 기재하게 된다. 이런 솔직하지 않은 답변이 답변의 신뢰와 솔직함을 나타내는 타당성 척도에 좋지 않은 점수를 주게 된다. 둘째, 일관성 있는 답변이다. 인성검사의 수많은 질문 중에는 비슷한 내 용의 물음이 여러 개 숨어 있는 경우가 많이 있다. 그 질문들은 피검사자의 '솔직한 답변'과 '심리적인 상태'를 알아보기 위해 반복적으로 나오는 것이다. 가령 "나는 유년 시절 타인의 물건을 훔친 적이 있다."라는 질문에 "예"라고 대답했는데, "나는 유년 시절 타인의 물건을 훔쳐보고 싶은 충동을 느껴본 적이 있다."라는 질문에는 "아니요"라는 답을 기재한다면 어떻겠는가. 일관성 없이 '대충 기재하자'라는 식의 심리적 무성의성 답변이 되거나, 정신적으로 문제가 있는 사람으로 보일 수 있다.

인성검사는 많은 문항을 풀어야 하기 때문에 피검사자들은 지루함과 따분함을 느낄 수 있고 반복된 내용의 질문 때문에 인내심이 바닥날 수도 있다. 그럴수록 인내를 가지고 솔직하게 내 생각을 대답하는 것이 무엇보다 중요한 요령이 될 것이다.

04 인성검사 시 유의사항

(1) 충분한 휴식으로 불안을 없애고 정서적인 안정을 취한다. 심신이 안정되어야 자신의 마음을 표현할 수 있다.

(2) 생각나는 대로 솔직하게 응답한다. 자신을 너무 과대포장하지도, 너무 비하시키지도 마라. 답변을 꾸며서 하면 앞뒤가 맞지 않게끔 구성돼 있어 불리한 평가를 받게 되므로 솔직하게 답하도록 한다.

(3) 검사 문항에 대해 지나치게 생각해서는 안 된다. 지나치게 몰두하면 엉뚱한 답변이 나올 수 있으므로 불필요한 생각은 삼간다.

(4) 인성검사는 대개 문항 수가 많기에 자칫 건너뛰는 경우가 있는데, 가능한 한 모든 문항에 답해야 한다. 응답하지 않은 문항이 많을 경우 평가자가 정확한 평가를 내리지 못해 불리한 평가를 내릴 수 있기 때문이다.

05 인성검사 유형

유형 1

※ 다음 질문내용을 읽고 본인에 해당하는 응답의 '예', '아니요'에 ○표 하시오. [1~30]

번호	질문	응답	
1	조심스러운 성격이라고 생각한다.	예	아니요
2	사물을 신중하게 생각하는 편이라고 생각한다.	예	아니요
3	동작이 기민한 편이다.	예	아니요
4	포기하지 않고 노력하는 것이 중요하다.	예	아니요
5	일주일의 예정을 만드는 것을 좋아한다.	예	아니요
6	노력의 여하보다 결과가 중요하다.	예	아니요
7	자기주장이 강하다.	예	아니요
8	장래의 일을 생각하면 불안해질 때가 있다.	예	아니요
9	소외감을 느낄 때가 있다.	예	아니요
10	훌쩍 여행을 떠나고 싶을 때가 자주 있다.	예	아니요
11	대인관계가 귀찮다고 느낄 때가 있다.	예	아니요
12	자신의 권리를 주장하는 편이다.	예	아니요
13	낙천가라고 생각한다.	예	아니요
14	싸움을 한 적이 없다.	예	아니요
15	자신의 의견을 상대에게 잘 주장하지 못한다.	예	아니요
16	좀처럼 결단하지 못하는 경우가 있다.	예	아니요
17	하나의 취미를 오래 지속하는 편이다.	예	아니요
18	한 번 시작한 일은 끝을 맺는다.	예	아니요
19	행동으로 옮기기까지 시간이 걸린다.	예	아니요
20	다른 사람들이 하지 못하는 일을 하고 싶다.	예	아니요
21	해야 할 일은 신속하게 처리한다.	예	아니요
22	병이 아닌지 걱정이 들 때가 있다.	예	아니요
23	다른 사람의 충고를 기분 좋게 듣는 편이다.	예	아니요
24	다른 사람에게 의존적이 될 때가 많다.	예	아니요
25	타인에게 간섭받는 것은 싫다.	예	아니요
26	의식 과잉이라는 생각이 들 때가 있다.	예	아니요
27	수다를 좋아한다.	예	아니요
28	잘못된 일을 한 적이 한 번도 없다.	예	아니요
29	모르는 사람과 이야기하는 것은 용기가 필요하다.	예	아니요
30	끙끙거리며 생각할 때가 있다.	예	아니요

유형 2

※ 다음 질문내용을 읽고 A, B 중 해당되는 곳에 ○표 하시오. [1~15]

번호	질문	응답	
1	A 사람들 앞에서 잘 이야기하지 못한다. B 사람들 앞에서 이야기하는 것을 좋아한다.	A	B
2	A 엉뚱한 생각을 잘한다. B 비현실적인 것을 싫어한다.	A	B
3	A 친절한 사람이라는 말을 듣고 싶다. B 냉정한 사람이라는 말을 듣고 싶다.	A	B
4	A 예정에 얽매이는 것을 싫어한다. B 예정이 없는 상태를 싫어한다.	A	B
5	A 혼자 생각하는 것을 좋아한다. B 다른 사람과 이야기하는 것을 좋아한다.	A	B
6	A 정해진 절차에 따르는 것을 싫어한다. B 정해진 절차가 바뀌는 것을 싫어한다.	A	B
7	A 친절한 사람 밑에서 일하고 싶다. B 이성적인 사람 밑에서 일하고 싶다.	A	B
8	A 그때그때의 기분으로 행동하는 경우가 많다. B 미리 행동을 정해두는 경우가 많다.	A	B
9	A 다른 사람과 만났을 때 화제를 찾는 데 고생한다. B 다른 사람과 만났을 때 화제에 부족함이 없다.	A	B
10	A 학구적이라는 인상을 주고 싶다. B 실무적이라는 인상을 주고 싶다.	A	B
11	A 친구가 돈을 빌려달라고 하면 거절하지 못한다. B 본인에게 도움이 되지 않는 차금은 거절한다.	A	B
12	A 조직 안에서는 독자적으로 움직이는 타입이라고 생각한다. B 조직 안에서는 우등생 타입이라고 생각한다.	A	B
13	A 문장을 쓰는 것을 좋아한다. B 이야기하는 것을 좋아한다.	A	B
14	A 직감으로 판단한다. B 경험으로 판단한다.	A	B
15	A 다른 사람이 어떻게 생각하는지 신경 쓰인다. B 다른 사람이 어떻게 생각하든 신경 쓰지 않는다.	A	B

유형 3

※ 다음 질문을 읽고, '아니다', '대체로 아니다', '대체로 그렇다', '그렇다'에 체크하시오. [1~30]

번호	질문	아니다	대체로 아니다	대체로 그렇다	그렇다
1	충동구매는 절대 하지 않는다.				
2	컨디션에 따라 기분이 잘 변한다.				
3	옷 입는 취향이 오랫동안 바뀌지 않고 그대로이다.				
4	남의 물건이 좋아 보인다.				
5	반성하는 일이 거의 없다.				
6	남의 말을 호의적으로 받아들인다.				
7	혼자 있을 때가 편안하다.				
8	친구에게 불만이 있다.				
9	남의 말을 좋은 쪽으로 해석한다.				
10	남의 의견을 절대 참고하지 않는다.				
11	일을 시작할 때 계획을 세우는 편이다.				
12	부모님과 여행을 자주 간다.				
13	쉽게 짜증을 내는 편이다.				
14	사람을 상대하는 것을 좋아한다.				
15	컴퓨터로 일을 하는 것을 좋아한다.				
16	하루 종일 말하지 않고 지낼 수 있다.				
17	감정조절이 잘 안되는 편이다.				
18	평소 꼼꼼한 편이다.				
19	다시 태어나고 싶은 순간이 있다.				
20	운동을 하다가 다친 적이 있다.				
21	다른 사람의 말보다는 자신의 믿음을 믿는다.				
22	귀찮은 일이 있으면 먼저 해치운다.				
23	정리 정돈하는 것을 좋아한다.				
24	다른 사람의 대화에 끼고 싶다.				
25	카리스마가 있다는 말을 들어본 적이 있다.				
26	미래에 대한 고민이 많다.				
27	친구들의 성공 소식에 씁쓸한 적이 있다.				
28	내가 못하는 것이 있으면 참지 못한다.				
29	계획에 없는 일을 시키면 짜증이 난다.				
30	화가 나면 물건을 집어 던지는 버릇이 있다.				

유형 4

※ 다음 질문을 읽고, ① ~ ⑥ 중 자신에게 해당되는 것을 고르시오. [1~3]

01 최대리가 신약을 개발했는데 치명적이지는 않지만 유해한 부작용이 발견됐다. 그런데 최대리는 묵인하고 신약을 유통시켰다.

1-(1) 당신은 이 상황에 대해 얼마나 동의하는가?

① 0% ② 20% ③ 40% ④ 60% ⑤ 80% ⑥ 100%

1-(2) 자신이라도 그렇게 할 것인가?

① 0% ② 20% ③ 40% ④ 60% ⑤ 80% ⑥ 100%

02 같은 팀 최대리가 자신의 성과를 높이기 위해 중요한 업무를 상사에게 요구한다.

2-(1) 다른 팀원도 그 상황에 동의할 것 같은가?

① 0% ② 20% ③ 40% ④ 60% ⑤ 80% ⑥ 100%

2-(2) 자신이라도 그렇게 할 것인가?

① 0% ② 20% ③ 40% ④ 60% ⑤ 80% ⑥ 100%

03 최대리가 회계 보고서 작성 후 오류를 발견했지만 바로잡기엔 시간이 부족하여 그냥 제출했다.

3-(1) 다른 직원들도 그 상황에 동의할 것 같은가?

① 0% ② 20% ③ 40% ④ 60% ⑤ 80% ⑥ 100%

3-(2) 자신이라도 그렇게 할 것인가?

① 0% ② 20% ③ 40% ④ 60% ⑤ 80% ⑥ 100%

유형 5

※ 각 문항을 읽고, ①~⑥ 중 자신의 성향과 가까운 정도에 따라 ① 전혀 그렇지 않다, ② 그렇지 않다, ③ 조금 그렇지 않다, ④ 조금 그렇다, ⑤ 그렇다, ⑥ 매우 그렇다 중 하나를 선택하시오. 그리고 3개의 문장 중 자신의 성향에 비추어볼 때 가장 먼 것(멀다)과 가장 가까운 것(가깝다)을 하나씩 선택하시오. [1~4]

01

질문	답안 1						답안 2	
	①	②	③	④	⑤	⑥	멀다	가깝다
1. 사물을 신중하게 생각하는 편이라고 생각한다.	☐	☐	☐	☐	☐	☐	☐	☐
2. 포기하지 않고 노력하는 것이 중요하다.	☐	☐	☐	☐	☐	☐	☐	☐
3. 자신의 권리를 주장하는 편이다.	☐	☐	☐	☐	☐	☐	☐	☐

02

질문	답안 1						답안 2	
	①	②	③	④	⑤	⑥	멀다	가깝다
1. 노력의 여하보다 결과가 중요하다.	☐	☐	☐	☐	☐	☐	☐	☐
2. 자기주장이 강하다.	☐	☐	☐	☐	☐	☐	☐	☐
3. 어떠한 일이 있어도 출세하고 싶다.	☐	☐	☐	☐	☐	☐	☐	☐

03

질문	답안 1						답안 2	
	①	②	③	④	⑤	⑥	멀다	가깝다
1. 다른 사람의 일에 관심이 없다.	☐	☐	☐	☐	☐	☐	☐	☐
2. 때로는 후회할 때도 있다.	☐	☐	☐	☐	☐	☐	☐	☐
3. 진정으로 마음을 허락할 수 있는 사람은 없다.	☐	☐	☐	☐	☐	☐	☐	☐

04

질문	답안 1						답안 2	
	①	②	③	④	⑤	⑥	멀다	가깝다
1. 타인에게 간섭받는 것은 싫다.	☐	☐	☐	☐	☐	☐	☐	☐
2. 신경이 예민한 편이라고 생각한다.	☐	☐	☐	☐	☐	☐	☐	☐
3. 난관에 봉착해도 포기하지 않고 열심히 해본다.	☐	☐	☐	☐	☐	☐	☐	☐

유형 6

※ 다음 질문을 읽고, ①~⑤ 중 자신에게 해당하는 것을 고르시오(① 전혀 그렇지 않다, ② 그렇지 않다, ③ 보통이다, ④ 그렇다, ⑤ 매우 그렇다). 그리고 4개의 문장 중 자신과 가장 먼 것(멀다)과 가장 가까운 것(가깝다)을 하나씩 선택하시오. **[1~4]**

01

						멀다	가깝다
A. 야망이 있다.	①	②	③	④	⑤	□	□
B. 평소 사회 문제에 관심이 많다.	①	②	③	④	⑤	□	□
C. 친구들의 생일을 잘 잊는 편이다.	①	②	③	④	⑤	□	□
D. 누군가를 챙겨주는 것에 행복을 느낀다.	①	②	③	④	⑤	□	□

02

						멀다	가깝다
A. 지시하는 것보다 명령에 따르는 것이 편하다.	①	②	③	④	⑤	□	□
B. 옆에 사람이 있는 것이 싫다.	①	②	③	④	⑤	□	□
C. 친구들과 남의 이야기를 하는 것을 좋아한다.	①	②	③	④	⑤	□	□
D. 모두가 싫증을 내는 일에도 혼자서 열심히 한다.	①	②	③	④	⑤	□	□

03

						멀다	가깝다
A. 완성된 것보다 미완성인 것에 흥미가 있다.	①	②	③	④	⑤	□	□
B. 능력을 살릴 수 있는 일을 하고 싶다.	①	②	③	④	⑤	□	□
C. 내 분야에서는 최고가 되고 싶다.	①	②	③	④	⑤	□	□
D. 다른 사람의 충고를 잘 받아들이지 못한다.	①	②	③	④	⑤	□	□

04

						멀다	가깝다
A. 다소 산만한 편이라는 이야기를 자주 듣는다.	①	②	③	④	⑤	□	□
B. 주변에 호기심이 많고, 새로운 상황에 잘 적응한다.	①	②	③	④	⑤	□	□
C. 타인의 의견을 잘 듣는 편이다.	①	②	③	④	⑤	□	□
D. 단체 생활을 좋아하지는 않지만 적응하려고 노력한다.	①	②	③	④	⑤	□	□

CHAPTER 02 모의테스트

※ 인성검사 모의테스트는 질문 및 답변 유형을 연습하기 위한 것으로 실제 시험과 다를 수 있으며, 인성검사에는 정답이 존재하지 않습니다.

01 제1회 인성검사 모의테스트

※ 다음 질문을 읽고, ① ~ ⑤ 중 자신에게 해당하는 것을 고르시오(① 전혀 그렇지 않다 ② 약간 그렇지 않다 ③ 보통이다 ④ 약간 그렇다 ⑤ 매우 그렇다). [1~200]

번호	질문	응답
01	결점을 지적받아도 아무렇지 않다.	① ② ③ ④ ⑤
02	피곤할 때도 명랑하게 행동한다.	① ② ③ ④ ⑤
03	실패했던 경험을 생각하면서 고민하는 편이다.	① ② ③ ④ ⑤
04	언제나 생기가 있다.	① ② ③ ④ ⑤
05	선배의 지적을 순수하게 받아들일 수 있다.	① ② ③ ④ ⑤
06	매일 목표가 있는 생활을 하고 있다.	① ② ③ ④ ⑤
07	열등감으로 자주 고민한다.	① ② ③ ④ ⑤
08	남에게 무시당하면 화가 난다.	① ② ③ ④ ⑤
09	무엇이든지 하면 된다고 생각하는 편이다.	① ② ③ ④ ⑤
10	자신의 존재를 과시하고 싶다.	① ② ③ ④ ⑤
11	사람을 많이 만나는 것을 좋아한다.	① ② ③ ④ ⑤
12	보고 들은 것을 문장으로 옮기는 것을 좋아한다.	① ② ③ ④ ⑤
13	특정한 사람과 교제를 하는 편이다.	① ② ③ ④ ⑤
14	친구에게 먼저 말을 하는 편이다.	① ② ③ ④ ⑤
15	친구만 있으면 된다고 생각한다.	① ② ③ ④ ⑤
16	많은 사람 앞에서 말하는 것이 서툴다.	① ② ③ ④ ⑤
17	반 편성과 교실 이동을 싫어한다.	① ② ③ ④ ⑤
18	다과회 등에서 자주 책임을 맡는다.	① ② ③ ④ ⑤
19	새로운 환경에 쉽게 적응하지 못하는 편이다.	① ② ③ ④ ⑤
20	누구하고나 친하게 교제한다.	① ② ③ ④ ⑤

번호	질문	응답
21	충동구매는 절대 하지 않는다.	① ② ③ ④ ⑤
22	컨디션에 따라 기분이 잘 변한다.	① ② ③ ④ ⑤
23	옷 입는 취향이 오랫동안 바뀌지 않고 그대로이다.	① ② ③ ④ ⑤
24	남의 물건이 좋아보인다.	① ② ③ ④ ⑤
25	광고를 보면 그 물건을 사고 싶다.	① ② ③ ④ ⑤
26	자신이 낙천주의자라고 생각한다.	① ② ③ ④ ⑤
27	에스컬레이터에서 걷지 않는다.	① ② ③ ④ ⑤
28	꾸물대는 것을 싫어한다.	① ② ③ ④ ⑤
29	고민이 생겨도 심각하게 생각하지 않는다.	① ② ③ ④ ⑤
30	반성하는 일이 거의 없다.	① ② ③ ④ ⑤
31	남의 말을 호의적으로 받아들인다.	① ② ③ ④ ⑤
32	혼자 있을 때가 편안하다.	① ② ③ ④ ⑤
33	친구에게 불만이 있다.	① ② ③ ④ ⑤
34	남의 말을 좋은 쪽으로 해석한다.	① ② ③ ④ ⑤
35	남의 의견을 절대 참고하지 않는다.	① ② ③ ④ ⑤
36	기분 나쁜 일은 금세 잊는 편이다.	① ② ③ ④ ⑤
37	선배와 쉽게 친해진다.	① ② ③ ④ ⑤
38	슬럼프에 빠지면 좀처럼 헤어나지 못한다.	① ② ③ ④ ⑤
39	자신의 소문에 관심을 기울인다.	① ② ③ ④ ⑤
40	주위 사람에게 인사하는 것이 귀찮다.	① ② ③ ④ ⑤
41	기호에 맞지 않으면 거절하는 편이다.	① ② ③ ④ ⑤
42	웬만해서 흥분하지 않는 편이다.	① ② ③ ④ ⑤
43	옳다고 생각하면 밀고 나간다.	① ② ③ ④ ⑤
44	항상 무슨 일이든지 해야만 한다.	① ② ③ ④ ⑤
45	휴식시간에도 일하고 싶다.	① ② ③ ④ ⑤
46	걱정거리가 생기면 머릿속에서 떠나지 않는 편이다.	① ② ③ ④ ⑤
47	매일 힘든 일이 너무 많다.	① ② ③ ④ ⑤
48	시험 전에도 노는 계획을 세운다.	① ② ③ ④ ⑤
49	슬픈 일만 머릿속에 남는다.	① ② ③ ④ ⑤
50	사는 것이 힘들다고 느낀 적은 없다.	① ② ③ ④ ⑤

번호	질문	응답
51	처음 만난 사람과 이야기하는 것이 피곤하다.	① ② ③ ④ ⑤
52	비난을 받으면 신경이 쓰인다.	① ② ③ ④ ⑤
53	실패해도 또 다시 도전한다.	① ② ③ ④ ⑤
54	남에게 비판을 받으면 불쾌하다.	① ② ③ ④ ⑤
55	다른 사람의 지적을 순수하게 받아들일 수 있다.	① ② ③ ④ ⑤
56	자신의 프라이드가 높다고 생각한다.	① ② ③ ④ ⑤
57	자신의 입장을 잊어버릴 때가 있다.	① ② ③ ④ ⑤
58	남보다 쉽게 우위에 서는 편이다.	① ② ③ ④ ⑤
59	목적이 없으면 마음이 불안하다.	① ② ③ ④ ⑤
60	일을 할 때에 자신이 없다.	① ② ③ ④ ⑤
61	상대방이 말을 걸어오기를 기다리는 편이다.	① ② ③ ④ ⑤
62	친구 말을 듣는 편이다.	① ② ③ ④ ⑤
63	싸움으로 친구를 잃은 경우가 있다.	① ② ③ ④ ⑤
64	모르는 사람과 말하는 것은 귀찮다.	① ② ③ ④ ⑤
65	아는 사람이 많아지는 것이 즐겁다.	① ② ③ ④ ⑤
66	신호 대기 중에도 조바심이 난다.	① ② ③ ④ ⑤
67	매사에 심각하게 생각하는 것을 싫어한다.	① ② ③ ④ ⑤
68	자신이 경솔하다고 자주 느낀다.	① ② ③ ④ ⑤
69	상대방이 통화 중이어도 자꾸 전화를 건다.	① ② ③ ④ ⑤
70	충동적인 행동을 하지 않는 편이다.	① ② ③ ④ ⑤
71	칭찬도 나쁘게 받아들이는 편이다.	① ② ③ ④ ⑤
72	자신이 손해를 보고 있다고 생각한다.	① ② ③ ④ ⑤
73	어떤 상황에서나 만족할 수 있다.	① ② ③ ④ ⑤
74	무슨 일이든지 자신의 생각대로 하지 못한다.	① ② ③ ④ ⑤
75	부모님에게 불만을 느낀다.	① ② ③ ④ ⑤
76	깜짝 놀라면 당황하는 편이다.	① ② ③ ④ ⑤
77	주위의 평판이 좋다고 생각한다.	① ② ③ ④ ⑤
78	자신이 소문에 휘말려도 좋다.	① ② ③ ④ ⑤
79	긴급사태에도 당황하지 않고 행동할 수 있다.	① ② ③ ④ ⑤
80	윗사람과 이야기하는 것이 불편하다.	① ② ③ ④ ⑤

번호	질문	응답
81	정색하고 화내기 쉬운 화제를 올릴 때가 있다.	① ② ③ ④ ⑤
82	자신이 좋아하는 연예인을 남들이 욕해도 화가 나지 않는다.	① ② ③ ④ ⑤
83	남을 비판할 때가 있다.	① ② ③ ④ ⑤
84	주체할 수 없을 만큼 여유가 많은 것은 싫어한다.	① ② ③ ④ ⑤
85	의견이 어긋날 때는 한발 양보한다.	① ② ③ ④ ⑤
86	싫은 사람과도 협력할 수 있다.	① ② ③ ④ ⑤
87	사람은 너무 고통거리가 많다고 생각한다.	① ② ③ ④ ⑤
88	걱정거리가 있으면 잠을 잘 수가 없다.	① ② ③ ④ ⑤
89	즐거운 일보다는 괴로운 일이 더 많다.	① ② ③ ④ ⑤
90	싫은 사람이라도 인사를 한다.	① ② ③ ④ ⑤
91	사소한 일에도 신경을 많이 쓰는 편이다.	① ② ③ ④ ⑤
92	누가 나에게 말을 걸기 전에 내가 먼저 말을 걸지 않는다.	① ② ③ ④ ⑤
93	이따금 결심을 빨리 하지 못하기 때문에 손해 보는 경우가 많다.	① ② ③ ④ ⑤
94	사람들은 누구나 곤경에서 벗어나기 위해 거짓말을 할 수 있다.	① ② ③ ④ ⑤
95	어떤 일을 실패하면 두고두고 생각한다.	① ② ③ ④ ⑤
96	비교적 말이 없는 편이다.	① ② ③ ④ ⑤
97	기왕 일을 한다면 꼼꼼하게 하는 편이다.	① ② ③ ④ ⑤
98	지나치게 깔끔한 척을 하는 편에 속한다.	① ② ③ ④ ⑤
99	나를 기분 나쁘게 한 사람을 쉽게 잊지 못하는 편이다.	① ② ③ ④ ⑤
100	수줍음을 많이 타서 많은 사람 앞에 나서길 싫어한다.	① ② ③ ④ ⑤
101	혼자 지내는 시간이 즐겁다.	① ② ③ ④ ⑤
102	주위 사람이 잘 되는 것을 보면 상대적으로 내가 실패한 것 같다.	① ② ③ ④ ⑤
103	어떤 일을 시도하다가 잘 안되면 금방 포기한다.	① ② ③ ④ ⑤
104	이성 친구와 웃고 떠드는 것을 별로 좋아하지 않는다.	① ② ③ ④ ⑤
105	낯선 사람과 만나는 것을 꺼리는 편이다.	① ② ③ ④ ⑤
106	밤낮없이 같이 다닐만한 친구들이 거의 없다.	① ② ③ ④ ⑤
107	연예인이 되고 싶은 마음은 조금도 가지고 있지 않다.	① ② ③ ④ ⑤
108	여럿이 모여서 이야기하는 데 잘 끼어들지 못한다.	① ② ③ ④ ⑤
109	사람들은 이득이 된다면 옳지 않은 방법이라도 쓸 것이다.	① ② ③ ④ ⑤
110	사람들이 정직하게 행동하는 것은 다른 사람의 비난이 두렵기 때문이다.	① ② ③ ④ ⑤

번호	질문	응답
111	처음 보는 사람들과 쉽게 이야기하거나 친해지는 편이다.	① ② ③ ④ ⑤
112	모르는 사람들이 많이 모여 있는 곳에서도 활발하게 행동하는 편이다.	① ② ③ ④ ⑤
113	여기저기에 친구나 아는 사람들이 많이 있다.	① ② ③ ④ ⑤
114	모임에서 말을 많이 하고 적극적으로 행동한다.	① ② ③ ④ ⑤
115	슬프거나 기쁜 일이 생기면 부모나 친구에게 이야기하는 편이다.	① ② ③ ④ ⑤
116	활발하고 적극적이라는 말을 자주 듣는다.	① ② ③ ④ ⑤
117	시간이 걸리는 일이나 놀이에 싫증을 내고, 새로운 놀이나 활동을 원한다.	① ② ③ ④ ⑤
118	혼자 조용히 있거나 책을 읽는 것보다는 사람들과 어울리는 것을 좋아한다.	① ② ③ ④ ⑤
119	새로운 유행이 시작되면 다른 사람보다 먼저 시도해 보는 편이다.	① ② ③ ④ ⑤
120	기분을 잘 드러내기 때문에 남들이 본인의 기분을 금방 알게 된다.	① ② ③ ④ ⑤
121	비유적이고 상징적인 표현보다는 구체적이고 정확한 표현을 더 잘 이해한다.	① ② ③ ④ ⑤
122	주변 사람들의 외모나 다른 특징들을 자세히 기억한다.	① ② ③ ④ ⑤
123	꾸준하고 참을성이 있다는 말을 자주 듣는다.	① ② ③ ④ ⑤
124	공부할 때 세부적인 내용을 암기할 수 있다.	① ② ③ ④ ⑤
125	손으로 직접 만지거나 조작하는 것을 좋아한다.	① ② ③ ④ ⑤
126	상상 속에서 이야기를 잘 만들어 내는 편이다.	① ② ③ ④ ⑤
127	종종 물건을 잃어버리거나 어디에 두었는지 기억을 못하는 때가 있다.	① ② ③ ④ ⑤
128	창의력과 상상력이 풍부하다는 이야기를 자주 듣는다.	① ② ③ ④ ⑤
129	다른 사람들이 생각하지도 않는 엉뚱한 행동이나 생각을 할 때가 종종 있다.	① ② ③ ④ ⑤
130	이것저것 새로운 것에 관심이 많고 새로운 것을 배우고 싶어 한다.	① ② ③ ④ ⑤
131	'왜'라는 질문을 자주 한다.	① ② ③ ④ ⑤
132	의지와 끈기가 강한 편이다.	① ② ③ ④ ⑤
133	궁금한 점이 있으면 꼬치꼬치 따져서 궁금증을 풀고 싶어 한다.	① ② ③ ④ ⑤
134	참을성이 있다는 말을 자주 듣는다.	① ② ③ ④ ⑤
135	남의 비난에도 잘 견딘다.	① ② ③ ④ ⑤
136	다른 사람의 감정에 민감하다.	① ② ③ ④ ⑤
137	자신의 잘못을 쉽게 인정하는 편이다.	① ② ③ ④ ⑤
138	싹싹하다는 소리를 잘 듣는다.	① ② ③ ④ ⑤
139	쉽게 양보를 하는 편이다.	① ② ③ ④ ⑤
140	음식을 선택할 때 쉽게 결정을 못 내릴 때가 많다.	① ② ③ ④ ⑤

번호	질문	응답
141	계획표를 세밀하게 짜 놓고 그 계획표에 따라 생활하는 것을 좋아한다.	① ② ③ ④ ⑤
142	대체로 할 일을 먼저 해 놓고 나서 노는 편이다.	① ② ③ ④ ⑤
143	시험보기 전에 미리 여유 있게 공부 계획표를 짜 놓는다.	① ② ③ ④ ⑤
144	마지막 순간에 쫓기면서 일하는 것을 싫어한다.	① ② ③ ④ ⑤
145	계획에 따라 규칙적인 생활을 하는 편이다.	① ② ③ ④ ⑤
146	자기 것을 잘 나누어주는 편이다.	① ② ③ ④ ⑤
147	자심의 소지품을 덜 챙기는 편이다.	① ② ③ ④ ⑤
148	신발이나 옷이 떨어져도 무관심한 편이다.	① ② ③ ④ ⑤
149	자기 것을 덜 주장하고, 덜 고집하는 편이다.	① ② ③ ④ ⑤
150	활동이 많으면서도 무난하고 점잖다는 말을 듣는 편이다.	① ② ③ ④ ⑤
151	몇 번이고 생각하고 검토한다.	① ② ③ ④ ⑤
152	여러 번 생각한 끝에 결정을 내린다.	① ② ③ ④ ⑤
153	어떤 일이든 따지려 든다.	① ② ③ ④ ⑤
154	일단 결정하면 행동으로 옮긴다.	① ② ③ ④ ⑤
155	앞에 나서기를 꺼린다.	① ② ③ ④ ⑤
156	규칙을 잘 지킨다.	① ② ③ ④ ⑤
157	나의 주장대로 행동한다.	① ② ③ ④ ⑤
158	지시나 충고를 받는 것이 싫다.	① ② ③ ④ ⑤
159	급진적인 변화를 좋아한다.	① ② ③ ④ ⑤
160	규칙은 반드시 지킬 필요가 없다.	① ② ③ ④ ⑤
161	혼자서 일하기를 좋아한다.	① ② ③ ④ ⑤
162	미래에 대해 별로 염려를 하지 않는다.	① ② ③ ④ ⑤
163	새로운 변화를 싫어한다.	① ② ③ ④ ⑤
164	조용한 분위기를 좋아한다.	① ② ③ ④ ⑤
165	도전적인 직업보다는 안정적인 직업이 좋다.	① ② ③ ④ ⑤
166	친구를 잘 바꾸지 않는다.	① ② ③ ④ ⑤
167	남의 명령을 듣기 싫어한다.	① ② ③ ④ ⑤
168	모든 일에 앞장서는 편이다.	① ② ③ ④ ⑤
169	다른 사람이 하는 일을 보면 답답하다.	① ② ③ ④ ⑤
170	남을 지배하는 사람이 되고 싶다.	① ② ③ ④ ⑤

번호	질문	응답
171	규칙적인 것이 싫다.	① ② ③ ④ ⑤
172	매사에 감동을 자주 받는다.	① ② ③ ④ ⑤
173	새로운 물건과 일에 대한 생각을 자주 한다.	① ② ③ ④ ⑤
174	창조적인 일을 하고 싶다.	① ② ③ ④ ⑤
175	나쁜 일은 오래 생각하지 않는다.	① ② ③ ④ ⑤
176	사람들의 이름을 잘 기억하는 편이다.	① ② ③ ④ ⑤
177	외딴 곳보다는 사람들이 북적거리는 곳에 살고 싶다.	① ② ③ ④ ⑤
178	제조업보다는 서비스업이 마음에 든다.	① ② ③ ④ ⑤
179	농사를 지으면서 자연과 더불어 살고 싶다.	① ② ③ ④ ⑤
180	예절 같은 것은 별로 신경 쓰지 않는다.	① ② ③ ④ ⑤
181	거칠고 반항적인 사람보다 예의바른 사람들과 어울리고 싶다.	① ② ③ ④ ⑤
182	대인관계에서 상황을 빨리 파악하는 편이다.	① ② ③ ④ ⑤
183	계산에 밝은 사람은 꺼려진다.	① ② ③ ④ ⑤
184	친구들과 노는 것보다 혼자 노는 것이 편하다.	① ② ③ ④ ⑤
185	교제범위가 넓은 편이라 사람을 만나는 데 많은 시간을 소비한다.	① ② ③ ④ ⑤
186	손재주는 비교적 있는 편이다.	① ② ③ ④ ⑤
187	기획과 섭외 중 기획을 더 잘할 수 있을 것 같다.	① ② ③ ④ ⑤
188	도서실 등에서 책을 정리하고 관리하는 일을 싫어하지 않는다.	① ② ③ ④ ⑤
189	선입견으로 판단하지 않고 이론적으로 판단하는 편이다.	① ② ③ ④ ⑤
190	예술제나 미술전 등에 관심이 많다.	① ② ③ ④ ⑤
191	행사의 사회나 방송 등 마이크를 사용하는 분야에 관심이 많다.	① ② ③ ④ ⑤
192	하루 종일 방에 틀어 박혀 연구하거나 몰두해야 하는 일은 싫다.	① ② ③ ④ ⑤
193	공상이나 상상을 많이 하는 편이다.	① ② ③ ④ ⑤
194	모르는 사람과도 마음이 맞으면 쉽게 마음을 터놓고 바로 친해진다.	① ② ③ ④ ⑤
195	물건을 만들거나 도구를 사용하는 일이 싫지는 않다.	① ② ③ ④ ⑤
196	새로운 아이디어를 생각해내는 일이 좋다.	① ② ③ ④ ⑤
197	회의에서 사회나 서기를 맡는다면 서기 쪽이 맞을 것 같다.	① ② ③ ④ ⑤
198	사건 뒤에 숨은 본질을 생각해 보기를 좋아한다.	① ② ③ ④ ⑤
199	색채감각이나 미적 센스가 풍부한 편이다.	① ② ③ ④ ⑤
200	다른 사람들의 눈길을 끌고 주목을 받는 것이 아무렇지도 않다.	① ② ③ ④ ⑤

02 제2회 인성검사 모의테스트

※ 다음 질문을 읽고, ①~⑤ 중 자신에게 해당하는 것을 고르시오(① 전혀 그렇지 않다 ② 약간 그렇지 않다 ③ 보통이다 ④ 약간 그렇다 ⑤ 매우 그렇다). [1~200]

번호	질문	응답
01	문화재 위원과 체육대회 위원 중 체육대회 위원을 하고 싶다.	① ② ③ ④ ⑤
02	보고 들은 것을 문장으로 옮기기를 좋아한다.	① ② ③ ④ ⑤
03	남에게 뭔가 가르쳐 주는 일이 좋다.	① ② ③ ④ ⑤
04	많은 사람과 장시간 함께 있으면 피곤하다.	① ② ③ ④ ⑤
05	엉뚱한 일을 하기 좋아하고 발상도 개성적이다.	① ② ③ ④ ⑤
06	전표 계산 또는 장부 기입 같은 일을 싫증내지 않고 할 수 있다.	① ② ③ ④ ⑤
07	책이나 신문을 열심히 읽는 편이다.	① ② ③ ④ ⑤
08	신경이 예민한 편이며, 감수성도 풍부하다.	① ② ③ ④ ⑤
09	연회석에서 망설임 없이 노래를 부르거나 장기를 보이는 편이다.	① ② ③ ④ ⑤
10	즐거운 캠프를 위해 계획 세우기를 좋아한다.	① ② ③ ④ ⑤
11	데이터를 분류하거나 통계내는 일을 싫어하지는 않는다.	① ② ③ ④ ⑤
12	드라마나 소설 속 등장인물의 생활과 사고방식에 흥미가 있다.	① ② ③ ④ ⑤
13	자신의 미적 표현력을 살리면 상당히 좋은 작품이 나올 것 같다.	① ② ③ ④ ⑤
14	화려한 것을 좋아하며 주위의 평판에 신경을 쓰는 편이다.	① ② ③ ④ ⑤
15	여럿이서 여행할 기회가 있다면 즐겁게 참가한다.	① ② ③ ④ ⑤
16	여행 소감 쓰기를 좋아한다.	① ② ③ ④ ⑤
17	상품 전시회에서 상품 설명을 한다면 잘할 수 있을 것 같다.	① ② ③ ④ ⑤
18	변화가 적고 손이 많이 가는 일도 꾸준히 하는 편이다.	① ② ③ ④ ⑤
19	신제품 홍보에 흥미가 있다.	① ② ③ ④ ⑤
20	열차 시간표 한 페이지 정도라면 정확하게 옮겨 쓸 자신이 있다.	① ② ③ ④ ⑤
21	자신의 장래에 대해 자주 생각한다.	① ② ③ ④ ⑤
22	혼자 있는 것에 익숙하다.	① ② ③ ④ ⑤
23	별 근심이 없다.	① ② ③ ④ ⑤
24	나의 환경에 아주 만족한다.	① ② ③ ④ ⑤
25	상품을 고를 때 디자인과 색에 신경을 많이 쓴다.	① ② ③ ④ ⑤
26	극단이나 연기학원에서 공부해 보고 싶다는 생각을 한 적이 있다.	① ② ③ ④ ⑤
27	외출할 때 날씨가 좋지 않아도 그다지 신경 쓰지 않는다.	① ② ③ ④ ⑤
28	손님을 불러들이는 호객행위도 마음만 먹으면 할 수 있을 것 같다.	① ② ③ ④ ⑤
29	신중하고 주의 깊은 편이다.	① ② ③ ④ ⑤
30	하루 종일 책상 앞에 앉아 있어도 지루해하지 않는 편이다.	① ② ③ ④ ⑤

번호	질문	응답
31	알기 쉽게 요점을 정리한 다음 남에게 잘 설명하는 편이다.	① ② ③ ④ ⑤
32	생물 시간보다는 미술 시간에 흥미가 있다.	① ② ③ ④ ⑤
33	남이 자신에게 상담을 해오는 경우가 많다.	① ② ③ ④ ⑤
34	친목회나 송년회 등의 총무 역할을 좋아하는 편이다.	① ② ③ ④ ⑤
35	실패하든 성공하든 그 원인은 꼭 분석한다.	① ② ③ ④ ⑤
36	실내 장식품이나 액세서리 등에 관심이 많다.	① ② ③ ④ ⑤
37	남에게 보이기 좋아하고 지기 싫어하는 편이다.	① ② ③ ④ ⑤
38	대자연 속에서 마음대로 몸을 움직이는 일이 좋다.	① ② ③ ④ ⑤
39	파티나 모임에서 자연스럽게 돌아다니며 인사하는 성격이다.	① ② ③ ④ ⑤
40	무슨 일에 쉽게 빠져드는 편이며 주인의식도 강하다.	① ② ③ ④ ⑤
41	우리나라 분재를 파리에서 파는 방법 따위를 생각하기 좋아한다.	① ② ③ ④ ⑤
42	하루 종일 거리를 돌아다녀도 그다지 피로를 느끼지 않는다.	① ② ③ ④ ⑤
43	컴퓨터의 키보드 조작도 연습하면 잘할 수 있을 것 같다.	① ② ③ ④ ⑤
44	자동차나 모터보트 등의 운전에 흥미를 갖고 있다.	① ② ③ ④ ⑤
45	연예인의 인기 비결을 곧잘 생각해 본다.	① ② ③ ④ ⑤
46	과자나 빵을 판매하는 일보다 만드는 일이 나에게 맞을 것 같다.	① ② ③ ④ ⑤
47	대체로 걱정하거나 고민하지 않는다.	① ② ③ ④ ⑤
48	비판적인 말을 들어도 쉽게 상처받지 않는다.	① ② ③ ④ ⑤
49	초등학교 선생님보다는 등대지기가 더 재미있을 것 같다.	① ② ③ ④ ⑤
50	남의 생일이나 명절에 선물을 사러 다니는 일은 귀찮다.	① ② ③ ④ ⑤
51	조심스러운 성격이라고 생각한다.	① ② ③ ④ ⑤
52	훌쩍 여행을 떠나고 싶을 때가 자주 있다.	① ② ③ ④ ⑤
53	사물을 신중하게 생각하는 편이라고 생각한다.	① ② ③ ④ ⑤
54	다른 사람들이 하지 못하는 일을 하고 싶다.	① ② ③ ④ ⑤
55	소외감을 느낄 때가 있다.	① ② ③ ④ ⑤
56	노력의 여하보다 결과가 중요하다.	① ② ③ ④ ⑤
57	다른 사람에게 의존적이 될 때가 많다.	① ② ③ ④ ⑤
58	타인에게 간섭받는 것은 싫다.	① ② ③ ④ ⑤
59	동작이 기민한 편이다.	① ② ③ ④ ⑤
60	다른 사람에게 항상 움직이고 있다는 말을 듣는다.	① ② ③ ④ ⑤

번호	질문	응답
61	해야 할 일은 신속하게 처리한다.	① ② ③ ④ ⑤
62	일주일의 예정을 만드는 것을 좋아한다.	① ② ③ ④ ⑤
63	잘하지 못하는 게임은 하지 않으려고 한다.	① ② ③ ④ ⑤
64	자기주장이 강하다.	① ② ③ ④ ⑤
65	의식 과잉이라는 생각이 들 때가 있다.	① ② ③ ④ ⑤
66	포기하지 않고 노력하는 것이 중요하다.	① ② ③ ④ ⑤
67	어떠한 일이 있어도 출세하고 싶다.	① ② ③ ④ ⑤
68	대인관계가 귀찮다고 느낄 때가 있다.	① ② ③ ④ ⑤
69	수다를 좋아한다.	① ② ③ ④ ⑤
70	장래의 일을 생각하면 불안해질 때가 있다.	① ② ③ ④ ⑤
71	쉽게 침울해 한다.	① ② ③ ④ ⑤
72	한 번 시작한 일은 끝을 맺는다.	① ② ③ ④ ⑤
73	막무가내라는 말을 들을 때가 많다.	① ② ③ ④ ⑤
74	자신의 권리를 주장하는 편이다.	① ② ③ ④ ⑤
75	쉽게 싫증을 내는 편이다.	① ② ③ ④ ⑤
76	하나의 취미를 오래 지속하는 편이다.	① ② ③ ④ ⑤
77	옆에 사람이 있으면 싫다.	① ② ③ ④ ⑤
78	자신의 의견을 상대에게 잘 주장하지 못한다.	① ② ③ ④ ⑤
79	토론에서 이길 자신이 있다.	① ② ③ ④ ⑤
80	좀처럼 결단하지 못하는 경우가 있다.	① ② ③ ④ ⑤
81	남과 친해지려면 용기가 필요하다.	① ② ③ ④ ⑤
82	활력이 있다.	① ② ③ ④ ⑤
83	다른 사람의 일에 관심이 없다.	① ② ③ ④ ⑤
84	통찰력이 있다고 생각한다.	① ② ③ ④ ⑤
85	다른 사람에게 위해를 가할 것 같은 기분이 든 때가 있다.	① ② ③ ④ ⑤
86	지루하면 마구 떠들고 싶어진다.	① ② ③ ④ ⑤
87	매사에 느긋하고 차분하게 매달린다.	① ② ③ ④ ⑤
88	친구들이 진지한 사람으로 생각하고 있다.	① ② ③ ④ ⑤
89	때로는 후회할 때도 있다.	① ② ③ ④ ⑤
90	친구들과 남의 이야기를 하는 것을 좋아한다.	① ② ③ ④ ⑤

번호	질문	응답
91	사소한 일로 우는 일이 많다.	① ② ③ ④ ⑤
92	내성적이라고 생각한다.	① ② ③ ④ ⑤
93	당황하면 갑자기 땀이 나서 신경 쓰일 때가 있다.	① ② ③ ④ ⑤
94	어떤 일이 있어도 의욕을 가지고 열심히 하는 편이다.	① ② ③ ④ ⑤
95	진정으로 마음을 허락할 수 있는 사람은 없다.	① ② ③ ④ ⑤
96	집에서 가만히 있으면 기분이 우울해진다.	① ② ③ ④ ⑤
97	굳이 말하자면 시원시원하다.	① ② ③ ④ ⑤
98	난관에 봉착해도 포기하지 않고 열심히 해본다.	① ② ③ ④ ⑤
99	기다리는 것에 짜증내는 편이다.	① ② ③ ④ ⑤
100	감정적으로 될 때가 많다.	① ② ③ ④ ⑤
101	눈을 뜨면 바로 일어난다.	① ② ③ ④ ⑤
102	친구들로부터 줏대 없는 사람이라는 말을 듣는다.	① ② ③ ④ ⑤
103	리더로서 인정을 받고 싶다.	① ② ③ ④ ⑤
104	누구나 권력자를 동경하고 있다고 생각한다.	① ② ③ ④ ⑤
105	다른 사람들이 남을 배려하는 마음씨가 있다는 말을 한다.	① ② ③ ④ ⑤
106	인간관계가 폐쇄적이라는 말을 듣는다.	① ② ③ ④ ⑤
107	누구와도 편하게 이야기할 수 있다.	① ② ③ ④ ⑤
108	몸으로 부딪혀 도전하는 편이다.	① ② ③ ④ ⑤
109	가만히 있지 못할 정도로 침착하지 못할 때가 있다.	① ② ③ ④ ⑤
110	사물을 과장해서 말하지 않는 편이다.	① ② ③ ④ ⑤
111	그룹 내에서는 누군가의 주도하에 따라가는 경우가 많다.	① ② ③ ④ ⑤
112	굳이 말하자면 자의식 과잉이다.	① ② ③ ④ ⑤
113	무슨 일이든 자신을 가지고 행동한다.	① ② ③ ④ ⑤
114	여행을 가기 전에는 세세한 계획을 세운다.	① ② ③ ④ ⑤
115	다른 사람에게 자신이 소개되는 것을 좋아한다.	① ② ③ ④ ⑤
116	차분하다는 말을 듣는다.	① ② ③ ④ ⑤
117	몸을 움직이는 것을 좋아한다.	① ② ③ ④ ⑤
118	의견이 다른 사람과는 어울리지 않는다.	① ② ③ ④ ⑤
119	계획을 생각하기보다 빨리 실행하고 싶어한다.	① ② ③ ④ ⑤
120	스포츠 선수가 되고 싶다고 생각한 적이 있다.	① ② ③ ④ ⑤

번호	질문	응답
121	융통성이 없는 편이다.	① ② ③ ④ ⑤
122	자신을 쓸모없는 인간이라고 생각할 때가 있다.	① ② ③ ④ ⑤
123	완성된 것보다 미완성인 것에 흥미가 있다.	① ② ③ ④ ⑤
124	작은 소리도 신경 쓰인다.	① ② ③ ④ ⑤
125	굳이 말하자면 장거리 주자에 어울린다고 생각한다.	① ② ③ ④ ⑤
126	모두가 싫증을 내는 일에도 혼자서 열심히 한다.	① ② ③ ④ ⑤
127	커다란 일을 해보고 싶다.	① ② ③ ④ ⑤
128	주위의 영향을 받기 쉽다.	① ② ③ ④ ⑤
129	잘하지 못하는 것이라도 자진해서 한다.	① ② ③ ④ ⑤
130	나는 완고한 편이라고 생각한다.	① ② ③ ④ ⑤
131	타인의 일에는 별로 관여하고 싶지 않다고 생각한다.	① ② ③ ④ ⑤
132	휴일은 세부적인 예정을 세우고 보낸다.	① ② ③ ④ ⑤
133	번화한 곳에 외출하는 것을 좋아한다.	① ② ③ ④ ⑤
134	능력을 살릴 수 있는 일을 하고 싶다.	① ② ③ ④ ⑤
135	자주 깊은 생각에 잠긴다.	① ② ③ ④ ⑤
136	지인을 발견해도 만나고 싶지 않을 때가 많다.	① ② ③ ④ ⑤
137	나는 자질구레한 걱정이 많다.	① ② ③ ④ ⑤
138	가만히 있지 못할 정도로 불안해질 때가 많다.	① ② ③ ④ ⑤
139	이유도 없이 화가 치밀 때가 있다.	① ② ③ ④ ⑤
140	이유도 없이 다른 사람과 부딪힐 때가 있다.	① ② ③ ④ ⑤
141	나는 다른 사람보다 기가 세다.	① ② ③ ④ ⑤
142	친절한 사람 밑에서 일하고 싶다.	① ② ③ ④ ⑤
143	다른 사람이 나를 어떻게 생각하는지 궁금할 때가 많다.	① ② ③ ④ ⑤
144	직접 만나는 것보다 전화로 이야기하는 것이 편하다.	① ② ③ ④ ⑤
145	침울해지면서 아무 것도 손에 잡히지 않을 때가 있다.	① ② ③ ④ ⑤
146	이성적인 사람 밑에서 일하고 싶다.	① ② ③ ④ ⑤
147	다른 사람보다 쉽게 우쭐해진다.	① ② ③ ④ ⑤
148	시를 많이 읽는다.	① ② ③ ④ ⑤
149	성격이 밝다는 말을 듣는다.	① ② ③ ④ ⑤
150	실무적이라는 인상을 주고 싶다.	① ② ③ ④ ⑤

번호	질문	응답
151	어색해지면 입을 다무는 경우가 많다.	① ② ③ ④ ⑤
152	커피가 있어야 안심이 된다.	① ② ③ ④ ⑤
153	어린 시절로 돌아가고 싶을 때가 있다.	① ② ③ ④ ⑤
154	무모할 것 같은 일에 도전하고 싶다.	① ② ③ ④ ⑤
155	하루의 행동을 반성하는 경우가 많다.	① ② ③ ④ ⑤
156	학구적이라는 인상을 주고 싶다.	① ② ③ ④ ⑤
157	내가 아는 것을 남에게 알려주고 싶다.	① ② ③ ④ ⑤
158	굳이 말하자면 기가 센 편이다.	① ② ③ ④ ⑤
159	일의 보람보단 결과를 중요시 한다.	① ② ③ ④ ⑤
160	격렬한 운동도 그다지 힘들어하지 않는다.	① ② ③ ④ ⑤
161	가능성보단 현실성에 눈을 돌린다.	① ② ③ ④ ⑤
162	부탁을 잘 거절하지 못한다.	① ② ③ ④ ⑤
163	앞으로의 일을 생각하지 않으면 진정이 되지 않는다.	① ② ③ ④ ⑤
164	상상이 되는 것을 선호한다.	① ② ③ ④ ⑤
165	빌려준 것을 받지 못하는 편이다.	① ② ③ ④ ⑤
166	인생에서 중요한 것은 높은 목표를 갖는 것이다.	① ② ③ ④ ⑤
167	잠을 쉽게 자는 편이다.	① ② ③ ④ ⑤
168	다른 사람이 부럽다고 생각하지 않는다.	① ② ③ ④ ⑤
169	학문보다는 기술이다.	① ② ③ ④ ⑤
170	무슨 일이든 선수를 쳐야 이긴다고 생각한다.	① ② ③ ④ ⑤
171	SNS를 좋아하는 편이다.	① ② ③ ④ ⑤
172	뉴스를 자주 보는 편이다.	① ② ③ ④ ⑤
173	불우이웃을 돕는 편이다.	① ② ③ ④ ⑤
174	취미활동에 돈을 아끼지 않는다.	① ② ③ ④ ⑤
175	혼자서 밥을 먹어도 이상하지 않다.	① ② ③ ④ ⑤
176	기획하는 것보다 영업하는 것이 편하다.	① ② ③ ④ ⑤
177	나만의 특기를 가지고 있다.	① ② ③ ④ ⑤
178	토론자와 사회 중에서 토론자가 더 어울린다.	① ② ③ ④ ⑤
179	아기자기한 것을 좋아한다.	① ② ③ ④ ⑤
180	통계가 맞지 않으면 신경이 쓰인다.	① ② ③ ④ ⑤

번호	질문	응답
181	100년 전의 풍습에 흥미가 있다.	① ② ③ ④ ⑤
182	신제품 개발보다 기존 상품을 개선하는 것을 선호한다.	① ② ③ ④ ⑤
183	손으로 쓴 글씨에 자신이 있다.	① ② ③ ④ ⑤
184	현재의 삶에 만족한다.	① ② ③ ④ ⑤
185	내 미래를 밝다고 생각한다.	① ② ③ ④ ⑤
186	과학보다는 철학에 관심이 있다.	① ② ③ ④ ⑤
187	원인을 알 수 없으면 반드시 찾아야 한다.	① ② ③ ④ ⑤
188	무언가에 흥미를 느끼는 데 오래 걸린다.	① ② ③ ④ ⑤
189	처음 보는 사람에게 물건을 잘 팔 수 있다.	① ② ③ ④ ⑤
190	언어가 안 통하는 나라에서 잘 생활할 수 있다.	① ② ③ ④ ⑤
191	시각보다는 청각에 민감한 편이다.	① ② ③ ④ ⑤
192	큰 건물이 작은 건물보다 좋다.	① ② ③ ④ ⑤
193	음식을 만드는 것이 물건을 전시하는 것보다 쉽다.	① ② ③ ④ ⑤
194	안 쓰는 물건을 잘 버리는 편이다.	① ② ③ ④ ⑤
195	사람의 인상착의나 이름을 잘 외운다.	① ② ③ ④ ⑤
196	지시를 받는 것보다 지시를 하는 것이 어울린다.	① ② ③ ④ ⑤
197	규칙적으로 먹고 잔다.	① ② ③ ④ ⑤
198	처음 격는 상황에도 빠르게 대처할 수 있다.	① ② ③ ④ ⑤
199	내가 할 수 있는 것은 내가 한다.	① ② ③ ④ ⑤
200	이성하고 이야기하는 것이 어렵지 않다.	① ② ③ ④ ⑤

PART

2

직무능력검사

CHAPTER 01

언어논리력

합격 CHEAT KEY

출제유형

01 어휘력

어휘의 의미를 정확하게 알고 있는지 평가하는 유형으로, 밑줄 친 어휘와 같은 의미로 쓰인 어휘를 찾는 문제, 주어진 문장 속에서 사용이 적절하지 않은 어휘를 찾는 문제, 주어진 여러 단어의 뜻을 포괄하는 어휘를 찾는 문제 등이 출제되고 있다.

02 나열하기

문장과 문장 사이의 관계 및 글 전체의 흐름을 읽어낼 수 있는지 평가하는 유형으로, 논리적인 순서에 따라 주어진 글의 문장이나 문단을 나열하는 문제가 출제되고 있다.

03 추론하기

앞뒤 문맥과 글의 전체 흐름을 파악하여 제시된 글의 빈칸에 들어갈 알맞은 문장을 고르는 문제 또는 주제·제목 찾기, 내용 일치가 출제되고 있다.

학습전략

01 어휘력

- 어휘가 가진 다양한 의미를 묻는 문제가 주로 출제되므로 어휘의 의미를 정확하게 알고 있어야 한다.
- 다의어의 경우 문장 속에서 어떤 의미로 활용되는지 파악하는 것이 중요하므로 예문과 함께 학습하도록 한다.

02 나열하기

- 문장과 문장을 연결하는 접속어의 쓰임에 대해 정확히 알고 있어야 문제를 풀 수 있다.
- 문장 속에 나타나는 지시어는 해당 문장의 앞에 어떤 내용이 오는지에 대한 힌트가 되므로 이에 집중한다.

03 추론하기

- 지문을 처음부터 끝까지 다 읽기보다는 빈칸의 앞뒤 문장만으로 그 사이에 들어갈 내용을 유추하는 연습을 해야 한다.
- 선택지를 읽으며 빈칸에 들어갈 답을 고른 후 해설과 비교한다. 확실하게 정답을 선택한 경우를 제외하고, 왜 틀렸는지 파악하고 놓친 부분을 반드시 체크하는 습관을 들인다.

CHAPTER 01 언어논리력 핵심이론

01 어휘의 의미

1. 의미 관계

(1) 유의 관계

유의어는 두 개 이상의 어휘가 서로 소리는 다르나 의미가 비슷한 경우로, 유의 관계의 대부분은 개념적 의미의 동일성을 전제로 한다.

(2) 반의 관계

반의어는 둘 이상의 단어에서 의미가 서로 짝을 이루어 대립하는 경우로, 어휘의 의미가 서로 대립되는 단어를 말하며, 이러한 어휘들의 관계를 반의 관계라고 한다. 한 쌍의 단어가 반의어가 되려면, 두 어휘 사이에 공통적인 의미 요소가 있으면서도 동시에 하나의 의미 요소만 달라야 한다.

(3) 상하 관계

상하 관계는 단어의 의미적 계층 구조에서 한쪽이 의미상 다른 쪽을 포함하거나 다른 쪽에 포섭되는 관계를 말한다. 상하 관계를 형성하는 단어들은 상위어일수록 일반적이고 포괄적인 의미를 지니며, 하위어일수록 개별적이고 한정적인 의미를 지니므로 하위어는 상위어를 의미적으로 함의하게 된다. 즉, 상위어가 가지고 있는 의미 특성을 하위어가 자동적으로 가지게 된다.

(4) 부분 관계

부분 관계는 한 단어가 다른 단어의 부분이 되는 관계를 말하며, 전체 – 부분 관계라고도 한다. 부분 관계에서 부분을 가리키는 단어를 부분어, 전체를 가리키는 단어를 전체어라고 한다. 예를 들면, '머리, 팔, 몸통, 다리'는 '몸'의 부분어이며, 이러한 부분어들에 의해 이루어진 '몸'은 전체어이다.

2. 다의어와 동음이의어

다의어(多義語)는 뜻이 여러 개인 낱말을 뜻하고, 동음이의어(同音異義語)는 소리는 같으나 뜻이 다른 낱말을 뜻한다. 중심의미(본래의 의미)와 주변의미(변형된 의미)로 나누어지면 다의어이고, 중심의미와 주변의미로 나누어지지 않고 전혀 다른 의미를 지니면 동음이의어라 한다.

02 알맞은 어휘

1. 나이와 관련된 어휘

충년(沖年) 지학(志學)	10세 안팎의 어린 나이 15세가 되어 학문에 뜻을 둠
약관(弱冠)	남자 나이 20세 스무 살 전후의 여자 나이는 묘령(妙齡), 묘년(妙年), 방년(芳年), 방령(芳齡) 등이라 칭함
이립(而立)	30세, 『논어』에서 공자가 서른 살에 자립했다고 한 데서 나온 말로 인생관이 섰다는 뜻
불혹(不惑)	40세, 세상의 유혹에 빠지지 않음을 뜻함
지천명(知天命)	50세, 하늘의 뜻을 깨달음
이순(耳順) 화갑(華甲) 진갑(進甲)	60세, 경륜이 쌓이고 사려와 판단이 성숙하여 남의 어떤 말도 거슬리지 않음 61세, 회갑(回甲), 환갑(還甲) 62세, 환갑의 이듬해
고희(古稀) 희수(喜壽)	70세, 두보의 시에서 유래. 마음대로 한다는 뜻의 종심(從心)이라고도 함 77세, '喜'자의 초서체가 '七十七'을 세로로 써놓은 것과 비슷한 데서 유래
산수(傘壽) 망구(望九) 미수(米壽)	80세, '傘'자를 풀면 '八十'이 되는 데서 유래 81세, 90세를 바라봄 88세, '米'자를 풀면 '八十八'이 되는 데서 유래
졸수(卒壽) 망백(望百) 백수(白壽)	90세, '卒'의 초서체가 '九十'이 되는 데서 유래 91세, 100세를 바라봄 99세, '百'에서 '一'을 빼면 '白'
상수(上壽) 다수(茶壽) 천수(天壽)	100세, 사람의 수명 중 최상의 수명 108세, '茶'를 풀면, '十'이 두 개라서 '二十'이고, 아래 '八十八'이니 합하면 108 120세, 병 없이 늙어서 죽음을 맞이하면 하늘이 내려 준 나이를 다 살았다는 뜻

2. 단위와 관련된 어휘

길이	자	한 치의 열 배로 약 30.3cm
	마장	5리나 10리가 못 되는 거리
	발	두 팔을 양옆으로 펴서 벌렸을 때 한쪽 손끝에서 다른 쪽 손끝까지의 길이
	길	여덟 자 또는 열 자로 약 2.4m 또는 3m. 사람 키 정도의 길이
	치	한 자의 10분의 1 또는 약 3.03cm
	칸	여섯 자로, 1.81818m
	뼘	엄지손가락과 다른 손가락을 완전히 펴서 벌렸을 때에 두 끝 사이의 거리
넓이	갈이	논밭 넓이의 단위. 소 한 마리가 하루에 갈 만한 넓이로, 약 2,000평 정도
	단보	땅 넓이의 단위. 1단보는 남한에서는 300평으로 991.74m^2, 북한에서는 30평으로 99.174m^2
	마지기	논밭 넓이의 단위. 볍씨 한 말의 모 또는 씨앗을 심을 만한 넓이로, 논은 약 150 ~ 300평, 밭은 약 100평 정도
	되지기	논밭 넓이의 단위. 볍씨 한 되의 모 또는 씨앗을 심을 만한 넓이로 한 마지기의 10분의 1
	섬지기	논밭 넓이의 단위. 볍씨 한 섬의 모 또는 씨앗을 심을 만한 넓이로 한 마지기의 열 배이며 논은 약 2,000평, 밭은 약 1,000평
	간	건물의 칸살의 넓이를 잴 때 사용. 한 간은 보통 여섯 자 제곱의 넓이

부피	홉	곡식, 가루, 액체 따위의 부피를 잴 때 쓰는 단위. 한 되의 10분의 1로 약 180mL
	되	곡식, 가루, 액체 따위의 부피를 잴 때 쓰는 단위. 한 말의 10분의 1, 한 홉의 열 배로 약 1.8L
	말	곡식, 액체, 가루 따위의 부피를 잴 때 쓰는 단위. 한 되의 10배로 약 18L
	섬	곡식, 액체, 가루 따위의 부피를 잴 때 쓰는 단위. 한 말의 10배로 약 180L
	되들이	한 되를 담을 수 있는 분량
	줌	한 손에 쥘 만한 분량
	춤	가늘고 기름한 물건을 한 손으로 쥘 만한 분량
무게	냥	귀금속이나 한약재 따위의 무게를 잴 때 쓰는 단위. 귀금속의 무게를 잴 때는 한 돈의 열 배이고, 한약재의 무게를 잴 때는 한 근의 16분의 1로 37.5g
	돈	귀금속이나 한약재 따위의 무게를 잴 때 쓰는 단위. 한 냥의 10분의 1, 한 푼의 열 배로 3.75g
	푼	귀금속이나 한약재 따위의 무게를 잴 때 쓰는 단위. 한 돈의 10분의 1로, 약 0.375g
	냥쭝	한 냥쯤 되는 무게
	돈쭝	한 돈쯤 되는 무게
묶음	갓	굴비·비웃 따위 10마리. 또는 고비·고사리 따위 10모숨을 한 줄로 엮은 것
	강다리	쪼갠 장작을 묶어 세는 단위. 쪼갠 장작 100개비
	거리	오이나 가지 50개
	고리	소주를 사발에 담은 것을 묶어 세는 단위로, 한 고리는 소주 10사발
	꾸러미	꾸리어 싼 물건을 세는 단위. 달걀 10개를 묶어 세는 단위
	담불	곡식이나 나무를 높이 쌓아 놓은 무더기. 벼 100섬씩 묶어 세는 단위
	동	물건을 묶어 세는 단위. 먹 10정, 붓 10자루, 생강 10접, 피륙 50필, 백지 100권, 곶감 100접, 볏짚 100단, 조기 1,000마리, 비웃 2,000마리
	마투리	곡식의 양을 섬이나 가마로 잴 때 한 섬이나 한 가마가 되지 못하고 남은 양
	모숨	길고 가느다란 물건의 한 줌 안에 들어올 만한 분량
	뭇	짚, 장작, 채소 따위의 작은 묶음을 세는 단위, 볏단을 세는 단위. 생선 10마리, 미역 10장
	새	피륙의 날을 세는 단위. 한 새는 날실 여든 올
	쌈	바늘을 묶어 세는 단위. 한 쌈은 바늘 24개
	손	한 손에 잡을 만한 분량을 세는 단위. 고등어 따위의 생선 2마리
	우리	기와를 세는 단위. 한 우리는 기와 2,000장
	접	채소나 과일 따위를 묶어 세는 단위. 한 접은 100개
	제	한약의 분량을 나타내는 단위. 한 제는 탕약 20첩
	죽	옷, 그릇 따위의 열 벌을 묶어 이르는 말
	축	오징어를 묶어 세는 단위. 한 축은 오징어 20마리
	쾌	북어를 묶어 세는 단위. 한 쾌는 북어 20마리
	톳	김을 묶어 세는 단위. 한 톳은 김 100장
	필	명주 40자

3. 지칭과 관련된 어휘

구분		생존	사망
본인	아버지	가친(家親), 엄친(嚴親), 가군(家君)	선친(先親), 선군(先君), 망부(亡父)
	어머니	자친(慈親)	선비(先妣), 선자(先慈), 망모(亡母)
타인	아버지	춘부장(椿府丈)	선대인(先大人)
	어머니	자당(慈堂)	선대부인(先大夫人)

4. 절기와 관련된 어휘

봄	입춘	봄의 문턱에 들어섰다는 뜻으로, 봄의 시작을 알리는 절기 [2월 4일경]
	우수	봄비가 내리는 시기라는 뜻 [2월 18일경]
	경칩	개구리가 잠에서 깨어난다는 의미로, 본격적인 봄의 계절이라는 뜻 [3월 5일경]
	춘분	봄의 한가운데로, 낮이 길어지는 시기 [3월 21일경]
	청명	하늘이 맑고 높다는 뜻으로, 전형적인 봄 날씨가 시작되므로 농사 준비를 하는 시기 [4월 5일경]
	곡우	농사에 필요한 비가 내리는 시기라는 뜻 [4월 20일경]
여름	입하	여름의 문턱에 들어섰다는 뜻으로, 여름의 시작을 알리는 절기 [5월 5일경]
	소만	조금씩 차기 시작한다는 뜻으로, 곡식이나 과일의 열매가 생장하여 가득 차기 시작하는 절기 [5월 21일경]
	망종	수염이 있는 곡식, 즉 보리·수수 같은 곡식은 추수를 하고 논에 모를 심는 절기 [6월 6일경]
	하지	여름의 중간으로 낮이 제일 긴 날 [6월 21일경]
	소서	작은 더위가 시작되는 절기로 한여름에 들어선 절기 [7월 7~8일경]
	대서	큰 더위가 시작되는 절기로 가장 더운 여름철이란 뜻 [7월 24일경]
가을	입추	가을의 문턱에 들어섰다는 뜻으로, 가을의 시작을 알리는 절기 [8월 8~9일경]
	처서	더위가 식고 일교차가 커지면서 식물들이 성장을 멈추고 겨울 준비를 하는 절기 [8월 23일경]
	백로	흰 이슬이 내리는 시기로 기온은 내려가고 본격적인 가을이 시작되는 시기 [9월 8일경]
	추분	밤이 길어지는 시기이며 가을의 한가운데라는 뜻 [9월 23일경]
	한로	찬 이슬이 내린다는 뜻 [10월 8일경]
	상강	서리가 내린다는 뜻 [10월 23일경]
겨울	입동	겨울의 문턱에 들어섰다는 뜻으로, 겨울의 시작을 알리는 절기 [11월 8일경]
	소설	작은 눈이 내린다는 뜻으로, 눈이 내리고 얼음이 얼기 시작하는 절기 [11월 22~23일경]
	대설	큰 눈이 내리는 절기 [12월 8일경]
	동지	밤이 가장 긴 날로, 겨울의 한가운데라는 뜻 [12월 22~23일경]
	소한	작은 추위라는 뜻으로, 본격적인 추위가 시작되는 절기 [1월 6~7일경]
	대한	큰 추위가 시작된다는 뜻으로, 한겨울 [1월 20일경]

5. 접속어

순접	앞의 내용을 순조롭게 받아 연결시켜 주는 역할 예 그리고, 그리하여, 그래서, 이와 같이, 그러므로 등
역접	앞의 내용과 상반된 내용을 이어 주는 역할 예 그러나, 그렇지만, 하지만, 그래도, 반면에 등
인과	앞뒤의 문장을 원인과 결과로 또는 결과와 원인으로 연결시켜 주는 역할 예 그래서, 따라서, 그러므로, 왜냐하면 등
환언·요약	앞 문장을 바꾸어 말하거나 간추려 짧게 말하며 이어 주는 역할 예 즉, 요컨대, 바꾸어 말하면, 다시 말하면 등
대등·병렬	앞 내용과 뒤의 내용을 대등하게 이어 주는 역할 예 또는, 혹은, 및, 한편 등
전환	뒤의 내용이 앞의 내용과는 다른 새로운 생각이나 사실을 서술하여 화제를 바꾸어 이어 주는 역할 예 그런데, 한편, 아무튼, 그러면 등
예시	앞 문장에 대한 구체적인 예를 들어 설명하며 이어 주는 역할 예 예컨대, 이를테면, 가령, 예를 들어 등

03 논리구조

논리구조에서는 주로 단락과 문장 간의 관계나 글 전체의 논리적 구조를 정확히 파악했는지를 묻는다. 글의 순서를 바르게 배열하는 유형이 출제되고 있다. 제시문의 전체적인 흐름을 바탕으로 각 문단의 특징, 단락 간의 역할 등을 논리적으로 구조화할 수 있는 능력을 길러야 한다.

(1) 문장의 관계와 원리

① 문장과 문장 간의 관계

㉠ 상세화 관계 : 주지 → 구체적 설명(비교, 대조, 유추, 분류, 분석, 인용, 예시, 비유, 부연, 상술 등)

㉡ 문제(제기)와 해결 관계 : 한 문장이 문제를 제기하고, 다른 문장이 그 해결책을 제시하는 관계(과제 제시 → 해결 방안, 문제 제기 → 해답 제시)

㉢ 선후 관계 : 한 문장이 먼저 발생한 내용을 담고, 다음 문장이 나중에 발생한 내용을 담고 있는 관계

㉣ 원인과 결과 관계 : 한 문장이 원인이 되고, 다른 문장이 그 결과가 되는 관계(원인 제시 → 결과 제시, 결과 제시 → 원인 제시)

㉤ 주장과 근거 관계 : 한 문장이 필자가 말하고자 하는 바(주지)가 되고, 다른 문장이 그 문장의 증거(근거)가 되는 관계(주장 제시 → 근거 제시, 의견 제안 → 의견 설명)

㉥ 전제와 결론 관계 : 앞 문장에서 조건이나 가정을 제시하고, 뒤 문장에서 이에 따른 결론을 제시하는 관계

② 문장의 연결 방식

㉠ 순접 : 원인과 결과, 부연 설명 등의 문장 연결에 쓰임

예 그래서, 그리고, 그러므로 등

㉡ 역접 : 앞글의 내용을 전면적 또는 부분적으로 부정

예 그러나, 그렇지만, 그래도, 하지만 등

㉢ 대등·병렬 : 앞뒤 문장의 대비와 반복에 의한 접속

예 및, 혹은, 또는, 이에 반하여 등

㉣ 보충·첨가 : 앞글의 내용을 보다 강조하거나 부족한 부분을 보충하기 위해 다른 말을 덧붙이는 문맥

예 단, 곧, 즉, 더욱이, 게다가, 왜냐하면 등

㉤ 화제 전환 : 앞글과는 다른 새로운 내용을 이야기하기 위한 문맥

예 그런데, 그러면, 다음에는, 이제, 각설하고 등

㉥ 비유·예시 : 앞글에 대해 비유적으로 다시 말하거나 구체적인 예를 보임

예 예를 들면, 예컨대, 마치 등

③ 원리 접근법

앞뒤 문장의 중심의미 파악	→	앞뒤 문장의 중심 내용이 어떤 관계인지 파악	→	문장 간의 접속어, 지시어의 의미와 기능	→	문장의 의미와 관계성 파악
각 문장의 의미를 어떤 관계로 연결해서 글을 전개하는지 파악해야 한다.		지문 안의 모든 문장은 서로 논리적 관계성이 있다.		접속어와 지시어를 음미하는 것은 독해의 길잡이 역할을 한다.		문단의 중심 내용을 알기 위한 기본 분석 과정이다.

04 논리적 이해

(1) 전제의 추론

전제의 추론은 원칙적으로 주어진 내용의 이면에 내포되어 있는 이미 옳다고 인정된 사실을 유추하는 유형이다.

① 먼저 주장이 무엇인지 명확하게 파악해야 한다.
② 주장이 성립하기 위해서 논리적으로 필요한 요건이 무엇인지 생각해 본다.
③ 선택지 중 주장과 논리적으로 인과 관계를 형성할 수 있는 조건을 찾아낸다.

(2) 결론의 추론

주어진 내용을 명확히 이해한 다음, 이를 근거로 이끌어 낼 수 있는 올바른 결론이나 관련 사항을 논리적인 관점에서 찾는 문제 유형이다. 이와 같은 문제는 평상시 비판적이고 논리적인 관점으로 글을 읽는 연습을 충분히 해 두어야 유리하다고 볼 수 있다.

(3) 주제의 추론

주제와 관련된 추론 문제는 적성검사에서 자주 출제되는 유형으로서, 글의 표제, 부제, 주제, 주장, 의도를 파악하는 형태의 문제와 같은 유형이다. 이러한 유형의 문제는 주제를 글의 첫 문단이나 마지막 문단을 통해서 찾을 수 있으며, 그렇지 않으면 문단의 병렬·대등 관계를 파악하면 쉽게 찾을 수 있다. 여러 문단에서 공통된 주제를 추론할 때는, 각각의 제시문을 먼저 요약한 뒤, 핵심 키워드를 찾은 다음, 이를 토대로 주제문을 가려내어 하나의 주제를 유추하면 된다. 평소에 제시문을 읽고, 핵심 키워드를 찾아 문장을 구성하는 연습을 많이 해두어야 한다. 또한, 겉으로 드러난 주제나 정보를 찾는 데 그치지 않고 글 속에 숨겨진 의도나 정보를 찾기 위해 꼼꼼히 관찰하는 태도가 필요하다.

CHAPTER 01 언어논리력 기출예상문제

정답 및 해설 p.002

01 어휘력

대표유형 1 유의어

다음 제시된 단어와 같거나 유사한 의미를 가진 단어는?

어릿하다

① 쓰리다 ② 짜다

③ 흐리다 ④ 어리숙하다

| 해설 | • 어릿하다 : 조금 쓰리고 따가운 느낌이 있다.
• 쓰리다 : 쑤시는 것같이 아프다.

오답분석

② 짜다 : 인색하다. 또는 누르거나 비틀어서 물기나 기름 따위를 빼내다.
③ 흐리다 : 분명하지 아니하고 어렴풋하다.
④ 어리숙하다 : 겉모습이나 언행이 치밀하지 못하여 순진하고 어리석은 데가 있다.

정답 ①

※ 다음 제시된 단어와 같거나 유사한 의미를 가진 단어를 고르시오. **[1~20]**

01

수단

① 수요 ② 사유

③ 판단 ④ 방법

02

심심하다

① 조용하다 ② 무료하다

③ 차분하다 ④ 생각하다

03

미쁘다

① 헛물켜다
② 함초롬하다
③ 미덥다
④ 벼리다

04

동조

① 찬동
② 절용
③ 향상
④ 진보

05

허름하다

① 동조하다
② 극명하다
③ 결연하다
④ 너절하다

06

각오

① 결정
② 결단
③ 방법
④ 결심

07

빌미

① 총기
② 걸식
③ 축의
④ 화근

08

살강

① 옴팡 ② 부뚜막
③ 시렁 ④ 상고대

09

무녀리

① 못난이 ② 어룽이
③ 암무당 ④ 더펄이

10

는개

① 작달비 ② 안개비
③ 개부심 ④ 그믐치

11

기아

① 기근 ② 나태
③ 태만 ④ 나만

12

고국

① 거부 ② 모국
③ 역점 ④ 거절

13

수선

① 처지　② 형편
③ 수리　④ 사려

14

정직

① 교활　② 진실
③ 개정　④ 거짓

15

구속

① 도전　② 검열
③ 속박　④ 반대

16

낭비

① 장비　② 절약
③ 허비　④ 검소

PART 2

17

독려

① 달성　② 구획
③ 낙담　④ 고취

18

조달

① 참관　② 조직
③ 공급　④ 달관

19

실하다

① 평탄하다　② 야무지다
③ 가파르다　④ 자욱하다

20

가동하다

① 상승하다　② 완만하다
③ 퇴영하다　④ 작동하다

대표유형 2 반의어

다음 제시된 단어와 반대되는 의미를 가진 단어는?

든직하다

① 붓날다 ② 사랑옵다
③ 무덕지다 ④ 얄망궂다

| 해설 | • 든직하다 : 사람됨이 묵중하다.
• 붓날다 : 말이나 하는 짓 따위가 붓이 나는 것처럼 가볍게 들뜨다.

오답분석
② 사랑옵다 : 생김새나 행동이 사랑을 느낄 정도로 귀엽다.
③ 무덕지다 : 한데 수북이 쌓여 있거나 뭉쳐 있다.
④ 얄망궂다 : 성질이나 태도가 괴상하고 까다로워 얄미운 데가 있다.

정답 ①

PART 2

※ 다음 제시된 단어와 반대되는 의미를 가진 단어를 고르시오. [21~40]

21

만성

① 급성 ② 상성
③ 항성 ④ 고성

22

승인

① 묵인 ② 용인
③ 거부 ④ 묵과

23

집결

① 소집
② 해산
③ 모집
④ 선발

24

방임

① 방치
② 통제
③ 자유
④ 방관

25

성실

① 근면
② 성의
③ 정성
④ 태만

26

간섭

① 참견
② 방임
③ 섭정
④ 개간

27

개방

① 공개
② 석방
③ 개혁
④ 폐쇄

28

변절

① 변심 ② 지조
③ 배반 ④ 배신

29

출근

① 출세 ② 퇴근
③ 지출 ④ 개근

30

시끄럽다

① 소란스럽다 ② 조용하다
③ 요란하다 ④ 산만하다

31

섬세

① 치밀 ② 정교
③ 둔통 ④ 둔탁

32

해산

① 짜하다 ② 풍기다
③ 모으다 ④ 퍼지다

33

가난

① 도탄 ② 풍요
③ 불안 ④ 산만

34

이완

① 긴장 ② 낙천
③ 하락 ④ 촉진

35

내우

① 가공 ② 외환
③ 만성 ④ 외지

36

선웃음

① 미소 ② 읍혈
③ 조소 ④ 담소

37

소소리바람

① 선풍
② 열풍
③ 질풍
④ 소풍

38

엉성하다

① 유별나다
② 뻔뻔하다
③ 면밀하다
④ 서먹서먹하다

39

저열하다

① 졸렬하다
② 야비하다
③ 고매하다
④ 천하다

40

반박하다

① 부정하다
② 수긍하다
③ 거부하다
④ 논박하다

대표유형 3 어휘

다음 중 제시된 의미를 가진 단어는?

어느 한계에 매우 가까운 정도

① 거의 ② 무조건
③ 일부러 ④ 미리

| 해설 | 오답분석
② 무조건 : 이것저것 생각하지 않고
③ 일부러 : 어떤 목적이나 생각을 가지고. 또는 알면서도 마음을 숨기고
④ 미리 : 어떤 일을 하기 전에, 일어나기 전에

정답 ①

※ 다음 중 제시된 의미를 가진 단어를 고르시오. [41~59]

41

부름에 응답한다는 뜻으로, 부름이나 호소 따위에 대답하거나 응함

① 호평 ② 핀잔
③ 호응 ④ 화근

42

꾀죄죄하고 초라하다.

① 야무지다 ② 호탕하다
③ 궁상맞다 ④ 소박하다

43

음식의 간이 보통 정도에 이르지 못하고 약하다.

① 알싸하다
② 구수하다
③ 씁쌀하다
④ 싱겁다

44

과실이나 곡식 따위가 알이 들어 딴딴하게 잘 익다.

① 설익다
② 보듬다
③ 영글다
④ 사르다

45

마중 나감. 또는 나가서 맞음

① 출영
② 고별
③ 발신
④ 출항

46

햇빛이나 달빛에 비치어 반짝이는 잔물결

① 잔상
② 파도
③ 빛무리
④ 윤슬

47

조건, 규정 따위가 복잡하고 엄격하여 적응하거나 적용하기에 어려운 데가 있다.

① 잔망스럽다
② 개탄스럽다
③ 까탈스럽다
④ 복스럽다

48

매우 많아서 넉넉하다.

① 푸지다 ② 값지다
③ 퍼지다 ④ 다지다

49

다른 것으로 인해 행동하지 않고 스스로 하는 것

① 결과적 ② 공통적
③ 수동적 ④ 능동적

50

주로 봄날 햇빛이 강하게 쬘 때 공기가 공중에서 아른아른 움직이는 현상

① 서리 ② 아지랑이
③ 그림자 ④ 열구름

51

몹시 찌든 물건에 앉은 거친 때

① 먼지 ② 티끌
③ 더께 ④ 녹

52

시끄럽고 어수선함

① 소문 ② 분쟁
③ 논란 ④ 소란

53

괴로움과 어려움을 아울러 이르는 말

① 고초 ② 고색
③ 희생 ④ 애락

54

어떤 일의 견해나 관점을 다른 사람이 수긍하도록 단단히 타일러서 가르침. 또는 그런 가르침

① 회교 ② 설교
③ 회의 ④ 설명

55

바른대로 고하여 알림

① 작고 ② 직주
③ 직고 ④ 보고

56

어리석고 사리에 어둡다.

① 우세하다 ② 우아하다
③ 우롱하다 ④ 우매하다

57

빼어나게 아름답다.

① 수려하다 ② 무려하다
③ 사려하다 ④ 수상하다

58

상식적으로 생각하는 것과 전혀 다르다.

① 엉뚱하다
② 무시하다
③ 실수하다
④ 단순하다

59

학생이 되어 공부하기 위해 학교에 들어가다.

① 퇴학하다
② 입학하다
③ 졸업하다
④ 전업하다

※ 다음 글의 빈칸에 들어갈 단어를 〈보기〉에서 골라 바르게 짝지은 것을 고르시오. [60~62]

60

문화상대주의는 다른 문화를 서로 다른 역사, 환경의 __㉮__에서 이해해야 한다는 인식론이자 방법론이며 관점이고 원칙이다. 하지만 문화상대주의가 차별을 정당화하거나 빈곤과 인권침해, 저개발 상태를 방치하는 윤리의 백치상태를 정당화하는 수단이 될 수는 없다. 만일 문화상대주의가 타문화를 이해하는 방법이 아니라 윤리적 판단을 __㉯__하거나 보류하는 도덕적 문화상대주의에 빠진다면, 이는 문화상대주의를 남용한 것이다. 문화상대주의는 다른 문화를 강요하거나 똑같이 적용해서는 안 된다는 의견일 뿐이므로 보편윤리와 인권을 부정하는 윤리적 회의주의와 __㉰__되어서는 안 된다.

보기

㉠ 추론 ㉡ 맥락 ㉢ 남용 ㉣ 제시 ㉤ 회피 ㉥ 혼동 ㉦ 구현 ㉧ 촉진

	㉮	㉯	㉰
①	㉠	㉣	㉢
②	㉠	㉧	㉥
③	㉡	㉣	㉦
④	㉡	㉤	㉥

61

근대 윤리는 '무엇을 해야만 하는가?'라는 문제에 집중한 나머지 '어떠한 사람이 되어야 하는가?'라는 문제를 소홀히 하였다. 이로 인해 근대의 윤리는 행위에만 __㉮__ 을/를 맞추고 그 행위의 근원이 되는 행위자의 성격과 인품 등은 소홀히 한 채 도덕적 의무와 법칙만을 지나치게 강조했다는 비판을 받게 되었다. 도덕 법칙에 따라 행동하는 것이 인간의 당연한 의무임을 주장한 칸트의 윤리와 최대 다수의 최대 행복 실현을 윤리적 행위의 목적으로 본 '공리주의'도 이 비판에서 결코 자유롭지 못했다.

현대의 '덕 윤리'는 이들을 '의무의 윤리'와 '원칙의 윤리'라고 비판하면서 근대 윤리에 대한 __㉯__ (으)로 등장하였다. 덕 윤리는 '덕(德)'이라는 개인의 내적 특성이나 성품을 도덕적으로 가장 중요한 특성으로 보았다. 즉, 옳고 선한 행위를 하려면 무엇보다 선한 동기와 감정 그리고 유덕한 성품을 길러야 한다는 것이다. 행위를 __㉰__ 하는 법칙이나 원칙을 가지는 것보다 선을 __㉱__ 하는 성품과 습관을 지니는 일이 인간의 윤리적 실천에 있어 더욱 중요하다고 본 것이다. 그러므로 덕 윤리에서는 단순히 옳은 행위를 하는 사람보다 선한 성품으로 자연스럽게 옳은 행위를 할 수 있는 사람을 더 훌륭하게 보았다.

보기

㉠ 쟁점	㉡ 초점	㉢ 제안	㉣ 대안
㉤ 의도	㉥ 인도	㉦ 지향	㉧ 지양

	㉮	㉯	㉰	㉱
①	㉠	㉢	㉤	㉦
②	㉠	㉣	㉥	㉧
③	㉡	㉢	㉤	㉦
④	㉡	㉣	㉥	㉦

PART 2

62

모든 생물체는 '자신(Self)'과 '남(Non-self)'을 ___㉮___하는 독특한 기능을 갖추고 있다. 남에 해당하는 것 중 일반적으로 해가 되지 않는 것에는 관용반응(Tolerance)을 보이고 해가 되는 것에는 면역반응(Immunity)을 보임으로써 외부 환경으로부터 자신을 보호하기도 하고 외부 환경에 적응하기도 한다. 남에 해당하는 것 중 해가 되지 않는 물질은 꽃가루, 매일 먹는 식품, 공기 중에 떠다니는 먼지 등 우리 주변에 이루 헤아릴 수 없이 많이 존재한다. 우리가 큰 문제없이 살아가는 것은 이러한 물질에 대해 우리 몸이 관용반응을 보이기 때문이다. 남에 해당하는 것 중 해가 되는 것으로는 박테리아, 바이러스 등과 같은 미생물이 있다. 이에 대해서 우리 몸의 정교한 면역체계가 ___㉯___하여 해로운 침입자들을 파괴한다. 이처럼 면역이란 자기(Self)와 남(Non-self)을 식별하는 기구로서, 남을 항원으로 인식하고 그에 ___㉰___하는 항체를 형성하여 ___㉱___하는 체계적인 반응이라 할 수 있다.

보기

㉠ 구별	㉡ 변별	㉢ 작동	㉣ 이동
㉤ 대응	㉥ 적응	㉦ 대신	㉧ 대처

	㉮	㉯	㉰	㉱
①	㉠	㉡	㉤	㉦
②	㉠	㉢	㉤	㉧
③	㉡	㉢	㉤	㉦
④	㉡	㉣	㉥	㉧

※ 다음 제시된 단어의 대응 관계가 동일하도록 빈칸에 들어갈 가장 적절한 단어를 고르시오. [63~65]

63

발송 : 수취 = (　　) : 착륙

① 이륙　　② 송신
③ 수신　　④ 상륙

64

견문 : 식견 = 엄폐 : (　　)

① 엄수　　② 은멸
③ 파멸　　④ 전폐

65

고립 : 격리 = (　　) : 발군

① 아군　　② 아류
③ 발류　　④ 군수

※ 다음 뜻을 모두 가진 단어를 고르시오. [66~70]

66

㉠ 문제에 대한 답이 틀리지 아니하다. ㉡ 오는 사람이나 물건을 예의로 받아들이다. ㉢ 외부로부터 어떤 힘이 가해져 몸에 해를 입다. ㉣ 침, 주사 따위로 치료를 받다.

① 옳다
② 닿다
③ 맞다
④ 놓다

67

㉠ 일정한 공간에 사람, 사물, 냄새 따위가 더 들어갈 수 없이 가득하게 되다. ㉡ 발로 내어 지르거나 받아 올리다. ㉢ 물건을 몸의 한 부분에 달아매거나 끼워서 지니다. ㉣ 정한 수량, 나이, 기간 따위가 다 되다.

① 메다
② 차다
③ 내다
④ 치다

68

㉠ 흐리거나 궂은 날씨가 맑아지다. ㉡ 가루나 덩이진 것에 물이나 기름 따위를 쳐서 서로 섞이거나 풀어지도록 으깨거나 이기다. ㉢ 옷이나 이부자리 따위를 겹치거나 접어서 단정하게 포개다. ㉣ 언짢거나 우울한 마음이 개운하고 홀가분해지다.

① 개다
② 풀다
③ 두다
④ 놓다

PART 2

69

㉠ 새로운 신분이나 지위를 가지다. ㉡ 말, 되, 홉 따위로 가루, 곡식, 액체 따위의 분량을 헤아리다. ㉢ 논밭을 다시 갈다. ㉣ 반죽이나 밥 따위가 물기가 적어 빡빡하다.

① 되다
② 갖다
③ 짓다
④ 쑤다

70

㉠ 탈것이나 짐승의 등 따위에 몸을 얹다. ㉡ 도로, 줄, 산, 나무, 바위 따위를 밟고 오르거나 그것을 따라 지나가다. ㉢ 바닥이 미끄러운 곳에서 어떤 기구를 이용하여 달리다. ㉣ 바람이나 물결, 전파 따위에 실려 퍼지다.

① 돕다
② 타다
③ 자다
④ 푸다

대표유형 4 접속어

다음 글의 빈칸에 들어갈 접속어로 가장 적절한 것은?

> 문학이 보여주는 세상은 실제의 세상 그 자체가 아니며, 실제의 세상을 잘 반영하여 작품으로 빚어 놓은 것이다. _____ 문학 작품 안에 있는 세상이나 실제로 존재하는 세상이나 그 본질에서는 다를 바가 없다.

① 그러나 ② 그렇게
③ 그리고 ④ 더구나

| 해설 | 빈칸 앞 문장은 '문학이 보여주는 세상은 실제의 세상 그 자체가 아니며'라고 하였고, 빈칸 뒤 문장은 '문학 작품 안에 있는 세상이나 실제로 존재하는 세상이나 그 본질에 있어서는 다를 바가 없다.'고 하였다. 따라서 앞의 내용과 뒤의 내용이 상반되는 접속 부사 '그러나'가 적절하다.

정답 ①

※ 다음 글의 빈칸에 들어갈 접속어로 가장 적절한 것을 고르시오. [71~74]

71

> 그들은 거짓말쟁이였다. 그들은 엉뚱하게도 계획을 내세웠다. 그러나 우리에게 필요한 것은 계획이 아니었다. 많은 사람이 이미 많은 계획을 내놓았다. 그런데도 달라진 것은 없었다. ________ 무엇을 이룬다고 해도 그것은 우리와는 상관이 없는 것이었다.

① 과연 ② 그러나
③ 설혹 ④ 예를 들면

72

> 기호에서 기표와 기의의 결합이 자의적이라는 점은 널리 알려진 상식이다. ________ 음성 상징어로 총칭되는 의성어와 의태어는 여기에서 예외로 간주되기도 한다.

① 그리고 ② 그러나
③ 즉 ④ 그러므로

73

기본적 욕구는 고객이 가지고 있는 가장 낮은 단계의 욕구로서, 그들이 구매하는 제품이나 서비스에 당연히 포함되어 있는 것으로 기대되는 특성들이다. 이런 특성들이 제품이나 서비스에 결여되어 있다면 고객은 예외 없이 크게 불만족스러워 한다. ________ 기본적 욕구가 충족되었다고 해서 고객이 항상 만족감을 느끼는 것은 아니다.

① 그래서　　② 그러므로
③ 하지만　　④ 왜냐하면

PART 2

74

딸의 생일 선물을 깜빡 잊은 아빠가 "내일 우리 집보다 더 큰 곰 인형 사 올게."라고 말했을 때, 아빠가 발화한 문장은 상황에 적절한 발화인가 아닌가?

발화의 적절성 판단은 상황에 의존하고 있다. 화행(話行) 이론은 요청, 명령, 질문, 약속, 충고 등의 발화가 상황에 적절한지를 판단하는 기준으로 적절성 조건을 제공한다. 적절성 조건은 상황에 대한 배경적 정보와 관련되는 예비 조건, 그 행위에 대한 진실된 심리적 태도와 관련되는 진지성 조건, 그 행위가 본래의 취지대로 이행되도록 만드는 발화 효과와 관련되는 기본 조건으로 나뉜다. 어떤 발화가 적절한 것으로 판정되기 위해서는 이 세 가지 조건이 전부 충족되어야 한다.

적절성 조건을 요청의 경우에 적용해 보자. 청자가 그 행위를 할 능력이 있음을 화자가 믿는 것이 예비 조건, 청자가 그 행위를 하기를 화자가 원하는 것이 진지성 조건, 화자가 청자로 하여금 그 행위를 하게 하고자 하는 것이 기본 조건이다. "산타 할아버지를 만나게 해 주세요."라는 발화는 산타클로스의 존재를 믿는 아들의 입장에서는 적절한 발화이지만 수행할 능력이 없는 부모의 입장에서는 예비 조건을 어긴 요청이 된다. "저 좀 미워해 주세요."라는 요청은 화자가 진심으로 원하는 상황이라면 적절하지만 진심으로 원하지 않는 상황이라면 진지성 조건을 어긴 요청이 된다. "저 달 좀 따다 주세요."라는 요청은 화자가 청자로 하여금 정말로 달을 따러 가게 하지 않을 것이므로 기본 조건을 어긴 요청이 된다.

둘 이상의 조건을 어긴 발화도 있다. 앞서 예로 들었던 "저 달 좀 따다 주세요."의 경우, 화자는 청자가 달을 따다 줄 능력이 없음을 알고 있고 달을 따다 주기를 진심으로 원하지도 않으며 또 달을 따러 가게 할 생각도 없는 것이 일반적인 상황이므로, 세 조건을 전부 어기고 있다. 그런데도 이 발화가 동서고금을 막론하고 빈번히 사용되고 또 용인되는 이유는 무엇일까? 화자는 이 발화가 세 조건을 전부 어기고 있음을 알고 있지만 오히려 이를 이용해서 모종의 목적을 이루고자 하고, 청자 또한 그런 점을 이해하기 때문에 이 발화는 적절하지는 않지만 유효한 의사소통의 방법으로 용인된다.

화행 이론은 적절성 조건을 이용하여 상황에 따라 달라지는 발화의 적절성에 대해 유용한 설명을 제공한다. ________ 발화가 이루어지는 상황은 너무나 복잡다단하여 이것만으로 발화와 상황의 상호 관계를 다 설명할 수는 없다. 이러한 한계는 발화 상황과 연관 지어 언어를 이해하고 설명하려는 언어 이론의 공통적 한계이기도 하다.

① 그러나　　② 그러므로
③ 즉　　④ 그리고

※ 다음 글의 빈칸 ㉠~㉢에 들어갈 접속어를 바르게 연결한 것을 고르시오. [75~77]

75

현존하는 한국 범종 중에서 신라 범종이 으뜸이다. 신라 범종으로는 상원사 동종, 성덕대왕 신종, 용주사 범종이 있으며 모두 국보로 지정되어 있다. 이 가운데 에밀레종이라 알려진 성덕대왕 신종은 세계의 보배라 여겨진다. ___㉠___ 이러한 평가는 미술이나 종교의 차원에 국한될 뿐, 에밀레종이 갖는 음향공학 차원의 가치는 간과되고 있다.
에밀레종을 포함한 한국 범종은 종신(鐘身)이 작고 종구(鐘口)가 벌어져 있는 서양 종보다 종신이 훨씬 크다는 점에서는 중국 범종과 유사하다. 또한 한국 범종은 높은 종탑에 매다는 서양 종과 달리 높지 않은 종각에 매단다는 점에서도 중국 범종과 비슷하다. ___㉡___ 중국 범종은 종신의 중앙 부분에 비해 종구가 나팔처럼 벌어져 있는 반면, 한국 범종은 종구가 항아리처럼 오므라져 있다. ___㉢___ 한국 범종은 중국 범종에 비해 지상에 더 가까이 땅에 닿을 듯이 매단다.
나아가 한국 범종은 종신과 대칭 형태로 바닥에 커다란 반구형의 구덩이를 파두는데, 바로 여기에 에밀레종이나 여타 한국 범종의 숨은 진가가 있다. 한국 범종의 이러한 구조는 종소리의 조음에 영향을 미쳐 독특한 음향을 내게 한다. 이 구덩이는 100헤르츠 미만의 저주파 성분이 땅속으로 스며들게 하고, 커다란 울림통으로 작용하여 소리의 여운을 길게 한다.

	㉠	㉡	㉢
①	그리고	그러므로	또한
②	그러므로	그리고	그러나
③	그러므로	하지만	그러나
④	그러나	하지만	또한

76

강력한 국가의 등장, ___㉠___ 경찰이나 안보 기구의 등장은 해방 이후 필연적으로 발생하게 된 힘의 공백, '아노미 상태'에 대처하는 데 나름의 기여를 했다고 볼 수 있다. ___㉡___ 힘이 워낙 강력하다 보니 다양한 세력의 경쟁을 통해 정의로운 체제나 이념을 도출하는 데에는 무리가 있었다. ___㉢___ 강한 세력이 약한 세력을 억압하며 그들의 목소리가 철저히 배제되었기 때문이다. 결과적으로 강력한 국가의 등장은 정의로운 체제를 만드는 것이 아니라 강자의 이익을 중심으로 체제를 형성하는 악영향을 끼치게 되었다.

	㉠	㉡	㉢
①	즉	그래서	하지만
②	즉	그러나	왜냐하면
③	하지만	즉	따라서
④	그러나	왜냐하면	게다가

77

많은 구성원이 함께 일하는 조직에서는 사람으로 인해 상처받는 일과 부당함에 대해 고민하는 일들이 발생하기 마련이다. __㉠__ 건강한 조직문화를 만들기 위해서는 직원들 사이의 끊임없는 소통과 중재가 필요하다. A교육청은 조직 내에서 발생할 수 있는 직원 간의 갈등을 해결하기 위해 부사장 직속 부서인 인권센터를 설립하였다. __㉡__ 직원들이 어떤 어려움이든 쉽고 빠르게 도움을 청할 수 있도록 직장 내 성희롱과 괴롭힘 관련 상담 창구를 하나로 통일하였다. 최근 직원들의 인권문제에 이렇게 관심을 갖게 된 이유는 조직구성원들의 가치관과 시대정신에 따라 조직문화가 변화하고 있기 때문이다. 인권센터는 직장 내 괴롭힘과 성희롱, 갑질에 대한 고충 문제를 상담하고 해결한다. 대부분 직장 내에서 개인이 겪는 어려움을 다루는 민감한 사안이므로 상담 접수부터 처리까지 전 과정에서 보안을 최우선으로 한다. __㉢__ 모든 상담 접수를 온라인으로 받고, 접수된 내용은 인권센터 직원들이 검토한 뒤 신고자와 면밀하게 사안에 대해 이야기를 나눈다. 공식절차는 1차 상담 이후 문제의 심각성에 따라 진행된다.

	㉠	㉡	㉢
①	그리고	그러나	그런데
②	그리고	그러나	즉
③	그러므로	또한	따라서
④	그러므로	따라서	따라서

PART 2

02 나열하기

대표유형 문장나열

다음 문장을 논리적 순서대로 바르게 나열한 것은?

(가) 대서양 중앙 해령의 일부분이 해수면 위로 노출된 부분인 아이슬란드는 서쪽은 북아메리카 판, 동쪽은 유라시아 판에 속해 있어 지리적으로는 한 나라이지만, 지질학적으로는 두 개의 서로 다른 판 위에 놓여 있는 것이다.
(나) 먼저 지구의 표면은 크고 작은 10여 개의 판으로 이루어져 있다.
(다) 판구조론의 관점에서 보면, 아이슬란드의 지질학적인 위치는 매우 특수하다.
(라) 아이슬란드는 그중 북아메리카 판과 유라시아 판의 경계선인 대서양 중앙 해령에 위치해 있다.

① (가) – (라) – (나) – (다)
② (가) – (라) – (다) – (나)
③ (다) – (가) – (나) – (라)
④ (다) – (나) – (라) – (가)

| 해설 | 제시문은 판구조론 관점에서 본 아이슬란드의 특수한 지질학적 위치에 대한 글이다. 따라서 (다) 특수한 아이슬란드의 지질학적인 위치 – (나) 기본적 지질학적 상식 : 지구의 표면은 크고 작은 10여 개의 판으로 이루어져 있음 – (라) 아이슬란드의 특징 – (가) 아이슬란드는 지리적으로는 한 나라이지만, 지질학적으로는 두 개의 서로 다른 판 위에 놓여 있음의 순서로 연결되어야 한다.

정답 ④

※ 다음 문단을 논리적 순서대로 바르게 나열한 것을 고르시오. [78~82]

78

(가) 이러한 특징은 구엘 공원에 잘 나타나 있는데, 산의 원래 모양을 최대한 유지하기 위해 지면을 받치는 돌기둥을 만드는가 하면, 건축물에 식물을 심어 그 뿌리로 하여금 무너지지 않게 했다.
(나) 스페인을 대표하는 천재 건축가 가우디가 만든 건축물의 대표적인 특징을 꼽자면, 먼저 곡선을 들 수 있다. 그의 여러 건축물 중 곡선미가 가장 잘 나타나는 것은 바로 1984년 유네스코 세계 문화유산으로 지정된 까사 밀라이다.
(다) 또 다른 특징으로는 자연과의 조화로, 그는 건축 역시 사람들이 살아가는 공간이자 자연의 일부라고 생각하여 가능한 자연을 훼손하지 않고 건축하는 것을 원칙으로 삼았다.
(라) 이 건축물의 겉 표면에는 일렁이는 파도를 연상시키는 곡선이 보이는데, 이는 당시 기존 건축 양식과는 거리가 매우 멀어 처음엔 조롱거리가 되었다. 하지만 훗날 비평가들은 그의 창의성을 인정하게 됐고 현대 건축의 출발점으로 지금까지 평가되고 있다.

① (가) – (나) – (라) – (다)
② (가) – (다) – (나) – (라)
③ (나) – (라) – (가) – (다)
④ (나) – (라) – (다) – (가)

79

(가) 이러한 과정에서 문제는 압축 정도가 제한된다는 것이다. 만일 기화된 가솔린에 너무 큰 압력을 가하면 멋대로 점화되어 버리는데 이것이 엔진의 노킹 현상이다.
(나) 이전에 오토가 발명한 가솔린 엔진의 효율은 당시에 무척 떨어졌으며, 널리 사용된 증기 기관의 효율 역시 10%에 불과했고 가동 비용도 많이 드는 단점이 있었다.
(다) 이처럼 디젤 기관은 연료의 품질에 민감하지 않고, 연료의 소비 면에서도 경제성이 뛰어나 오늘날 자동차 엔진용으로 확고한 자리를 잡았다.
(라) 환경론자들이 걱정하는 디젤 엔진의 분진 배출 역시 필터 기술이 발전하면서 점차 극복되고 있다.
(마) 이와 달리 디젤 엔진의 기본 원리는 실린더 안으로 공기만을 흡입하여 피스톤으로 강하게 압축시킨 다음 그 압축 공기에 연료를 분사시켜 저절로 점화되도록 하는 것이다.
(바) 독일의 발명가 루돌프 디젤이 새로운 엔진에 대한 아이디어를 내고 특허를 얻은 것은 1892년의 일이었다.
(사) 또 디젤 엔진은 압축 과정에서 연료가 혼합되지 않았기 때문에 가솔린 엔진보다 훨씬 더 높은 25 : 1 정도의 압축 비율을 사용할 수 있다. 압축 비율이 높다는 것은 그만큼 효율이 높다는 것을 의미한다.
(아) 보통의 가솔린 엔진은 기화기에서 공기와 연료를 먼저 혼합하고, 그 혼합 기체를 실린더 속으로 흡입하여 압축한 후, 점화 플러그로 스파크를 일으켜 동력을 얻는다.

① (바) – (나) – (아) – (가) – (마) – (사) – (다) – (라)
② (바) – (다) – (아) – (나) – (가) – (마) – (라) – (사)
③ (아) – (라) – (다) – (가) – (나) – (사) – (마) – (바)
④ (아) – (라) – (다) – (가) – (마) – (나) – (바) – (사)

80

(가) 정책 수단 선택의 사례로 환율과 관련된 경제 현상을 살펴보자. 외국 통화에 대한 자국 통화의 교환 비율을 의미하는 환율은 장기적으로 한 국가의 생산성과 물가 등 기초 경제 여건을 반영하는 수준으로 수렴된다.
(나) 이처럼 환율이나 주가 등 경제 변수가 단기에 지나치게 상승 또는 하락하는 현상을 오버슈팅(Overshooting)이라고 한다.
(다) 이러한 오버슈팅은 물가 경직성 또는 금융 시장 변동에 따른 불안 심리 등에 의해 촉발되는 것으로 알려져 있다. 여기서 물가 경직성은 시장에서 가격이 조정되기 어려운 정도를 의미한다.
(라) 그러나 단기적으로 환율은 이와 괴리되어 움직이는 경우가 있다. 만약 환율이 예상과는 다른 방향으로 움직이거나 또는 비록 예상과 같은 방향으로 움직이더라도 변동 폭이 예상보다 크게 나타날 경우 경제 주체들은 과도한 위험에 노출될 수 있다.

① (가) – (나) – (다) – (라)
② (가) – (라) – (나) – (다)
③ (나) – (다) – (라) – (가)
④ (나) – (라) – (다) – (가)

81

(가) 세조가 왕이 된 후 술자리에 관한 최초의 기록은 1455년 7월 27일의 "왕이 노산군에게 문안을 드리고 술자리를 베푸니 종친 영해군 이상과 병조판서 이계전 그리고 승지 등이 모셨다. 음악을 연주하니 왕이 이계전에게 명하여 일어나 춤을 추게 하고, 지극히 즐긴 뒤에 파하였다. 드디어 영응대군 이염의 집으로 거둥하여 자그마한 술자리를 베풀고 한참 동안 있다가 환궁하였다."라는 기록이다. 술자리에서 음악과 춤을 즐기고, 1차의 아쉬움 때문에 2차까지 가지는 모습은 세조의 술자리에서 거의 공통적으로 나타나는 특징이다.

(나) 세조(1417 ~ 1468, 재위 1455 ~ 1468)라고 하면 어린 조카를 죽이고 왕위에 오른 비정한 군주로 기억하는 경우가 많다. 1453년 10월 계유정난의 성공으로 실질적으로 권력의 1인자가 된 수양대군은 2년 후인 1455년 6월 단종을 압박하여 세조가 되어 왕위에 오른다. 불법적인 방식으로 권력을 잡은 만큼 세조에게는 늘 정통성에 대한 시비가 따라 붙게 되었다. 이후 1456년에 성삼문, 박팽년 등이 중심이 되어 단종 복위운동을 일으킨 것은 세조에게는 정치적으로 큰 부담이 되었다. 이로 인해 세조는 왕이 된 후 문종, 단종 이후 추락한 왕권 회복을 정치적 목표로 삼고, 육조 직계제를 부활시키는가 하면 경국대전과 동국통감 같은 편찬 사업을 주도하여 왕조의 기틀을 잡아 갔다.

(다) 이처럼 세조실록의 기록에는 세조가 한명회, 신숙주, 정인지 등 공신들과 함께 자주 술자리를 마련하고 대화는 물론이고 흥이 나면 함께 춤을 추거나 즉석에서 게임을 하는 등 신하들과 격의 없이 소통하는 장면이 자주 나타난다. 이는 당시에도 칼로 권력을 잡은 이미지가 강하게 남았던 만큼 최대한 소탈하고 인간적인 모습을 보임으로써 자신의 강한 이미지를 희석시켜 나간 것으로 풀이된다. 또한 자신을 왕으로 만들어준 공신 세력을 양날의 검으로 인식했기 때문으로도 보인다. 자신을 위해 목숨을 바친 공신들이지만, 또 다른 순간에는 자신에게 칼끝을 겨눌 위험성을 인식했던 세조는 잦은 술자리를 통해 그들의 기분을 최대한 풀어주고 자신에게 충성을 다짐하도록 했던 것이다.

(라) 세조가 왕권 강화를 바탕으로 자신만의 정치를 펴 나가는 과정에서 특히 주목되는 점은 자주 술자리를 베풀었다는 사실이다. 이것은 세조실록에 '술자리'라는 검색어가 무려 467건이나 나타나는 것에서도 단적으로 확인할 수 있다. 조선의 왕 중 최고의 기록일 뿐만 아니라 조선왕조실록의 '술자리' 검색어 974건의 거의 절반에 달하는 수치이다. 술자리의 횟수에 한해 세조는 조선 최고의 군주라 불릴 만하다.

① (나) – (가) – (다) – (라)
② (나) – (라) – (가) – (다)
③ (라) – (가) – (다) – (나)
④ (라) – (나) – (가) – (다)

82

(가) 물체의 회전 상태에 변화를 일으키는 힘의 효과를 돌림힘이라고 한다. 물체에 회전 운동을 일으키거나 물체의 회전 속도를 변화시키려면 물체에 힘을 가해야 한다. 같은 힘이라도 회전축으로부터 얼마나 멀리 떨어진 곳에 가하느냐에 따라 회전 상태의 변화 양상이 달라진다. 물체에 속한 점 X와 회전축을 최단 거리로 잇는 직선과 직각을 이루는 동시에 회전축과 직각을 이루도록 힘을 X에 가한다고 하자. 이때 물체에 작용하는 돌림힘의 크기는 회전축에서 X까지의 거리와 가해준 힘의 크기의 곱으로 표현되고 그 단위는 Nm(뉴턴미터)이다.

(나) 회전 속도의 변화는 물체에 알짜 돌림힘이 일을 해주었을 때만 일어난다. 돌고 있는 팽이에 마찰력이 일으키는 돌림힘을 포함하여 어떤 돌림힘도 작용하지 않으면 팽이는 영원히 돈다. 일정한 형태의 물체에 일정한 크기와 방향의 알짜 돌림힘을 가하여 물체를 회전시키면, 알짜 돌림힘이 한 일은 알짜 돌림힘의 크기와 회전 각도의 곱이고 그 단위는 줄(J)이다. 알짜 돌림힘이 물체를 돌리려는 방향과 물체의 회전 방향이 일치하면 알짜 돌림힘이 양(+)의 일을 하고 그 방향이 서로 반대이면 음(−)의 일을 한다.

(다) 동일한 물체에 작용하는 두 돌림힘의 합을 알짜 돌림힘이라고 한다. 두 돌림힘의 방향이 같으면 알짜 돌림힘의 크기는 두 돌림힘의 크기의 합이 되고 그 방향은 두 돌림힘의 방향과 같다. 두 돌림힘의 방향이 서로 반대이면 알짜 돌림힘의 크기는 두 돌림힘의 크기의 차가 되고 그 방향은 더 큰 돌림힘의 방향과 같다. 지레에 힘을 주지만 물체가 지레의 회전을 방해하는 힘을 작용점에 주어 지레가 움직이지 않는 상황처럼, 두 돌림힘의 크기가 같고 방향이 반대이면 알짜 돌림힘은 0이 되고 이때를 돌림힘의 평형이라고 한다.

(라) 지레는 받침과 지렛대를 이용하여 물체를 쉽게 움직일 수 있는 도구이다. 지레에서 힘을 주는 곳을 힘점, 지렛대를 받치는 곳을 받침점, 물체에 힘이 작용하는 곳을 작용점이라고 한다. 받침점에서 힘점까지의 거리가 받침점에서 작용점까지의 거리에 비해 멀수록 힘점에서 작은 힘을 주어도 작용점에서 큰 힘을 가할 수 있다. 이러한 지레의 원리에는 돌림힘의 개념이 숨어 있다.

① (가) – (나) – (다) – (라)
② (가) – (다) – (라) – (나)
③ (다) – (가) – (라) – (나)
④ (라) – (가) – (다) – (나)

03 추론하기

대표유형 1 주제 찾기

다음 글의 주제로 가장 적절한 것은?

제1차 세계대전에 패망한 독일은 바이마르공화국 헌법에 의해 자유민주주의 체제를 확립하였으나, 경제 사정은 엉망이었다. 정치적 자유에도 불구하고 경제적 욕망 충족의 보장이 없었다. 그토록 갈구하던 자유를 얻었는데도 굶주림과 좌절 모두 자유의 탓으로 돌려졌다. 성공과 자살도 모두 개인의 책임으로 돌려졌다. 제1차 세계대전 후 열악한 경제 조건 속에 놓인 독일 국민들은 한 조각의 빵을 위해서 자유의 권리를 서슴지 않고 포기하였다. 그리고 자신의 자유를 대신 행사해 줄 지도자를 찾았다. 그 결과, 히틀러의 사디즘과 국민들의 마조히즘이 결합하게 되었다.

① 만인에 대한 만인의 투쟁
② 감시와 처벌
③ 존재와 시간
④ 자유로부터의 탈피

| 해설 | 제시문의 주된 내용은 제1차 세계대전에 패한 독일의 국민들이 열악한 경제 상황 때문에 자유의 권리를 포기했다는 것이므로, 글의 주제로 ④가 가장 적절하다.

정답 ④

※ 다음 글의 제목으로 가장 적절한 것을 고르시오. [83~85]

83

모르는 게 약이고 아는 게 병이라는 말은 언제 사용될까? 언제 몰라야 좋은 것이고, 알면 나쁜 것일까? 모든 것을 다 안다고 좋은 것은 아니다. 몰랐으면 아무 문제되지 않았을 텐데 알아서 문제가 발생하는 경우도 많다. 어떤 때는 정확히 알지 않고 어슴푸레한 지식으로 알고 있어서 고통스러운 경우도 있다. 예를 들어 우리가 모든 것을 알고 있으면 행복할까? 손바닥에 수많은 균이 있다는 것을 늘 인식하고 산다면 어떨까? 내가 먹는 음식의 성분들이나 위해성을 안다면 더 행복할까? 물건에서 균이 옮을까봐 다른 사람들이 쓰던 물건을 만지지 않는 사람도 있다. 이런 게 괜히 알아서 생긴 병이다. 흔히 예전에는 이런 경우를 노이로제라고 부르기도 했다.

① 노이로제, 아는 것이 힘이다
② 선무당이 사람 잡는다, 노이로제
③ 모르는 게 약이다, 노이로제
④ 노이로제, 돌다리도 두드려보고 건너라

84

우리 고유의 발효식품이자 한식 제1의 반찬인 김치는 천 년이 넘는 역사를 함께해 온 우리 삶의 일부이다. 채소를 오래 보관하여 먹기 위한 절임 음식으로 시작된 김치는 양념을 버무리고 숙성시키는 우리만의 발효과학 식품으로 변신하였고, 김장은 우리 민족의 가장 중요한 행사 중 하나가 되었다. 다른 나라에도 소금 등에 채소를 절인 절임 음식이 존재하지만, 절임 후 양념으로 2차 발효시키는 음식으로는 우리 김치가 유일하다. 김치는 발효과정을 통해 원재료보다 영양이 한층 더 풍부하게 변신하며, 암과 노화, 비만 등의 예방과 억제에 효과적인 기능성을 보유한 슈퍼 발효 음식으로 탄생한다.
김치는 지역마다, 철마다, 또 특별한 의미를 담아 다양하게 변화하여 300가지가 넘는 종류로 탄생하는데, 기후와 지역 등에 따라서 다채로운 맛을 담은 김치들이 있다. 주재료로 채소뿐만 아니라 수산물이나 육류를 이용한 독특한 김치도 있고, 같은 김치라도 사람에 따라 특별한 김치로 재탄생되기도 한다. 지역과 집안마다 저마다의 비법으로 담그기 때문에 유서 깊은 종가의 비법으로 만든 특별한 김치가 전해오며, 김치를 담그고 먹는 일도 수행의 연속이라 여기는 사찰에서는 오신채를 사용하지 않은 김치가 존재한다.
우리 문화의 정수이자 자존심인 김치는 현대에 들어서는 문화와 전통이 결합한 복합산업으로 펼쳐지고 있다. 김치에 들어가는 수많은 재료에 관련된 산업의 생산액은 3.3조 원이 넘으며, 주로 배추김치로 형성된 김치 생산은 약 2.3조 원의 시장을 형성하고 있고, 시판 김치의 경우 대기업의 시장 주도력이 증가하고 있다. 소비자 요구에 맞춘 다양한 포장 김치가 등장하고, 김치냉장고는 1.1조 원의 시장을 형성하고 있다. 또한 정성과 기다림을 상징하는 김치는 문화산업의 소재로 활용되며, 김치 문화는 관광 관련 산업으로 활성화되고 있다. 김치의 영양과 유산균을 활용한 여러 기능성 제품이 개발되고, 부식뿐 아니라 새로운 요리의 식재료로서 김치는 39조 원의 외식산업 시장을 뒷받침하고 있다.

① 김치의 탄생
② 김치산업의 활성화 방안
③ 우리 민족의 전통이자 자존심, 김치
④ 지역마다 다양한 종류의 김치

PART 2

85

빅데이터는 스마트 팩토리 등 산업 현장 및 ICT 소프트웨어 설계 등에 주로 활용되어 왔다. 유통이나 물류 업계의 '콘텐츠가 대량으로 이동하는 현장'에서는 데이터가 발생하면 이를 분석하고 활용하는 쪽으로 주로 사용됐다. 이제는 다양한 영역에서 빅데이터의 적용이 빨라지고 있다. 대표적인 사례가 금융권이다. 국내의 은행들은 현재 빅데이터 스타트업 회사를 상대로 대규모 투자에 나서고 있다. 뉴스와 포털 등 현존하는 데이터를 확보하여 금융 키워드 분석에 활용하기 위해서다. 의료업계도 마찬가지다. 정부는 바이오헬스 산업의 혁신전략을 통해 연구개발 투자를 2025년까지 4조 원 이상으로 확대하겠다고 밝혔으며, 빅데이터와 인공 지능 등을 연계한 다양한 로드맵을 준비하고 있다. 벌써 의료 현장에 빅데이터 전략을 구사하고 있는 병원도 다수이다. 국세청도 빅데이터에 관심이 많다. 빅데이터 플랫폼 인프라 구축을 끝내는 한편, 50명 규모의 빅데이터 센터를 가동하기 시작했다. 조세 행정에서 빅데이터를 통해 탈세를 예방·적발하는 등 다양한 쓰임새를 고민하고 있다.

① 빅데이터의 정의와 장·단점
② 빅데이터의 종류
③ 빅데이터의 중요성
④ 빅데이터의 다양한 활용 방안

대표유형 2 내용 일치

다음 글의 내용으로 가장 적절한 것은?

> 독일에서 'Fräulein'은 원래 미혼 여성을 뜻하는 말이었는데 제2차 세계대전 이후 미군과 결혼한 여성을 가리키는 말이 되면서 부정적인 색채를 띠게 되었다. 그러자 미혼 여성들은 자신들을 'Frau'(영어의 'Mrs.'와 같다)로 불러달라고 공식적으로 요청하기 시작했다. 이런 요구를 하는 여성들이 갑자기 늘어나자 언론은 '부인으로 불러달라는 여자들이라니.'라는 제목 아래 여자들이 별희한한 요구를 다 한다는 식으로 보도했다. 'Fräulein'과 'Frau'는 한동안 함께 사용되다가 점차 'Frau'의 사용이 늘자 1984년에는 공문서상 미혼 여성도 'Frau'로 표기한다고 법으로 규정했다. 'Fräulein'이라는 말이 여성들의 의식이 달라진 이 시대에 뒤떨어졌다는 것이었다. 프랑스에서 'Mademoiselle'도 같은 운명을 겪고 있다.

① 언어는 자족적 체계이다.
② 언어는 사회적 가치를 반영한다.
③ 언어는 특정 언어공동체의 의사소통의 도구이다.
④ 언어는 의미와 형식의 결합으로 이루어진 기호의 일종이다.

| 해설 | 제시문은 원래의 어휘가 가진 의미와는 관계없이 이를 받아들이는 사람들의 태도에 따라 어휘의 위상이 결정되는 상황을 제시한 글이다. 이는 언중들의 사회적 가치가 언어에 반영된다는 것을 의미한다.

정답 ②

※ 다음 글의 내용으로 가장 적절한 것을 고르시오. [86~89]

86

극의 진행과 등장인물의 대사 및 감정 등을 관객에게 설명했던 변사가 등장한 것은 1900년대이다. 미국이나 유럽에서도 변사가 있었지만 그 역할은 미미했을 뿐더러 그마저도 자막과 반주 음악이 등장하면서 점차 소멸하였다. 하지만 주로 동양권, 특히 한국과 일본에서는 변사의 존재가 두드러졌다. 한국에서 변사가 본격적으로 등장한 것은 극장가가 형성된 1910년부터인데, 한국 최초의 변사는 우정식으로, 단성사를 운영하던 박승필이 내세운 인물이었다. 그 후 김덕경, 서상호, 김영환, 박응면, 성동호 등이 변사로 활약했으며 당시 영화 흥행의 성패를 좌우할 정도로 그 비중이 컸다. 단성사, 우미관, 조선 극장 등의 극장은 대개 5명 정도의 변사를 전속으로 두었으며 2명 또는 3명이 교대로 무대에 올라 한 영화를 담당하였다. 4명 또는 8명의 변사가 한 무대에 등장하여 영화의 대사를 교환하는 일본과는 달리 한국에서는 1명의 변사가 영화를 설명하는 방식을 취하였으며, 영화가 점점 장편화되면서부터는 2명 또는 4명이 번갈아 무대에 등장하는 방식으로 바뀌었다. 변사는 악단의 행진곡을 신호로 무대에 등장하였으며 소위 전설(前說)을 하였는데, 전설이란 활동사진을 상영하기 전에 그 개요를 앞서 설명하는 것이었다. 전설이 끝나면 활동사진을 상영하고 해설을 시작하였다. 변사는 전설과 해설 이외에도 막간극을 공연하기도 했는데 당시 영화관에는 영사기가 대체로 한 대밖에 없었기 때문에 필름을 교체하는 시간을 이용하여 코믹한 내용을 공연하였다.

① 한국과는 달리 일본에서는 변사가 막간극을 공연했다.
② 한국에 극장가가 형성되기 시작한 것은 1900년경이었다.
③ 한국은 영화의 장편화로 무대에 서는 변사의 수가 늘어났다.
④ 자막과 반주 음악의 등장으로 변사의 중요성이 더욱 높아졌다.

87

만우절의 탄생과 관련하여 많은 이야기가 있지만, 가장 많이 알려진 것은 16세기 프랑스 기원설이다. 16세기 이전부터 프랑스 사람들은 3월 25일부터 일주일 동안 축제를 벌였고, 축제의 마지막 날인 4월 1일에는 모두 함께 모여 축제를 즐겼다. 그러나 16세기 말 프랑스가 그레고리력을 받아들이면서 달력을 새롭게 개정했고, 이에 따라 이전의 3월 25일을 새해 첫날(New Year's Day)인 1월 1일로 맞추어야 했다. 결국 기존의 축제는 달력이 개정됨에 따라 사라지게 되었다. 그러나 몇몇 사람들은 이 사실을 잘 알지 못하거나 기억하지 못했다. 사람들은 그들을 가짜 파티에 초대하거나, 그들에게 조롱 섞인 선물을 하면서 놀리기 시작했다. 프랑스에서는 이렇게 놀림감이 된 사람들을 '4월의 물고기'라는 의미의 '푸아송 다브릴(Poisson d'Avril)'이라 불렀다. 갓 태어난 물고기처럼 쉽게 낚였기 때문이다. 18세기에 이르러 프랑스의 관습이 영국으로 전해지면서 영국에서는 이날을 '오래된 바보의 날(All Fool's Day*)'이라고 불렀다.

* 'All'은 'Old'를 뜻하는 'Auld'의 변형 형태(스코틀랜드)이다.

① 만우절은 프랑스에서 기원했다.
② 프랑스는 16세기 이전부터 그레고리력을 사용하였다.
③ 16세기 말 이전 프랑스에서는 3월 25일 ~ 4월 1일까지 축제가 열렸다.
④ 프랑스에서는 만우절을 '4월의 물고기'라고 불렀다.

88

> 우리 속담에도 '울다가도 웃을 일이다.'라는 말이 있듯이 슬픔의 아름다움과 해학의 아름다움이 함께 존재한다면 이것은 우리네의 곡절 많은 역사 속에서 밴 미덕의 하나라고 할 만하다. 울다가도 웃을 일이라는 말은 물론 어처구니가 없을 때 하는 말이기도 하지만 애수가 아름다울 수 있고 또 익살이 세련되어 아름다울 수 있다면 그 사회의 서정과 조형미에 나타나는 표현에도 의당 이러한 것이 반영되어 있어야 한다.
> 이러한 고요의 아름다움과 슬픔의 아름다움이 조형 작품 위에 옮겨질 수 있다면 이것은 바로 예술에서 말하는 적조미의 세계이며, 익살의 아름다움이 조형 위에 구현된다면 물론 이것은 해학미의 세계일 것이다.

① 익살은 우리 민족만이 지닌 특성이다.
② 익살은 풍속화에서 가장 잘 표현된다.
③ 익살이 조형 위에 구현된다면 적조미다.
④ 익살은 우리 민족의 삶의 정서를 반영한다.

89

> '청렴(淸廉)'은 현대 사회에서 좁게는 반부패와 동의어로 사용되며 넓게는 투명성과 책임성 등을 포괄하는 통합적 개념으로 사용되고 있다. 유학자들은 청렴을 효제와 같은 인륜의 덕목보다는 하위에 두었지만 군자라면 마땅히 지켜야 할 일상의 덕목으로 중시하였다. 조선의 대표적 유학자였던 이황과 이이는 청렴을 사회 규율이자 개인 처세의 지침으로 강조하였다. 특히 공적 업무에 종사하는 사람이라면 사회 규율로서의 청렴이 개인의 처세와 직결된다는 점에 유념해야 한다고 보았다.
> 청렴에 대한 논의는 정약용의 『목민심서』에서 본격적으로 나타난다. 정약용은 청렴이야말로 목민관이 지켜야 할 근본적인 덕목이며 목민관의 직무는 청렴이 없이는 불가능하다고 강조하였다. 정약용은 청렴을 당위의 차원에서 주장하는 기존의 학자들과 달리 행위자 자신에게 실질적 이익이 된다는 점을 들어 설득하고자 한다. 그는 청렴은 큰 이득이 남는 장사라고 말하면서, 지혜롭고 욕심이 큰 사람은 청렴을 택하지만 지혜가 짧고 욕심이 작은 사람은 탐욕을 택한다고 설명한다. 정약용은 "지자(知者)는 인(仁)을 이롭게 여긴다."라는 공자의 말을 빌려 "지혜로운 자는 청렴함을 이롭게 여긴다."라고 하였다. 비록 재물을 얻는 데 뜻이 있더라도 청렴함을 택하는 것이 결과적으로는 지혜로운 선택이라고 정약용은 말한다. 목민관의 작은 탐욕은 단기적으로 보면 눈 앞의 재물을 취하여 이익을 얻을 수 있겠지만, 궁극에는 개인의 몰락과 가문의 불명예를 가져올 수 있기 때문이다.
> 정약용은 청렴을 지키는 것은 두 가지 효과가 있다고 보았다. 첫째, 청렴은 다른 사람에게 긍정적 효과를 미친다. 목민관이 청렴할 경우 백성을 비롯한 공동체 구성원에게 좋은 혜택이 돌아갈 것이다. 둘째, 청렴한 행위를 하는 것은 목민관 자신에게도 좋은 결과를 가져다준다. 청렴은 그 자신의 덕을 높이는 것일 뿐 아니라 자신의 가문에 빛나는 명성과 영광을 가져다줄 것이다.

① 정약용은 청렴이 목민관이 반드시 지켜야 할 덕목임을 당위론 차원에서 정당화하였다.
② 정약용은 탐욕을 택하는 것보다 청렴을 택하는 것이 이롭다는 공자의 뜻을 계승하였다.
③ 정약용은 청렴한 사람은 욕심이 작기 때문에 재물에 대한 탐욕에 빠지지 않는다고 보았다.
④ 정약용은 청렴이 백성에게 이로움을 줄 뿐 아니라 목민관 자신에게도 이로운 행위라고 보았다.

※ 다음 글의 내용으로 적절하지 않은 것을 고르시오. [90~91]

90

우리나라 재벌들은 경제성과와 자선 활동에 있어서 훌륭한 역할을 수행해 왔다. 그러나 높은 경제성과와 왕성한 자선 활동에도 불구하고, 이들이 연루된 수많은 불법행위나 비윤리적 행동은 강한 반기업 정서를 갖게 하였다. 그런데 경제성과나 자선 활동은 반기업 정서를 해소하는 데 미치는 영향이 미약하지만, 불법행위나 비윤리적 행동은 반기업 정서를 생성하는 데 직접적이고도 강력한 영향을 미친다.

① 우리나라에서는 재벌에 대한 반기업 정서가 강하다.
② 반기업 정서는 긍정적인 측면보다 부정적인 측면에서 생성된다.
③ 우리나라 재벌은 긍정적인 측면과 부정적인 측면을 동시에 갖고 있다.
④ 경제성과를 높이고 자선 활동을 많이 하는 것만으로 반기업 정서가 해소될 수 있다.

91

인류의 역사를 석기시대, 청동기시대 그리고 철기시대로 구분한다면 현대는 '플라스틱시대'라고 할 수 있을 만큼 플라스틱은 현대 사회에서 가장 혁명적인 물질 중 하나이다. "플라스틱은 현대 생활의 뼈, 조직, 피부가 되었다."라는 미국의 과학 저널리스트 수잔 프라인켈(Susan Freinkel)의 말처럼 플라스틱은 인간 생활에 많은 부분을 차지하고 있다. 저렴한 가격과 필요에 따라 내구성, 강도, 유연성 등을 조절할 수 있는 장점 덕분에 일회용 컵부터 옷, 신발, 가구 등 플라스틱이 아닌 것이 거의 없을 정도이다. 그러나 플라스틱에는 치명적인 단점이 있다. 플라스틱이 지닌 특성 중 하나인 영속성(永續性)이다. 즉, 인간이 그동안 생산한 플라스틱은 바로 분해되지 않고 어딘가에 계속 존재하고 있어 플라스틱은 환경오염의 원인이 된 지 오래이다.

치약, 화장품, 피부 각질제거제 등 생활용품, 화장품에 들어 있는 작은 알갱이의 성분은 '마이크로비드(Microbead)'라는 플라스틱이다. 크기가 1mm보다 작은 플라스틱을 '마이크로비드'라고 하는데 이 알갱이는 정수처리과정에서 걸러지지 않고 생활 하수구에서 강으로, 바다로 흘러간다. 이 조그만 알갱이들은 바다를 떠돌면서 생태계의 먹이사슬을 통해 동식물 체내에 축적되어 면역체계 교란, 중추신경계 손상 등의 원인이 되는 잔류성유기오염물질(Persistent Organic Pollutants)을 흡착한다. 그리고 물고기, 새 등 여러 생물은 마이크로비드를 먹이로 착각해 섭취한다. 마이크로비드를 섭취한 해양생물은 다시 인간의 식탁에 올라온다. 즉, 우리가 버린 플라스틱을 우리가 다시 먹게 되는 셈이다.

플라스틱 포크로 음식을 먹고, 플라스틱 컵으로 물을 마시는 등 플라스틱을 음식을 먹기 위한 수단으로만 생각했지 직접 먹게 되리라고는 상상도 못했을 것이다. 우리가 먹은 플라스틱이 우리 몸에 남아 분해되지 않고 큰 질병을 키우게 될 것을 말이다.

① 플라스틱은 바로 분해되지 않고 어딘가에 존재한다.
② 마이크로비드는 잔류성유기오염물질을 분해하는 역할을 한다.
③ 플라스틱은 필요에 따라 유연성, 강도 등을 조절할 수 있고, 값이 싼 장점이 있다.
④ 마이크로비드는 크기가 작기 때문에 정수처리과정에서 걸러지지 않고 바다로 유입된다.

※ 다음 글의 빈칸에 들어갈 내용으로 가장 적절한 것을 고르시오. **[92~93]**

92

미학은 자연, 인생, 예술에 담긴 아름다움의 현상이나 가치 그리고 체험 따위를 연구하는 학문으로, 미적 현상이 지닌 본질이나 법칙성을 명백히 밝히는 학문이다. 본래 미학은 플라톤에서 비롯되었지만 오늘날처럼 미학이 독립된 학문으로 불린 것은 18세기 중엽 독일의 알렉산더 고틀리프 바움가르텐(Alexander Gottlieb Baumgarten)의 저서 『미학』에서 시작된다. 바움가르텐은 '미(美)'란 감성적 인식의 완전한 것으로, 감성적 인식의 학문은 미의 학문이라고 생각했다. 여기서 근대 미학의 방향이 개척되었다.

미학에 대한 연구는 심리학·사회학·철학 등 다양한 각도에서 시도할 수 있다. 또한 미적 사실을 어떻게 보느냐에 따라서 미학의 성향도 달라지며, ______________________ 예컨대 고전 미학은 영원히 변하지 않는 초감각적 존재로서의 미의 이념을 추구하고, 근대 미학은 감성적 인식 때문에 포착된 현상으로서 미적인 것을 대상으로 한다. 여기서 미적인 것은 우리들의 인식에 비치는 아름다움을 말한다.

미학을 연구하는 사람들은 이러한 미적 의식 및 예술의 관계를 해명하는 것을 주된 과제로 삼는다. 그들에게 '아름다움'을 성립시키는 주관적 원리는 가장 중요한 것으로 미학은 우리에게 즐거움과 기쁨을 안겨주며, 인생을 충실하고 행복하게 해준다. 더 나아가 오늘날에는 이러한 미적 현상의 해명에 사회학적 방법을 적용하려는 '사회학적 미학'이나, 분석 철학의 언어 분석 방법을 미학에 적용하려고 하는 '분석미학' 등 다채로운 연구 분야가 개척되고 있다.

① 최근에는 미학의 새로운 분야를 개척하고 있다.
② 추구하는 이념과 대상도 시대에 따라 다르다.
③ 따라서 미학은 이분법적인 원리로 적용할 수 없다.
④ 다른 학문과 달리 미학의 경계는 모호하다.

93

과학은 한 형태의 자연에 대한 지식이라는 사실 그 자체만으로 한없이 귀중하고, 과학적 기술이 인류에게 가져온 지금까지의 혜택은 아무리 부정하려 해도 부정할 수 없다. 앞으로도 보다 많고 보다 정확한 과학 지식과 고도로 개발된 과학적 기술이 필요하다. 그러나 문제의 핵심은 생태학적이고 예술적인 자연관, 즉 존재 일반에 대한 넓고 새로운 시각, 포괄적인 맥락에서 과학적 지식과 기술의 의미에 눈을 뜨고 그러한 지식과 기술을 활용함에 있다. 그렇지 않고 오늘날과 같은 추세로 그러한 지식과 기술을 당장의 욕망을 위해서 인간 중심적으로 개발하고 이용한다면, 그 효과가 당장에는 인간에게 만족스럽다 해도 머지않아 자연의 파괴뿐만 아니라 인간적 삶의 파괴, 궁극적으로는 인간 자신의 멸망을 초래하고 말 것이다. 한마디로 지금 우리에게 필요한 것은 과학적 비전과 과학적 기술의 의미를 보다 포괄적인 의미에서 이해하는 작업이다. 이러한 작업을 __________라 불러도 좋을 것 같다.

① 예술의 다양화
② 예술의 기술화
③ 과학의 예술화
④ 과학의 현실화

※ 다음 글에 이어질 내용으로 가장 적절한 것을 고르시오. [94~95]

94

테레민이라는 악기는 손을 대지 않고 연주하는 악기이다. 이 악기를 연주하기 위해 연주자는 허리 높이쯤에 위치한 상자 앞에 선다. 오른손은 상자에 수직으로 세워진 안테나 주위에서 움직인다. 오른손의 엄지와 집게손가락으로 고리를 만들고 손을 흔들면서 나머지 손가락을 하나씩 펴면 안테나에 손이 닿지 않고서도 음이 들린다. 이때 들리는 음은 피아노 건반을 눌렀을 때 나는 것처럼 정해진 음이 아니고 현악기를 연주하는 것과 같은 연속음이며, 소리는 손과 손가락의 움직임에 따라 변한다. 왼손은 손가락을 펼친 채로 상자에서 수평으로 뻗은 안테나 위에서 서서히 오르내리면서 소리를 조절한다.
오른손으로는 수직 안테나와의 거리에 따라 음고(音高)를 조절하고 왼손으로는 수평 안테나와의 거리에 따라 음량을 조절한다. 따라서 오른손과 수직 안테나는 음고를 조절하는 회로에 속하고 왼손과 수평 안테나는 음량을 조절하는 또 다른 회로에 속한다. 이 두 회로가 하나로 합쳐지면서 두 손의 움직임에 따라 음고와 음량을 변화시킬 수 있다.
어떻게 테레민에서 다른 음고의 음이 발생하는지 알아보자. 음고를 조절하는 회로는 가청주파수 범위 바깥의 주파수를 갖는 서로 다른 두 개의 음파를 발생시킨다. 이 두 개의 음파 사이에 존재하는 주파수의 차이 값에 의해 가청주파수를 갖는 새로운 진동이 발생하는데 그것으로 소리를 만든다. 가청주파수 범위 바깥의 주파수 중 하나는 고정된 주파수를 갖고 다른 하나는 연주자의 손 움직임에 따라 주파수가 바뀐다. 이렇게 발생한 주파수의 변화에 의해 진동이 발생하고 이 진동의 주파수는 가청주파수 범위 내에 있기 때문에 그 진동을 증폭시켜 스피커로 보내면 소리가 들린다.

① 수직 안테나에 손이 닿으면 소리가 발생하는 원리
② 왼손의 손가락 모양에 따라 음고가 바뀌는 원리
③ 수평 안테나와 왼손 사이의 거리에 따라 음량이 조절되는 원리
④ 음고를 조절하는 회로에서 가청주파수의 진동이 발생하는 원리

95

정체성이란 자신의 존재 의의를 부여해 주는 의미체계라고 할 수 있다. 그것은 대개 타인과의 관계를 통한 사회적 자아를 구성함으로써 획득된다. 거기서 얻어지는 소속감은 개개인의 안정된 삶과 사회적 통합에 매우 중요한 심리적 자원이 된다. 그런데 세계화가 전개됨에 따라 정체성의 위기를 겪는 사람이나 집단이 점점 많아지고 있다.

① 사람, 상품, 정보 등이 국경을 자유롭게 넘나들면서 일정한 사회적·지리적 경계로 형성되어 있던 공동체적 동질성을 유지하기가 어려워졌기 때문이다.
② 정체성은 환경의 변화에 영향을 받지 않는 속성을 가졌기 때문이다.
③ 정체성의 위기는 쉽게 극복할 수 있기 때문에 큰 문제가 되지 않는다.
④ 우리는 정체성을 바탕으로 해방 이후에 급속한 산업화를 달성하였다.

※ 다음 글을 읽고 이어지는 질문에 답하시오. [1~2]

딸기에는 비타민 C가 귤의 1.6배, 레몬의 2배, 키위의 2.6배, 사과의 10배 정도 함유되어 있어 딸기 5～6개를 먹으면 하루에 필요한 비타민 C를 전부 섭취할 수 있다. 비타민 C는 신진대사 활성화에 도움을 줘 원기를 회복하고 체력을 증진시키며, 멜라닌 색소가 축적되는 것을 막아 기미, 주근깨를 예방해준다. 멜라닌 색소가 많을수록 피부색이 검어지므로 미백 효과도 있는 셈이다. 또한 비타민 C는 피부 저항력을 높여줘 알레르기성 피부나 홍조가 짙은 피부에도 좋다. 비타민 C가 내는 신맛은 식욕 증진 효과와 스트레스 해소 효과가 있다.
한편, 딸기에 비타민 C만큼 풍부하게 함유된 성분이 항산화 물질인데, 이는 암세포 증식을 억제하는 동시에 콜레스테롤 수치를 낮춰주는 기능을 한다. 그래서 심혈관계 질환, 동맥경화 등에 좋고 눈의 피로를 덜어주며 시각기능을 개선해주는 효과도 있다.
딸기는 식물성 섬유질 함량도 높은 과일이다. 섬유질 성분은 콜레스테롤을 낮추고, 혈액을 깨끗하게 만들어준다. 뿐만 아니라 소화 기능을 촉진하고 장운동을 활발히 해 변비를 예방한다. 딸기 속 철분은 빈혈 예방 효과가 있어 혈색이 좋아지게 한다. 더불어 모공을 축소시켜 피부 탄력도 증진시킨다. 딸기와 같은 붉은 과일에는 라이코펜이라는 성분이 들어있는데, 이 성분은 면역력을 높이고 혈관을 튼튼하게 해 노화 방지 효과를 낸다. 이처럼 건강에 무척 좋지만 당도가 높으므로 하루에 5～10개 정도만 먹는 것이 적당하다. 물론 달달한 맛에 비해 칼로리는 100g당 27kcal로 높지 않아 다이어트 식품으로 선호도가 높다.

01 다음 중 윗글의 제목으로 적절한 것은?

① 딸기 속 비타민 C를 찾아라
② 비타민 C의 신맛의 비밀
③ 제철과일, 딸기 맛있게 먹는 법
④ 다양한 효능을 가진 딸기

| 해설 | 제시문은 딸기에 들어있는 비타민 C와 항산화 물질, 식물성 섬유질, 철분 등을 언급하며 딸기의 다양한 효능을 설명하고 있다.

정답 ④

02 **윗글을 마케팅에 이용할 때, 다음 중 마케팅 대상으로 적절하지 않은 사람은?**

① 잦은 야외활동으로 주근깨가 걱정인 사람
② 스트레스로 입맛이 사라진 사람
③ 콜레스테롤 수치 조절이 필요한 사람
④ 당뇨병으로 혈당 조절을 해야 하는 사람

| 해설 | 딸기는 건강에 좋지만 당도가 높으므로 혈당 조절이 필요한 사람은 마케팅 대상으로 적절하지 않다.

정답 ④

PART 2

※ 다음 글을 읽고 이어지는 질문에 답하시오. [96~97]

세계적으로 저명한 미국의 신경과학자들은 '의식에 관한 케임브리지 선언'을 통해 동물에게도 의식이 있다고 선언했다. 이들은 포유류와 조류 그리고 문어를 포함한 다른 많은 생물도 인간처럼 의식을 생성하는 신경학적 기질을 갖고 있다고 주장하였다. 즉, 동물도 인간과 같이 의식이 있는 만큼 합당한 대우를 받아야 한다는 이야기이다. 그러나 이들과 달리 아직도 동물에게 의식이 있다는 데 회의적인 과학자가 많다.
인간의 동물관은 고대부터 두 가지로 나뉘어 왔다. 그리스의 철학자 피타고라스는 윤회설에 입각하여 동물에게 경의를 표해야 한다는 것을 주장했으나, 아리스토텔레스는 '동물에게는 이성이 없으므로 동물은 인간의 이익을 위해서만 존재한다.'라고 주장했다. 이러한 동물관의 대립은 근세에도 이어졌다. 17세기 철학자 데카르트는 '동물은 정신을 갖고 있지 않으며, 고통을 느끼지 못하므로 심한 취급을 해도 좋다.'라고 주장한 반면, 18세기 계몽철학자 루소는 '인간불평등 기원론'을 통해 인간과 동물은 동등한 자연의 일부라는 주장을 처음으로 제기했다.
그러나 인간은 오랫동안 동물의 본성이나 동물답게 살 권리를 무시한 채로 소와 돼지, 닭 등을 사육해왔다. 오로지 더 많은 고기와 달걀을 얻기 위해 '공장식 축산' 방식을 도입한 것이다. 공장식 축산이란 가축 사육 과정이 공장에서 규격화된 제품을 생산하는 것과 같은 방식으로 이루어지는 것을 말하며, 이러한 환경에서는 소와 돼지, 닭 등이 몸조차 자유롭게 움직일 수 없는 좁은 공간에 갇혀 자라게 된다. 가축은 스트레스를 받아 면역력이 ㉠ <u>떨어지게</u> 되고, 이는 결국 항생제 대량 투입으로 이어질 수밖에 없다. 우리는 그렇게 생산된 고기와 달걀을 맛있다고 먹고 있는 것이다.
이와 같은 공장식 축산의 문제를 인식하고, 이를 개선하려는 동물 복지 운동은 1960년대 영국을 중심으로 유럽에서 처음 시작되었다. 인간이 가축의 고기 등을 먹더라도 최소한의 배려를 함으로써 항생제 사용을 줄이고, 고품질의 고기와 달걀을 생산하자는 것이다. 한국도 올해부터 먼저 산란계를 시작으로 '동물 복지 축산농장 인증제'를 시행하고 있다. 배고픔 · 영양 불량 · 갈증으로부터의 자유, 두려움 · 고통으로부터의 자유 등의 5대 자유를 보장하는 농장만이 동물 복지 축산농장 인증을 받을 수 있다.
동물 복지는 가축뿐만이 아니라 인간의 건강을 위한 것이기도 하다. 따라서 정부와 소비자 모두 동물 복지에 좀 더 많은 관심을 가져야 한다.

96 다음 중 인간의 동물관과 관련하여 성격이 다른 하나는?

① 데카르트
② 피타고라스
③ 인간불평등 기원론
④ 동물 복지 축산농장 인증제

97 다음 중 밑줄 친 ㉠과 같은 의미로 사용된 것은?

① 생산비와 운송비 등을 제외하면 농민들 손에 <u>떨어지는</u> 돈이 거의 없다.
② 주하병은 더위로 인해 기력이 없어지며 입맛이 <u>떨어지는</u> 여름의 대표 질환이다.
③ 아침을 자주 먹지 않으면 학교에서 시험 성적이 <u>떨어질</u> 수 있다는 연구 결과가 나왔다.
④ 추운 날씨 탓에 한 달째 감기가 <u>떨어지지</u> 않고 있다.

※ 다음 글을 읽고 이어지는 질문에 답하시오. [98~100]

> 민족 문화의 전통을 말하는 것은 반드시 보수적이라는 멍에를 메야만 하는 것일까? 이 문제에 대한 올바른 해답을 얻기 위해서는 전통이란 어떤 것이며, 또 그것이 어떻게 계승되어 왔는가를 살펴보아야 할 것이다.
> 연암 박지원은 영・정조 시대 북학파의 대표적 인물 중 한 사람이다. 그가 지은 『열하일기』나 『방경각외전』에 실려 있는 소설이 몰락하는 양반 사회에 대한 신랄한 풍자를 가지고 있을 뿐 아니라 문장 또한 기발하여 그는 당대의 허다한 문사들 중에서도 최고봉을 이루는 것으로 추앙되고 있다. 그러나 그의 문학은 패관 기서를 따르고 고문을 본받지 않았다 하여 하마터면 『열하일기』가 촛불의 재로 화할 뻔한 아슬아슬한 때도 있었다. 말하자면 연암은 고문파에 대한 반항을 통하여 그의 문학을 건설한 것이다. 그러나 오늘날 우리는 민족 문화의 전통을 연암에게서 찾으려고는 할지언정 고문파에서 찾으려고 하지는 않는다. 이 사실은 우리에게 민족 문화의 전통에 관한 해명의 열쇠를 제시해 주는 것이 아닐까?
> 전통은 물론 과거로부터 이어온 것을 말한다. 이 전통은 대체로 그 사회 및 그 사회의 구성원인 개인의 몸에 배어 있는 것이다. 그러므로 스스로 깨닫지 못하는 사이에 전통은 우리의 현실에 작용하는 경우가 있다. 그러나 과거에서 이어온 것을 무턱대고 모두 전통이라고 한다면, 인습이라는 것과 구별이 되지 않을 것이다. 우리는 인습을 버려야 할 것이라고는 생각하지만 계승해야 할 것이라고는 생각하지 않는다.
> 여기서 우리는 과거에서 이어온 것을 객관화하고, 이를 비판하는 입장에 서야 할 필요를 느끼게 된다. 그 비판을 통해서 현재의 문화 창조에 이바지할 수 있다고 생각되는 것만을 우리의 전통이라고 불러야 할 것이다. 이와 같이 전통은 인습과 구별될 뿐더러 또 단순한 유물과도 구별되어야 한다. 현재에 있어서 문화 창조와 관계가 없는 것을 우리는 문화적 전통이라고 부를 수가 없기 때문이다.

98 다음 중 글쓴이의 관점으로 가장 적절한 것은?

① 과거에서 이어온 것은 모두 살릴 필요가 있다.
② 과거보다 현재의 것을 더 중요시할 필요가 있다.
③ 현재의 관점에서 과거의 것은 청산할 필요가 있다.
④ 과거의 것 중에서 가치 있는 것을 찾을 필요가 있다.

99 다음 중 윗글과 같은 글을 읽을 때 고려해야 할 사항이 아닌 것은?

① 주장의 타당성
② 논거의 정확성
③ 비유의 참신성
④ 사실과 의견의 구분

100 다음 중 윗글을 바탕으로 '전통'을 정의할 때 가장 적절한 것은?

① 전통은 과거에서 이어온 것이다.
② 전통은 후대에 높이 평가되는 것이다.
③ 전통은 오늘날 널리 퍼져 있는 것이다.
④ 전통은 과거에서 이어와 현재 문화 창조에 이바지할 수 있는 것이다.

CHAPTER 02

수리력

합격 CHEAT KEY

| 출제유형 |

01 응용수리

수의 관계에 대해 알고 그것을 응용하여 계산할 수 있는지 그리고 미지수를 구하기 위해 필요한 계산식을 세울 수 있는지를 평가하는 유형이다. 기초적인 유형을 정확하게 알고, 이를 활용하는 난도 높은 문제도 연습해야 한다.

02 자료해석

표나 그래프 등 주어진 자료를 보고 필요한 정보를 빠르게 찾아 해석할 수 있는지를 평가하는 유형이다. 자료계산, 자료해석은 그래프 해석이나 변환, 묶음 문제 추리 등 다양한 유형으로 출제하고 있으므로 여러 문제 풀이를 통해 익숙해질 수 있도록 한다.

학습전략

01 응용수리

- 정확하게 답을 구하지 못하면 답을 맞출 수 없게 출제되고 있으므로 정확하게 계산하는 연습을 해야 한다.
- 정형화된 유형을 풀어보고 숙지하여 기본을 튼튼히 해야 한다.
- 경우의 수나 확률과 같은 유형은 고등학교 수준의 문제를 풀어 보는 것이 도움이 될 수 있다.

02 자료해석

- 표, 꺾은선그래프, 막대그래프, 원그래프 등 다양한 형태의 자료를 눈에 익힌다. 그래야 실제 시험에서 자료가 제시되었을 때 중점을 두고 파악해야 할 부분이 더욱 선명하게 보일 것이다.
- 자료해석 유형의 문제는 제시되는 정보의 양이 매우 많으므로, 시간을 절약하기 위해서는 문제를 읽은 후 바로 자료 분석에 들어가는 것보다는 선택지를 먼저 읽고 필요한 정보만 추출하여 답을 찾는 것이 좋다.

CHAPTER 02 수리력 핵심이론

01 응용수리

1. 수의 관계

(1) 약수와 배수

a가 b로 나누어떨어질 때, a는 b의 배수, b는 a의 약수

(2) 소수

1과 자기 자신만을 약수로 갖는 수. 즉, 약수의 개수가 2개인 수

(3) 합성수

1과 자신 이외의 수를 약수로 갖는 수. 즉, 소수가 아닌 수 또는 약수의 개수가 3개 이상인 수

(4) 최대공약수

2개 이상의 자연수의 공통된 약수 중에서 가장 큰 수

(5) 최소공배수

2개 이상의 자연수의 공통된 배수 중에서 가장 작은 수

(6) 서로소

1 이외에 공약수를 갖지 않는 두 자연수. 즉, 최대공약수가 1인 두 자연수

(7) 소인수분해

주어진 합성수를 소수의 거듭제곱의 형태로 나타내는 것

(8) 약수의 개수

자연수 $N=a^m \times b^n$에 대하여, N의 약수의 개수는 $(m+1)\times(n+1)$개

(9) 최대공약수와 최소공배수의 관계

두 자연수 A, B에 대하여, 최소공배수와 최대공약수를 각각 L, G라고 하면 $A\times B=L\times G$가 성립함

2. 방정식의 활용

(1) 날짜 · 요일 · 시계

① 날짜 · 요일

㉠ 1일=24시간=1,440분=86,400초

㉡ 날짜 · 요일 관련 문제는 대부분 나머지를 이용해 계산한다.

② 시계

㉠ 시침이 1시간 동안 이동하는 각도 : $30°$

㉡ 시침이 1분 동안 이동하는 각도 : $0.5°$

㉢ 분침이 1분 동안 이동하는 각도 : $6°$

(2) 시간 · 거리 · 속력

① $(\text{시간})=\frac{(\text{거리})}{(\text{속력})}$

② (거리)=(속력)×(시간)

㉠ 기차가 터널을 통과하거나 다리를 지나가는 경우

: (기차가 움직인 거리)=(기차의 길이)+(터널 또는 다리의 길이)

㉡ 두 사람이 반대 방향 또는 같은 방향으로 움직이는 경우

: (두 사람 사이의 거리)=(두 사람이 움직인 거리의 합 또는 차)

③ $(\text{속력})=\frac{(\text{거리})}{(\text{시간})}$

㉠ 흐르는 물에서 배를 타는 경우

: (하류로 내려갈 때의 속력)=(배 자체의 속력)+(물의 속력)

(상류로 올라갈 때의 속력)=(배 자체의 속력)−(물의 속력)

(3) 나이 · 인원 · 개수

구하고자 하는 것을 미지수로 놓고 식을 세운다. 동물의 경우 다리의 개수에 유의해야 한다.

(4) 원가 · 정가

① (정가)=(원가)+(이익), (이익)=(정가)−(원가)

② a원에서 b% 할인한 가격$=a\times\left(1-\frac{b}{100}\right)$

(5) 일률 · 톱니바퀴

① 일률

전체 일의 양을 1로 놓고, 시간 동안 한 일의 양을 미지수로 놓고 식을 세운다.

- $(\text{일률})=\dfrac{(\text{작업량})}{(\text{작업기간})}$
- $(\text{작업기간})=\dfrac{(\text{작업량})}{(\text{일률})}$
- (작업량)=(일률)×(작업기간)

② 톱니바퀴

(톱니 수)×(회전수)=(총 맞물린 톱니 수)

즉, A, B 두 톱니에 대하여, (A의 톱니 수)×(A의 회전수)=(B의 톱니 수)×(B의 회전수)가 성립한다.

(6) 농도

① $(\text{농도})=\dfrac{(\text{용질의 양})}{(\text{용액의 양})}\times 100$

② $(\text{용질의 양})=\dfrac{(\text{농도})}{100}\times(\text{용액의 양})$

(7) 수 Ⅰ

① 연속하는 세 자연수 : $x-1$, x, $x+1$

② 연속하는 세 짝수(홀수) : $x-2$, x, $x+2$

(8) 수 Ⅱ

① 십의 자릿수가 x, 일의 자릿수가 y인 두 자리 자연수 : $10x+y$

이 수에 대해, 십의 자리와 일의 자리를 바꾼 수 : $10y+x$

② 백의 자릿수가 x, 십의 자릿수가 y, 일의 자릿수가 z인 세 자리 자연수 : $100x+10y+z$

(9) 증가 · 감소에 관한 문제

① x가 $a\%$ 증가 : $\left(1+\dfrac{a}{100}\right)x$

② y가 $b\%$ 감소 : $\left(1-\dfrac{b}{100}\right)y$

3. 경우의 수 · 확률

(1) 경우의 수

① 경우의 수 : 어떤 사건이 일어날 수 있는 모든 가짓수

② 합의 법칙

㉠ 두 사건 A, B가 동시에 일어나지 않을 때, A가 일어나는 경우의 수를 m, B가 일어나는 경우의 수를 n이라고 하면, 사건 A 또는 B가 일어나는 경우의 수는 $m+n$이다.

㉡ '또는', '~이거나'라는 말이 나오면 합의 법칙을 사용한다.

③ 곱의 법칙

㉠ A가 일어나는 경우의 수를 m, B가 일어나는 경우의 수를 n이라고 하면, 사건 A와 B가 동시에 일어나는 경우의 수는 $m \times n$이다.

㉡ '그리고', '동시에'라는 말이 나오면 곱의 법칙을 사용한다.

④ 여러 가지 경우의 수

㉠ 동전 n개를 던졌을 때, 경우의 수 : 2^n

㉡ 주사위 m개를 던졌을 때, 경우의 수 : 6^m

㉢ 동전 n개와 주사위 m개를 던졌을 때, 경우의 수 : $2^n \times 6^m$

㉣ n명을 한 줄로 세우는 경우의 수 : $n! = n \times (n-1) \times (n-2) \times \cdots \times 2 \times 1$

㉤ n명 중, m명을 뽑아 한 줄로 세우는 경우의 수 : ${}_n\mathrm{P}_m = n \times (n-1) \times \cdots \times (n-m+1)$

㉥ n명을 한 줄로 세울 때, m명을 이웃하여 세우는 경우의 수 : $(n-m+1)! \times m!$

㉦ 0이 아닌 서로 다른 한 자리 숫자가 적힌 n장의 카드에서, m장을 뽑아 만들 수 있는 m자리 정수의 개수 : ${}_n\mathrm{P}_m$

㉧ 0을 포함한 서로 다른 한 자리 숫자가 적힌 n장의 카드에서, m장을 뽑아 만들 수 있는 m자리 정수의 개수 : $(n-1) \times {}_{n-1}\mathrm{P}_{m-1}$

㉨ n명 중, 자격이 다른 m명을 뽑는 경우의 수 : ${}_n\mathrm{P}_m$

㉩ n명 중, 자격이 같은 m명을 뽑는 경우의 수 : ${}_n\mathrm{C}_m = \dfrac{{}_n\mathrm{P}_m}{m!}$

㉪ 원형 모양의 탁자에 n명을 앉히는 경우의 수 : $(n-1)!$

⑤ 최단거리 문제 : A에서 B 사이에 P가 주어져 있다면, A와 P의 최단거리, B와 P의 최단거리를 각각 구하여 곱한다.

(2) 확률

① $(\text{사건 A가 일어날 확률}) = \dfrac{(\text{사건 A가 일어나는 경우의 수})}{(\text{모든 경우의 수})}$

② 여사건의 확률

㉠ 사건 A가 일어날 확률이 p일 때, 사건 A가 일어나지 않을 확률은 $(1-p)$이다.

㉡ '적어도'라는 말이 나오면 주로 사용한다.

③ 확률의 계산

㉠ 확률의 덧셈

두 사건 A, B가 동시에 일어나지 않을 때, A가 일어날 확률을 p, B가 일어날 확률을 q라고 하면, 사건 A 또는 B가 일어날 확률은 $(p+q)$이다.

㉡ 확률의 곱셈

A가 일어날 확률을 p, B가 일어날 확률을 q라고 하면, 사건 A와 B가 동시에 일어날 확률은 $(p \times q)$이다.

④ 여러 가지 확률

㉠ 연속하여 뽑을 때, 꺼낸 것을 다시 넣고 뽑는 경우 : 처음과 나중의 모든 경우의 수는 같다.

㉡ 연속하여 뽑을 때, 꺼낸 것을 다시 넣지 않고 뽑는 경우 : 나중의 모든 경우의 수는 처음의 모든 경우의 수보다 1만큼 작다.

㉢ $(\text{도형에서의 확률}) = \dfrac{(\text{해당하는 부분의 넓이})}{(\text{전체 넓이})}$

02 자료해석

(1) 꺾은선(절선)그래프

① 시간적 추이(시계열 변화)를 표시하는 데 적합하다.

예 연도별 매출액 추이 변화 등

② 경과・비교・분포를 비롯하여 상관관계 등을 나타낼 때 사용한다.

〈중학교 장학금, 학비감면 수혜현황〉

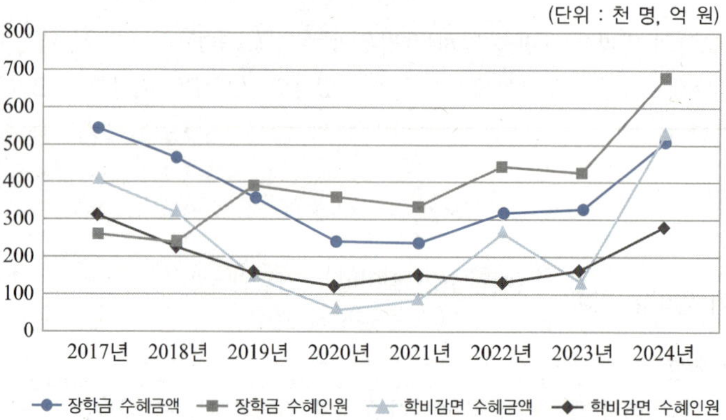

(2) 막대그래프

① 비교하고자 하는 수량을 막대 길이로 표시하고, 그 길이를 비교하여 각 수량 간의 대소 관계를 나타내는 데 적합하다.

예 영업소별 매출액, 성적별 인원분포 등

② 가장 간단한 형태로 내역 · 비교 · 경과 · 도수 등을 표시하는 용도로 사용한다.

〈연도별 암 발생 추이〉

(잠정치, 단위 : 억 달러)

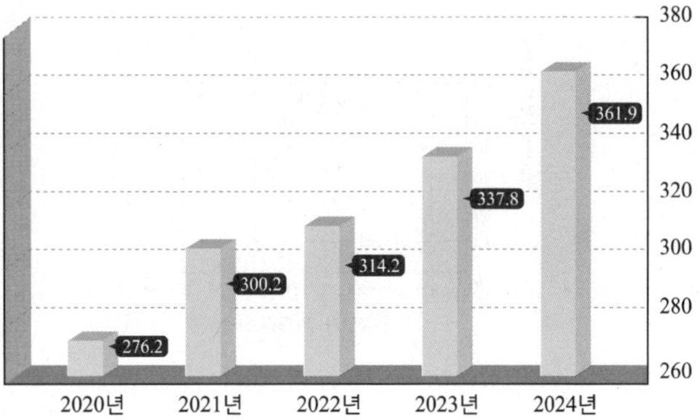

(3) 원그래프

① 내역이나 내용의 구성비를 분할하여 나타내는 데 적합하다.

예 제품별 매출액 구성비 등

② 원그래프를 정교하게 작성할 때는 수치를 각도로 환산해야 한다.

〈S국의 가계 금융자산 구성비〉

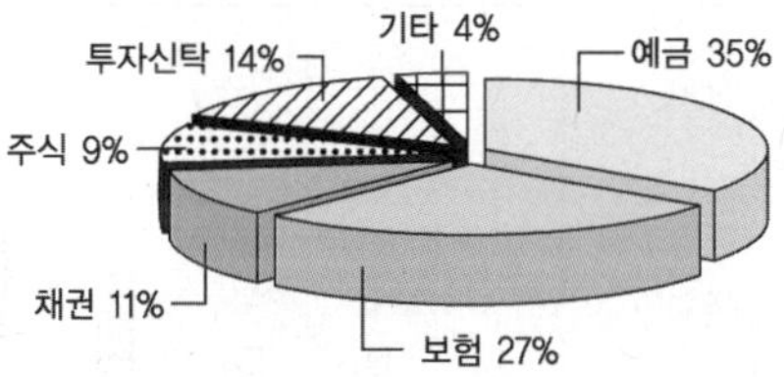

(4) 점그래프

① 지역분포를 비롯하여 도시, 지방, 기업, 상품 등의 평가나 위치, 성격을 표시하는 데 적합하다.

예 광고비율과 이익률의 관계 등

② 종축과 횡축에 두 요소를 두고, 보고자 하는 것이 어떤 위치에 있는가를 알고자 할 때 사용한다.

〈OECD 국가의 대학졸업자 취업률 및 경제활동인구 비중〉

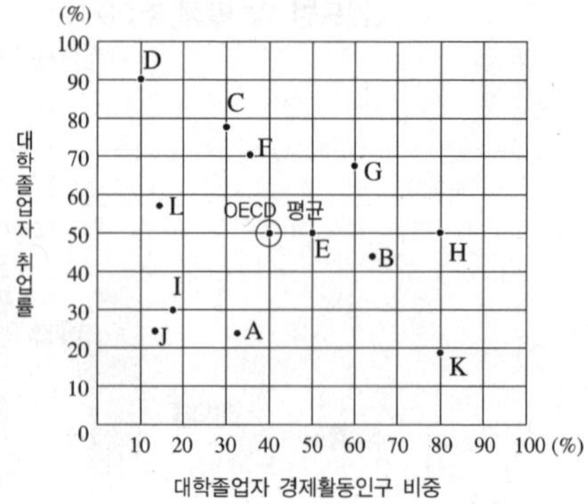

(5) 층별그래프

① 합계와 각 부분의 크기를 백분율로 나타내고 시간적 변화를 보는 데 적합하다.

② 합계와 각 부분의 크기를 실수로 나타내고 시간적 변화를 보는 데 적합하다.

예 상품별 매출액 추이 등

③ 선의 움직임보다는 선과 선 사이의 크기로써 데이터 변화를 나타내는 그래프이다.

〈우리나라 세계유산 현황〉

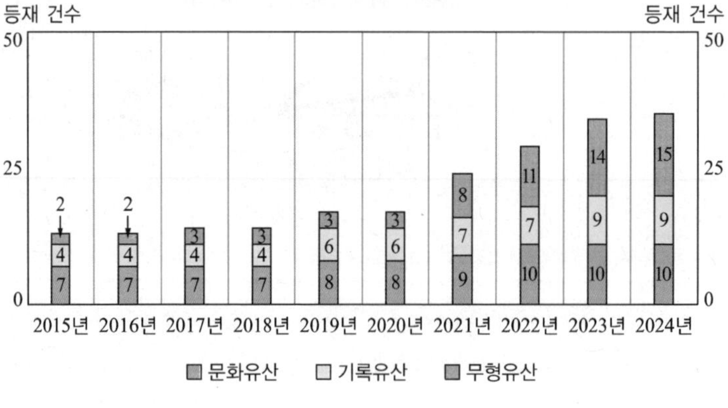

(6) 레이더 차트(거미줄그래프)

① 다양한 요소를 비교할 때, 경과를 나타내는 데 적합하다.
  예 매출액의 계절변동 등

② 비교하는 수량을 직경, 또는 반경으로 나누어 원의 중심에서의 거리에 따라 각 수량의 관계를 나타내는 그래프이다.

〈외환위기 전후 한국의 경제상황〉

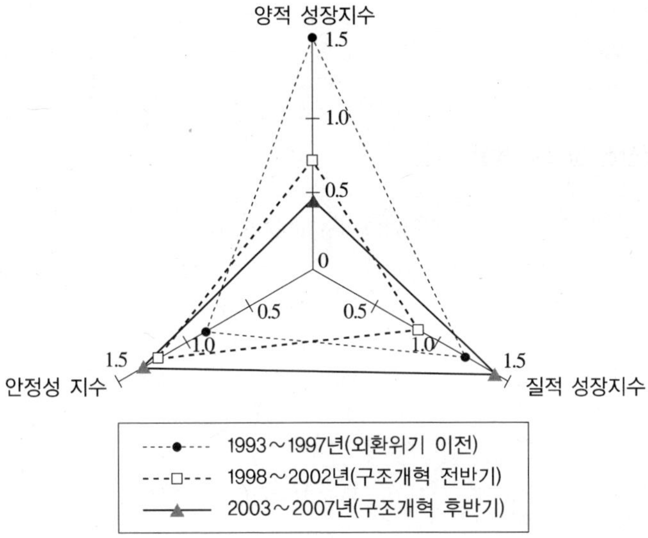

CHAPTER 02 수리력 기출예상문제

정답 및 해설 p.013

01 기본계산

대표유형 1 기본연산

다음 식을 계산한 값으로 옳은 것은?

0.901+5.468−2.166

① 2.194　② 4.203
③ 6.206　④ 8.535

| 해설 | 0.901+5.468−2.166=6.369−2.166=4.203

정답 ②

※ 다음 식을 계산한 값으로 옳은 것을 고르시오. [1~20]

01

1,495÷23×3÷15

① 11　② 12
③ 13　④ 14

02

0.28+2.4682−0.9681

① 1.8701　② 1.7801
③ 1.7601　④ 1.5601

03

$$315 \times 69 \div 5$$

① 3,215　② 4,007
③ 4,155　④ 4,347

04

$$4.7 + 22 \times 5.4 - 2$$

① 120　② 121.5
③ 132.4　④ 136

05

$$7 - \left(\frac{5}{3} \div \frac{15}{21} \times \frac{9}{4}\right)$$

① $\frac{3}{5}$　② $\frac{5}{4}$
③ $\frac{7}{4}$　④ $\frac{7}{5}$

06

$$491 \times 64 - (2^6 \times 5^3)$$

① 23,914　② 24,013
③ 23,424　④ 25,919

07

$$(6^3 - 3^4) \times 15 + 420$$

① 2,019　② 2,412
③ 2,420　④ 2,445

08

$$746 \times 650 \div 25$$

① 18,211
② 18,621
③ 19,396
④ 19,826

09

$$\frac{4}{7} \times \frac{5}{6} + \frac{4}{7} \div \frac{3}{22}$$

① $\frac{97}{21}$
② $\frac{14}{3}$
③ $\frac{95}{21}$
④ $\frac{16}{3}$

10

$$48.231 - 19.292 + 59.124$$

① 76.033
② 85.023
③ 88.063
④ 98.063

11

$$6 \times \frac{32}{3} \times 2 \times \frac{11}{2}$$

① 684
② 704
③ 786
④ 792

12

$$5.5 \times 4 + 3.6 \times 5$$

① 40
② 40.5
③ 48.5
④ 50

13

$$27\times\frac{12}{9}\times\frac{1}{3}\times\frac{3}{2}$$

① 8 ② 14
③ 18 ④ 20

14

$$\frac{4,324}{6}\times\frac{66}{2,162}-\frac{15}{6}$$

① 17.79 ② −1,779
③ 19.5 ④ −1,950

15

79,999+7,999+799+79

① 88,866 ② 88,876
③ 88,886 ④ 88,896

16

14,465−3,354+1,989−878+1

① 11,123 ② 11,223
③ 12,223 ④ 12,233

PART 2

17

$$\frac{5}{6} \div \frac{5}{12} - \frac{3}{5}$$

① $\frac{7}{5}$
② $\frac{5}{3}$
③ $\frac{9}{5}$
④ $\frac{8}{3}$

18

$$572 \div 4 + 33 - 8$$

① 161
② 166
③ 168
④ 169

19

$$\frac{7}{2} \times \frac{2}{3} - \frac{1}{2}$$

① $\frac{4}{3}$
② $\frac{11}{6}$
③ $\frac{15}{6}$
④ $\frac{17}{6}$

20

$$15^2 - 5^2$$

① 108
② 110
③ 170
④ 200

대표유형 2 대소비교

다음 빈칸에 들어갈 수로 옳은 것은?

$$0.7<(\quad)<0.8$$

① $\frac{2}{3}$ ② $\frac{5}{8}$

③ $\frac{7}{9}$ ④ $\frac{8}{13}$

| 해설 | ③ $\frac{7}{9}\fallingdotseq 0.78$

오답분석

① $\frac{2}{3}\fallingdotseq 0.67$, ② $\frac{5}{8}=0.625$, ④ $\frac{8}{13}\fallingdotseq 0.62$

정답 ③

※ 다음 빈칸에 들어갈 수로 옳은 것을 고르시오. **[21~25]**

21

$$\frac{3}{8}<(\quad)<\frac{3}{7}$$

① $\frac{11}{28}$ ② $\frac{4}{7}$

③ $\frac{3}{4}$ ④ $\frac{7}{8}$

PART 2

22

$$\frac{7}{3} < (\quad) < \frac{16}{3}$$

① 2.984
② 5.432
③ 1.956
④ 5.963

23

$$0.3598 < (\quad) < 0.9584$$

① $\frac{7}{20}$
② $\frac{10}{9}$
③ $\frac{8}{15}$
④ $\frac{35}{33}$

24

$$\frac{22}{9} < (\quad) < \frac{11}{4}$$

① $\frac{33}{17}$
② $\frac{59}{19}$
③ $\frac{62}{21}$
④ $\frac{66}{25}$

25

$$\frac{1}{3} < (\quad) < \frac{10}{27}$$

① $\frac{22}{81}$
② $\frac{8}{27}$
③ $\frac{28}{81}$
④ $\frac{4}{9}$

02 응용수리

대표유형 1 거리 · 속력 · 시간

슬기와 경서는 꽁꽁 언 강 위에서 각각 다른 일정한 속력으로 썰매를 타고 있다. 슬기는 경서의 출발선보다 1.2m 뒤에서 동시에 출발하여 경서를 따라잡기로 하였다. 경서의 속력은 0.6m/s이며, 슬기가 출발하고 6초 후에 경서를 따라잡았다고 할 때, 슬기의 속력은 몇 m/s인가?

① 0.8m/s　　② 1.0m/s
③ 1.2m/s　　④ 1.4m/s

| 해설 | 경서의 속력은 0.6m/s이고, 슬기가 6초 후에 따라잡았으므로, 경서가 이동한 거리는 3.6m이다. 슬기는 경서보다 1.2m 뒤에 있었으므로 슬기가 이동한 총거리는 3.6+1.2=4.8m이고, 출발한 지 6초 만에 경서를 따라잡았으므로 슬기의 속력은 $\frac{4.8}{6}$=0.8m/s이다.

정답 ①

26 A와 B는 1.2km 떨어진 직선거리의 양 끝에서부터 12분 동안 마주 보고 달려 한 지점에서 만났다. B는 A보다 1.5배가 빠르다고 할 때, A의 속력은?

① 28m/min　　② 37m/min
③ 40m/min　　④ 48m/min

27 거래처까지 갈 때는 국도를 이용하여 속력 80km/h로, 회사로 돌아갈 때는 고속도로를 이용하여 속력 120km/h로 왔다. 1시간 이내로 왕복하려면 거래처는 회사에서 최대 몇 km 떨어진 곳에 있어야 하는가?

① 44km　　② 46km
③ 48km　　④ 50km

28 한 직선 위에서 1km/h의 속도로 오른쪽으로 등속 운동하는 두 물체가 있다. 이 직선상에서 두 물체의 왼쪽에 있는 한 점 P로부터 두 물체까지의 거리의 비는 현재 4 : 1이다. 13시간 후 P점으로부터의 거리의 비가 7 : 5가 된다면 현재 P점으로부터 두 물체까지의 거리는 각각 몇 km인가?

① 6km, 2km
② 8km, 2km
③ 12km, 3km
④ 18km, 32km

29 정주는 4km 떨어진 거리에 있는 영화관까지 150m/min의 속도로 자전거를 타고 가다가 중간에 내려 50m/min의 속도로 걸어갔다. 집에서 영화관까지 도착하는 데 30분이 걸렸을 때, 정주가 걸어간 시간은 몇 분인가?

① 5분
② 7분
③ 10분
④ 15분

30 A는 지난 주말 집에서 128km 떨어진 거리에 있는 할머니 댁을 방문했다. 차를 타고 중간에 있는 휴게소까지는 40km/h의 속도로 이동하였고, 휴게소부터 할머니 댁까지는 60km/h의 속도로 이동하여 총 3시간 만에 도착하였다면, 집에서 휴게소까지의 거리는 얼마인가?(단, 휴게소에서 머문 시간은 포함하지 않는다)

① 24km
② 48km
③ 72km
④ 104km

31 철수와 만수는 각각 A, B지역으로 출장을 갔다. 출장 업무가 끝난 후 C지역에서 만나기로 했을 때, 만수의 속력을 바르게 구한 것은?

- A지역과 B지역의 거리는 500km이다.
- C지역은 A지역과 B지역 사이에 있으며, A지역과는 200km 떨어져 있다.
- 철수는 80km/h의 속력으로 갔다.
- 만수는 철수보다 2시간 30분 늦게 도착했다.

① 50km/h
② 60km/h
③ 70km/h
④ 80km/h

대표유형 2 나이 · 수

형과 동생의 나이를 더하면 22, 곱하면 117이라고 할 때, 동생의 나이는?

① 9세　　② 10세
③ 11세　　④ 12세

| 해설 | 형의 나이를 x세, 동생의 나이를 y세라고 하자(단, $x>y$).
$x+y=22$ … ㉠
$xy=117$ … ㉡
㉠, ㉡을 연립하면 $x=13$, $y=9$이므로 동생의 나이는 9세이다.

정답 ①

32 종대와 종인이의 나이 차이는 3세이다. 아버지의 나이는 종대와 종인이의 나이의 합보다 1.6배 많다. 종대의 나이가 14세이면 아버지의 나이는?(단, 종대가 형이고, 종인이가 동생이다)

① 37세　　② 38세
③ 40세　　④ 41세

33 현재 민수와 아버지의 나이 차는 29세이다. 12년 후 아버지의 나이가 민수 나이의 2배보다 9세 많아진다면 현재 민수의 나이는?

① 6세　　② 7세
③ 8세　　④ 9세

34 다과회를 위해 총무팀은 인터넷으로 사과와 배, 귤을 1개당 사과는 120원, 배는 260원, 귤은 40원에 구입하였다. 예산은 총 20,000원이며, 예산을 모두 사용하여 각각 20개 이상씩 구입할 때, 배를 가장 많이 구입했다면 구입한 배의 최소 개수는?

① 47개　　② 48개
③ 49개　　④ 50개

35 L사는 신입사원 연수를 위해 숙소를 배정하려고 한다. 한 숙소에 4명씩 자면 8명이 남고, 5명씩 자면 방이 5개가 남으며 마지막 숙소에는 4명이 자게 된다. 이때 숙소의 수를 a개, 전체 신입사원 수를 b명이라고 한다면 $b-a$는?

① 105
② 110
③ 115
④ 120

36 A여행사에서는 크리스마스 행사로 경품 추첨을 진행하려 한다. 작년에는 제주도 숙박권 10명, 여행용 파우치 20명을 추첨하여 경품을 주었으며, 올해는 작년보다 제주도 숙박권은 20%, 여행용 파우치는 10% 더 준비했다. 올해 경품을 받는 인원은 작년보다 몇 명 더 많은가?(단, 경품은 중복 당첨이 불가능하다)

① 1명
② 2명
③ 3명
④ 4명

37 무게가 1개당 15g인 사탕과 20g인 초콜릿을 합하여 14개를 사는데 총무게가 235g 이상 250g 이하가 되도록 하려고 한다. 사탕을 최대 몇 개까지 살 수 있는가?

① 7개
② 8개
③ 9개
④ 10개

38 A그룹의 올해 입사자는 작년 입사자 대비 남자는 8% 증가하였고, 여자는 10% 감소하였다. 작년 전체 입사자 수는 820명이고 올해는 작년에 비해 10명이 감소했다고 할 때, 올해 여자 입사자는 몇 명인가?

① 348명
② 352명
③ 363명
④ 378명

대표유형 3 금액

어느 가정의 1월과 6월의 전기요금 비율이 5 : 2이다. 1월의 전기요금에서 6만 원을 뺐을 때 그 비율이 3 : 2라면, 1월의 전기요금은?

① 9만 원 ② 10만 원
③ 12만 원 ④ 15만 원

| 해설 | 1월과 6월의 전기요금을 각각 $5k$, $2k$라고 하자(단, $k>0$).
1월 전기요금에서 6만 원을 빼면 비율이 3 : 2이므로
$(5k-60,000):2k=3:2$
$\rightarrow 10k-120,000=6k$
$\rightarrow 4k=120,000$
$\therefore k=30,000$
따라서 1월의 전기요금은 $5k=5\times30,000=150,000$원이다.

정답 ④

39 원우는 자신을 포함한 8명의 친구와 부산에 놀러 가기 위해 일정한 금액을 걷었다. 원우가 경비를 계산해보니, 총금액의 30%는 숙박비에 사용하고, 숙박비 사용 금액의 40%는 외식비로 사용한다. 그리고 남은 경비가 92,800원이라면, 각자 얼마씩 돈을 냈는가?

① 15,000원 ② 18,000원
③ 20,000원 ④ 22,000원

40 A사는 사업 확장으로 30명의 신규 인력을 추가 배치하려고 한다. 급여를 1일 기준으로 환산했을 때 영업직은 10만 원을 받고, 사무직은 영업직의 80%만큼 받고, 연구직은 영업직보다 20% 더 받게 된다. 사무직이 영업직보다 10명 더 많고 연구직의 2배라고 할 때, 추가 편성해야 할 하루 인건비는 총 얼마인가?

① 272만 원 ② 276만 원
③ 280만 원 ④ 284만 원

41 A사는 워크숍을 위해 강당의 대여요금을 알아보고 있다. 강당의 대여요금은 기본요금의 경우 30분까지 같으며, 그 후에는 1분마다 추가요금이 발생한다. 1시간 대여료는 50,000원이고, 2시간 동안 대여할 경우 110,000원이 대여료일 때, 3시간 동안 대여 시 요금은?

① 170,000원 ② 180,000원
③ 190,000원 ④ 200,000원

42 효민이와 준우는 돈을 3회로 나누어 내기로 하고 제습기를 공동으로 구매하였다. 1회에는 효민이가 준우보다 많이 내기로 하고, 2회, 3회에는 효민이가 1회보다 25% 적게 내고, 준우가 1회보다 2,000원 더 많은 금액을 내기로 했더니 효민이와 준우가 각각 부담한 총액이 같았다. 2회에 준우가 낸 금액이 효민이보다 5,000원 더 많았다고 할 때, 제습기 가격은?

① 13만 원 ② 17만 원
③ 19만 원 ④ 26만 원

43 A식당은 매주 시장에서 생닭을 일정량 주문한다. 지난주는 1,400원짜리 생닭을 70만 원어치 주문했고, 이번 주도 같은 양을 주문했다. 이번 주에 주문한 생닭 한 마리 가격이 2,100원일 때, 이번 주에 낸 비용은?

① 99만 원 ② 101만 원
③ 105만 원 ④ 109만 원

대표유형 4 일의 양

A, B는 오후 1시부터 오후 6시까지 근무를 한다. A는 310개의 제품을 포장하는 데 1시간이 걸리고, B는 작업속도가 1시간마다 바로 전 시간의 2배가 된다. 두 사람이 받는 하루 임금이 같다고 할 때, B는 처음 시작하는 1시간 동안에 몇 개의 제품을 포장하는가?(단, 일급은 그날 포장한 제품의 개수에 비례한다)

① 25개 ② 50개

③ 75개 ④ 100개

| 해설 | A, B의 일급이 같으므로 하루에 포장한 제품의 개수는 A의 작업량인 $310\times5=1,550$개로 서로 같다. B가 처음 시작하는 1시간 동안 x개의 제품을 포장한다고 하면 다음과 같은 식이 성립한다.

$x+2x+4x+8x+16x=1,550$

$\rightarrow 31x=1,550$

$\therefore x=50$

정답 ②

44 A가 혼자하면 4일, B가 혼자 하면 6일 걸리는 일이 있다. A가 먼저 2일 동안 일을 하고 남은 양을 B가 끝마치려 한다. B는 며칠 동안 일을 해야 하는가?

① 2일 ② 3일

③ 4일 ④ 5일

45 선규와 승룡이가 함께 일하면 5일이 걸리는 일을 선규가 먼저 4일을 진행하고, 승룡이가 7일을 진행하면 끝낼 수 있다고 한다. 승룡이가 이 일을 혼자 한다면 며칠이 걸리겠는가?

① 11일 ② 12일

③ 14일 ④ 15일

46 초콜릿 한 상자를 만드는 데 명훈이는 30시간, 우진이는 20시간이 걸린다. 명훈이가 3시간, 우진이가 5시간 동안 만든 후, 둘이서 같이 한 상자를 완성하려고 한다. 두 사람이 같이 초콜릿을 만드는 시간은 얼마인가?

① $\frac{37}{5}$시간
② $\frac{39}{5}$시간
③ 8시간
④ $\frac{42}{5}$시간

47 갑, 을, 병사원은 고객설문조사 업무를 맡았다. 갑사원이 혼자 할 경우 12일 걸리고, 을사원은 18일, 병사원은 36일이 걸린다고 한다. 3명의 사원이 함께 업무를 진행한다고 할 때 걸리는 기간은 며칠인가?

① 5일
② 6일
③ 7일
④ 8일

48 마스크 필터를 생산하는 공장에서 A기계는 1분에 8개, B기계는 1분에 4개의 필터를 생산할 수 있다고 한다. 현재 A기계에서 90개, B기계에서 10개의 필터를 생산하였다면 A기계의 생산량이 B기계의 생산량의 3배가 될 때는 몇 분 후인가?

① 12분
② 15분
③ 18분
④ 21분

대표유형 5 점수 계산

어떤 출판사가 최근에 발간한 서적의 평점을 알아보니 A사이트에서는 참여자 10명에게서 평점 2점을, B사이트에서는 참여자 30명에 평점 5점, C사이트에서는 참여자 20명에 평점 3.5점을 받았다고 할 때, A, B, C사이트의 전체 평균 평점은 몇 점인가?

① 1점　　② 2점
③ 3점　　④ 4점

| 해설 | $\frac{10\times2+30\times5+20\times3.5}{10+30+20}=\frac{240}{60}=4$

따라서 평균 평점은 4점이다.

정답 ④

49 평균점수가 80점 이상이면 우수상을, 85점 이상이면 최우수상을 받는 시험이 있다. 현재 갑돌이는 70점, 85점, 90점을 받았고 나머지 1과목의 시험만을 남겨 놓은 상태이다. 이때, 갑돌이가 최우수상을 받기 위해 몇 점 이상을 받아야 하는가?

① 85점　　② 90점
③ 95점　　④ 100점

50 어떤 콘텐츠에 대하여 네티즌 평가를 진행했다. 1,000명이 참여한 A사이트에서는 평균 평점이 5.0이었으며, 500명이 참여한 B사이트에서는 평균 평점이 8.0이었다. 이 콘텐츠에 대한 두 사이트 전체 참여자의 평균 평점은 몇 점인가?

① 4.0점　　② 5.5점
③ 6.0점　　④ 7.5점

51 남자 대 여자 비율이 3:5인 A고등학교에서 수학 선호도를 점수로 평가한 결과 남자 선호도 평균점수는 3점, 여자는 8점이었다. A고등학교 학생의 전체 수학 선호도 평균은 몇 점인가?(단, 평균은 소수점 둘째 자리에서 버림한다)

① 5.2점 ② 6.1점
③ 7.2점 ④ 8.1점

52 A중학교 1, 2, 3학년 학생들의 수학 점수 평균을 구했더니 각각 38점, 64점, 44점이었다. 각 학년의 학생 수가 50명, 20명, 30명이라고 할 때, 학교 학생들의 전체 수학 점수 평균은 몇 점인가?

① 43점 ② 44점
③ 45점 ④ 46점

53 올해 시행한 어느 자격증 시험에서 80점 이상을 얻어야 합격을 한다고 한다. 이 시험에 응시한 30명 중 합격자는 10명이고 합격한 사람의 평균점수는 불합격한 사람의 평균점수의 2배보다 33점이 낮다. 불합격한 사람의 평균점수는 응시자 전체의 평균점수보다 9점이 낮을 때, 응시자 전체의 평균점수를 구하면?

① 60점 ② 63점
③ 66점 ④ 69점

대표유형 6 농도

농도가 9%인 A소금물 300g과 농도가 11.2%인 B소금물 250g을 합쳐서 C소금물을 만들었다. C소금물을 20% 덜어내고, 10g의 소금을 추가했을 때, 만들어진 소금물의 농도는?

① 12%　　② 13%

③ 14%　　④ 15%

| 해설 | A소금물과 B소금물의 소금의 양을 구하면 각각 $300\times0.09=27$g, $250\times0.112=28$g이다.

이에 따라 C소금물의 농도는 $\frac{27+28}{300+250}\times100=\frac{55}{550}\times100=10\%$이다.

소금물을 덜어내도 농도는 변하지 않으므로 소금물은 $550\times0.8=440$g이고, 소금의 양은 44g이다.

따라서 소금을 10g 더 추가했을 때의 소금물의 농도는 $\frac{44+10}{440+10}\times100=\frac{54}{450}\times100=12\%$이다.

정답 ①

54 농도가 x%인 소금물 400g에 농도가 12%인 소금물 200g을 넣었다. 이때, 녹아있는 소금의 양을 yg이라 하면 y는 얼마인가?

① $3x+12$　　② $3x+24$

③ $4x+12$　　④ $4x+24$

55 농도 16%의 소금물 800g을 햇빛에 놔두면 1분에 3g씩 물이 증발한다. 순수한 물의 양이 312g이 될 때는 몇 분 후인가?

① 50분　　② 70분

③ 100분　　④ 120분

56 **농도 6%의 소금물과 농도 11%의 소금물을 섞어서 농도 9%의 소금물 500g을 만들려고 한다. 이때 농도 6%의 소금물은 몇 g을 섞어야 하는가?**

① 200g ② 300g
③ 400g ④ 500g

57 **농도 12%의 소금물 100g에 소금을 더 넣어 농도 20%의 소금물을 만들었다. 이때 더 넣은 소금의 양은?**

① 10g ② 12g
③ 14g ④ 16g

58 **농도 5%의 소금물 200g에 농도 x%의 소금물 200g을 넣었더니 농도 15%의 소금물이 되었다. 이때 x의 값은?**

① 10 ② 15
③ 20 ④ 25

대표유형 7 최대공약수 · 최소공배수

두 개의 톱니바퀴 A, B가 맞물려 회전하고 있다. A의 톱니가 25개이고 B의 톱니가 35개라면 지금 맞물려 있는 톱니가 다시 만나기 위해서는 A가 최소 몇 바퀴 회전해야 하는가?

① 5바퀴 ② 6바퀴
③ 7바퀴 ④ 8바퀴

| 해설 | 톱니바퀴가 회전하여 다시 처음의 위치로 돌아오려면 적어도 두 톱니 수의 최소공배수만큼 회전해야 한다.
25와 35의 최소공배수를 구하면 $25=5^2$, $35=5\times7$이므로 $25\times7=175$이다.
따라서 A는 $175\div25=7$바퀴를 회전해야 한다.

정답 ③

59 K회사는 사옥 옥상 정원에 있는 가로 644cm, 세로 476cm인 직사각형 모양의 뜰 가장자리에 조명을 설치하려고 한다. 네 모퉁이에는 반드시 조명을 설치하고, 일정한 간격으로 조명을 추가 배열하려고 할 때, 필요한 조명의 최소 개수는?(단, 조명의 크기는 고려하지 않는다)

① 68개 ② 72개
③ 76개 ④ 80개

60 수도권 지하철 5호선의 배차간격은 4분이고, 6호선의 배차간격은 7분이다. 오전 9시에 5호선과 6호선의 환승역인 공덕역에서 두 지하철이 동시에 정차했다면, 오전 10시부터 오전 11시 사이 공덕역에서 동시에 정차하는 횟수는?

① 1번 ② 2번
③ 3번 ④ 4번

61 K호텔은 고객들을 위해 무료로 이벤트를 하고 있다. 매일 분수쇼와 퍼레이드를 보여주고 있으며, 시간은 오전 10시부터 시작한다. 분수쇼는 10분 동안 한 뒤 35분 쉬고, 퍼레이드는 20분 공연한 뒤 40분을 쉰다. 사람들이 오후 12시부터 오후 7시까지 분수쇼와 퍼레이드의 시작을 함께 볼 수 있는 기회는 몇 번인가?(단, 오후 7시에는 폐장 준비를 위해 공연을 하지 않는다)

① 1번 ② 2번
③ 3번 ④ 4번

대표유형 8 경우의 수

어른 3명과 어린아이 3명이 함께 식당에 갔다. 자리가 6개인 원탁에 앉는다고 할 때 앉을 수 있는 경우의 수는?(단, 아이들은 어른들 사이에 앉힌다)

① 8가지 ② 12가지

③ 16가지 ④ 20가지

| 해설 | 먼저 어른들이 원탁에 앉는 경우의 수는 $(3-1)!=2$가지이다.
그리고 어른들 사이에 아이들이 앉는 경우의 수는 $3!=6$가지이다.
따라서 원탁에 앉을 수 있는 모든 경우의 수는 $2\times6=12$가지이다.

정답 ②

62 A ~ G의 7명의 사람이 일렬로 설 때, A와 G는 서로 맨 끝에 서고, C, D, E는 서로 이웃하여 서는 경우의 수는?

① 36가지 ② 48가지

③ 60가지 ④ 72가지

63 A사원이 처리해야 할 업무는 발송업무, 비용정산업무 외에 5가지가 있다. 이 중에서 발송업무, 비용정산업무를 포함한 5가지의 업무를 오늘 처리하려고 하는데 상사의 지시로 발송업무를 비용정산업무보다 먼저 처리해야 한다. 오늘 처리할 업무를 택하고, 택한 업무의 처리 순서를 정하는 경우의 수는?

① 600가지 ② 720가지

③ 840가지 ④ 960가지

64 서로 다른 소설책 7권과 시집 5권이 있다. 이 중에서 소설책 3권과 시집 2권을 선택하는 경우의 수는?

① 350가지 ② 360가지

③ 370가지 ④ 380가지

대표유형 9 확률

내일은 축구경기가 있는 날인데 비가 올 확률은 $\frac{2}{5}$이다. 비가 온다면 이길 확률이 $\frac{1}{3}$, 비가 오지 않는다면 이길 확률이 $\frac{1}{4}$일 때, 이길 확률은?

① $\frac{4}{15}$　　② $\frac{17}{60}$

③ $\frac{3}{10}$　　④ $\frac{19}{60}$

| 해설 | • 내일 비가 왔을 때 이길 확률 : $\frac{2}{5}\times\frac{1}{3}=\frac{2}{15}$

• 내일 비가 오지 않았을 때 이길 확률 : $\frac{3}{5}\times\frac{1}{4}=\frac{3}{20}$

$\therefore \frac{2}{15}+\frac{3}{20}=\frac{17}{60}$

정답 ②

65 남자 2명, 여자 3명 중 두 명의 대표를 선출하고자 한다. 이때, 대표가 모두 여자로 선출될 확률은?

① 70%　　② 60%

③ 50%　　④ 30%

66 다음 〈조건〉에 따라 신입사원 중 여자 한 명을 뽑았을 때, 경력자가 뽑힐 확률은?

조건

• 신입사원의 60%는 여성이다.
• 신입사원의 20%는 여성 경력직이다.
• 신입사원의 80%는 여성이거나 경력직이다.

① $\frac{1}{3}$　　② $\frac{2}{3}$

③ $\frac{1}{5}$　　④ $\frac{3}{5}$

67 어느 학생이 두 문제 A, B를 푸는데 문제 A를 맞히지 못할 확률은 60%, 두 문제를 모두 맞힐 확률은 24%이다. 이 학생이 문제 A는 맞히고, 문제 B는 맞히지 못할 확률은?

① 16%　　② 24%

③ 30%　　④ 36%

03 자료해석

대표유형 1 자료계산

다음은 연도별 전국 8월 인구이동에 대한 자료이다. 2019년 8월에 이동한 인구수는 총 몇 명인가?(단, 천 명 미만 단위는 버림한다)

〈전국 8월 인구이동 및 이동률〉

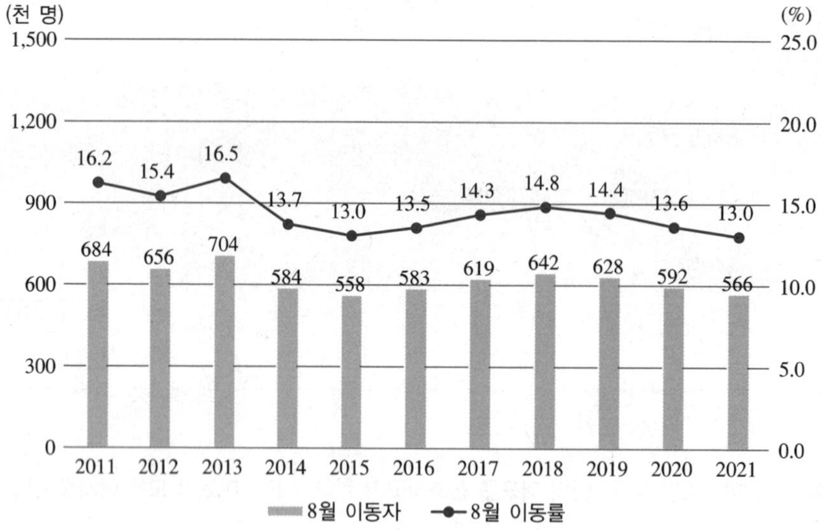

※ [월 이동률(%)]$=\frac{\text{(월 이동 인구수)}}{\text{(전국 이동 총 인구수)}}\times100$

① 4,029천 명　② 4,217천 명

③ 4,361천 명　④ 4,516천 명

| 해설 | 2019년에 이동한 총 인구수를 x천 명이라 하자.

$\frac{628}{x}\times100=14.4 \rightarrow x=\frac{62,800}{14.4} \rightarrow x \fallingdotseq 4,361$

따라서 총 인구수는 4,361천 명이다.

정답 ③

68 다음은 과일의 종류별 무게에 따른 가격표이다. 종류별 무게를 가중치로 적용하여 가격에 대한 가중평균을 구하면 42만 원이다. 이때 빈칸에 들어갈 가격으로 옳은 것은?

〈과일 종류별 가격 및 무게〉

(단위 : 만 원, kg)

구분	(가)	(나)	(다)	(라)
가격	25	40	60	( )
무게	40	15	25	20

① 40 ② 45

③ 50 ④ 55

69 다음은 어느 회사의 연도별 매출액을 나타낸 그래프이다. 전년 대비 매출액 증가율이 가장 컸던 해는?

〈연도별 매출액〉

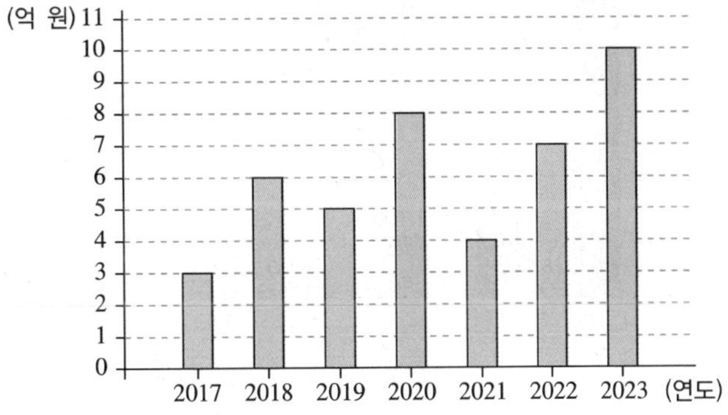

① 2018년 ② 2020년

③ 2022년 ④ 2023년

70 다음은 실업자 및 실업률 추이에 대한 그래프이다. 2023년 11월의 실업률은 2023년 2월 대비 얼마나 증감했는가?(단, 소수점 첫째 자리에서 반올림한다)

〈실업자 및 실업률 추이〉

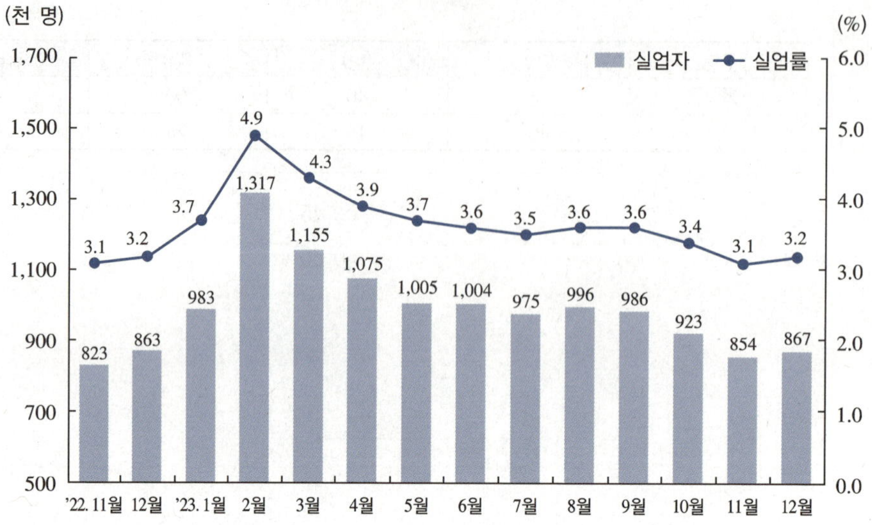

① −37%　　② −36%
③ −35%　　④ +37%

71 다음은 방송통신위원회가 발표한 2024년 지상파방송의 프로그램 수출입 현황이다. 프로그램 수입에서 영국이 차지하는 비율은?(단, 비율은 소수점 둘째 자리에서 반올림한다)

〈지상파방송의 주요국별 수출입 현황〉

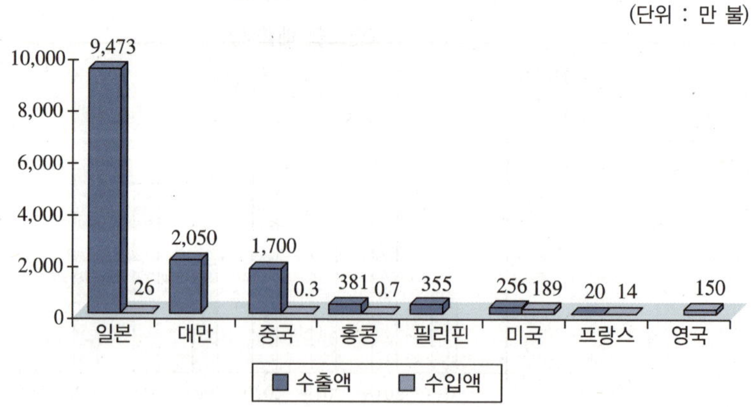

① 39.5%　　② 41.1%
③ 43.8%　　④ 45.2%

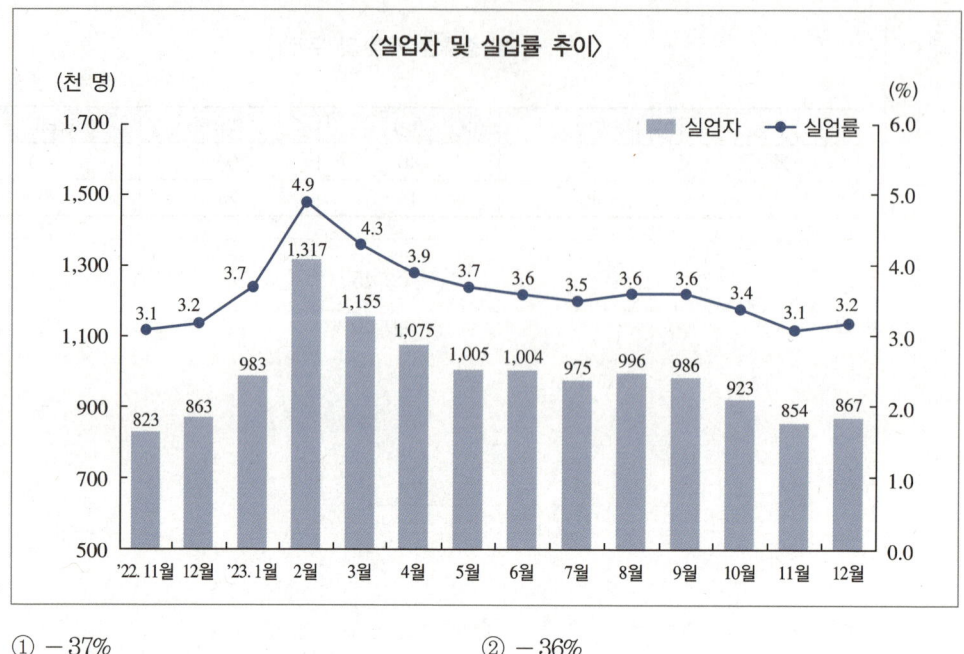

※ 다음은 2022 ~ 2023년 초등학교, 중학교, 고등학교를 대상으로 교육비 현황을 조사한 자료이다. 이어지는 질문에 답하시오. **[72~73]**

〈전체 학생 1인당 월평균 교육비〉

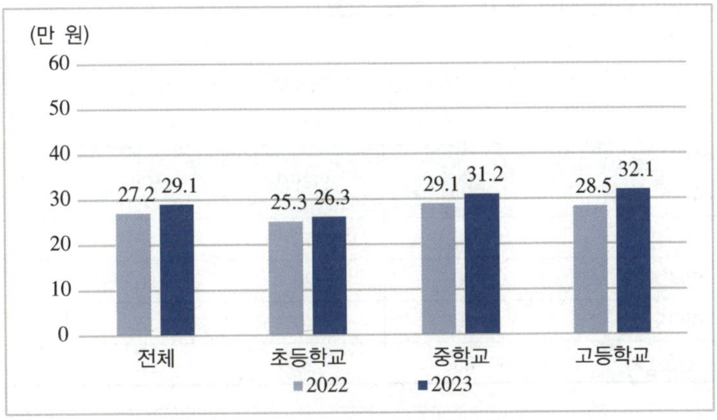

〈사교육 참여학생 1인당 월평균 사교육비〉

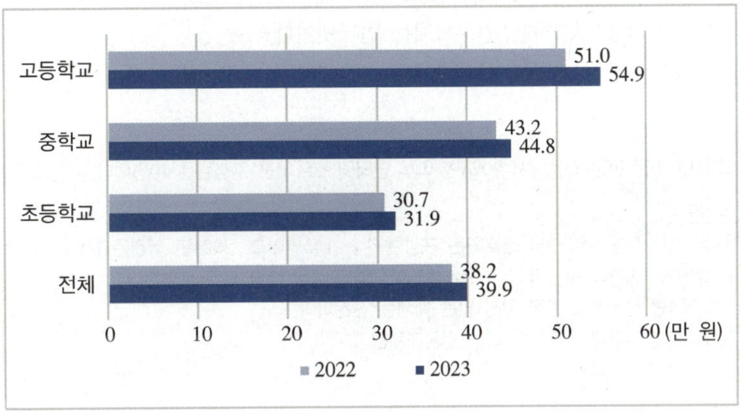

72 2022년 전체 학생 수가 1,500명이고, 초등학생의 수는 800명이었다. 전체 학생의 월간 총교육비 대비 초등학생의 월간 총교육비의 비율은 몇 %인가?(단, 비율은 소수점 둘째 자리에서 반올림한다)

① 44.7%
② 47.3%
③ 48.2%
④ 49.6%

73 2023년 중학교 전체 학생수가 600명이고, 이 중 40%가 사교육에 참여한다고 한다. 중학교 전체 학생의 월간 총교육비에서 중학교 사교육 참여 학생의 월간 총사교육비가 차지하는 비중은 몇 %인가?(단, 소수점 둘째 자리에서 반올림한다)

① 55.2%
② 57.4%
③ 62.5%
④ 66.8

대표유형 2 자료해석

다음은 D회사의 구성원을 대상으로 한 2024년 전·후로 가장 선호하는 언론매체에 대한 설문조사 결과 자료이다. 이에 대한 설명으로 옳은 것은?

〈2024년 전·후로 선호하는 언론매체별 D회사의 구성원 수〉

(단위 : 명)

2024년 이전 \ 2024년 이후	TV	인터넷	라디오	신문
TV	40	55	15	10
인터넷	50	30	10	10
라디오	40	40	15	15
신문	35	20	20	15

① 2024년 이후에 인터넷을 선호하는 구성원 모두 2024년 이전에도 인터넷을 선호했다.
② 2024년 전·후로 가장 인기 없는 매체는 라디오이다.
③ 2024년 이후에 가장 선호하는 언론매체는 인터넷이다.
④ 2024년 이후에 가장 선호하는 언론매체를 신문에서 인터넷으로 바꾼 구성원은 20명이다.

| 해설 | 2024년 이전 신문 선호에서 2024년 이후 인터넷으로 바꾼 구성원은 20명이다.

오답분석

① 2024년 이후 인터넷을 선호하는 구성원 수는 145명이고, 2024년 이전은 100명이라고 하더라도 2024년 이후의 구성원 수가 2024년 이전의 구성원 수를 모두 포함한다고 보기는 어렵다.
② 2024년 전·후로 가장 인기 없는 매체는 신문이다.
③ 2024년 이후에 가장 선호하는 언론매체는 TV이다.

정답 ④

74 다음은 우편 매출액에 대한 자료이다. 이에 대한 설명으로 옳지 않은 것은?

〈우편 매출액〉

(단위 : 백만 원)

구분	2019년	2020년	2021년	2022년	2023년				
					소계	1분기	2분기	3분기	4분기
일반통상	113	105	101	104	102	28	22	25	27
특수통상	52	57	58	56	52	12	15	15	10
소포우편	30	35	37	40	42	10	12	12	8
합계	195	197	196	200	196	50	49	52	45

① 매년 매출액이 가장 높은 분야는 일반통상 분야이다.
② 1년 집계를 기준으로 매년 매출액이 증가하고 있는 분야는 소포우편 분야뿐이다.
③ 2023년 1분기 매출액에서 특수통상 분야의 매출액이 차지하는 비중은 20% 이상이다.
④ 2023년 소포우편 분야의 2019년 대비 매출액 증가율은 60% 이상이다.

75 다음은 국내 스포츠 경기 4종목의 경기 수에 대한 자료이다. 이에 대한 설명으로 옳지 않은 것은?

〈국내 스포츠 경기 수〉

(단위 : 회)

구분	2019년	2020년	2021년	2022년	2023년
농구	400	408	410	400	404
야구	470	475	478	474	478
배구	220	225	228	230	225
축구	230	232	236	240	235

① 농구의 2020년 전년 대비 경기 수 증가율은 2023년 전년 대비 경기 수 증가율보다 높다.
② 2019년 농구와 배구의 경기 수 차이는 야구와 축구 경기 수 차이의 70% 이상이다.
③ 2020년부터 2022년까지 경기 수가 증가하는 스포츠는 1종목이다.
④ 2023년 경기 수가 2021년부터 2022년까지의 종목별 평균 경기 수보다 많은 스포츠는 1종목이다.

76 다음은 2023년 연령대별 골다공증 진료 현황에 대한 자료이다. 이에 대한 설명으로 옳지 않은 것은?

〈연령대별 골다공증 진료 현황〉

(단위 : 천 명)

구분	전체	20대 이하	30대	40대	50대	60대	70대	80대 이상
남성	388	2	2	8	90	100	122	64
여성	492	1	5	26	103	164	133	60
합계	880	3	7	34	193	264	255	124

① 골다공증 발병이 진료로 이어진다면 여성의 발병률이 남성보다 높다.

② 전체 골다공증 진료 인원 중 40대 이하가 차지하는 비율은 5%이다.

③ 전체 골다공증 진료 인원 중 골다공증 진료 인원이 가장 많은 연령대는 60대로, 그 비율은 30%이다.

④ 골다공증 진료율이 가장 높은 연령대는 남성과 여성이 같다.

77 다음은 특정 기업 47개를 대상으로 제품전략, 기술개발 종류 및 기업형태별 기업 수를 조사한 자료이다. 이에 대한 설명으로 옳은 것은?

〈제품전략, 기술개발 종류 및 기업형태별 기업 수〉

(단위 : 개)

제품전략	기술개발 종류	기업형태	
		벤처기업	대기업
시장 견인	존속성 기술	3	8
	와해성 기술	7	9
기술 추동	존속성 기술	5	7
	와해성 기술	5	3

※ 각 기업은 한 가지 제품전략을 취하고 한 가지 종류의 기술을 개발함

① 와해성 기술을 개발하는 기업 중에는 벤처기업의 비율이 대기업의 비율보다 낮다.

② 기술 추동 전략을 취하는 기업 중에는 존속성 기술을 개발하는 기업의 비율이 와해성 기술을 개발하는 기업의 비율보다 낮다.

③ 전체 기업 중에서 존속성 기술을 개발하는 기업의 비율은 와해성 기술을 개발하는 기업의 비율보다 낮다.

④ 벤처기업 중에서 기술 추동 전략을 취하는 기업의 비율이 시장 견인 전략을 취하는 기업의 비율보다 높다.

78 다음은 K사의 등급별 인원 비율 및 1인당 상여금에 대한 자료이다. 마케팅부서의 인원은 20명이고, 영업부서의 인원은 10명일 때, 이에 대한 설명으로 옳지 않은 것은?

〈등급별 인원 비율 및 1인당 상여금〉

(단위 : %, 만 원)

구분	S	A	B	C
인원 비율	10	30	40	20
1인당 상여금	500	420	300	200

① 마케팅부서의 S등급 상여금을 받는 인원과 영업부서의 C등급 상여금을 받는 인원의 수가 같다.
② A등급 1인당 상여금은 B등급 1인당 상여금보다 40% 많다.
③ 영업부서 A등급의 인원은 마케팅부서 B등급의 인원보다 5명 적다.
④ 영업부서에 지급되는 S등급과 A등급의 상여금의 합은 B등급과 C등급의 상여금의 합보다 적다.

79 다음은 2019 ~ 2023년 A사의 경제 분야 투자규모에 대한 자료이다. 이에 대한 설명으로 옳지 않은 것은?

〈A사의 경제 분야 투자규모〉

(단위 : 억 원, %)

구분	2019년	2020년	2021년	2022년	2023년
경제 분야 투자규모	16	20	15	12	16
총지출 대비 경제 분야 투자규모 비중	6.5	7.5	8	7	5

① 2023년 총지출은 300억 원 이상이다.
② 2020년 경제 분야 투자규모의 전년 대비 증가율은 25%이다.
③ 2021년과 2022년의 경제 분야 투자규모의 전년 대비 감소율의 차이는 3%p이다.
④ 2019 ~ 2023년 동안 경제 분야에 투자한 금액은 79억 원이다.

CHAPTER 03

문제해결력

합격 CHEAT KEY

| 출제유형 |

01 수 · 문자추리

나열된 수열이나 문자를 보고 규칙을 찾아서 빈칸에 들어갈 알맞은 숫자나 문자를 고르는 유형으로, 기본적인 수열뿐 아니라 복잡한 형태의 종잡을 수 없는 규칙도 나오는데다가 제한시간도 매우 짧다.

02 언어추리

3 ~ 4개의 주어진 명제나 조건으로부터 결론을 도출하거나, 이를 바탕으로 옳거나 옳지 않은 보기를 고르는 문제가 출제되고 있다.

03 지각능력

나열된 기호를 비교하거나 문자와 그림을 배열하는 유형, 평면도형끼리 비교하는 유형, 블록의 개수를 파악하는 유형의 문제가 출제된다.

학습전략

01 수 · 문자추리

- 눈으로만 규칙을 찾고자 할 경우 변화된 값을 모두 외우기 어려우므로 나열된 수의 변화된 값이나 문자의 규칙을 적어두면 발견하기 용이하다.
- 규칙이 발견되지 않는 경우에는 홀수 항과 짝수 항을 분리해서 파악하거나 군수열을 생각해 본다.

02 언어추리

- 세 개 이상의 비교 대상이 등장하며, '~보다', '가장' 등의 표현에 유의해 풀어야 한다.
- '어떤'과 '모든'이 나오는 명제는 벤다이어그램을 활용한다.
- 주어진 규칙과 조건을 파악한 후 이를 도식화(표, 기호 등으로 정리)하여 문제에 접근한다.
- 〈조건〉에 사용된 조사의 의미와 제한사항 등을 제대로 이해해야 정답을 찾을 수 있으므로 문제와 제시된 문장을 꼼꼼히 읽는 습관을 기른다.

03 지각능력

- 문자와 그림을 바르게 비교 · 배열하기 위해서는 꼼꼼하게 살펴보아야 한다.
- 여러 방면에서 바라본 도형의 모습을 연상하여 보이지 않는 부분도 유추할 수 있어야 한다.

CHAPTER 03 문제해결력 핵심이론

01 수 · 문자추리

1. 수추리

(1) 등차수열 : 앞의 항에 일정한 수를 더해 이루어지는 수열

예 1 3 5 7 9 11 13 15
(+2 +2 +2 +2 +2 +2 +2)

(2) 등비수열 : 앞의 항에 일정한 수를 곱해 이루어지는 수열

예 1 2 4 8 16 32 64 128
(×2 ×2 ×2 ×2 ×2 ×2 ×2)

(3) 계차수열 : 앞의 항과의 차가 일정하게 증가하는 수열

예 1 2 4 7 11 16 22 29
(+1 +2 +3 +4 +5 +6 +7)
(+1 +1 +1 +1 +1 +1)

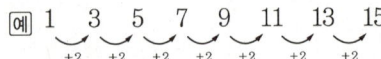

(4) 피보나치 수열 : 앞의 두 항의 합이 그 다음 항의 수가 되는 수열

$a_n = a_{n-1} + a_{n-2}$ $(n \geq 3,\ a_n = 1,\ a_2 = 1)$

예 1 1 2 3 5 8 13 21
(2 = 1+1, 3 = 1+2, 5 = 2+3, 8 = 3+5, 13 = 5+8, 21 = 8+13)

(5) 건너뛰기 수열

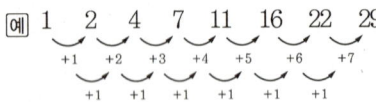

- 두 개 이상의 수열이 일정한 간격을 두고 번갈아가며 나타나는 수열

  예 1 1 3 7 5 13 7 19
  - 홀수항 : 1 3 5 7 (+2 +2 +2)
  - 짝수항 : 1 7 13 19 (+6 +6 +6)

- 두 개 이상의 규칙이 일정한 간격을 두고 번갈아가며 적용되는 수열

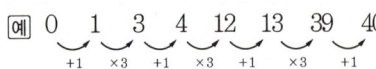

  예 0 1 3 4 12 13 39 40
  (+1 ×3 +1 ×3 +1 ×3 +1)

(6) **군수열** : 일정한 규칙성으로 몇 항씩 묶어 나눈 수열

예 • 1 1 2 1 2 3 1 2 3 4

$$\Rightarrow \underbrace{1\ \ 1\ \ 2}_{1+1=2}\ \ \underbrace{1\ \ 2\ \ 3}_{1+2=3}\ \ \underbrace{1\ \ 2\ \ 3\ \ 4}_{1+2+3=4}$$

• 1 3 4 6 5 11 2 6 8 9 3 12

$$\Rightarrow \underbrace{1\ \ 3\ \ 4}_{1+3=4}\ \ \underbrace{6\ \ 5\ \ 11}_{6+5=11}\ \ \underbrace{2\ \ 6\ \ 8}_{2+6=8}\ \ \underbrace{9\ \ 3\ \ 12}_{9+3=12}$$

• 1 3 3 2 4 8 5 6 30 7 2 14

$$\Rightarrow \underbrace{1\ \ 3\ \ 3}_{1\times3=3}\ \ \underbrace{2\ \ 4\ \ 8}_{2\times4=8}\ \ \underbrace{5\ \ 6\ \ 30}_{5\times6=30}\ \ \underbrace{7\ \ 2\ \ 14}_{7\times2=14}$$

PART 2

2. 문자추리

(1) 알파벳, 자음, 한자, 로마자

1	2	3	4	5	6	7	8	9	10	11	12	13	14	15	16	17	18	19	20	21	22	23	24	25	26
A	B	C	D	E	F	G	H	I	J	K	L	M	N	O	P	Q	R	S	T	U	V	W	X	Y	Z
ㄱ	ㄴ	ㄷ	ㄹ	ㅁ	ㅂ	ㅅ	ㅇ	ㅈ	ㅊ	ㅋ	ㅌ	ㅍ	ㅎ												
一	二	三	四	五	六	七	八	九	十																
i	ii	iii	iv	v	vi	vii	viii	ix	x																

(2) 일반모음

1	2	3	4	5	6	7	8	9	10
ㅏ	ㅑ	ㅓ	ㅕ	ㅗ	ㅛ	ㅜ	ㅠ	ㅡ	ㅣ

(3) 일반모음 + 이중모음(사전 등재 순서)

1	2	3	4	5	6	7	8	9	10	11	12	13	14	15	16	17	18	19	20	21
ㅏ	ㅐ	ㅑ	ㅒ	ㅓ	ㅔ	ㅕ	ㅖ	ㅗ	ㅘ	ㅙ	ㅚ	ㅛ	ㅜ	ㅝ	ㅞ	ㅟ	ㅠ	ㅡ	ㅢ	ㅣ

02 언어추리

1. 연역 추론

이미 알고 있는 판단(전제)을 근거로 새로운 판단(결론)을 유도하는 추론이다. 연역 추론은 진리일 가능성을 따지는 귀납 추론과는 달리, 명제 간의 관계와 논리적 타당성을 따진다. 즉 연역 추론은 전제들로부터 절대적인 필연성을 가진 결론을 이끌어내는 추론이다.

(1) 직접 추론

한 개의 전제로부터 중간적 매개 없이 새로운 결론을 이끌어내는 추론이며, 대우 명제가 그 대표적인 예이다.

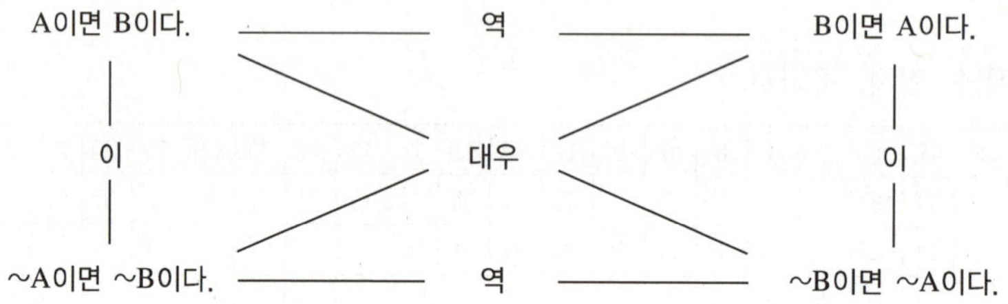

• 한국인은 모두 황인종이다.	(전제)
• 그러므로 황인종이 아닌 사람이 모두 한국인은 아니다.	(결론 1)
• 그러므로 황인종 중에는 한국인이 아닌 사람도 있다.	(결론 2)

(2) 간접 추론

둘 이상의 전제로부터 새로운 결론을 이끌어내는 추론이다. 삼단논법이 가장 대표적인 예이다.

① **정언 삼단논법** : 세 개의 정언명제로 구성된 간접추론 방식이다. 세 개의 명제 가운데 두 개의 명제는 전제이고, 나머지 한 개의 명제는 결론이다. 세 명제의 주어와 술어는 세 개의 서로 다른 개념을 표현한다.

② **가언 삼단논법** : 가언명제로 이루어진 삼단논법을 말한다. 가언명제란 두 개의 정언명제가 '만일 ~ 이라면'이라는 접속사에 의해 결합된 복합명제이다. 여기서 '만일'에 의해 이끌리는 명제를 전건이라고 하고, 그 뒤의 명제를 후건이라고 한다. 가언 삼단논법의 종류로는 혼합가언 삼단논법과 순수가언 삼단논법이 있다.

㉠ **혼합가언 삼단논법** : 대전제만 가언명제로 구성된 삼단논법이다. 긍정식과 부정식 두 가지가 있으며, 긍정식은 'A면 B이다. A이다. 그러므로 B이다.'이고, 부정식은 'A면 B이다. B가 아니다. 그러므로 A가 아니다.'이다.

- 만약 A라면 B이다.
- B가 아니다.
- 그러므로 A가 아니다.

㉡ **순수가언 삼단논법** : 대전제와 소전제 및 결론까지 모두 가언명제들로 구성된 삼단논법이다.

- 만약 A라면 B이다.
- 만약 B라면 C이다.
- 그러므로 만약 A라면 C이다.

③ **선언 삼단논법** : '~이거나 ~이다.'의 형식으로 표현되며 전제 속에 선언 명제를 포함하고 있는 삼단논법이다.

- 내일은 비가 오거나 눈이 온다(A 또는 B이다).
- 내일은 비가 오지 않는다(A가 아니다).
- 그러므로 내일은 눈이 온다(그러므로 B이다).

④ **딜레마 논법** : 대전제는 두 개의 가언명제로, 소전제는 하나의 선언명제로 이루어진 삼단논법으로, 양도추론이라고도 한다.

- 만일 네가 거짓말을 하면, 신이 미워할 것이다. (대전제)
- 만일 네가 거짓말을 하지 않으면, 사람들이 미워할 것이다. (대전제)
- 너는 거짓말을 하거나, 거짓말을 하지 않을 것이다. (소전제)
- 그러므로 너는 미움을 받게 될 것이다. (결론)

2. 귀납 추론

특수한 또는 개별적인 사실로부터 일반적인 결론을 이끌어 내는 추론을 말한다. 귀납 추론은 구체적 사실들을 기반으로 하여 결론을 이끌어 내기 때문에 필연성을 따지기보다는 개연성과 유관성, 표본성 등을 중시하게 된다. 여기서 개연성이란, 관찰된 어떤 사실이 같은 조건하에서 앞으로도 관찰될 수 있는가 하는 가능성을 말하고, 유관성은 추론에 사용된 자료가 관찰하려는 사실과 관련되어야 하는 것을 일컬으며, 표본성은 추론을 위한 자료의 표본 추출이 공정하게 이루어져야 하는 것을 가리킨다. 이러한 귀납 추론은 일상생활 속에서 많이 사용하고, 우리가 알고 있는 과학적 사실도 이와 같은 방법으로 밝혀졌다.
그러나 전제들이 참이어도 결론이 항상 참인 것은 아니다. 단 하나의 예외로 인하여 결론이 거짓이 될 수 있다.

- 성냥불은 뜨겁다.
- 연탄불도 뜨겁다.
- 그러므로 모든 불은 뜨겁다.

위 예문에서 '성냥불이나 연탄불이 뜨거우므로 모든 불은 뜨겁다.'라는 결론이 나왔는데, 반딧불은 뜨겁지 않으므로 '모든 불이 뜨겁다.'라는 결론은 거짓이 된다.

(1) 완전 귀납 추론

관찰하고자 하는 집합의 전체를 다 검증함으로써 대상의 공통 특질을 밝혀내는 방법이다. 이는 예외 없는 진실을 발견할 수 있다는 장점은 있으나, 집합의 규모가 크고 속성의 변화가 다양할 경우에는 적용하기 어려운 단점이 있다.

예 1부터 10까지의 수를 다 더하여 그 합이 55임을 밝혀내는 방법

(2) 통계적 귀납 추론

통계적 귀납 추론은 관찰하고자 하는 집합의 일부에서 발견한 몇 가지 사실을 열거함으로써 그 공통점을 결론으로 이끌어 내려는 방식을 가리킨다. 관찰하려는 집합의 규모가 클 때 그 일부를 표본으로 추출하여 조사하는 방식이 이에 해당하며, 표본 추출의 기준이 얼마나 적합하고 공정한가에 따라 그 결과에 대한 신뢰도가 달라진다는 단점이 있다.

예 여론조사에서 일부의 국민에 대한 설문 내용을 바탕으로, 이를 전체 국민의 여론으로 제시하는 것

(3) 인과적 귀납 추론

관찰하고자 하는 집합의 일부 원소들이 지닌 인과 관계를 인식하여 그 원인이나 결과를 이끌어 내려는 방식을 말한다.

① **일치법** : 공통적인 현상을 지닌 몇 가지 사실 중에서 각기 지닌 요소 중 어느 한 가지만 일치한다면 이 요소가 공통 현상의 원인이라고 판단

예 마을 잔칫집에서 돼지고기를 먹은 사람들이 집단 식중독을 일으켰다. 따라서 식중독의 원인은 상한 돼지고기가 아닌가 생각한다.

② **차이법** : 어떤 현상이 나타나는 경우와 나타나지 않은 경우를 놓고 보았을 때, 각 경우의 여러 조건 중 단 하나만이 차이를 보인다면 그 차이를 보이는 조건이 원인이 된다고 판단

예 현수와 승재는 둘 다 지능이나 학습 시간, 학습 환경 등이 비슷한데 공부하는 태도에는 약간의 차이가 있다. 따라서 두 사람의 성적이 차이를 보이는 것은 학습 태도의 차이 때문으로 생각된다.

③ **일치·차이 병용법** : 몇 개의 공통 현상이 나타나는 경우와 몇 개의 그렇지 않은 경우를 놓고 일치법과 차이법을 병용하여 적용함으로써 그 원인을 판단

예 학업 능력 정도가 비슷한 두 아동 집단에 대해 처음에는 같은 분량의 과제를 부여하고 나중에는 각기 다른 분량의 과제를 부여한 결과, 많이 부여한 집단의 성적이 훨씬 높게 나타났다. 이로 보아, 과제를 많이 부여하는 것이 적게 부여하는 것보다 학생의 학업 성적 향상에 도움이 된다고 판단할 수 있다.

④ **공변법** : 관찰하는 어떤 사실의 변화에 따라 현상의 변화가 일어날 때 그 변화의 원인이 무엇인지 판단

예 담배를 피우는 양이 각기 다른 사람들의 집단을 조사한 결과, 담배를 많이 피울수록 폐암에 걸릴 확률이 높다는 사실이 발견되었다.

⑤ **잉여법** : 앞의 몇 가지 현상이 뒤의 몇 가지 현상의 원인이며, 선행 현상의 일부분이 후행 현상의 일부분이라면, 선행 현상의 나머지 부분이 후행 현상의 나머지 부분의 원인임을 판단

예 어젯밤 일어난 사건의 혐의자는 정은이와 규민이 두 사람인데, 정은이는 알리바이가 성립되어 혐의 사실이 없는 것으로 밝혀졌다. 따라서 그 사건의 범인은 규민이일 가능성이 높다.

3. 유비 추론

두 개의 대상 사이에 일련의 속성이 동일하다는 사실에 근거하여 그것들의 나머지 속성도 동일하리라는 결론을 이끌어내는 추론, 즉 이미 알고 있는 것에서 다른 유사한 점을 찾아내는 추론을 말한다. 그렇기 때문에 유비 추론은 잣대(기준)가 되는 사물이나 현상이 있어야 한다. 유비 추론은 가설을 세우는 데 유용하다. 이미 알고 있는 사례로부터 아직 알지 못하는 것을 생각해 봄으로써 쉽게 가설을 세울 수 있다. 이때 유의할 점은 이미 알고 있는 사례와 이제 알고자 하는 사례가 매우 유사하다는 확신과 증거가 있어야 한다. 그렇지 않은 상태에서 유비 추론에 의해 결론을 이끌어 내면, 그것은 개연성이 거의 없고 잘못된 결론이 될 수도 있다.

- 지구에는 공기, 물, 흙, 햇빛이 있다(A는 a, b, c, d의 속성을 가지고 있다).
- 화성에는 공기, 물, 흙, 햇빛이 있다(B는 a, b, c, d의 속성을 가지고 있다).
- 지구에 생물이 살고 있다(A는 e의 속성을 가지고 있다).
- 그러므로 화성에도 생물이 살고 있을 것이다(그러므로 B도 e의 속성을 가지고 있을 것이다).

1. 편칭

주어진 종이를 조건에 맞게 접은 후 구멍을 뚫고 펼쳤을 때 나타나는 모양을 고르는 유형이 출제된다.

- 편칭 유형은 종이에 구멍을 낸 후 다시 종이를 펼쳐가며 구멍의 위치와 모양을 추적하는 방법으로 해결할 수 있다.
- 종이를 펼쳤을 때 구멍의 개수와 위치를 판별하는 것이 핵심이다. 이를 위해서는 '대칭'에 대한 이해가 필요하다. 구멍은 종이를 접은 선을 기준으로 대칭되어 나타난다는 것에 유의한다.
  - 개수 : 면에 구멍을 뚫으면 종이를 펼쳤을 때 구멍이 2개 나타나고, 접은 선 위에 구멍을 뚫으면 종이를 펼쳤을 때 구멍이 1개 나타난다.
  - 위치 : 종이를 접는 방향을 주의 깊게 살펴야 한다. 종이를 왼쪽에서 오른쪽으로 접은 경우, 구멍의 위치는 오른쪽에서 왼쪽으로 표시하며 단계를 거슬러 올라간다.

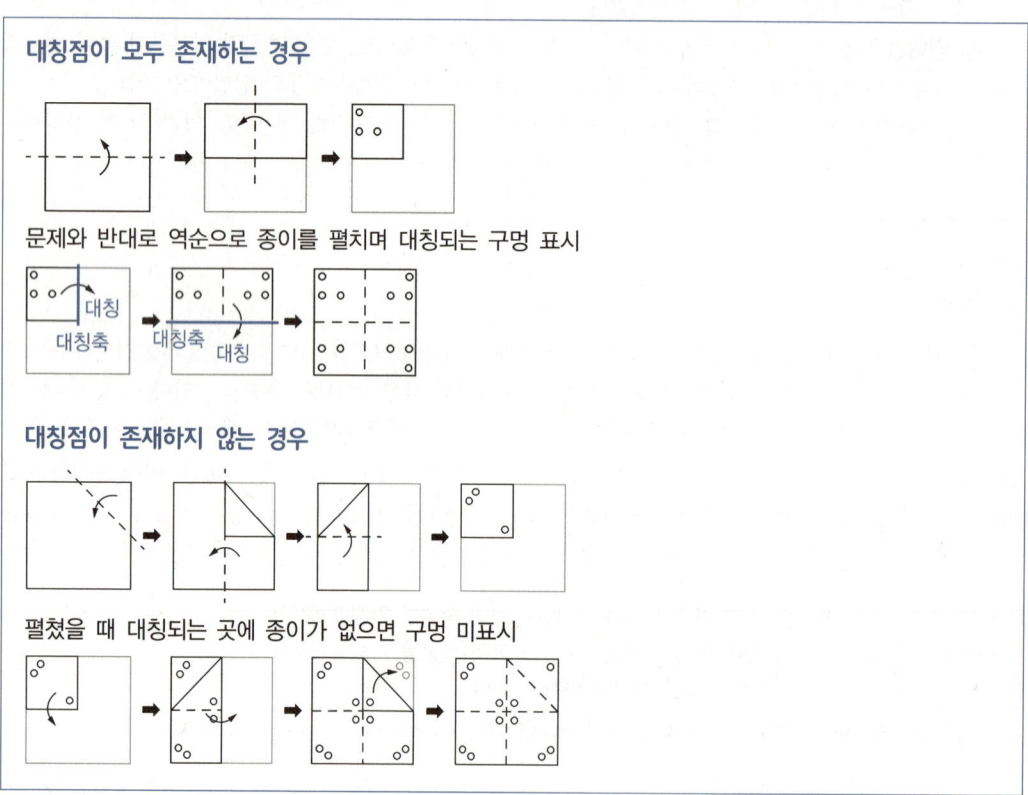

대칭점이 모두 존재하는 경우

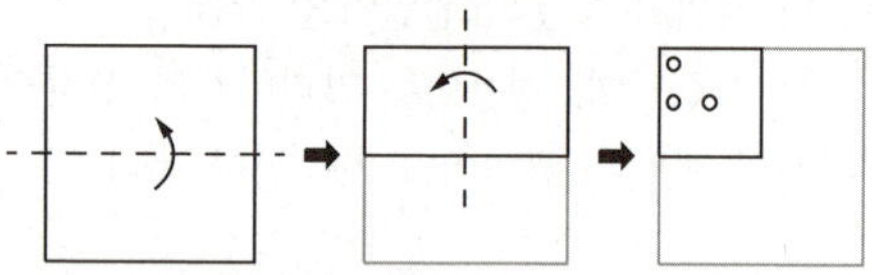

문제와 반대로 역순으로 종이를 펼치며 대칭되는 구멍 표시

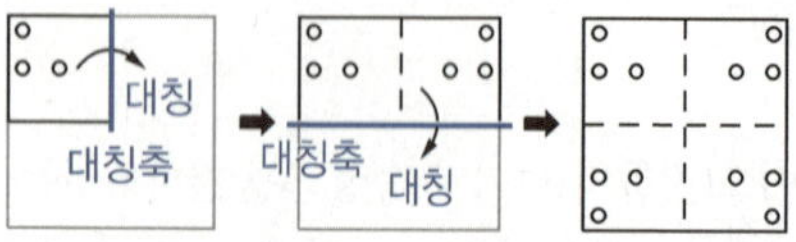

대칭점이 존재하지 않는 경우

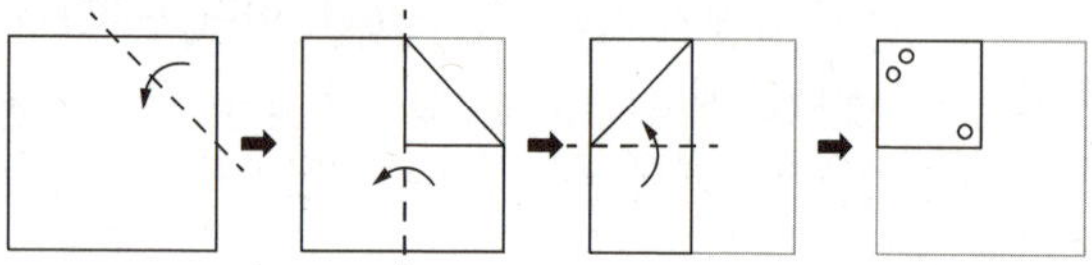

펼쳤을 때 대칭되는 곳에 종이가 없으면 구멍 미표시

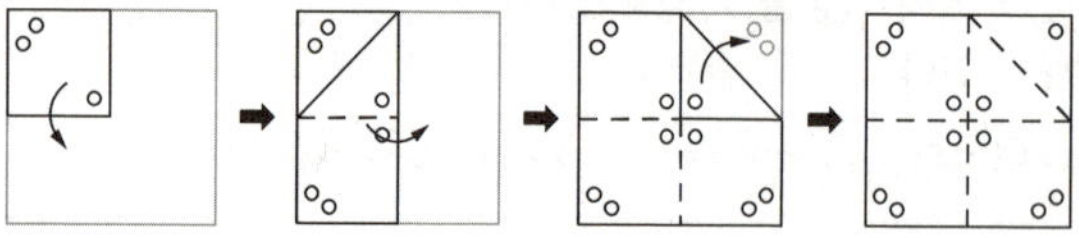

2. 도형추리

(1) 180° 회전한 도형은 좌우와 상하가 모두 대칭이 된 모양이 된다.

예

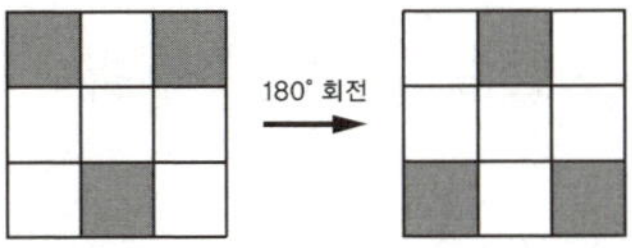

(2) 시계 방향으로 90° 회전한 도형은 시계 반대 방향 270° 회전한 도형과 같다.

예

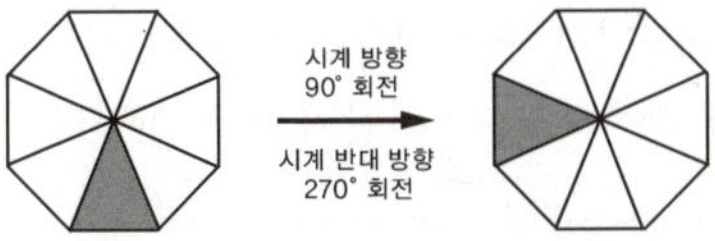

(3) 좌우 반전 → 좌우 반전, 상하 반전 → 상하 반전은 같은 도형이 된다.

예

(4) 도형을 거울에 비친 모습은 방향에 따라 좌우 또는 상하로 대칭된 모습이 나타난다.

예

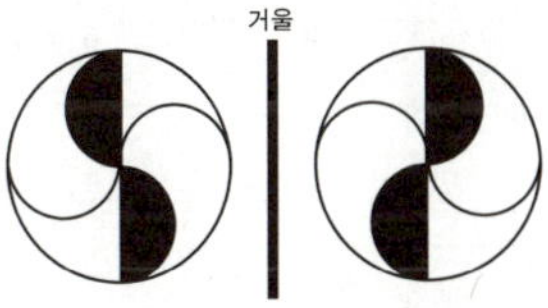

3. 전개도

제시된 전개도를 이용하여 만들 수 있는 입체도형을 찾는 문제와 제시된 입체도형의 전개도로 알맞은 것을 고르는 유형이 출제된다.

- 전개도상에서는 떨어져 있지만 입체도형으로 만들었을 때 서로 연결되는 면을 주의 깊게 살핀다.
- 마주보는 면과 인접하는 면을 구분하여 학습한다.
- 평면이었던 전개도가 입체도형이 되면서 면의 그림이 회전되는 모양을 확인한다.
- 많이 출제되는 전개도는 미리 마주보는 면과 인접하는 면, 만나는 꼭짓점을 학습한다.
  - ①~⑥은 접었을 때 마주보는 면을 의미한다. 즉, 두 수의 합이 7이 되는 면끼리 마주 보는 면이다. 또한 각 전개도에서 ①에 위치하는 면이 같다고 할 때, 전개도마다 면이 어떻게 배열되는지도 나타낸다.
  - 1~8은 접었을 때 만나는 점을 의미한다. 즉 접었을 때 같은 숫자가 적힌 점끼리 만난다.

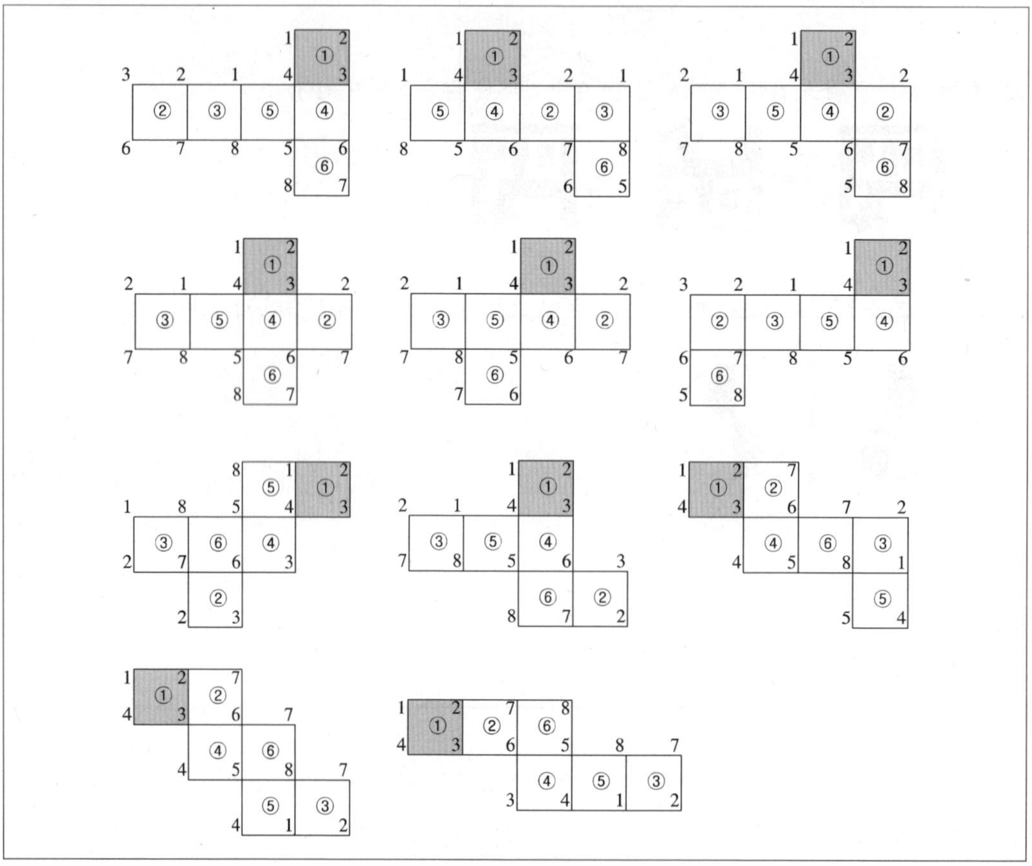

4. 단면도

입체도형을 세 방향에서 봤을 때 나타나는 단면과 일치하는 것을 고르는 유형이 출제된다.

- 제시된 세 단면이 입체도형을 어느 방향에서 바라본 단면인지 파악한다.
- 보기에 제시된 입체도형에서 서로 다른 부분을 표시한다.
- 입체도형에 표시된 부분을 기준으로 제시된 단면과 일치하지 않는 입체도형을 지워나간다.

5. 투상도

여러 방향으로 회전된 입체도형 중에 일치하지 않는 것을 고르는 유형이 출제된다.

- 주로 밖으로 나와 있는 모양이나 안으로 들어가 있는 모양이 반대로 되어 있거나 입체도형을 회전하였을 때 모양이 왼쪽, 오른쪽이 반대로 되어 있는 경우가 많으므로 이 부분을 중점으로 확인한다.

6. 블록결합

직육면체로 쌓아진 블록을 세 개의 블록으로 분리했을 때 제시되지 않은 하나의 블록을 고르는 유형이 출제된다.

- 쉽게 파악되지 않는 블록의 경우 블록을 한 층씩 나누어 생각한다.
- 블록은 다양한 방향과 각도로 회전하여 결합할 수 있으므로 결합되는 여러 가지 경우의 수를 판단한다.

직육면체의 입체도형을 세 개의 블록으로 분리했을 때, 들어갈 블록의 모양으로 옳은 것을 고르는 유형

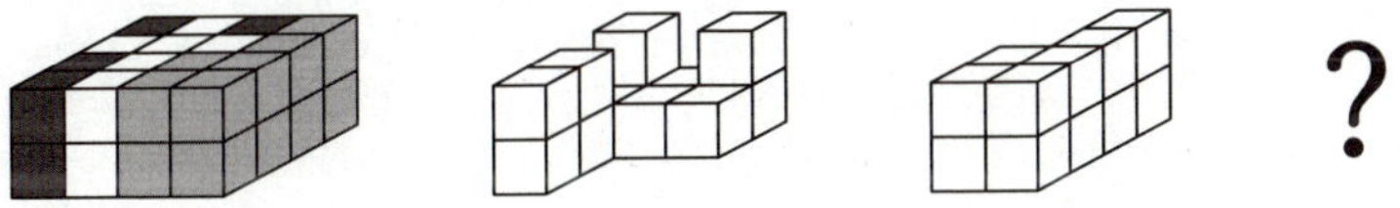

〈전체〉 〈A〉 〈B〉 〈C〉

- 개별 블록과 완성된 입체도형을 비교하여 공통된 부분을 찾는다.
- 완성된 입체도형에서 각각의 블록에 해당되는 부분을 소거한다. 전체 블록은 16개의 정육면체가 2단으로 쌓인 것으로, 〈A〉와 〈B〉를 제하면 윗단은 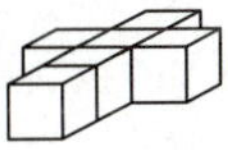이 되고, 아랫단은 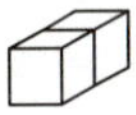이 되어 〈C〉에는 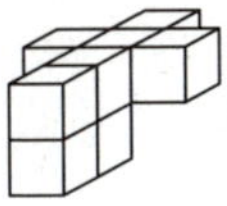이 들어가야 함을 알 수 있다.

CHAPTER 03 문제해결력 기출예상문제

정답 및 해설 p.023

01 수 · 문자추리

대표유형 1 수추리

※ 일정한 규칙으로 수를 나열할 때, 빈칸에 들어갈 수로 옳은 것을 고르시오. [1~2]

01

−6 50 18 10 −54 ( ) 162

① 2
② −1
③ 32
④ −18

| 해설 | 홀수 항은 ×(−3)을 하는 수열이고, 짝수 항은 ÷5를 적용하는 수열이다.
따라서 ( )=10÷5=2이다.

정답 ①

02

10 6 4 15 9 6 20 12 ( )

① 5
② 8
③ 10
④ 14

| 해설 | $\underline{A\ B\ C} \rightarrow A-B=C$
$\therefore 20-12=8$

정답 ②

※ 일정한 규칙으로 수를 나열할 때, 빈칸에 들어갈 수로 옳은 것을 고르시오. [1~25]

01

26	( )	37	62	48	91	59	120

① 26
② 28
③ 30
④ 33

02

1	2	4	7	8	10	13	14	( )

① 14.5
② 15
③ 15.5
④ 16

03

3	−10	−4	−7	10	−1	( )	8

① 4
② −12
③ 8
④ −18

04

0.4　　0.5　　0.65　　0.85　　1.1　　(　　)

① 1.35　　② 1.4

③ 1.45　　④ 1.5

05

$\frac{1}{2}$　　1　　$\frac{1}{3}$　　$\frac{13}{12}$　　(　　)　　$\frac{67}{60}$

① $\frac{7}{6}$　　② $\frac{5}{6}$

③ $\frac{13}{24}$　　④ $\frac{17}{60}$

06

0.5　　1.4　　1.2　　4.1　　2.8　　12.2　　6.2　　(　　)

① 36.5　　② 36.6

③ 37.5　　④ 37.6

07

-5　　-1　　(　　)　　$-\frac{1}{2}$　　-3　　$-\frac{1}{4}$　　-0.5　　$-\frac{1}{12}$

① -5.5　　② -4.5

③ -3.5　　④ -2.5

08

14	22	$\frac{43}{2}$	43	51	$\frac{101}{2}$	101	( )

① 105
② 109
③ 116
④ 125

09

( )	−40	100	−250	625

① 8
② 16
③ 18
④ 20

10

17	−51	153	−459	( )	−4,131

① 1,377
② 1,576
③ 1,722
④ −2,456

11

$\frac{2}{3}$	( )	$\frac{36}{27}$	$\frac{53}{81}$	$\frac{70}{243}$	$\frac{87}{729}$

① $\frac{19}{9}$
② $\frac{22}{9}$
③ $\frac{25}{9}$
④ $\frac{28}{11}$

12

3	( )	4	12.5	6	125	9	1,875	13

① 1.1
② 1.3
③ 2.5
④ 3.9

13

$\frac{14}{3}$	12	34	( )	298	892	2,674

① 90
② 100
③ 110
④ 120

14

-23	1	$-\frac{13}{2}$	-10	$\frac{7}{4}$	100	( )	$-1,000$

① -13
② $\frac{3}{8}$
③ $\frac{47}{8}$
④ -500

15

2	1	3	4	10	-5	1	4	1.5	3.5	3	( )

① 0
② 0.5
③ 1
④ 2

16

4 25 11	6 49 29	8 81 ( )

① 35
② 43
③ 47
④ 55

17

2 4 20	3 5 34	4 5 41	5 6 ( )

① 41
② 50
③ 52
④ 61

18

4,567 22 4	371 11 2	8,521 16 ( )

① 4
② 5
③ 6
④ 7

19

6 4 4	21 5 32	19 ( ) 10

① 18
② 16
③ 14
④ 12

20

2 5 7	3 6 9	4 7 ( )

① 13
② 28
③ 11
④ 24

PART 2

21

(　　)　−76　−58　−4　158　644

① −80　② −82
③ −84　④ −86

22

5　3　(　　)　11　13　16　27　3　22

① −1　② 0
③ 1　④ 8

23

3　4　(　　)　5　3　125　6　2　36

① 16　② 27
③ 64　④ 81

24

14　5　1　14　8　10　14　(　　)　22

① 5　② 8
③ 10　④ 12

25

3　5　34　(　　)　2　68　6　11　157

① 6　② 8
③ 10　④ 12

대표유형 2 문자추리

01 일정한 규칙으로 문자를 나열할 때, 빈칸에 들어갈 문자로 옳은 것은?

ㄱ	ㄷ	ㄴ	( )	ㄹ	ㅅ

① ㅈ　　② ㅅ
③ ㅇ　　④ ㅁ

| 해설 | 홀수 항은 2씩 곱하는 수열이고, 짝수 항은 2씩 더하는 수열이다.

ㄱ	ㄷ	ㄴ	(ㅁ)	ㄹ	ㅅ
1	3	2	(5)	4	7

정답 ④

02 다음 중 규칙이 다른 하나를 고른 것은?

① AACF　　② GGIL
③ 나나라사　　④ 다다도디

| 해설 | 오답분석
①·②·③은 앞 문자에 +0, +2, +3으로 나열한 것이다.

정답 ④

※ 일정한 규칙으로 문자를 나열할 때, 빈칸에 들어갈 문자로 옳은 것을 고르시오. [26~35]

26

B B C B D F D L ( )

① M
② N
③ O
④ P

27

c A ( ) D g P

① b
② c
③ d
④ e

28

ㅍ ㅋ ㅈ ㅅ ㅁ ( )

① ㅍ
② ㅈ
③ ㅂ
④ ㄷ

29

ㄹ ㄷ ㅁ ㄴ ㅂ ( )

① ㄱ
② ㄴ
③ ㄷ
④ ㄹ

30

E N ( ) K T H

① D
② I
③ J
④ L

31

ㄴ ㄷ ㅁ ㅇ ㅌ ㄷ ( )

① ㅂ
② ㅅ
③ ㅇ
④ ㅈ

32

A B A L B W D B ( )

① F
② G
③ H
④ I

33

ㄱ ㄷ ㄹ ㅅ ( ) ㄹ

① ㅋ
② ㄱ
③ ㅅ
④ ㅌ

34

B C E I Q ( )

① K
② B
③ G
④ D

35

A B D H P ( )

① G
② E
③ F
④ Z

※ 다음 중 규칙이 다른 하나를 고르시오. [36~40]

36 ① 도로보조 ② 냐너녀노
③ IJLO ④ PQSV

37 ① FLJT ② 서쇼셔슈
③ 2424 ④ 리이시히

38 ① 부두주투 ② ㄹㅅㅊㅍ
③ 혀하허효 ④ EBFI

39 ① ZWSP ② 티투텨타
③ PMJG ④ 파차사라

40 ① 도보토초 ② DHLP
③ CFLX ④ 카캬켜큐

02 언어추리

대표유형 1 명제

01 다음 명제가 모두 참일 때, 빈칸에 들어갈 명제로 가장 적절한 것은?

- 무거운 물건을 들기 위해서는 근력이 좋아야 한다.
- ______________________
- 근육을 키우지 않으면 무거운 물건을 들 수 없다.

① 무거운 물건을 들기 위해서는 근육을 키워야 한다.
② 근력이 좋으려면 근육을 키워야 한다.
③ 근육을 키우면 무거운 물건을 들 수 없다.
④ 근육을 키우면 무거운 물건을 들 수 있다.

| 해설 | '무거운 물건을 들 수 있다.'를 A, '근력이 좋다.'를 B, '근육을 키운다.'를 C라고 하면, 첫 번째 명제는 A → B, 마지막 명제는 ~C → ~A이다. 마지막 명제의 대우가 A → C이므로 A → B → C가 성립하기 위해서 필요한 명제는 B → C이다. 따라서 '근력이 좋으려면 근육을 키워야 한다.'가 적절하다.

정답 ②

02 다음 명제가 모두 참일 때, 항상 참인 것은?

- 티라노사우르스는 공룡이다.
- 곤충을 먹으면 공룡이 아니다.
- 곤충을 먹지 않으면 직립보행을 한다.

① 직립보행을 하지 않으면 공룡이다.
② 직립보행을 하면 티라노사우르스이다.
③ 곤충을 먹지 않으면 티라노사우르스이다.
④ 티라노사우르스는 직립보행을 한다.

| 해설 | '티라노사우르스'를 p, '공룡임'을 q, '곤충을 먹음'을 r, '직립보행을 함'을 s라고 하면, 각 명제는 순서대로 $p \to q$, $r \to \sim q$, $\sim r \to s$이다. 두 번째 명제의 대우와 첫 번째·세 번째 명제를 정리하면 $p \to q \to \sim r \to s$이므로 $p \to s$가 성립한다. 따라서 ④가 답이다.

정답 ④

※ 다음 명제가 모두 참일 때, 빈칸에 들어갈 내용으로 가장 적절한 것을 고르시오. [41~45]

41

- 오늘이 수요일이나 목요일이면 아침에 커피를 마신다.
- ____________________
- 아침에 커피를 마시지 않은 날은 회사에서 회의를 한다.

① 회사에서 회의를 하면 수요일이다.

② 수요일에 회사에서 회의하면 목요일은 회의하지 않는다.

③ 회사에서 회의를 하지 않으면 아침에 커피를 마시지 않는다.

④ 회사에서 회의를 하지 않으면 수요일이나 목요일이다.

42

- 아침에 운동을 했다면 건강한 하루를 시작한 것이다.
- ____________________
- 건강한 하루를 시작하지 않으면 일찍 일어나지 않은 것이다.

① 일찍 일어나면 아침에 운동을 한다.

② 아침에 운동을 하면 일찍 일어난 것이다.

③ 일찍 일어나지 않으면 아침에 운동을 하지 않은 것이다.

④ 건강한 하루를 시작하면 일찍 일어난 것이다.

43

- 비가 오지 않으면 산책을 나간다.
- 공원에 들르지 않으면 산책을 나가지 않은 것이다.
- ____________________

① 공원에 들르지 않으면 비가 온 것이다.

② 비가 오면 공원에 들르지 않은 것이다.

③ 공원에 들르면 산책을 나간 것이다.

④ 산책을 나가면 공원에 들르지 않은 것이다.

44

- 창의적인 문제해결을 하기 위해서는 브레인스토밍을 해야 한다.
- 브레인스토밍을 하기 위해서는 상대방의 아이디어를 비판해서는 안 된다.
- ______________________________

① 상대방의 아이디어를 비판하지 않으면 창의적인 문제해결이 가능하다.

② 상대방의 아이디어를 비판하지 않으면 브레인스토밍을 할 수 있다.

③ 브레인스토밍을 하면 창의적인 문제해결이 가능하다.

④ 창의적인 문제해결을 하기 위해서는 상대방의 아이디어를 비판해서는 안 된다.

PART 2

45

- 등산을 자주 하면 폐활량이 좋아진다.
- 폐활량이 좋아지면 오래 달릴 수 있다.
- ______________________________

① 등산을 자주 하면 오래 달릴 수 있다.

② 오래 달릴 수 있으면 등산을 자주 할 수 있다.

③ 폐활량이 좋아지면 등산을 자주 할 수 있다.

④ 등산을 자주 하면 오래 달릴 수 없다.

※ 다음 명제가 모두 참일 때, 항상 참인 것을 고르시오. [46~49]

46

- 관수는 보람이보다 크다.
- 창호는 보람이보다 작다.
- 동주는 관수보다 크다.
- 인성이는 보람이보다 작지 않다.

① 인성이는 창호보다 크고 관수보다 작다.

② 보람이는 동주, 관수보다 작지만 창호보다는 크다.

③ 창호는 관수, 보람이보다 작지만 인성이 보다는 크다.

④ 동주는 관수, 보람, 창호, 인성이보다 크다.

47

> • 어떤 꽃은 향기롭다.
> • 향기로운 꽃은 주위에 나비가 많다.
> • 주위에 나비가 많은 모든 꽃은 아카시아이다.

① 주위에 나비가 없는 꽃은 아카시아이다.
② 어떤 꽃은 아카시아이다.
③ 주위에 나비가 많은 꽃은 향기롭다.
④ 어떤 꽃은 나비가 많지 않다.

48

> • 창조적인 기업은 융통성이 있다.
> • 오래 가는 기업은 건실하다.
> • 오래 가는 기업이라고 해서 모두가 융통성이 있는 것은 아니다.

① 융통성이 있는 기업은 건실하다.
② 창조적인 기업이 오래 갈지 아닐지 알 수 없다.
③ 융통성이 있는 기업은 오래 간다.
④ 어떤 창조적인 기업은 건실하다.

49

> • 수영, 슬기, 경애, 정서, 민경의 머리 길이는 서로 다르다.
> • 수영이는 단발머리로 슬기와 경애의 머리보다 짧다.
> • 정서의 머리는 수영보다 길지만, 슬기보다는 짧다.
> • 경애의 머리는 정서보다 길지만, 슬기보다는 짧다.
> • 민경의 머리는 경애보다 길지만, 다섯 명 중에 가장 길지는 않다.

① 경애는 단발머리이다.
② 슬기의 머리가 가장 길다.
③ 민경의 머리는 슬기보다 길다.
④ 수영의 머리가 다섯 명 중 가장 짧지는 않다.

대표유형 2 조건추론

S사에서는 사내 직원들의 친목 도모를 위해 산악회를 운영하고 있다. A~D 중 최소 1명 이상이 산악회 회원이라고 할 때, 다음 〈조건〉에 따라 항상 참인 것은?

조건

- C가 산악회 회원이면 D도 산악회 회원이다.
- A가 산악회 회원이면 D는 산악회 회원이 아니다.
- D가 산악회 회원이 아니면 B가 산악회 회원이 아니거나 C가 산악회 회원이다.
- D가 산악회 회원이면 B는 산악회 회원이고 C도 산악회 회원이다.

① A는 산악회 회원이다.
② B는 산악회 회원이 아니다.
③ C는 산악회 회원이 아니다.
④ B와 D의 산악회 회원 여부는 같다.

| 해설 | D가 산악회 회원인 경우와 아닌 경우로 나누어보면 다음과 같다.

- D가 산악회 회원인 경우
  네 번째 조건에 따라 D가 산악회 회원이면 B와 C도 산악회 회원이 되며, A는 두 번째 조건의 대우에 따라 산악회 회원이 될 수 없다. 따라서 B, C, D가 산악회 회원이다.
- D가 산악회 회원이 아닌 경우
  세 번째 조건에 따라 D가 산악회 회원이 아니면 B가 산악회 회원이 아니거나 C가 산악회 회원이어야 한다. 그러나 첫 번째 조건의 대우에 따라 C는 산악회 회원이 될 수 없으므로 B가 산악회 회원이 아님을 알 수 있다. 따라서 B, C, D 모두 산악회 회원이 아니다. 이때 최소 1명 이상은 산악회 회원이어야 하므로 A는 산악회 회원이다.

따라서 항상 옳은 것은 ④이다.

정답 ④

PART 2

50 **민하, 상식, 은희, 은주, 지훈은 점심 메뉴로 쫄면, 라면, 우동, 김밥, 어묵 중 각각 하나씩을 주문하였다. 제시된 〈조건〉이 모두 참일 때, 다음 중 점심 메뉴가 바르게 연결된 것은?(단, 모두 다른 메뉴를 주문하였다)**

조건

- 민하와 은주는 라면을 먹지 않았다.
- 상식과 민하는 김밥을 먹지 않았다.
- 은희는 우동을 먹었고, 지훈은 김밥을 먹지 않았다.
- 지훈은 라면과 어묵을 먹지 않았다.

① 지훈 – 라면, 상식 – 어묵
② 지훈 – 쫄면, 민하 – 라면
③ 은주 – 어묵, 상식 – 김밥
④ 민하 – 어묵, 상식 – 라면

51 **K기업에 근무 중인 A ~ E 5명은 사내 교육 프로그램 일정에 따라 요일별로 하나의 프로그램에 참가한다. 다음 〈조건〉에 따를 때, 항상 참인 것은?**

〈사내 교육 프로그램 일정〉

월	화	수	목	금
필수 1	필수 2	선택 1	선택 2	선택 3

조건

- A는 선택 프로그램에 참가한다.
- C는 필수 프로그램에 참가한다.
- D는 C보다 나중에 프로그램에 참가한다.
- E는 A보다 나중에 프로그램에 참가한다.

① D는 반드시 필수 프로그램에 참가한다.
② B가 필수 프로그램에 참가하면 C는 화요일 프로그램에 참가한다.
③ C가 화요일 프로그램에 참가하면 E는 선택 2 프로그램에 참가한다.
④ A가 목요일 프로그램에 참가하면 E는 선택 3 프로그램에 참가한다.

52 **K사의 A ~ D 4명은 각각 다른 팀에 근무하는데, 각 팀은 2층, 3층, 4층, 5층에 위치하고 있다. 다음 〈조건〉을 참고할 때, 항상 참인 것은?**

> **조건**
> - A, B, C, D 중 2명은 부장, 1명은 과장, 1명은 대리이다.
> - 대리의 사무실은 B보다 높은 층에 있다.
> - B는 과장이다.
> - A는 대리가 아니다.
> - A의 사무실이 가장 높다.

① 부장 중 1명은 반드시 2층에 근무한다.
② A는 부장이다.
③ 대리는 4층에 근무한다.
④ B는 2층에 근무한다.

53 **K사의 사내 체육대회에서 A ~ F 6명은 키가 큰 순서에 따라 2명씩 1팀, 2팀, 3팀으로 나뉘어 배치된다. 다음 〈조건〉에 따라 배치된다고 할 때, 키가 가장 큰 사람은?**

> **조건**
> - A, B, C, D, E, F의 키는 서로 다르다.
> - 2팀의 B는 A보다 키가 작다.
> - D보다 키가 작은 사람은 4명이다.
> - A는 1팀에 배치되지 않는다.
> - E와 F는 같은 팀에 배치된다.

① A　　② B
③ C　　④ D

※ **불고기 버거, 치킨 버거, 새우 버거가 각각 2개씩 있고 A ~ D 4명이 전부 나눠 먹는다고 할 때, 다음 〈조건〉을 참고하여 이어지는 질문에 답하시오. [54~55]**

조건

- 모든 사람은 반드시 1개 이상의 버거를 먹으며, 최대 2개의 버거를 먹을 수 있다.
- 한 사람이 같은 종류의 버거 2개를 먹을 수는 없다.
- A는 불고기 버거를 먹었다.
- B는 치킨 버거를 먹지 않았다.
- C는 새우 버거를 먹었다.
- C와 D 중 1명은 불고기 버거를 먹었다.

54 **다음 중 반드시 참인 것은?**

① A는 불고기 버거만 먹었다.
② B는 새우 버거를 먹었다.
③ C는 치킨 버거를 먹었다.
④ D는 불고기 버거를 먹었다.

55 **C가 불고기 버거를 먹었다고 할 때, 다음 중 참이 아닌 것은?**

① A는 치킨 버거를 먹었다.
② B는 2개의 버거를 먹었다.
③ D는 1개의 버거만 먹었다.
④ D는 치킨 버거를 먹었다.

03 지각능력

대표유형 1 단순지각

01 다음 제시된 좌우의 숫자를 비교하여 같으면 ①을, 다르면 ②를 고르면?

98567783251186 – 98567782251186

① 같음　　② 다름

| 해설 | 98567783251186 – 98567782251186

정답 ②

02 다음 중 나머지 셋과 다른 하나는?

① bkqwqavyumnz　　② bkgwqavyumnz
③ bkgwqavyumnz　　④ bkgwqavyumnz

| 해설 | bkqwqavyumnz

정답 ①

03 다음 중 좌우가 서로 다른 것은?

① 73893424 – 73892424
② 自家者歌嘔波 – 自家者歌嘔波
③ PBOCVUDG – PBOCVUDG
④ 뷸믈溥뫁블뭁 – 뷸믈溥뫁블뭁

| 해설 | 73893424 – 73892424

정답 ①

※ 다음 제시된 좌우의 문자 또는 숫자를 비교하여 같으면 ①을, 다르면 ②를 고르시오. [56~60]

56

떠뀨쬬띠쨰쪠삐땨쌔 – 떠뀨쬬띠쪠쨰삐땨쌔

① 같음　　② 다름

57

GLIEABGHIQ369 – GLIEADGHIQ369

① 같음　　② 다름

58

1141049657 – 1141048657

① 같음　　② 다름

59

わろるぺぽぜすじごげぢぴ – わろるぺぽぜすじごげぢよ

① 같음　　② 다름

60

아버지는내일돌아오신다 – 아버지는내일둘아오신다

① 같음　　② 다름

※ 다음 중 나머지 셋과 다른 하나를 고르시오. [61~65]

61
① sesquipedalian
② sesquipadalian
③ sesquipedalian
④ sesquipedalian

62
① 無足之言飛于千里
② 無足之言飛于千里
③ 無足之言飛于千里
④ 無足之言榌于千里

63
① 위두어렁셩두어렁셩다링디리
② 위두어렁셩두어렁셩다링디리
③ 위두어렁셩두어렁셩다링디리
④ 위두어렁셩두어렁셩다링디리

64
① 1307 – 2571 – 6429
② 1397 – 2571 – 6429
③ 1397 – 2571 – 6429
④ 1397 – 2571 – 6429

65
① 81631 – 64 – 64663
② 81631 – 64 – 64663
③ 81631 – 64 – 64663
④ 81631 – 64 – 64668

※ 다음 중 좌우가 서로 다른 것을 고르시오. [66~70]

66
① ナピパコアウヨバ－ナピパコアウヨパ
② ♣♣♥♤♧♣♡♧－♣♣♥♤♧♣♡♧
③ ㉧ⓩⓦ㉠ⓥ㉪㉨ⓠ－㉧ⓩⓦ㉠ⓥ㉪㉨ⓠ
④ x ii viiiii i v iv ix x i － x ii viiiii i v iv ix x i

67
① 43453261－43453261
② 書徐恕緖矛記－書徐恕緖矛記
③ OQQRSOQO－OQQRSOQO
④ 앵행앻헿헹앵－앵행앻헿행앵

68
① ↙↑↓↔↑←↑↑↘↖－↙↑↓↔↑←↑↑↘↖
② てすおかきわんも－てすおかきわんも
③ 알로줄제탈독장블－알로줄제탈독정블
④ A98X4DD9－A98X4DD9

69
① INQEOGUH － INQEOGUH
② 하사날고미다히여 － 하사날고마다히여
③ こやゆすどふいひ － こやゆすどふいひ
④ 13419760 － 13419760

70
① 닫각악닥산간漣삭 － 닫각악닥산간漣삭
② ⑦65④①9⑧5 － ⑦65④①⑨⑧5
③ $/〉〈*&!?₩ － $/〉〈*&!?₩
④ しでぷよりたくぢ － しでぷよりたくぢ

대표유형 2 배열

다음 제시된 문자나 수를 오름차순으로 나열하였을 때 2번째에 오는 문자나 수는?

h　2　y　11　12　y

① 11　② 2
③ h　④ y

| 해설 | 제시된 문자와 수를 오름차순으로 나열하면 '2 − h − 11 − 12 − y − z'로 2번째에 오는 문자나 수는 'h'다.

정답 ③

71 다음 제시된 문자를 내림차순으로 나열하였을 때 3번째에 오는 문자는?

P　Y　F　W　R　Q

① Y　② F
③ R　④ Q

72 다음 제시된 문자를 내림차순으로 나열하였을 때 3번째에 오는 문자는?

ㄱ　ㅑ　ㅁ　ㅓ　ㅌ　ㅣ

① ㄱ　② ㅓ
③ ㅣ　④ ㅁ

73 다음 제시된 문자를 오름차순으로 나열하였을 때 2번째에 오는 문자는?

M P E F X Z

① E
② M
③ P
④ F

74 다음 제시된 문자를 오름차순으로 나열하였을 때 3번째에 오는 문자는?

민 말 멋 문 메 물

① 문
② 메
③ 멋
④ 물

대표유형 3 코드

A씨의 임시 비밀번호가 'HW688강동20'이라면 A씨의 아이디로 옳은 것은?

> **〈임시 비밀번호 발급방식〉**
>
> 임시 비밀번호는 임직원 개개인의 알파벳으로 구성된 아이디와 개인정보를 기준으로 다음의 방식을 적용한다.
>
> 1. 아이디의 알파벳 자음 대문자는 소문자로, 알파벳 자음 소문자는 대문자로 치환한다.
> 2. 아이디의 알파벳 중 모음 A, E, I, O, U, a, e, i, o, u를 각각 1, 2, 3, 4, 5, 6, 7, 8, 9, 0으로 치환한다.
> 3. 1·2번 내용 뒤에 덧붙여 본인 성명 중 앞 두 자리를 입력한다. → 김손예진=김손
> 4. 3번 내용 뒤에 본인 생일 중 일자를 덧붙여 입력한다. → 8월 1일생=01

① HWAII　　② hwaii

③ HWAoo　　④ hwaoo

| 해설 | 발급방식상 뒤 네 자리는 아이디가 아닌 개인정보와 관련이 있다.
그러므로 아이디를 구하기 위해서는 뒤 네 자리를 제외한 문자를 통해 구해야 한다.
- 'HW688'에서 방식 1의 역순을 적용하면 HW688 → hw688이다.
- 'hw688'에서 방식 2의 역순을 적용하면 hw688 → hwaii이다.

따라서 A씨의 아이디는 'hwaii'임을 알 수 있다.

정답 ②

※ D교육청은 보안을 위해 직원들만 알 수 있는 비밀번호를 생성하려고 한다. 이어지는 질문에 답하시오. [75~76]

〈신규 비밀번호 생성방법〉

- 각자의 컴퓨터에 보안을 위해 새로운 비밀번호를 생성하십시오.
- 비밀번호 생성방법은 다음과 같습니다.
  1. 앞 두 자리는 성을 제외한 이름의 첫 자음으로 합니다. → 마동석=ㄷㅅ
  2. 한글의 경우 대응되는 경우 알파벳으로 변형합니다. → ㄷ=C, ㅅ=G
  3. 세 번째와 네 번째 자리는 생년월일의 일로 합니다. → 10월 3일=03
  4. 다섯 번째와 여섯 번째 자리는 첫 번째와 두 번째 자리의 알파벳에 3을 더한 알파벳으로 합니다. → C=F, G=J
  5. 가장 마지막 자리에는 직급의 번호로 합니다. → (사원=01, 대리=11, 과장=12, 차장=22, 부장=03)

75 새로 발령받은 공효주 사원은 9월 13일생이다. 이 사원이 생성할 비밀번호로 옳은 것은?

① NI13QL11 ② NI13QL01
③ NI13JV01 ④ NI45QL01

76 직원들이 만든 비밀번호 중 잘못 만들어진 비밀번호는?

① 김민경 사원(12월 6일생) → EA06HD01
② 유오성 대리(2월 25일생) → HG25KJ11
③ 박희수 과장(3월 30일생) → NG30QJ12
④ 황조은 부장(4월 8일생) → IH08KN03

※ 다음은 A사의 파일 잠금 비밀번호 부여 방식에 대한 자료이다. 이어지는 질문에 답하시오. [77~78]

〈A사 파일명 비밀번호 설정〉

- 파일명은 반드시 한글로만 설정해야 한다.
- 비밀번호는 파일명을 다음 변환표에 따라 변환된 영문자 배열로 설정된다.

〈비밀번호 변환표 1〉

자음	ㄱ	ㄴ	ㄷ	ㄹ	ㅁ	ㅂ	ㅅ	ㅇ	ㅈ	ㅊ	ㅋ	ㅌ
변환 문자	ㅇ	ㅈ	ㅊ	ㅋ	ㅌ	ㅍ	ㅎ	ㄲ	ㄸ	ㅆ	ㅃ	ㅉ
구분	ㅍ	ㅎ	ㄲ	ㄸ	ㅆ	ㅃ	ㅉ	ㄳ	ㄵ	ㄶ	ㄺ	ㄻ
변환 문자	ㄱ	ㄴ	ㄷ	ㄹ	ㅁ	ㅂ	ㅅ	ㄼ	ㄽ	ㄾ	ㄿ	ㅀ
구분	ㄼ	ㄽ	ㄾ	ㄿ	ㅀ	ㅄ	ㅏ	ㅑ	ㅓ	ㅕ	ㅗ	ㅛ
변환 문자	ㅄ	ㄳ	ㄵ	ㄶ	ㄺ	ㄻ	ㅐ	ㅒ	ㅔ	ㅖ	ㅘ	ㅚ
구분	ㅜ	ㅠ	ㅡ	ㅣ	ㅐ	ㅒ	ㅔ	ㅖ	ㅘ	ㅚ	ㅙ	ㅝ
변환 문자	ㅙ	ㅝ	ㅟ	ㅞ	ㅢ	ㅏ	ㅑ	ㅓ	ㅕ	ㅗ	ㅛ	ㅜ
구분	ㅟ	ㅞ	ㅢ									
변환 문자	ㅠ	ㅡ	ㅣ									

〈비밀번호 변환표 2〉

자음	ㄱ	ㄴ	ㄷ	ㄹ	ㅁ	ㅂ	ㅅ	ㅇ	ㅈ	ㅊ	ㅋ	ㅌ
변환 문자	a	b	c	d	e	f	g	h	i	j	k	l
구분	ㅍ	ㅎ	ㄲ	ㄸ	ㅆ	ㅃ	ㅉ	ㄳ	ㄵ	ㄶ	ㄺ	ㄻ
변환 문자	m	n	o	p	q	r	s	t	u	v	w	x
구분	ㄼ	ㄽ	ㄾ	ㄿ	ㅀ	ㅄ	ㅏ	ㅑ	ㅓ	ㅕ	ㅗ	ㅛ
변환 문자	y	z	A	B	C	D	E	F	G	H	I	J
구분	ㅜ	ㅠ	ㅡ	ㅣ	ㅐ	ㅒ	ㅔ	ㅖ	ㅘ	ㅚ	ㅙ	ㅝ
변환 문자	K	L	M	N	O	P	Q	R	S	T	U	V
구분	ㅟ	ㅞ	ㅢ	받침이 없을 경우								
변환 문자	W	X	Y	Z								

예 ‘사과’는 다음과 같은 암호로 저장한다.
‘ㅅ’, ‘ㅏ’, ‘　’, ‘ㄱ’, ‘ㅘ’, ‘　’ → ‘ㅎ’, ‘ㅐ’, ‘　’, ‘ㅇ’, ‘ㅕ’, ‘　’ → nOZhHZ

77 위 규칙에 따라 ‘청량리’를 변환한 비밀번호는?

① qQokPokXZ
② qTyrXZgT
③ qWZhHcwU
④ aEAhKkXZ

78 위 규칙에 따라 ‘jYZbOilXihUh’을 해독한 것은?

① 대리운전
② 대추나무
③ 인구과잉
④ 대한민국

대표유형 4 그림배열

다음 그림을 순서대로 나열한 것은?

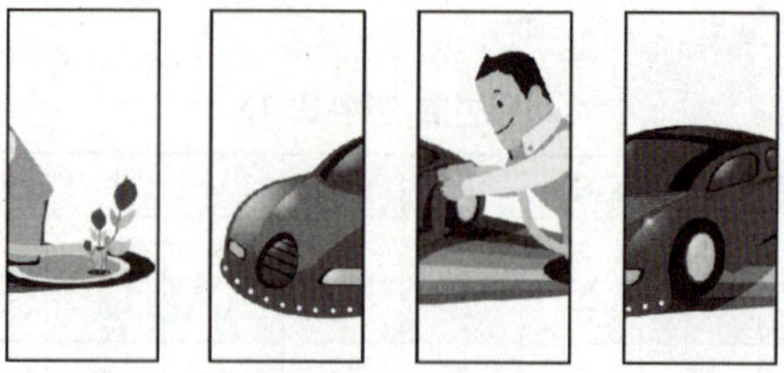

(가) (나) (다) (라)

① (가) – (라) – (다) – (나)
② (나) – (라) – (가) – (다)
③ (나) – (라) – (다) – (가)
④ (라) – (나) – (다) – (가)

| 해설 | (나) – (라) – (다) – (가) 순으로 나열하는 것이 적절하다.

정답 ③

※ 다음 그림을 순서대로 나열한 것을 고르시오. **[79~81]**

79

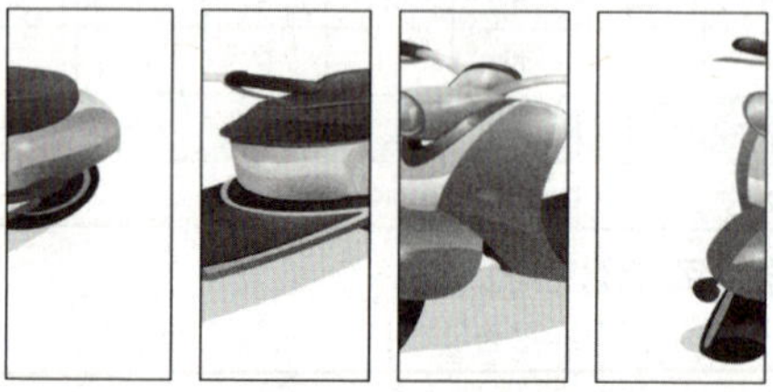

(가) (나) (다) (라)

① (나) – (가) – (라) – (다)
② (나) – (라) – (다) – (가)
③ (라) – (가) – (다) – (나)
④ (라) – (다) – (나) – (가)

80

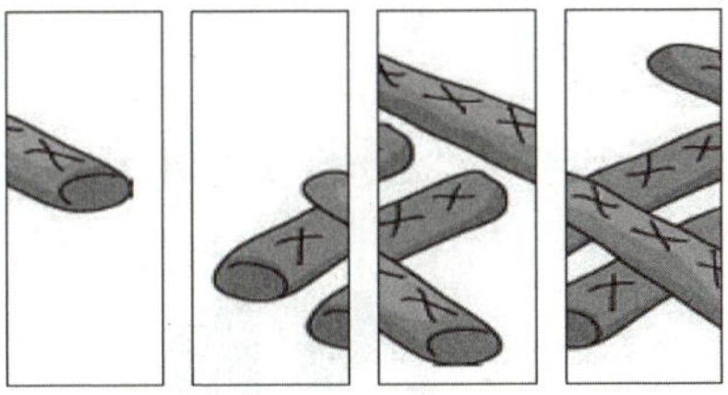

(가) (나) (다) (라)

① (나) – (가) – (라) – (다)
② (나) – (라) – (다) – (가)
③ (라) – (가) – (다) – (나)
④ (라) – (나) – (가) – (다)

81

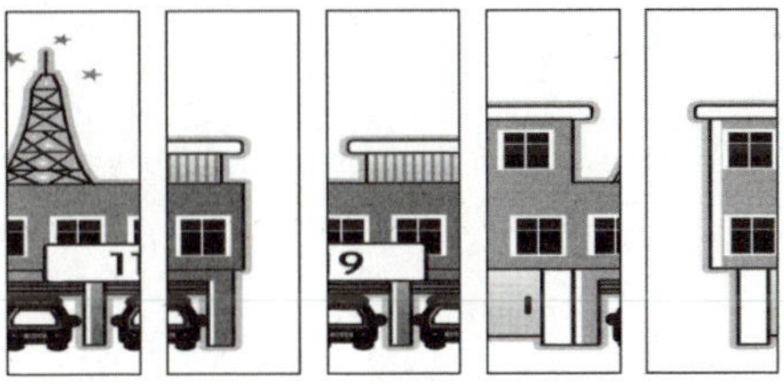

(가) (나) (다) (라) (마)

① (나) – (가) – (마) – (라) – (다)
② (다) – (나) – (마) – (가) – (라)
③ (마) – (가) – (라) – (다) – (나)
④ (마) – (라) – (가) – (다) – (나)

대표유형 5 그림비교

다음 중 제시된 도형과 같은 것은?(단, 도형은 회전이 가능하다)

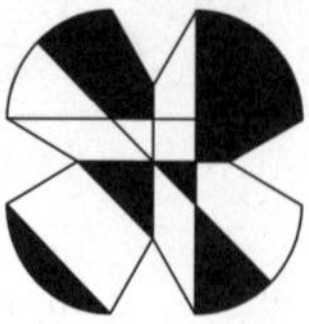

①

②

③

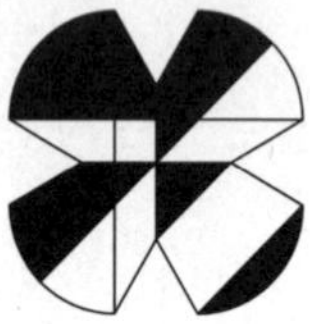

④

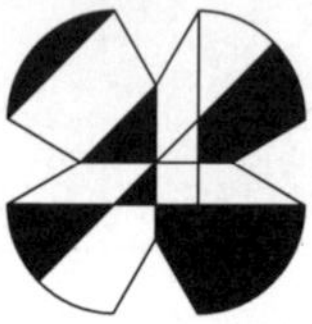

| 해설 | 제시된 도형과 ④번 도형이 같다.

정답 ④

※ 다음 중 제시된 도형과 같은 것을 고르시오(단, 도형은 회전이 가능하다). **[82~85]**

82

①

②

③

④

83

①

②

③

④

84

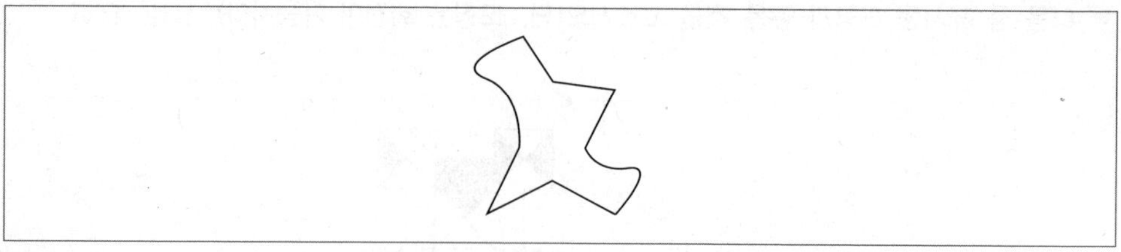

①

②
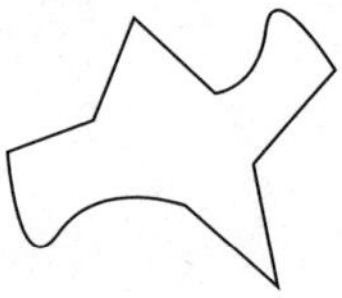

③
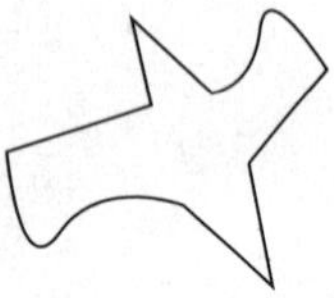

④
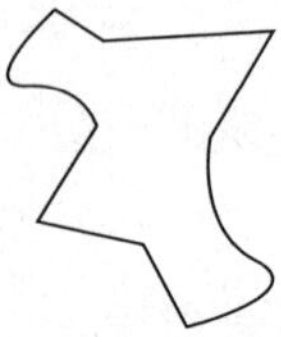

85

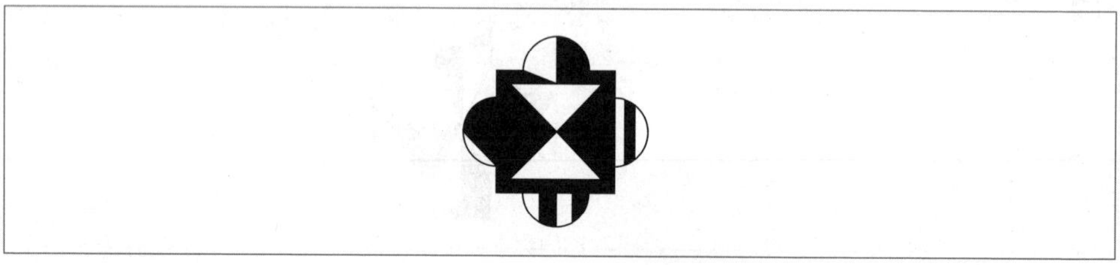

①
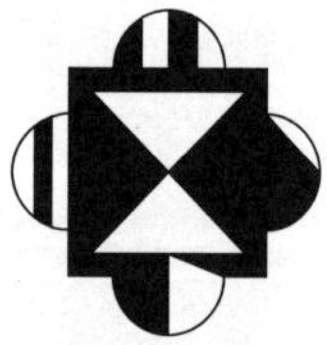

②

③

④

※ 다음 중 나머지 도형과 다른 것을 고르시오. [86~87]

86

① 

② 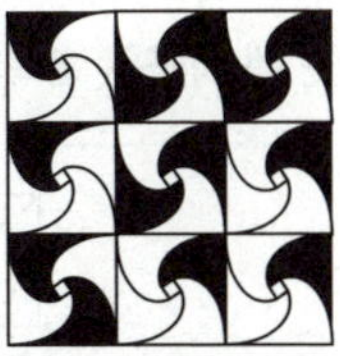

③ 

④ 

87

① 

② 

③ 

④ 

PART 2

대표유형 6 블록

다음과 같은 모양을 만드는 데 사용된 블록의 개수는?(단, 보이지 않는 곳의 블록은 있다고 가정한다)

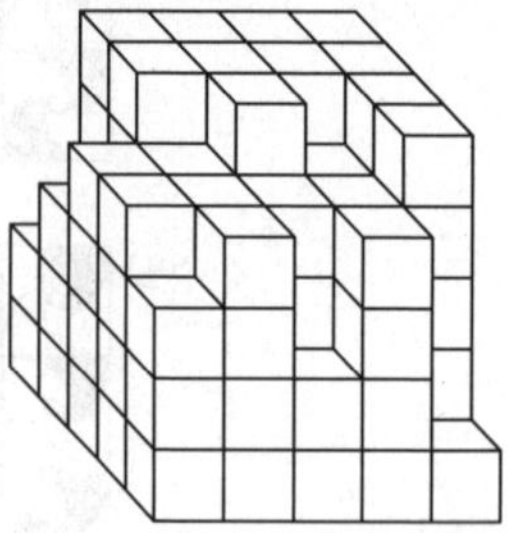

① 97개 ② 102개
③ 107개 ④ 112개

| 해설 | 1층 : 5×5=25개, 2층 : 25−1=24개, 3층 : 25−3=22개, 4층 : 25−5=20개, 5층 : 25−14=11개
∴ 25+24+22+20+11=102개

정답 ②

※ 다음과 같은 모양을 만드는 데 사용된 블록의 개수를 고르시오(단, 보이지 않는 곳의 블록은 있다고 가정한다). **[88~90]**

88

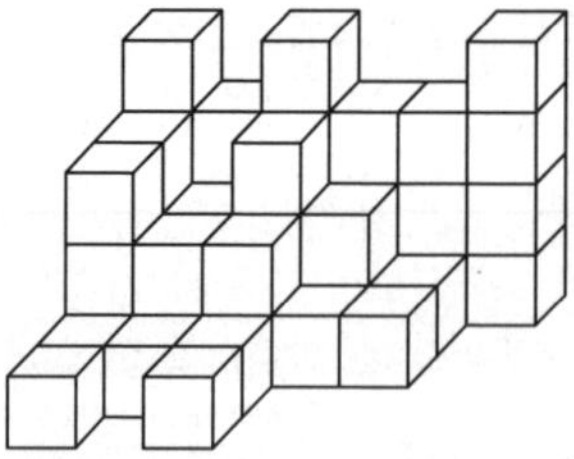

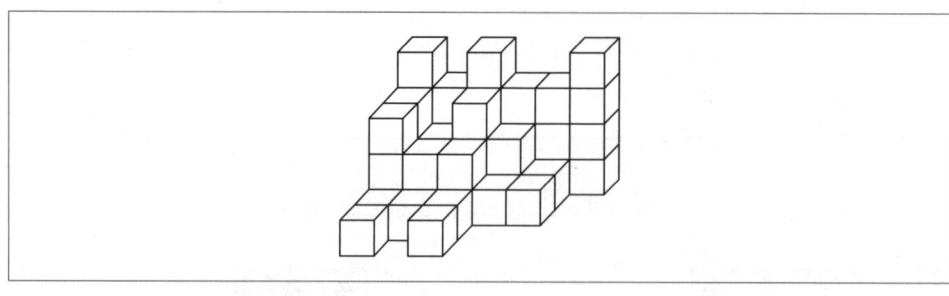

① 44개 ② 45개
③ 46개 ④ 47개

89

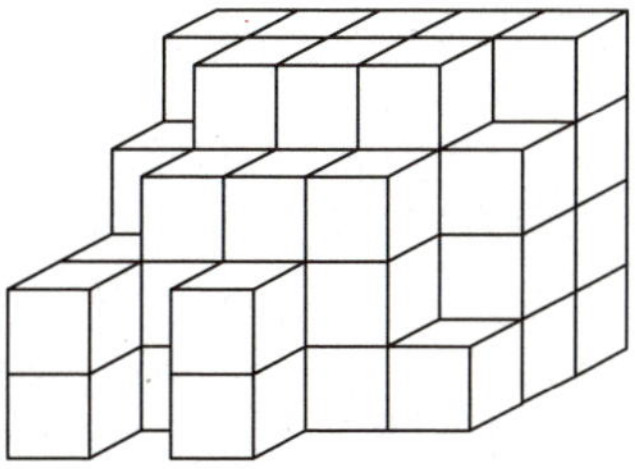

① 50개 ② 52개

③ 54개 ④ 56개

90

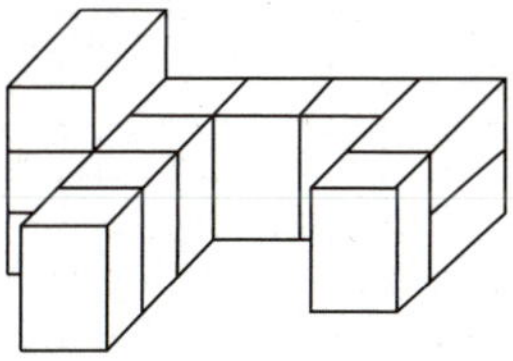

① 10개 ② 11개

③ 12개 ④ 13개

MEMO

PART

3

최종점검 모의고사

제1회 최종점검 모의고사

모바일 OMR
답안채점 / 성적분석
서비스

☑ 응시시간 : 45분　☑ 문항 수 : 45문항

정답 및 해설 p.036

※ 다음 제시된 단어와 같거나 유사한 의미를 가진 단어를 고르시오. **[1~3]**

01

마수걸이

① 시작　② 시초
③ 개시　④ 시의

02

납득

① 사려　② 수긍
③ 모반　④ 반역

03

정돈

① 누비다　② 꼬투리
③ 갈무리　④ 칠칠하다

※ 일정한 규칙으로 수를 나열할 때, 빈칸에 들어갈 수로 옳은 것을 고르시오. [4~5]

04

82　41　−164　−82　328　164　(　)

① −328
② −492
③ −656
④ −820

05

$1 \quad -\frac{1}{2} \quad 0.2 \quad \frac{1}{6} \quad 0.06 \quad \frac{1}{24} \quad 0.024 \quad -\frac{1}{120} \quad 0.012 \quad (\quad)$

① $-\frac{1}{240}$
② $-\frac{1}{360}$
③ $-\frac{1}{600}$
④ $-\frac{1}{720}$

PART 3

※ 다음 중 ㉠~㉢에 들어갈 접속어가 바르게 짝지어진 것을 고르시오. [6~7]

06

무더운 여름 기차나 지하철을 타면 "실내가 춥다는 민원이 있어 냉방을 줄인다."라는 안내방송을 손쉽게 들을 수 있을 정도로 우리는 쾌적한 기차와 지하철을 이용할 수 있는 시대에 살고 있다.
__㉠__ 이러한 쾌적한 환경을 누리기 시작하게 된 것은 그리 오래되지 않은 일이다. 1825년 세계 최초로 영국의 증기기관차가 시속 16km로 첫 주행을 시작하였고, 이 당시까지만 해도 열차 내의 유일한 냉방 수단은 창문뿐이었다. 열차에 에어컨이 설치되기 시작된 것은 100년이 더 지난 1930년대 초반 미국에서였고, 우리나라는 이보다 훨씬 후인 1969년 지금의 새마을호라 불리는 '관광호'에서였다. 이는 국내에 최초로 철도가 개통된 1899년 이후 70년 만으로, 관광호 이후 국내에 도입된 특급열차들은 대부분 전기 냉난방시설을 갖추게 되었다.
__㉡__ 지하철의 에어컨 도입은 열차보다 훨씬 늦었는데, 이는 우리나라뿐만 아니라 해외도 마찬가지였으며, 실제로 영국의 경우 아직도 지하철에는 에어컨이 없는 상황이다.
우리나라는 1974년 서울 지하철이 개통되었는데, 이 당시 객실에는 천장의 달린 선풍기가 전부였기 때문에 한여름에는 땀 냄새가 가득한 찜통 지하철이 되었다. __㉢__ 1983년이 되어서야 에어컨이 설치된 지하철이 등장하기 시작하였고, 기존에 에어컨이 설치되지 않았던 지하철들은 1989년이 되어서야 선풍기를 떼어내고 에어컨으로 교체하기 시작하였다.

	㉠	㉡	㉢
①	따라서	그래서	마침내
②	하지만	반면	마침내
③	하지만	왜냐하면	그래서
④	왜냐하면	반면	마침내

07

1682년, 영국의 엘리아스 애쉬몰(Elias Ashmole)이 자신의 수집품을 대학에 기증하면서 '박물관(Museum)'이라는 용어가 처음 등장하였고, 이후 유럽과 미국에서 박물관은 서로 다른 양상으로 발전하였다. 유럽의 경우 주로 개인이 소장품을 국가에 기증하면 국가는 이를 바탕으로 박물관을 설립하였다. 즉, 국가의 지원과 통제하에 박물관이 설립된 것이다. ___㉠___ 미국의 경우는 민간 차원에서 일반 대중에게 봉사한다는 취지로 미술품 애호가들이나 개인 법인에 의해 박물관이 설립되었다.
19세기 이전 대부분의 박물관은 종합 박물관의 성격을 띠었으나, 19세기 이후 과학의 진보와 함께 수집품이 증가하고, 이들의 분류·정리가 이루어지면서 전문 박물관이 설립되기 시작했다. 한편 신흥도시는 번영의 힘을 과시하기 위해 장식과 기교가 많고 화려한 박물관을 설립하기도 하였다.
1851년 런던의 대박람회와 1876년 미국 독립 100주년 기념 대박람회는 박물관 사업을 촉진하는 계기가 되었다. 그 결과 뉴욕의 자연사박물관, 메트로폴리탄 박물관, 보스턴미술관 등이 설립되었다. 이 시기의 박물관은 시민의 교육기관이라는 위상을 갖추기 시작했다. 박물관이 학생 교육, 대중의 지식 개발 등 교육에 기여하는 바가 크다는 사실을 인식한 것이다. ___㉡___ 자연과학의 발달과 생물학·인류학·고고학 등의 연구가 활발해지면서 전문 박물관도 급진적으로 증가하게 되었다.
1930 ~ 1940년대 미국에서는 막대한 재력을 가진 개인이 본격적인 후원의 주체가 되는 양상이 나타났다. 재력가들이 미술품 수집에 관심을 보이면서 박물관에 대한 지원이 기업 이윤의 사회 환원이라는 명목으로 이루어진 것이다.
미국은 미술품을 구입하는 개인이나 법인에 세제상의 혜택을 주어 간접적인 미술의 발전을 도모하였다. ___㉢___ 1945년 이후 많은 박물관이 형성될 수 있었다. 1876년 약 200개였던 미국의 박물관 수는 1940년에는 2,500여 개, 1965년에는 5,000여 개에 달하였으며, 1974년에는 약 7,000여 개로 집계되었다.

	㉠	㉡	㉢
①	그러므로	그러나	한편
②	그러므로	또한	때문에
③	반면	또한	때문에
④	반면	따라서	왜냐하면

※ 제시된 명제가 모두 참일 때, 항상 참인 명제를 고르시오. [8~10]

08

- 달리기를 잘하는 모든 사람은 영어를 잘한다.
- 영어를 잘하는 모든 사람은 부자이다.
- 나는 달리기를 잘한다.

① 부자는 반드시 영어를 잘한다.
② 부자는 반드시 달리기를 잘한다.
③ 나는 부자이다.
④ 영어를 잘하는 사람은 반드시 달리기를 잘한다.

09

- 영희는 가방을 좋아한다.
- 비행기를 좋아하는 사람은 바나나를 좋아하지 않는다.
- 가방을 좋아하는 사람은 바나나를 좋아한다.

① 바나나를 좋아하지 않는 사람은 가방을 좋아한다.
② 비행기를 좋아하지 않는 사람은 바나나를 좋아한다.
③ 가방을 좋아하는 사람은 비행기를 좋아한다.
④ 영희는 비행기를 좋아하지 않는다.

10

- 어떤 남자는 경제학을 좋아한다.
- 경제학을 좋아하는 모든 남자는 국문학을 좋아한다.
- 국문학을 좋아하는 모든 남자는 영문학을 좋아한다.

① 경제학을 좋아하는 어떤 남자는 국문학을 싫어한다.
② 영문학을 좋아하는 사람은 모두 남자이다.
③ 어떤 남자는 영문학을 좋아한다.
④ 국문학을 좋아하는 모든 남자는 경제학을 좋아한다.

※ 다음 블록의 개수는 몇 개인지 고르시오(단, 보이지 않는 곳의 블록은 있다고 가정한다). **[11~13]**

11

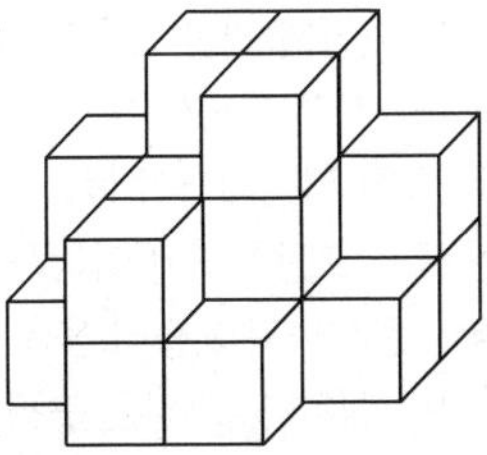

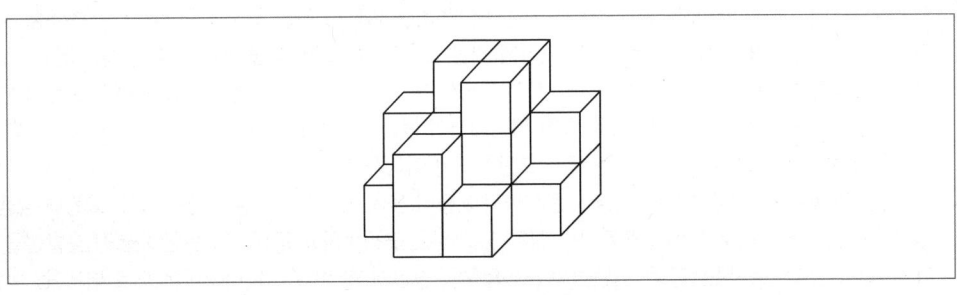

① 23개
② 22개
③ 21개
④ 20개

PART 3

12

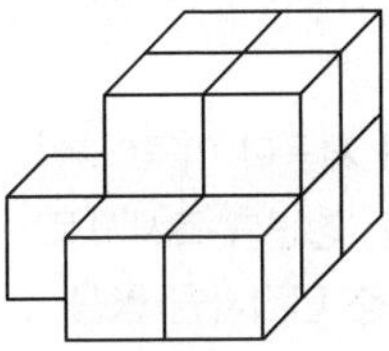

① 10개
② 11개
③ 12개
④ 13개

13

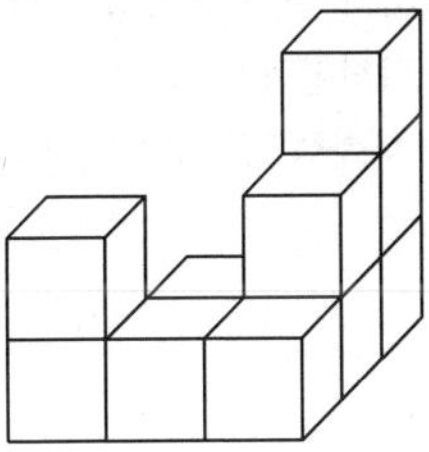

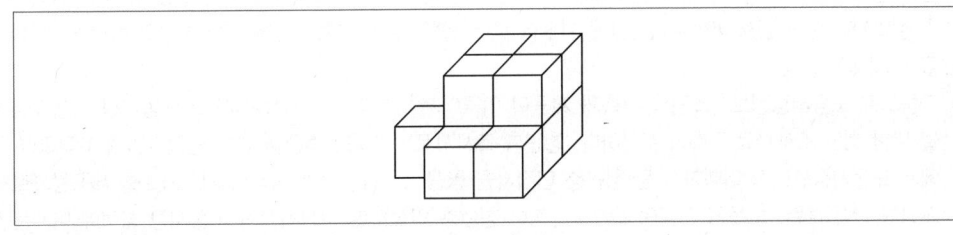

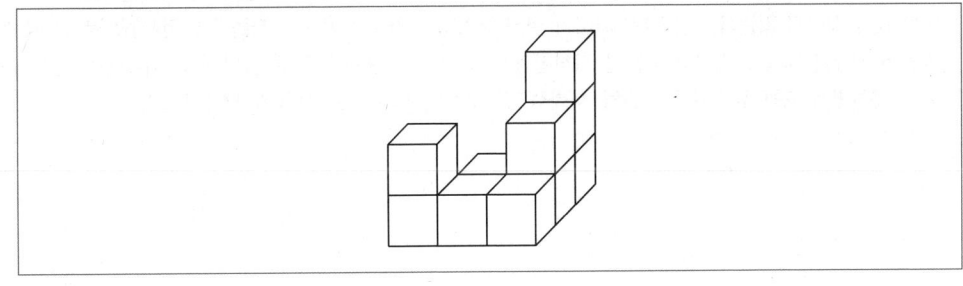

① 10개
② 11개
③ 12개
④ 13개

※ 다음을 읽고 이어지는 질문에 답하시오. [14~16]

오늘날 고기술 첨단 정보지식 중심으로의 산업구조 변화는 많은 고용을 흡수했던 제조업의 축소를 가져왔다. 이로 인해 한국의 성장률은 둔화되고 기업에 의한 고용이 제한되어 대졸자 신규 취업 희망자들의 노동시장에서의 경쟁이 치열해졌을 뿐만 아니라 취업 자체도 어려워졌다. 그러나 한국 청년들에게 불행을 안겨주는 또 다른 요소는 취업의 위계구조를 향한 경쟁에서의 불공정성이다. 대학의 서열 구조 속에서 상위 대학 입학을 위한 경쟁력을 갖기 위해서는 좋은 고등학교에 가야하고, 이는 중학교와 초등학교에서부터 투자를 요한다. 결국에는 가정환경 내지 배경의 문제까지 거슬러 올라가는 것이 오늘의 현실이다. 요컨대 경쟁으로 들어가는 출발선이 너무 일찍 결정된다는 점이다. 그것은 불평등하고 공정하지 못한 차별적 출발선을 뜻한다. 이러한 상황으로 청년실업은 청년들의 노동의욕을 상실케 할 뿐만 아니라 사회적으로 배제되었다는 좌절감을 주어 자존감에 커다란 상처를 입힐 수 있다. 또한 취업이 늦어지면서 결혼과 출산도 지연되어 고령화 사회 속 저출산 문제를 더욱 악화시킨다는 점에서도 사회적 재생산의 큰 장애가 된다. 미래세대인 청년실업 문제는 개인은 물론이고 사회적 차원에서도 전망을 어둡게 하는 것이다.
청년실업의 원인 중 가장 큰 문제를 지적한다면 바로 교육구조의 문제라고 할 수 있다. 심각한 만큼 해결방안도 다양한데, 관련연구 대부분이 공통으로 지적하는 방안을 소개하면 다음과 같다. 우선 직업, 진로, 취업 및 창업 등에 관한 교과과정을 개선하는 대학에 대해 프로그램 개발과 강사진 등을 지원하고, 졸업 및 취직 시즌에는 대학에 취업전문 상담요원을 배치함으로써 취업알선과 기업체 추천업무 등을 지원해야 한다. 그리고 인력은행의 청소년층 직업상담기능을 강화하고, 인턴제 · 직업훈련 · 취업알선을 하나의 정책패키지로 만들어 청소년층의 자격, 능력 및 선호에 따라 지원하는 체계화된 시스템을 구축해야 한다. 뿐만 아니라 청년층 실업자에 대한 심층적인 취업상담에 기초한 프로그램을 제공하고, 청년층 전담창구와 상담원 책임상담제를 실시해야 한다.
다음으로 노동시장정보시스템의 구축과 제공이 이루어져야 한다. 우선 학교교육 · 노동시장 이행과정 파악을 위한 청년 조사자료 구축이 시급하다. 청년층 조사자료는 교육 · 훈련을 통한 인적자원의 축적과정, 학교에서 노동시장으로의 이행과정 등 청년층 인적자원 형성 및 수급 관련 정책의 기초자료를 제공함으로써 학교교육, 직업훈련, 노동시장 참여에서의 경험이 청년층 인적자본 형성과정과 노동시장 참여에 미치는 영향 및 정책효과를 분석 · 판단할 수 있도록 한다. 또 중장기 인력수급전망에 나타난 결과를 바탕으로 교육정책을 수립하는 한편, 직업세계와 노동시장에 관한 다양한 정보를 체계적으로 구축하고 청소년들이 이에 쉽게 접근할 수 있는 프로그램 등을 개발해야 한다.
한편 기업의 신규인력 채용확대도 요구된다. 공공부문에서도 청년 계약직 인턴채용을 통해 실업률을 낮출 수 있지만, 민간부분의 경우에도 인턴사원 채용의 확대를 통한 고용유연성을 증대시켜야 한다. 그러나 청년 인턴사원의 확충을 반대하는 의견도 있다. 정확히 말하면 인턴사원제의 악용을 반대하는 것이다. 인턴사원제가 임시적, 사후적 대책으로 조급하게 마련되었기 때문에 불안정한 임시 고용의 형태를 가지고 있음을 지적하며 합법적인 착취를 용인하는 반민중적인 고용문화를 강요하고 있다는 것이다. 월 40 ~ 50만 원의 월급으로 정상적인 근무를 요구하고 정식 사원으로의 임용도 불투명한 인턴사원은 노동 착취를 제도적으로 용인하는 것에 지나지 않는다는 것이다. 나아가 몇몇 대기업의 경우 채용 내정자들을 인턴사원으로 전환하는 등 악용의 사례가 계속 드러나고 있음을 지적한다. 결국 인턴사원제 모집은 실제 문제 해결에는 전혀 도움이 되지 못하면서 고용 유연화 전략만을 사회적으로 용인시키기 위한 정책에 지나지 않는다는 것이다.

14 다음 중 윗글의 각 문단에 해당하는 제목으로 적절하지 않은 것은?

① 첫 번째 문단 : 고령화, 저출산의 원인이 되는 청년실업
② 두 번째 문단 : 교육구조의 문제와 이를 위한 해결방안
③ 세 번째 문단 : 청년실업 해결을 위한 노동시장정보시스템 개발
④ 네 번째 문단 : 인턴사원제의 양면성

PART 3

15 다음 중 윗글을 읽고 판단한 내용으로 적절하지 않은 것은?

① 인턴사원제에 대해서는 찬반 의견을 보이고 있다.
② 경쟁에서의 불공정성은 청년들에게 불행을 안겨주고 있다.
③ 청년실업의 가장 큰 문제점은 세대갈등이다.
④ 한국 사회에서 고용이 제한되는 원인 중 하나는 제조업의 축소이다.

16 다음 중 윗글을 읽고 청년실업 해결방안을 주제로 토론을 진행할 때 적절하지 않은 것은?

① 인턴채용 확대를 통한 고용의 유연성이 필요하다고 생각해. 이것은 기업체의 신규인력 채용 시 권장할 만한 사항이야.
② 인턴채용이 가지는 문제점도 생각해야 할 거야. 이는 합법적인 착취로 이어질 수 있기 때문에 조심해야 해.
③ 대학에서 적극적으로 청년취업에 힘써줘야 해. 취업 관련 프로그램을 개발하고 적극적인 상담업무를 추진해야 한다고 봐.
④ 여성의 경제활동을 적극적으로 지원해서 청년실업률을 낮추는 것이 바람직해. 이를 위해서는 여성 전담 상담원을 양성해야 할 거야.

17 다음 식을 계산한 값으로 옳은 것은?

$65+6\times34+56$

① 295　② 305
③ 315　④ 325

18 K사는 회사 복지 프로그램인 A, B, C안에 대한 투표를 진행했다. 총 50명의 직원이 1표씩 행사했고 지금까지의 개표 결과는 다음과 같다. 무효표 없이 모두 정상적으로 투표했다고 할 때, A, B안의 득표수와 상관없이 C안이 선정되려면 최소 몇 표가 더 필요한가?

〈개표 중간 결과〉

A안	B안	C안
15표	8표	6표

① 13표　② 14표
③ 15표　④ 16표

19 서로 직선상에 있는 A지점과 B지점의 거리는 16km이다. 갑은 A지점에서 B지점을 향해 시속 3km로 걸어서 이동하고, 을은 B지점에서 A지점을 향해 시속 5km로 자전거를 타고 이동한다. 두 사람은 출발한 지 몇 시간 만에 만나게 되며, 두 사람이 이동한 거리의 차를 바르게 구한 것은?

① 1시간, 3km　② 1시간, 5km
③ 2시간, 2km　④ 2시간, 4km

20

K사는 전 직원을 대상으로 유연근무제에 대한 찬반투표를 진행하였다. 그 결과 전체 직원의 80%가 찬성하였고, 20%는 반대하였다. 전 직원의 40%는 여직원이고, 유연근무제에 찬성한 직원의 70%는 남직원이었다. 여직원 한 명을 뽑았을 때, 이 직원이 유연근무제에 찬성했을 확률은?(단, 모든 직원은 찬성이나 반대의 의사표시를 하였다)

① $\frac{1}{5}$

② $\frac{2}{5}$

③ $\frac{3}{5}$

④ $\frac{2}{3}$

21

다음은 주요 젖병회사 브랜드인 D사, G사, U사의 연도별 판매율을 나타낸 표이다. 이에 대한 설명으로 옳지 않은 것은?

〈연도별 · 젖병회사별 판매율〉

(단위 : %)

구분	2019년	2020년	2021년	2022년	2023년
D사	52	55	61	58	69
G사	14	19	21	18	20
U사	34	26	18	24	11

① D사와 G사의 판매율 증감추이는 동일하다.

② D사와 G사의 판매율이 가장 높은 연도는 동일하다.

③ D사의 판매율이 가장 높은 연도는 U사의 판매율이 가장 낮았다.

④ G사의 판매율이 가장 낮은 연도는 U사의 판매율이 가장 높았다.

22 다음 자료는 기업별 집중도 현황을 나타낸 자료이다. 이에 대한 설명으로 옳지 않은 것은?

〈기업 집중도 현황〉

구분	2022년	2023년	2024년	
				전년 대비
상위 10대 기업	25.0%	26.9%	25.6%	▽ 1.3%p
상위 50대 기업	42.2%	44.7%	44.7%	–
상위 100대 기업	48.7%	51.2%	51.0%	▽ 0.2%p
상위 200대 기업	54.5%	56.9%	56.7%	▽ 0.2%p

① 2024년의 상위 10대 기업의 점유율은 전년에 비해 낮아졌다.
② 2022년 상위 101 ~ 200대 기업이 차지하고 있는 비율은 5% 미만이다.
③ 전년 대비 2024년에는 상위 50대 기업을 제외하고 모두 점유율이 감소했다.
④ 전년 대비 2024년의 상위 100대 기업이 차지하고 있는 점유율은 약간 하락했다.

23 다음은 지역별 의료인력 분포 현황을 나타낸 자료이다. 이에 대한 설명으로 옳지 않은 것은?

〈지역별 의료인력 분포 현황〉

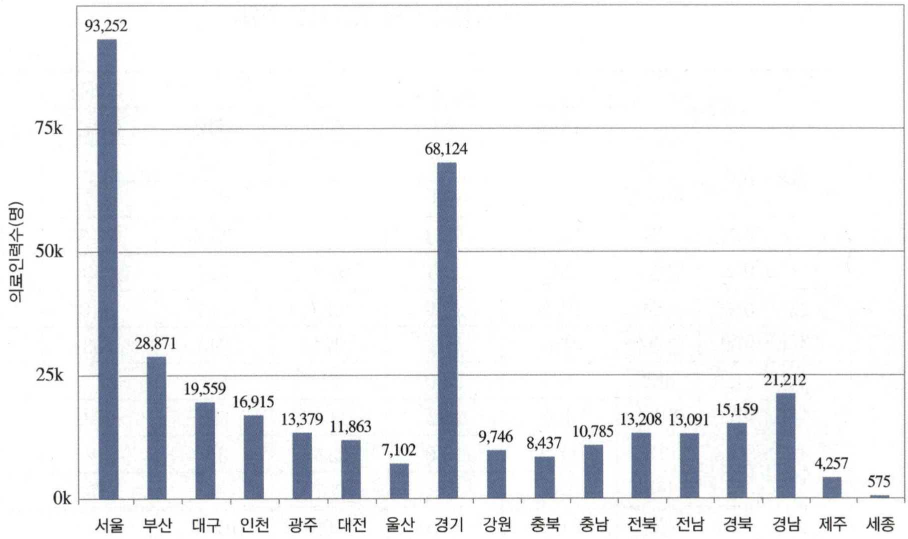

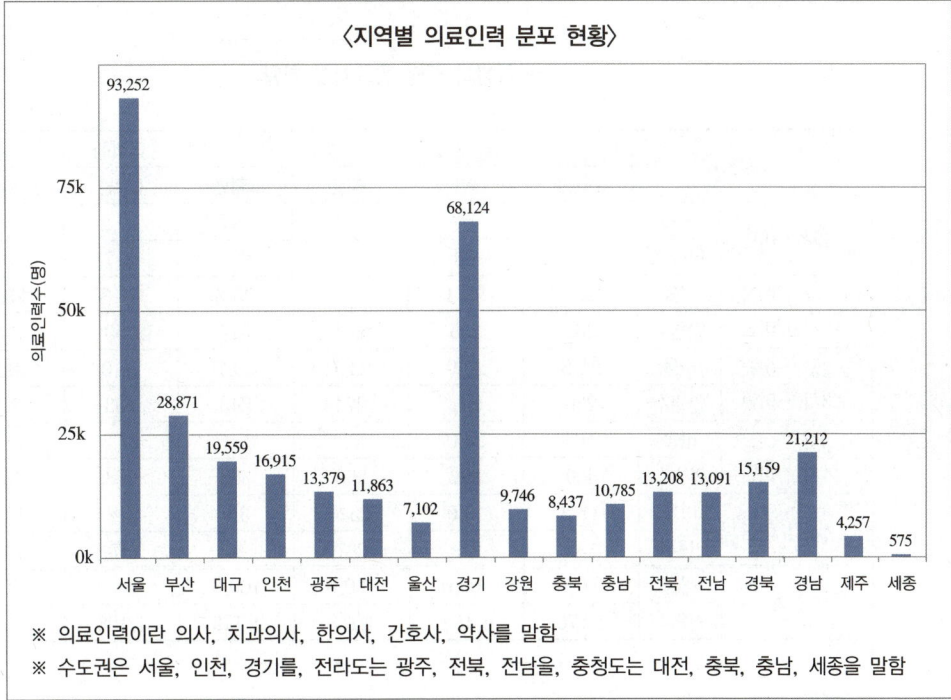

※ 의료인력이란 의사, 치과의사, 한의사, 간호사, 약사를 말함

※ 수도권은 서울, 인천, 경기를, 전라도는 광주, 전북, 전남을, 충청도는 대전, 충북, 충남, 세종을 말함

① 의료인력은 수도권에 편중된 불균형상태를 보이고 있다.

② 전라도 지역에서 광주가 차지하는 비중이 충청도 지역에서 대전이 차지하는 비중보다 크다.

③ 서울과 경기를 제외한 나머지 지역 중 의료인력수가 가장 많은 지역과 가장 적은 지역의 차는 경남의 의료인력수보다 크다.

④ 의료인력수가 많을수록 의료인력 비중이 고르다고 말할 수 없다.

24 다음은 중학생의 주당 운동시간 현황을 조사한 자료이다. 이에 대한 〈보기〉의 설명 중 옳은 것을 모두 고르면?

〈중학생의 주당 운동시간 현황〉

(단위 : %, 명)

구분		남학생			여학생		
		1학년	2학년	3학년	1학년	2학년	3학년
1시간 미만	비율	10.0	5.7	7.6	18.8	19.2	25.1
	인원수	118	66	87	221	217	281
1시간 이상 2시간 미만	비율	22.2	20.4	19.7	26.6	31.3	29.3
	인원수	261	235	224	312	353	328
2시간 이상 3시간 미만	비율	21.8	20.9	24.1	20.7	18.0	21.6
	인원수	256	241	274	243	203	242
3시간 이상 4시간 미만	비율	34.8	34.0	23.4	30.0	27.3	14.0
	인원수	409	392	266	353	308	157
4시간 이상	비율	11.2	19.0	25.2	3.9	4.2	10.0
	인원수	132	219	287	46	47	112
합계	비율	100.0	100.0	100.0	100.0	100.0	100.0
	인원수	1,176	1,153	1,138	1,175	1,128	1,120

보기

㉠ 1시간 미만으로 운동하는 3학년 남학생 수는 4시간 이상 운동하는 1학년 여학생 수보다 많다.
㉡ 동일 학년의 남학생과 여학생을 비교하면, 남학생 중 1시간 미만으로 운동하는 남학생의 비율이 여학생 중 1시간 미만으로 운동하는 여학생의 비율보다 각 학년에서 모두 낮다.
㉢ 남학생과 여학생 각각, 학년이 높아질수록 3시간 이상 운동하는 학생의 비율이 낮아진다.
㉣ 모든 학년별 남학생과 여학생 각각 3시간 이상 4시간 미만으로 운동하는 학생의 비율이 4시간 이상 운동하는 학생의 비율보다 높다.

① ㉠, ㉡　　② ㉠, ㉣
③ ㉡, ㉢　　④ ㉢, ㉣

※ 다음은 벼농사 및 밭농사 작업 과정의 기계화에 대한 비율을 나타낸 그래프이다. 이어지는 질문에 답하시오. **[25~26]**

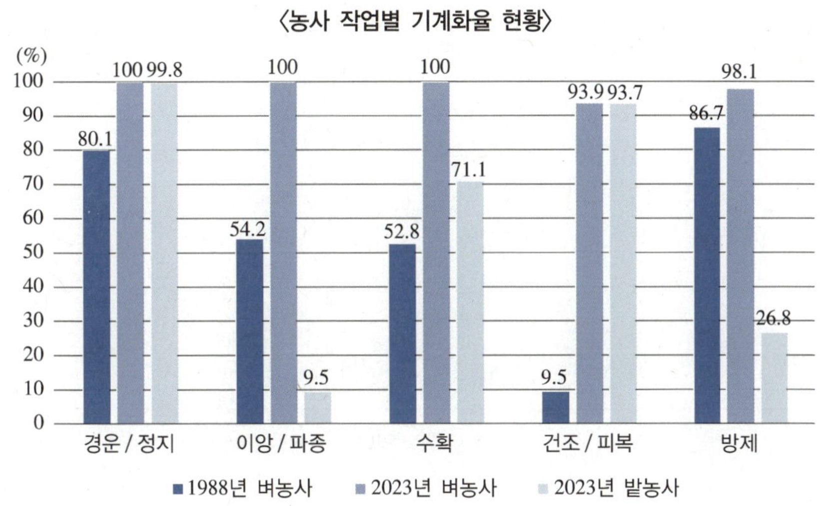

25 벼농사 작업 과정에서 1988년 대비 2023년 기계화율이 가장 크게 증가한 작업과 가장 낮게 증가한 작업의 증가량 차이는 얼마인가?

① 62%
② 73%
③ 80%
④ 91%

26 2023년 밭농사의 5가지 작업 과정의 기계화율 평균은 얼마인가?

① 56.15%
② 58.22%
③ 60.18%
④ 62.59%

※ 다음 제시된 단어와 반대되는 의미를 가진 단어를 고르시오. [27~29]

27

해답하다

① 밝히다
② 의문하다
③ 답하다
④ 풀다

28

얻다

① 습득하다
② 획득하다
③ 거두다
④ 잃다

29

맞다

① 일치하다
② 틀리다
③ 들어맞다
④ 상응하다

30 다음 상황과 관련 있는 한자성어는?

설 연휴마다 기차표를 예매하기 위해 아침 일찍 서울역에 갔던 아버지는 집에서도 인터넷을 통해 표를 예매할 수 있다는 아들의 말을 듣고 깜짝 놀랐다.

① 건목수생
② 견강부회
③ 격세지감
④ 독불장군

※ **일정한 규칙으로 문자를 나열할 때, 빈칸에 들어갈 문자로 옳은 것을 고르시오. [31~32]**

31

B X D L H F P ( )

① W ② X

③ Z ④ C

32

ㄴ ㅁ ㅈ ㅎ ㅂ ( )

① ㅍ ② ㅂ

③ ㅈ ④ ㄱ

33 **다음 문단을 논리적 순서대로 바르게 나열한 것은?**

> (가) 베커는 "주말이나 저녁에는 회사들이 문을 닫기 때문에 활용할 수 있는 시간의 길이가 길어지고 이에 따라 특정 행동의 시간 비용이 줄어든다."라고도 지적했다. 시간의 비용이 가변적이라는 개념은 기대수명이 늘어나서 사람들에게 더 많은 시간이 주어지는 것이 시간의 비용에 영향을 미칠 수 있다는 점에서 의미가 있다.
>
> (나) 베커와 린더는 사람들에게 주어진 시간을 고정된 양으로 전제했다. 1965년 당시의 기대수명은 약 70세였다. 하루 24시간 중 8시간을 수면에 쓰고 나머지 시간에 활동이 가능하다면, 평생 408,800시간의 활동가능 시간이 주어지는 셈이다. 하지만 이 방정식에서 변수 하나가 바뀌면 어떻게 될까? 기대수명이 크게 늘어난다면 시간의 가치 역시 달라져서, 늘 시간에 쫓기는 조급한 마음에도 영향을 주게 되지 않을까?
>
> (다) 시간의 비용이 가변적이라고 생각한 이는 베커만이 아니었다. 스웨덴의 경제학자 스테판 린더는 서구인들이 엄청난 경제성장을 이루고도 여유를 누리지 못하는 이유를 논증했다. 경제가 성장하면 사람들의 시간을 쓰는 방식도 달라진다. 임금이 상승하면 직장 밖 활동에 들어가는 시간의 비용이 늘어난다. 일하는 데 쓸 수 있는 시간을 영화나 책을 보는 데 소비하면 그만큼의 임금을 포기하는 것이다. 따라서 임금이 늘어난 만큼 일 이외의 활동에 들어가는 시간의 비용도 함께 늘어난다고 할 수 있다.
>
> (라) 1965년 노벨상 수상자 게리 베커는 '시간의 비용'이 시간을 소비하는 방식에 따라 변화한다고 주장하였다. 예를 들어 수면이나 식사 활동은 영화 관람에 비해 단위 시간당 시간의 비용이 적다. 그 이유는 수면과 식사가 생산적인 활동에 기여하기 때문이다. 잠을 못 자거나 식사를 제대로 하지 못해 체력이 떨어진다면, 생산적인 활동에 제약을 받기 때문에 수면과 식사 활동에 들어가는 시간의 비용이 영화 관람에 비해 적다고 할 수 있다.

① (가) – (다) – (나) – (라)　　② (가) – (라) – (다) – (나)

③ (라) – (가) – (다) – (나)　　④ (라) – (다) – (가) – (나)

34 다음 글의 주장으로 가장 적절한 것은?

판소리는 한국의 서사무가의 서술원리와 구연방식을 빌려 흥미 있는 설화 자료를 각색하고, 굿이 아닌 세속의 저잣거리에서 일반 사람들을 상대로 노래하면서 시작되었다. 호남지역에서 대대로 무당을 세습하던 세습 무당 집안에서는 여자 무당이 굿을 담당하고 남자 무당은 여자 무당을 도와 여러 가지 잡일을 했다. 당연히 굿을 해주고 받는 굿값의 분배도 여자 무당을 중심으로 이루어졌고, 힘든 잡일을 담당한 남자 무당은 몫이 훨씬 적었다. 남자 무당이 굿에 참여하고 그 몫의 돈을 받는 경우는 노래를 할 때뿐이었다. 따라서 세습 무당 집안에서 태어난 남자들은 노래를 잘하는 것이 잘 살 수 있는 길이었다. 남자들은 노래 공부를 열심히 했고, 이 과정에서 세습 무당 집안에서는 많은 명창을 배출하였다.

이러한 호남지역의 무속적 특징은 조선 후기 사회 변화와 관련을 맺으면서 판소리의 발생을 자극했다. 조선 후기로 갈수록 지역 마을마다 행하던 주민 공동행사인 마을굿이 제사형태로 바뀌었고, 이에 따라 무당이 참여하지 않는 마을굿이 늘어났다. 정부와 양반 지배층이 유교이념에 입각하여 지속적으로 무속을 탄압하는 정책을 펴왔던 탓이었다. 또한 합리적 사고의 발달에 따라 무속이 사회적 신임을 잃은 탓이기도 하였다.

호남지역의 세습 무당들은 개인의 질병을 치료하는 굿보다는 풍년이나 풍어를 기원하는 정기적인 마을굿을 하여 생계를 유지했다. 이러한 마을굿이 점차 사라지면서 그들은 생계를 위협받게 되었다. 한편 이 시기에는 상업이 발달하면서 상행위가 활발해졌고, 생활이 풍족해짐에 따라 백성들의 문화 욕구가 커지면서 예능이 상품으로 인정받았다. 이에 따라 춤과 소리 등의 예술과 곡예가 구경거리로 부상하였다. 세습 무당 집안 출신의 노래 잘하는 남자 무당들은 무속이라는 속박을 떨쳐 버리고 돈을 벌기 위하여 소리판을 벌이게 되었다. 이들의 소리가 많은 사람에게 환영을 받자 점차 전문 직업인으로서 명창이 등장하게 되었다. 대중적 인기가 자신의 명성과 소득에 직결되었으므로, 이들은 대중이 좋아할 만한 내용을 담은 소리들을 발굴하고 개발하였다.

① 조선 후기 사회 변화는 유교 중심 체제의 쇠퇴와 민중 기반 무속신앙의 성장을 가져 왔다.
② 세습 무당 집안의 남자들이 상업적인 공연에 뛰어들면서 판소리 개발과 전파의 주축이 되었다.
③ 판소리의 발달은 무속신앙의 상업화와 함께 남자 무당들이 대거 성장하는 계기가 되었다.
④ 유교이념의 전파로 전통 무속신앙이 쇠퇴하면서 서사무가가 자취를 감추게 되었다.

PART 3

※ 제시된 명제가 모두 참일 때, 빈칸에 들어갈 명제로 가장 적절한 것을 고르시오. [35~36]

35

- 어휘력이 좋지 않으면 책을 많이 읽지 않은 것이다.
- 글쓰기 능력이 좋지 않으면 어휘력이 좋지 않은 것이다.
- ______________________________

① 책을 많이 읽지 않으면 어휘력이 좋지 않은 것이다.

② 글쓰기 능력이 좋으면 어휘력이 좋은 것이다.

③ 어휘력이 좋지 않으면 글쓰기 능력이 좋지 않은 것이다.

④ 글쓰기 능력이 좋지 않으면 책을 많이 읽지 않은 것이다.

36

- 세미나에 참여한 사람은 모두 봉사활동에 지원하였다.
- 신입사원은 세미나에 참여하지 않았다.
- ______________________________

① 신입사원은 모두 봉사활동에 지원하지 않았다.

② 신입사원은 모두 봉사활동에 지원하였다.

③ 신입사원은 봉사활동에 지원하였을 수도, 하지 않았을 수도 있다.

④ 봉사활동에 지원한 사람은 모두 세미나에 참여한 사람이다.

37 가와 나 마을에 A ~ F가 살고 있다. 가와 나 마을에는 3명씩 살고 있으며, 가 마을 사람들은 항상 진실만을 말하고 나 마을 사람들은 항상 거짓만 말한다. F가 가 마을에 살고 있다고 할 때, 다음 〈조건〉에 따라 나 마을 사람으로 옳은 것은?

조건

- A : B, D 중 1명은 가 마을이야.
- C : A, E 중 1명은 나 마을이야.

① A, B, C ② A, B, D

③ B, C, D ④ B, C, E

38 A～D 네 사람만 참여한 달리기 시합에서 동순위 없이 순위가 결정되었다. A, B, C는 다음과 같이 진술하였다. 이들의 진술이 자신보다 낮은 순위의 사람에 대한 진술이라면 참이고, 높은 순위의 사람에 대한 진술이라면 거짓이라고 할 때, 반드시 참인 것은?

- A : C는 1위이거나 2위이다.
- B : D는 3위이거나 4위이다.
- C : D는 2위이다.

① A는 1위이다.
② B는 2위이다.
③ D는 4위이다.
④ A가 B보다 순위가 높다.

PART 3

39 다음 제시된 문자나 수를 내림차순으로 나열하였을 때 4번째에 오는 문자나 수는?

20 V 18 S Q 23

① V
② 18
③ S
④ Q

40 다음 제시된 문자를 오름차순으로 나열하였을 때 3번째에 오는 문자는?

K ㅈ H ㅅ J ㅌ

① ㅌ
② K
③ ㅈ
④ J

※ 다음 중 나머지 도형과 다른 것을 고르시오. [41~42]

41 ① 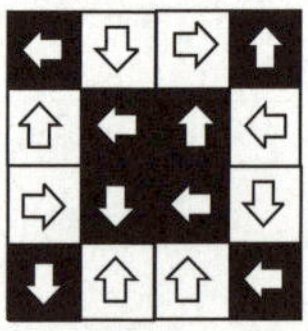 ② 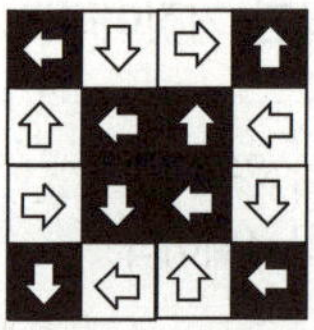

③ 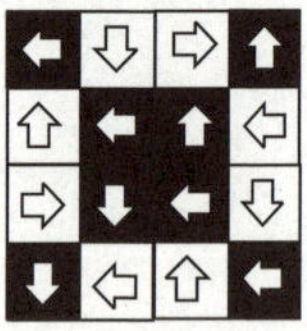 ④ 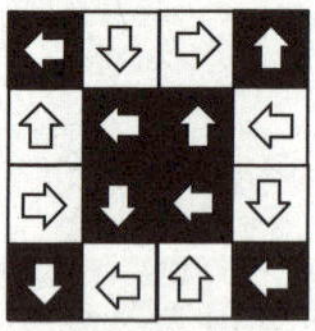

42 ①  ② 

③  ④ 

※ 일정한 규칙으로 수를 나열할 때, 빈칸에 들어갈 수로 옳은 것을 고르시오. [43~44]

43

101 104 98 107 95 ( )

① 88 ② 97
③ 110 ④ 113

44

4 2 20 5 ( ) 74 10 5 125

① 3 ② 5
③ 6 ④ 7

45 다음 중 그림을 순서대로 바르게 배열한 것은?

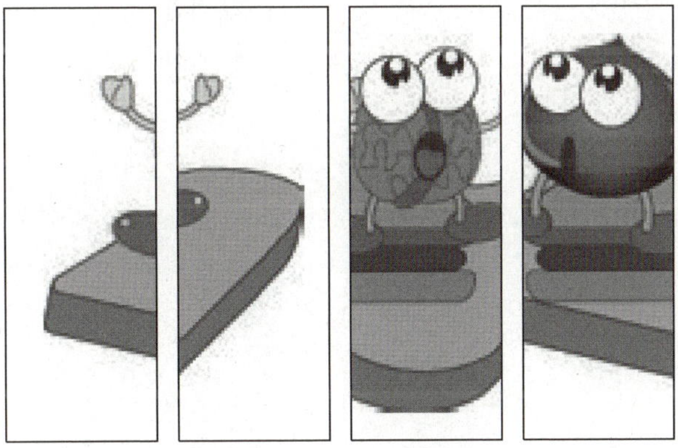

(가) (나) (다) (라)

① (가) – (다) – (나) – (라)
② (가) – (라) – (다) – (나)
③ (나) – (라) – (다) – (가)
④ (다) – (나) – (가) – (라)

제2회 최종점검 모의고사

모바일 OMR 답안채점 / 성적분석 서비스

☑ 응시시간 : 45분 ☑ 문항 수 : 45문항

정답 및 해설 p.044

※ 다음 제시된 단어와 같거나 유사한 의미를 가진 단어를 고르시오. [1~3]

01

아성

① 근거 ② 유예
③ 유린 ④ 요원

02

빈천

① 천학 ② 적빈
③ 변천 ④ 좌천

03

속성

① 성질 ② 성급
③ 성찬 ④ 종속

04 다음 식을 계산한 값으로 옳은 것은?

$$125 \div 5 \times 15 + 25$$

① 300　② 350
③ 400　④ 450

PART 3

05 A는 스키장에 가서 초, 중, 고급 세 가지 슬로프를 타기로 했다. 초급에서 넘어질 확률은 $\frac{1}{5}$, 중급에서 넘어질 확률은 $\frac{1}{4}$, 고급에서 넘어질 확률은 $\frac{1}{3}$일 때, A가 슬로프를 4번 타고 1번도 넘어지지 않을 확률은?(단, 모든 난이도의 슬로프를 1번 이상 타야 하고 세 가지 슬로프를 다 탈 확률은 같다)

① $\frac{103}{150}$　② $\frac{113}{150}$
③ $\frac{123}{150}$　④ $\frac{133}{150}$

06 미술 전시를 위해 정육면체 모양의 석고 조각의 각 면에 빨강, 주황, 노랑, 초록, 파랑, 검정으로 색을 칠하려고 한다. 가지고 있는 색깔은 남김없이 모두 사용해야 한다. 회전해서 같아지는 조각끼리는 서로 같은 정육면체라고 할 때, 만들 수 있는 서로 다른 정육면체는 모두 몇 가지인가?

① 60가지　② 120가지
③ 180가지　④ 240가지

※ 다음 제시된 단어와 반대되는 의미를 가진 단어를 고르시오. [7~9]

07

메지다

① 차지다　　② 딱딱하다
③ 마디다　　④ 마뜩하다

08

불신

① 신뢰　　② 신경
③ 불치　　④ 거짓

09

통합

① 종합　　② 총괄
③ 통제　　④ 분리

10 다음 상황과 관련 있는 한자성어는?

> 경기가 호황일 때는 직원들의 희생을 강요하던 회사가 경제가 어려워지자 직원들의 임금부터 조정하려고 한다.

① 감언이설　　② 당랑거철
③ 무소불위　　④ 감탄고토

11 다음 글의 빈칸에 들어갈 접속어로 가장 적절한 것은?

우리는 지금 이제껏 한 번도 경험해 보지 못한 새로운 세계를 맞이하고 있다. 정보 통신 기술의 급속한 발달과 함께 우리의 삶을 구성하고 있는 거의 모든 영역이 상품화되어 가고 있는 것이다. 가장 오래된 문화 산업이라고 할 수 있는 관광부터 시작해서 스포츠, 예술, 여가 생활은 물론이고 사상이나 지식, 아이디어 등도 모두 상품화되고 있으며, 심지어는 의식주를 비롯한 생활 방식마저 상품으로 판매되는 상황이 벌어지고 있다. 미국의 경제학자 제러미 리프킨(Jeremy Rifkin)은 '접속과 문화 자본주의'라는 개념으로 이러한 현상을 설명하고 있다.
접속은 인터넷, 전자 제품, 자동차, 주택 같은 다양한 실물 영역에서도 일관되게 발견되는 포괄적 추세이다. 접속은 이들 상품을 일시적으로 사용하는 권한을 말하는 것으로, 이의 상대 개념은 소유라고 할 수 있다. 산업 시대는 소유의 시대였다. 기업은 많은 상품을 팔아 시장 점유율을 높이고 소비자는 상품을 시장에서 구입하고 소유하여 자신의 존재 영역을 확대했다. 그러나 자동차 회사는 이제 자동차를 파는 것이 아니라 임대하여 고객이 평생토록 자신들과 관계 맺기를 원하고, 고객은 자동차를 소유하지 않고 임차하여 보다 나은 서비스를 받기를 원한다. 기업은 물건을 팔지 않고 서비스나 다른 영역의 접속에 관한 권리를 팔면서 고객의 시간을 장악해 나간다. 우리의 삶이 상품 교환에 바탕을 둔 체제에서 경험 영역의 접속에 바탕을 둔 체제로 변하고 있음을 의미한다.
이와 같은 접속의 시대에는 인간의 모든 경험이 다 서비스화될 수 있다. 문화라고 부르는 모든 것이 돈을 매개로 매매될 수 있는 것이다. 사실상 모든 인간 활동이 돈으로 거래되는 세계에서는 감정의 연대, 믿음 등에 기반을 둔 전통적인 인간관계가 입회, 등록, 요금 등에 기반을 둔 계약 관계로 바뀐다. 사람들과 어울려 지내는 우리의 일상적 삶 속에서 이미 상당한 부분이 상업적 관계로 얽혀 있다. 타인의 시간, 타인의 배려와 애정을 돈으로 사는 경우가 점점 늘어나고 있다. 우리의 삶은 상품화되고 공리와 영리의 경계선은 허물어지고 있다.
리프킨은 보다 편리한 생활을 영위하기 위해서 인간의 모든 경험을 상품화하는 현상이 사실은 우리 삶의 기저를 허물고 있다고 주장한다. 역사적으로 문화는 늘 상업에 선행했다. 상업은 문화의 파생물이었다. 그런데 지금은 사정이 바뀌어 문화가 상업화를 위한 재료 공급원으로 전락했다.
문화 자본주의는 인류가 수천 년 동안 발전시켜 온 문화적 다양성을 샅샅이 발굴하여 상품화하고 있는데, 역설적이게도 그 과정에서 문화적 다양성은 소멸되어 가고 있다. 인간 가치의 마지막 보루라고 할 수 있는 문화 영역마저 상업 영역에 완전히 흡수당하게 되면 사회적 신뢰는 땅에 떨어지고, 건강한 시민 사회의 기반은 완전히 허물어지게 된다. 결국 인간의 문명은 위기에 처한다. 리프킨은 지리적 공간에 뿌리를 둔 문화적 다양성을 지켜나가는 것만이 인간의 문명을 유지할 수 있는 유일한 길이라고 말하고 있다. 수천 년을 이어온 인간 체험의 풍부한 문화적 다양성을 상실하는 것은, 생물 다양성을 잃는 것 못지않게 앞으로 우리가 생존하고 문명을 발전시켜 나가는 데 악영향을 미칠 것이다.
________ 문화와 산업의 적절한 균형을 복원시키고 문화를 우리의 삶의 일부로 받아들이는 자세는 다가오는 시대에 우리가 해결해야 할 가장 중요한 과업이다.

① 하지만　② 왜냐하면
③ 그러므로　④ 그러나

12 **다음 글의 내용으로 적절하지 않은 것은?**

> 마이클 포터(Michael Porter)는 특정 산업의 경쟁 강도, 수익성 및 매력도가 산업의 구조적 특성에 의하여 영향을 받으며, 이는 5가지 힘에 의하여 결정된다고 보았다. 마이클 포터가 제시한 5가지 힘에는 기존 경쟁자, 구매자, 공급자, 신규참가자, 대체품의 힘이 있으며, 이 중에서 가장 강한 힘이 경쟁전략을 책정하는 결정 요소가 된다. 이러한 5가지 힘의 분석을 통해 조직이 속한 시장이 이익을 낼 수 있는 시장인지 아닌지를 판단하는데, 이것을 산업의 매력도 측정이라 부른다.
> 먼저 기존 경쟁자 간의 경쟁은 해당 산업의 경쟁이 얼마나 치열한지를 보여준다. 통상적으로 같은 산업에 종사하는 기업이 많을수록 경쟁이 치열할 수밖에 없다. 따라서 특허 등이 필요한 독과점 형태의 산업은 매력적이지만, 누구나 할 수 있는 완전경쟁시장 형태의 산업은 매력이 떨어지게 된다.
> 한편, 대형마트가 물건을 대량으로 구매하면서 공급 가격을 내리라고 한다면 제조업체는 이를 거절할 수 있을까? 최근 대형마트 등의 유통업체들이 제조업체에 상당한 가격 협상력을 갖게 되면서 구매자의 힘이 업계의 힘보다 강해지고 있다. 이처럼 구매량과 비중이 클수록, 제품 차별성이 낮을수록, 구매자가 가격에 민감할수록 구매자의 힘은 커지게 된다. 산업의 매력도는 이러한 구매자의 힘이 셀수록 떨어지고, 반대로 구매자의 힘이 약할수록 높아진다.
> 공급자가 소수 기업에 의해 지배되는 경우, 즉 독과점에 해당하는 경우나 공급자가 공급하는 상품이 업계에서 중요한 부품인 경우 공급자의 힘이 강해져 산업의 매력도는 떨어지게 된다. 반대로 공급자가 다수 기업에 의해 지배되는 경우, 즉 완전경쟁에 해당하는 경우나 공급자가 공급하는 상품이 업계에서 그다지 중요하지 않은 부품인 경우에는 공급자의 힘이 적어지고 산업의 매력도는 올라가게 된다.
> 현재의 산업에 신규참가자가 진입할 가능성이 높으면 그 산업의 매력도는 떨어진다. 신규 진입의 정도는 해당 업계의 진입 장벽이 얼마나 높은가에 따라 결정된다. 예를 들어 반도체나 조선업 등은 대규모의 투자가 필요하므로 신규 진입이 쉽지 않다. 진입 장벽이 높을수록 산업의 매력도는 높아지며, 반대로 진입 장벽이 낮을수록 산업의 매력도는 떨어지게 된다.
> 마이클 포터가 제시한 5가지 힘 중 가장 무서운 것은 대체품의 힘이다. 현재의 상품보다 가격이나 성능에 있어 훨씬 뛰어난 대체품이 나올 경우 해당 산업이 사라져버릴 수도 있기 때문이다. 따라서 대체품의 위협이 낮을수록 산업의 매력도는 높아진다.

① 기존 경쟁자의 힘이 커지면 산업 매력도가 높아진다.
② 구매자의 힘이 약하면 산업 매력도가 높아진다.
③ 공급자의 힘이 커지면 산업 매력도가 높아진다.
④ 신규참가자의 힘이 커지면 산업 매력도가 낮아진다.

13 A～E 추 5개가 있다. 다음 조합에 따른 추의 무게를 참고하였을 때, 가장 무거운 추와 그 무게는?

〈조합에 따른 추의 무게〉

구분	추	무게
조합 1	A+B+C	10kg
조합 2	B+C+E	15kg
조합 3	A+D+E	13kg
조합 4	B+C+D	12kg
조합 5	B+D+E	14kg

① A, 6kg
② C, 7kg
③ D, 6kg
④ E, 7kg

14 다음은 농 · 축 · 수산물 안전성 조사결과를 나타낸 자료이다. 이에 대한 설명으로 옳지 않은 것은?

〈단계별 농 · 축 · 수산물 안전성 조사결과〉

(단위 : 건)

구분	농산물		축산물		수산물	
	조사건수	부적합건수	조사건수	부적합건수	조사건수	부적합건수
생산단계	91,211	1,209	418,647	1,803	12,922	235
유통단계	55,094	516	22,927	106	8,988	49
총계	146,305	1,725	441,574	1,909	21,910	284

※ $[\text{부적합건수 비율}(\%)]=\frac{(\text{부적합건수})}{(\text{조사건수})}\times 100$

① 생산단계에서의 수산물 부적합건수 비율은 농산물 부적합건수 비율보다 높다.
② 농 · 축 · 수산물의 부적합건수의 평균은 1천 3백 건 이상이다.
③ 농 · 축 · 수산물별 부적합건수 비율이 가장 높은 것은 농산물이다.
④ 유통단계의 부적합건수 중 농산물 건수는 수산물 건수의 10배 이상이다.

※ 다음 글을 읽고 이어지는 질문에 답하시오. [15~16]

저작권은 저작자의 권익을 보호함으로써 활발한 저작 활동을 촉진하여 인류의 문화 발전에 기여하기 위한 것이다. 그러나 이렇게 공적 이익을 추구하기 위한 저작권이 현실에서는 지나치게 사적 재산권을 행사하는 도구로 인식되고 있다. 저작물 이용자들의 권리를 보호하기 위해 마련한 공익적 성격의 법 조항도 법적 분쟁에서는 항상 사적 재산권의 논리에 밀려 왔다.

저작권 소유자 중심의 저작권 논리는 실제로 저작권이 담당해야 할 사회적 공유를 통한 문화 발전을 방해한다. 몇 해 전의 '애국가 저작권'에 대한 논란은 이러한 문제를 단적으로 보여준다. 저자 사후 50년 동안 적용되는 국내 저작권법에 따라, 애국가가 포함된 「한국 환상곡」의 저작권이 작곡가 안익태의 유족들에게 2015년까지 주어진다는 사실이 언론을 통해 알려진 것이다. 누구나 자유롭게 이용할 수 있는 국가(國歌)마저 공공재가 아닌 개인 소유라는 사실에 많은 사람들이 놀랐다.

창작은 백지 상태에서 완전히 새로운 것을 만드는 것이 아니라 저작자와 인류가 쌓은 지식 간의 상호 작용을 통해 이루어진다. '내가 남들보다 조금 더 멀리보고 있다면, 이는 내가 거인의 어깨 위에 올라서 있는 난쟁이이기 때문이다.'라는 뉴턴의 겸손은 바로 이를 말한다. 이렇듯 창작자의 저작물은 인류의 지적 자원에서 영감을 얻은 결과이다. 그러한 저작물을 다시 인류에게 돌려주는 데 저작권의 의의가 있다. 이러한 생각은 이미 1960년대 프랑스 철학자들에 의해 형성되었다. 예컨대 기호학자인 바르트는 저작자의 죽음을 거론하면서 저작자가 만들어 내는 텍스트는 단지 인용의 조합일 뿐 어디에도 '오리지널'은 존재하지 않는다고 단언한다.

전자 복제 기술의 발전과 디지털 혁명은 정보나 자료의 공유가 지니는 의의를 잘 보여주고 있다. 인터넷과 같은 매체 환경의 변화는 원본을 무한히 복제하고 자유롭게 이용함으로써 누구나 창작의 주체가 되어 새로운 문화 창조에 기여할 수 있도록 돕는다. 인터넷 환경에서 이용자는 저작물을 자유롭게 교환할 뿐 아니라 수많은 사람들과 생각을 나누며 새로운 창작물을 생산하고 있다. 이러한 상황은 저작권을 사적 재산권의 측면에서보다는 공익적 측면에서 바라볼 필요가 있음을 보여준다.

15 다음 중 윗글의 내용으로 적절하지 않은 것은?

① 저작권 보호기간인 사후 50년이 지난 저작물은 누구나 자유롭게 이용할 수 있다.
② 공적 이익 추구를 위한 저작권이 사적 재산권 보호를 위한 도구로 전락하였다.
③ 창작은 이미 존재하는 지적 자원의 영향을 받아 이루어진다.
④ 저작권의 의의는 전혀 새로운 문화를 창작한다는 데 있다.

16 다음 중 윗글의 주장에 대한 비판으로 가장 적절한 것은?

① 저작권의 사회적 공유에 대해 일관성 없는 주장을 하고 있다.
② 저작물이 개인의 지적, 정신적 창조물임을 과소평가하고 있다.
③ 저작권의 사적 보호가 초래한 사회적 문제의 사례가 적절하지 않다.
④ 인터넷이 저작권의 사회적 공유에 미치는 영향을 드러내지 못하고 있다.

※ 다음 글을 읽고 이어지는 질문에 답하시오. **[17~18]**

(가) 1772년 프랑스 기행작가인 피에르 장 그로슬리가 쓴 『런던여행』이라는 책에 샌드위치 백작과 관련된 일화가 나온다. 이 책에는 샌드위치 백작이 도박을 하다가 빵 사이에 소금에 절인 고기를 끼워 먹는 것을 보고 옆에 있던 사람이 '샌드위치와 같은 음식을 달라.'고 주문한 것에서 샌드위치라는 이름이 생겼다고 적혀있다. 하지만 샌드위치 백작의 일대기를 쓴 전기 작가 로저는 이와 다른 주장을 한다. 샌드위치 백작이 각료였을 때 업무에 바빠서 제대로 된 식사를 못 하고 책상에서 빵 사이에 고기를 끼워 먹었다는 데서 샌드위치 이름이 유래되었다는 것이다.

(나) 샌드위치는 사람의 이름이 아니고, 영국 남동부 도버 해협에 있는 중세풍 도시로 지금도 많은 사람이 찾는 유명 관광지이다. 도시명이 음식 이름으로 널리 알려진 이유는 18세기 사람으로, 이 도시의 영주였던 샌드위치 백작 4세, 존 몬태규 경 덕분이다. 샌드위치 백작은 세계사에 큰 발자취를 남긴 인물로 세계 곳곳에서 그의 흔적을 찾을 수 있다.

(다) 샌드위치는 빵과 빵 사이에 햄과 치즈, 달걀 프라이와 채소 등을 끼워 먹는 것이 전부인 음식으로, 도박꾼이 노름하다 만든 음식이라는 소문까지 생겼을 만큼 간단한 음식이다. 그러나 사실 샌드위치의 유래에는 복잡한 진실이 담겨 있으며, 샌드위치가 사람 이름이라고 생각하는 경우가 많지만 그렇지 않다.

(라) 샌드위치의 기원에 대해서는 이야기가 엇갈리는데, 그 이유는 ________________ 일부에서는 샌드위치 백작을 유능한 정치인이며 군인이었다고 말하지만 또 다른 한편에서는 무능하고 부패했던 도박꾼에 지나지 않았다고 평가한다.

17 다음 중 (가)~(라) 문단을 논리적으로 배열한 것은?

① (가) – (다) – (나) – (라)
② (나) – (가) – (라) – (다)
③ (다) – (나) – (가) – (라)
④ (다) – (나) – (라) – (가)

18 다음 중 빈칸에 들어갈 내용으로 가장 적절한 것은?

① 샌드위치와 관련된 다양한 일화가 전해지고 있기 때문이다.
② 음식 이름의 주인공 가족과 관계가 있다.
③ 많은 대중들이 즐겨 먹었던 음식이기 때문이다.
④ 음식 이름의 주인공에 대한 상반된 평가와 관계가 있다.

19 용민이와 효린이가 같은 방향으로 호수 둘레를 도는데 용민이는 7km/h, 효린이는 3km/h 속력으로 걷는다. 두 사람이 다시 만났을 때 7시간이 지나있었다면 호수의 둘레는 몇 km인가?

① 24km
② 26km
③ 28km
④ 30km

20 다음은 2022 ~ 2024년 S사의 데스크탑 PC와 노트북 판매량이다. 전년 대비 2024년의 판매량 증감률을 바르게 짝지은 것은?

〈2022 ~ 2024년 데스크탑 PC 및 노트북 판매량〉

(단위 : 천 대)

구분	2022년	2023년	2024년
데스크탑 PC	5,500	5,000	4,700
노트북	1,800	2,000	2,400

	데스크탑 PC	노트북
①	6%	20%
②	6%	10%
③	−6%	10%
④	−6%	20%

21 다음 자료는 어느 나라의 2023년과 2024년의 노동 가능 인구구성의 변화를 나타낸 것이다. 2023년과 비교한 2024년의 상황을 바르게 설명한 것은?

〈노동 가능 인구구성의 변화〉

구분	취업자	실업자	비경제활동인구
2023년	55%	25%	20%
2024년	43%	27%	30%

① 이 자료에서 실업자의 수는 알 수 없다.
② 실업자의 비율은 감소하였다.
③ 경제활동인구는 증가하였다.
④ 취업자 비율의 증감폭이 실업자 비율의 증감폭보다 작다.

22 A초등학교 1, 2학년 학생들에게 다섯 가지 색깔 중 선호하는 색깔을 선택하게 하였다. 1학년 전체 학생 중 빨강을 좋아하는 학생 수의 비율과 2학년 전체 학생 중 노랑을 좋아하는 학생 수의 비율을 바르게 나열한 것은?(단, 각 학년의 인원수는 250명이다)

〈학생별 선호 색상〉

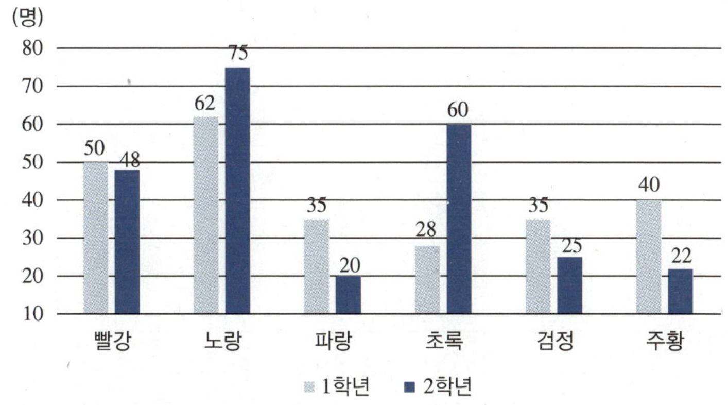

① 20%, 30%
② 25%, 25%
③ 30%, 30%
④ 20%, 25%

23 다음은 A사의 부채 현황을 나타낸 자료이다. 이에 대한 설명으로 옳지 않은 것은?

〈A사 부채 현황〉

회계연도		2014	2015	2016	2017	2018	2019	2020	2021	2022	2023
자산		65.6	66.9	70.0	92.3	94.8	96.2	98.2	99.7	106.3	105.3
부채	금융부채	14.6	19.0	22.0	26.4	30.0	34.2	35.4	32.8	26.5	22.4
	비금융부채	7.0	6.9	6.9	17.8	20.3	20.7	21.2	23.5	26.6	27.5
	합계	21.6	25.9	28.9	44.2	50.3	54.9	56.6	56.3	53.1	49.9
자본		44	41	41.1	48.1	44.5	41.3	41.6	43.4	53.2	55.4

※ [부채비율(%)]=(부채합계)÷(자본)×100

① 2020년도의 부채비율은 약 136%로 다른 연도에 비해 부채비율이 가장 높다.
② 2014년도부터 2022년도까지 자산은 꾸준히 증가해왔다.
③ 2014년도부터 2021년도까지 금융부채는 비금융부채보다 1.5배 이상 많다.
④ 부채는 2020년도 이후 줄어들고 있다.

※ 일정한 규칙으로 수를 나열할 때, 빈칸에 들어갈 수로 옳은 것을 고르시오. **[24~25]**

24

1　9　(　)　98　980　988　9,880

① 3　② 90
③ 7　④ 120

25

84　21　38　9.5　15　3.75　(　)

① 3.5　② 4.5
③ 5.5　④ 6.5

※ 일정한 규칙으로 문자를 나열할 때, 빈칸에 들어갈 문자로 옳은 것을 고르시오. **[26~27]**

26

b　g　e　j　(　)　m　k　p

① h　② i
③ l　④ n

27

ㅈ　ㄷ　ㅅ　ㅁ　ㅁ　(　)

① ㄷ　② ㅁ
③ ㅅ　④ ㅊ

28 S사는 공개 채용을 통해 4명의 남자 사원과 2명의 여자 사원을 최종 선발하였고, 선발된 6명의 신입 사원을 기획부, 인사부, 구매부 세 부서에 배치하려고 한다. 다음 〈조건〉에 따라 신입 사원을 배치할 때, 옳지 않은 것은?

조건

- 기획부, 인사부, 구매부 각 부서에 적어도 1명의 신입 사원을 배치한다.
- 기획부, 인사부, 구매부에 배치되는 신입 사원의 수는 서로 다르다.
- 부서별로 배치되는 신입 사원의 수는 구매부가 가장 적고, 기획부가 가장 많다.
- 여자 신입 사원만 배치되는 부서는 없다.

① 인사부에는 2명의 신입 사원이 배치된다.
② 구매부에는 1명의 남자 신입 사원이 배치된다.
③ 기획부에는 반드시 여자 신입 사원이 배치된다.
④ 인사부에는 반드시 여자 신입 사원이 배치된다.

PART 3

※ A사의 건물은 5층이며, 층마다 화분이 놓여있다. 이어지는 질문에 답하시오. **[29~30]**

조건

- 1층에는 2층보다 많은 화분이 놓여있다.
- 3층에는 4층보다 적은 화분이 놓여있다.
- 3층에는 2층보다 적은 화분이 놓여있다.
- 5층에는 4층보다 적은 화분이 놓여있지만 화분이 가장 적은 것은 아니다.

29 다음 중 반드시 참인 것은?

① 3층의 화분 수가 가장 적다.
② 2층과 5층의 화분 수는 같다.
③ 2층의 화분 수는 4층의 화분 수보다 적다.
④ 4층의 화분 수는 2층의 화분 수보다 많다.

30 2층의 화분 수가 4층의 화분 수보다 많다고 할 때, 다음 중 참이 아닌 것은?

① 1층의 화분 수가 가장 많다.
② 2층의 화분 수가 두 번째로 많다.
③ 5층의 화분 수는 3층의 화분 수보다 많다.
④ 4층의 화분 수가 A사 건물 내 모든 화분의 평균 개수이다.

31 다음 중 제시된 문자와 다른 것은?

86435476868448

① 86435476868448 ② 86435476888448

③ 86435476868448 ④ 86435476868448

32 다음은 2023년과 2024년 디지털 콘텐츠에서 제작 분야의 영역별 매출 현황에 대한 표이다. 이에 대한 설명으로 옳지 않은 것은?

〈제작 분야의 영역별 매출 현황〉

(단위 : 억 원, %)

구분	정보	출판	영상	음악	캐릭터	애니메이션	게임	기타	합계
2023년	208 (10.8)	130 (6.8)	98 (5.2)	91 (4.8)	54 (2.9)	240 (12.6)	1,069 (56.1)	13 (0.7)	1,907 (100.0)
2024년	331 (13.0)	193 (7.6)	245 (9.6)	117 (4.6)	86 (3.4)	247 (9.7)	1,309 (51.4)	16 (0.7)	2,548 (100.0)

※ ( )는 총 매출액에 대한 비율임

① 2024년 총 매출액은 2023년 총 매출액보다 641억 원 더 많다.

② 2023년과 2024년 총 매출액에 대한 비율의 차이가 가장 작은 것은 음악 영역이다.

③ 애니메이션 영역과 게임 영역은 2023년에 비해 2024년에 매출액 비중이 감소하였다.

④ 2023년과 2024년 모두 게임 영역이 차지하는 비율이 50% 이상이다.

33 육상선수 갑, 을, 병이 운동장을 각각 8분에 4바퀴, 9분에 3바퀴, 4분에 1바퀴를 돈다. 세 사람이 4시 30분에 같은 방향으로 동시에 출발하였다면, 출발점에서 다시 만나는 시각은?

① 4시 39분 ② 4시 40분

③ 4시 41분 ④ 4시 42분

※ 다음 중 제시된 도형과 같은 것을 고르시오. **[34~35]**

34

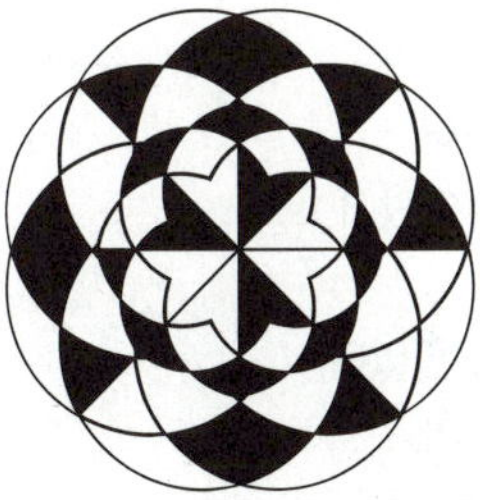

①

②

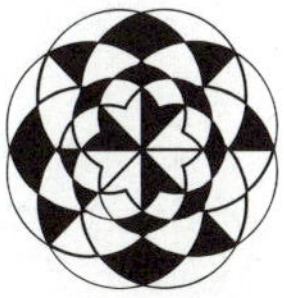

③

④

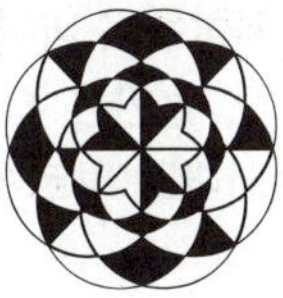

35

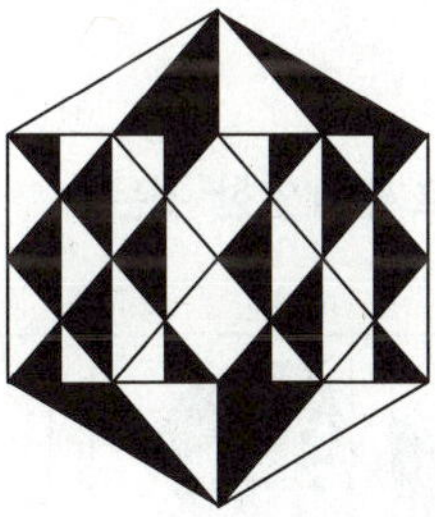

①

②

③

④

36 A ~ E가 기말고사를 봤는데, 이 중 2명은 부정행위를 하였다. 부정행위를 한 2명은 거짓을 말하고 부정행위를 하지 않은 3명은 진실을 말할 때, 다음 진술을 보고 부정행위를 한 사람끼리 짝지은 것으로 옳은 것은?

- A : D는 거짓말을 하고 있어.
- B : A는 부정행위를 하지 않았어.
- C : B가 부정행위를 했어.
- D : 나는 부정행위를 하지 않았어.
- E : C가 거짓말을 하고 있어.

① A, B ② B, C
③ C, D ④ C, E

37 A, B, C 세 사람 중 한 사람은 수녀이고, 한 사람은 왕이고, 한 사람은 농민이다. 수녀는 언제나 참을, 왕은 언제나 거짓을, 농민은 참을 말하기도 하고 거짓을 말하기도 한다. 다음 대화에 따라 A, B, C가 누구인지 순서대로 바르게 나열한 것은?

A : 나는 농민이다.
B : A의 말은 진실이다.
C : 나는 농민이 아니다.

① 농민, 왕, 수녀 ② 농민, 수녀, 왕
③ 수녀, 왕, 농민 ④ 왕, 농민, 수녀

38 다음 중 그림을 순서대로 바르게 배열한 것은?

(가) (나) (다) (라)

① (가) – (라) – (다) – (나) ② (나) – (다) – (가) – (라)
③ (나) – (다) – (라) – (가) ④ (다) – (라) – (나) – (가)

※ 다음 블록의 개수는 몇 개인지 고르시오(단, 보이지 않는 곳의 블록은 있다고 가정한다). [39~42]

39

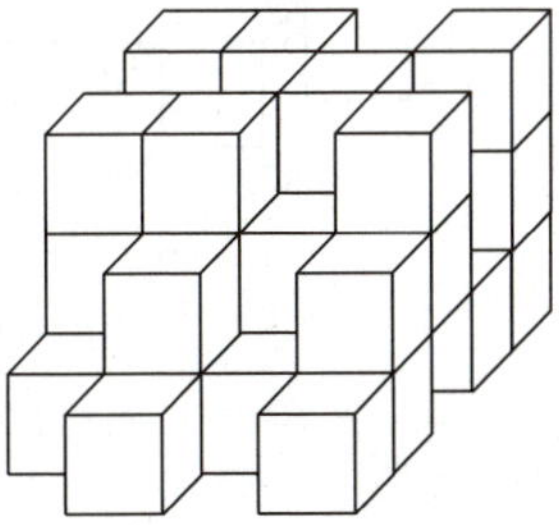

① 36개
② 37개
③ 38개
④ 39개

40

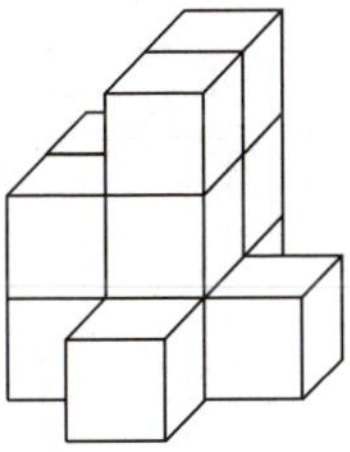

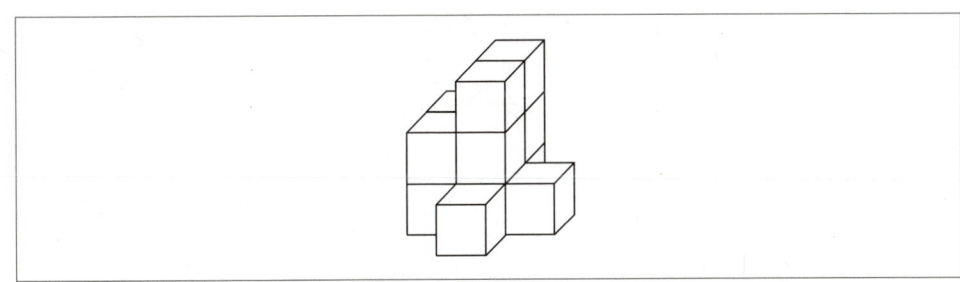

① 10개
② 11개
③ 12개
④ 13개

41

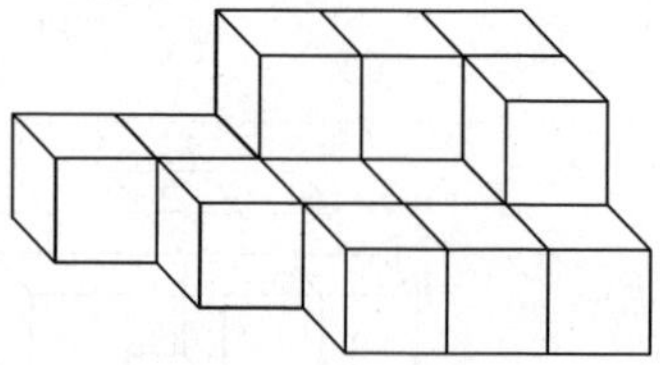

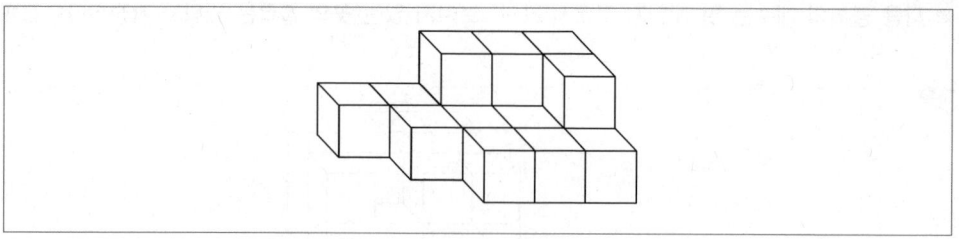

① 14개
② 16개
③ 18개
④ 20개

42

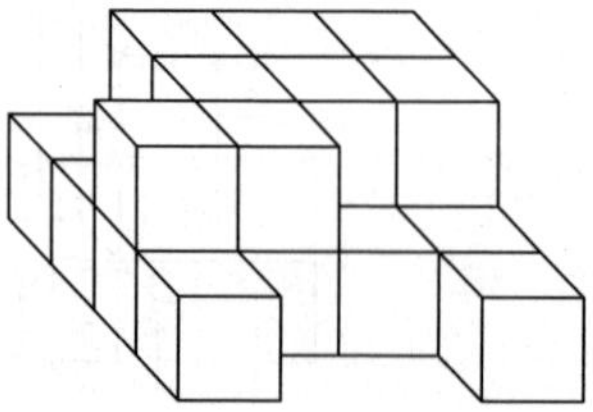

① 20개
② 21개
③ 22개
④ 23개

※ 제시된 명제가 모두 참일 때, 빈칸에 들어갈 명제로 가장 적절한 것을 고르시오. [43~45]

43

- 양식 자격증이 없다면 레스토랑에 취직할 수 없다.
- 양식 자격증을 획득하려면 양식 실기시험에 합격해야 한다.
- ______________________________

① 양식 실기시험에 합격하면 레스토랑에 취직할 수 있다.
② 레스토랑에 취직하려면 양식 실기시험에 합격해야 한다.
③ 양식 자격증이 있으면 레스토랑에 취직할 수 있다.
④ 양식 실기시험에 합격하면 양식 자격증을 획득할 수 있다.

PART 3

44

- 음악을 좋아하는 사람은 미술을 좋아한다.
- 사회를 좋아하는 사람은 음악을 좋아한다.
- ______________________________

① 음악을 좋아하는 사람은 사회를 좋아한다.
② 미술을 좋아하지 않는 사람은 사회를 좋아하지 않는다.
③ 미술을 좋아하는 사람은 사회를 좋아하지 않는다.
④ 사회를 좋아하지 않는 사람은 미술을 좋아한다.

45

- 음악을 좋아하는 사람은 상상력이 풍부하다.
- 음악을 좋아하지 않는 사람은 노란색을 좋아하지 않는다.
- ______________________________

① 노란색을 좋아하지 않는 사람은 음악을 좋아한다.
② 음악을 좋아하지 않는 사람은 상상력이 풍부하지 않다.
③ 상상력이 풍부한 사람은 노란색을 좋아하지 않는다.
④ 노란색을 좋아하는 사람은 상상력이 풍부하다.

제3회 최종점검 모의고사

모바일 OMR
답안채점 / 성적분석
서비스

☑ 응시시간 : 45분 ☑ 문항 수 : 45문항

정답 및 해설 p.052

01 다음 밑줄 친 단어와 같은 의미로 쓰인 것은?

취업을 위한 자격증을 <u>가지기</u> 위해서, 학원을 방문하는 사람들이 증가하고 있다.

① 새로운 국적을 <u>가지다</u>.
② 환송회를 <u>가지다</u>.
③ 우리 집 고양이가 새끼를 <u>가졌다</u>.
④ 너의 행동에 자부심을 <u>가져라</u>.

※ 다음 제시된 단어와 같거나 유사한 의미를 가진 단어를 고르시오. [2~3]

02

간헐적

① 근근이 ② 자못
③ 이따금 ④ 빈번히

03

간격

① 간주 ② 극간
③ 간조 ④ 간섭

04 A ~ E 5명은 D시에서 개최하는 마라톤에 참가하였다. 다음 〈조건〉이 모두 참일 때, 참이 아닌 것은?

> **조건**
> - A는 B와 C보다 앞서 달리고 있다.
> - D는 A보다 뒤에 달리고 있지만, B보다는 앞서 달리고 있다.
> - C는 D보다 뒤에 달리고 있지만, B보다는 앞서 달리고 있다.
> - E는 C보다 뒤에 달리고 있지만, 5명 중 꼴찌는 아니다.

① 현재 1등은 A이다.
② 현재 꼴찌는 B이다.
③ E는 C와 B 사이에서 달리고 있다.
④ 현재 순위에 변동 없이 결승점까지 달린다면 C가 4등을 할 것이다.

05 다음 명제가 항상 참일 때, 반드시 참이라고 할 수 없는 것은?

> - 모든 사람은 자신에게 호의적인 사람에게 호의적이다.
> - 어느 누구도 자신을 비방한 사람에게 호의적이지 않다.
> - 모든 사람 중에는 다른 사람을 절대 비방하지 않는 사람이 있다.
> - 어느 누구도 자기 자신에 대해서 호의적이지도 않고 자기 자신을 비방하지도 않는다.

① 두 사람이 서로 호의적이라면, 그 두 사람은 서로 비방한 적이 없다.
② 두 사람이 서로 비방한 적이 없다면, 그 두 사람은 서로 호의적이다.
③ 어떤 사람이 다른 모든 사람을 비방한다면, 그 사람에 대해 호의적인 사람은 없다.
④ A라는 사람이 다른 모든 사람을 비방한다면, A에게 호의적이지 않지만 A를 비방하지 않는 사람이 있다.

06 어느 도시에 있는 병원의 공휴일 진료 현황은 다음과 같다. 공휴일에 진료하는 병원의 수는?

> - 만약 B 병원이 진료를 하지 않으면, A 병원은 진료를 한다.
> - 만약 B 병원이 진료를 하면, D 병원은 진료를 하지 않는다.
> - 만약 A 병원이 진료를 하면, C 병원은 진료를 하지 않는다.
> - 만약 C 병원이 진료를 하지 않으면, E 병원이 진료를 한다.
> - E 병원은 공휴일에 진료를 하지 않는다.

① 1곳 ② 2곳
③ 3곳 ④ 4곳

07 다음 글의 빈칸에 들어갈 접속어로 가장 적절한 것은?

시장경제는 국민 모두가 잘살기 위한 목적을 달성하기 위한 수단으로써 선택한 나라 살림의 운영 방식이다. 그러나 최근에 재계, 정계, 그리고 경제 관료 사이에 벌어지고 있는 시장경제에 대한 논쟁은 마치 시장경제 그 자체가 목적인 것처럼 왜곡되고 있다. 국민들이 잘살기 위해서는 경제가 성장해야 한다. 그러나 경제가 성장했는데도 다수의 국민들이 잘사는 결과를 가져오지 못하고 경제적 강자들의 기득권을 확대 생산하는 결과만을 가져온다면, 국민들은 시장경제를 버리고 대안적 경제 체제를 찾을 것이다. 그렇기 때문에 시장경제를 유지하기 위해서는 성장과 분배의 균형이 중요하다.

시장경제는 경쟁을 통해서 효율성을 높이고 성장을 달성한다. 경쟁의 동기는 사적인 이익을 추구하는 인간의 이기적 속성에 기인한다. 국민 각자는 모두가 함께 잘 살기 위해서가 아니라 내가 잘 살기 위해서 경쟁을 한다. 모두가 함께 잘 살기 위한 공동의 목적을 달성하기 위한 수단으로 시장경제를 선택한 것이지만 개개인은 이기적인 동기로 시장에 참여하는 것이다. 이와 같이 시장경제는 개인과 공동의 목적이 서로 상반되는 모순을 갖는 것이 그 본질이다. ________ 시장경제가 제대로 운영되기 위해서는 국가의 소임이 중요하다.

시장경제에서 국가가 할 일을 크게 세 가지로 나누어 볼 수 있다. 첫째는 경쟁을 유도하는 시장 체제를 만드는 것이고, 둘째는 공정한 경쟁이 이루어지도록 시장 질서를 세우는 것이며, 셋째는 경쟁의 결과로 얻은 성과가 모두에게 공평하게 분배되도록 조정하는 것이다. 최근에 벌어지고 있는 시장경제의 논쟁은 세 가지 국가의 역할 중에서 논쟁의 주체들이 자신의 이해관계에 따라서 선택적으로 시장경제를 왜곡하고 있다. 경쟁에서 강자의 위치를 확보한 재벌들은 경쟁 촉진을 주장하면서 공정경쟁이나 분배를 말하는 것은 반시장적이라고 매도한다. 정치권은 인기 영합의 수단으로 그리고 일부 노동계는 이기적 동기에서 분배를 주장하면서 분배의 전제가 되는 성장을 위해 필요한 경쟁을 훼손하는 모순된 주장을 한다. 경제 관료들은 자신의 권력을 강화하기 위한 부처의 이기적인 관점에서 경쟁촉진과 공정 경쟁 사이의 줄타기 곡예를 하고, 분배에 대해 말하는 것은 금기시한다. 모두가 자신들의 기득권을 위해서 선택적으로 왜곡하고 있다.

경쟁은 원천적으로 공정성을 보장하지 못한다. 서로 다른 능력이 주어진 천부적인 차이는 물론이고, 물려받는 재산과 환경의 차이로 인하여 출발선에서부터 불공정한 경쟁이 시작된다. 그럼에도 불구하고 경쟁은 창의력을 가지고 노력하는 사람에게 성공을 가져다주는 체제이다. 그래서 출발점이 다르더라도 노력과 능력에 따라 성공의 기회가 제공되도록 보장하기 위해 공정 경쟁이 중요하다.

경쟁은 또한 분배의 공평성을 보장하지 못한다. 경쟁의 결과는 경쟁에 참여한 모든 사람들의 노력의 결과로 이루어진 것이지, 승자만의 노력으로 이루어진 것은 아니다. 경쟁의 결과가 승자에 의해 독점된다면 국민들은 경쟁의 참여를 거부할 수밖에 없다. 그래서 경쟁에 참여한 모두에게 공평한 분배가 이루어지는 것이 중요하다.

① 그러나
② 하지만
③ 그래서
④ 왜냐하면

08 다음 글의 주제로 적절한 것은?

> 사피어 – 워프 가설은 어떤 언어를 사용하느냐에 따라 사고의 방식이 정해진다는 이론이다. 이에 따르면 언어는 인간의 사고나 사유를 반영함은 물론이고, 그 언어를 쓰는 사람들의 사고방식에까지 영향을 미친다.
> ‘공동체의 언어 습관이 특정한 해석을 선택하도록 하기 때문에 우리는 일반적으로 우리가 행한 대로 보고 듣고 경험한다’라고 한 사피어의 관점에 영향을 받아, 워프는 ‘언어가 경험을 조직한다’라고 주장했다. 한 문화의 구성원으로서, 특정한 언어를 사용하는 화자로서 우리는 언어를 통해 암묵적 분류를 배우고 이 분류가 세계의 정확한 표현이라고 간주한다. 그리고 그 분류는 사회마다 다르므로 각 문화는 서로 다른 의견을 갖는 개인들로 구성됨에도 불구하고 독특한 합의를 보여 준다.
> 가령 에스키모어에는 눈에 관한 낱말이 많은데, 영어로는 한 단어인 ‘눈(snow)’을 네 가지 다른 단어, 즉 땅 위의 눈(aput), 내리는 눈(quana), 바람에 날리는 눈(piqsirpoq), 바람에 날려 쌓이는 눈(quiumqsuq) 등으로 표현한다는 것이다. 북아프리카 사막의 유목민들은 낙타에 대한 10개 이상의 단어를 가지고 있으며 이는 우리도 마찬가지다. 영어의 ‘rice’에 해당하는 우리말은 ‘모’, ‘벼’, ‘쌀’, ‘밥’ 등이 있다.
> 그렇다면 언어와 사고, 언어와 문화의 관계는 어떻게 볼 수 있을까? 일단 우리는 언어와 정신 활동이 상호 의존성을 갖는다고 말할 수 있을 것이다. 하지만 그들 간의 관계 중 어느 것이 더 우월한 것인지 잘 식별할 수 없을 정도로 인식하고 나면, 우리의 생각은 언어 우위 쪽으로 기울기 쉽다. 왜냐하면 언어의 사용에 따라 사고가 달라진다고 규정하는 것이 사고를 통해 언어가 만들어진다는 것보다 훨씬 더 쉽게 이해되기 때문이다. 이러한 면에서 사피어 – 워프 가설은 언어 우위론적 입장을 보인다고 할 수 있다.
> 그러나 사피어 – 워프 가설이 언어 우위론의 근거로만 설명되는 것은 아니다. 앞의 에스키모어의 예를 보면, 사람들이 눈을 인지하는 방법이 달라진 것(사고의 변화)으로 인해 언어도 달라지게 되었는지, 반대로 언어 체계가 달라진 것으로 인해 눈을 인지하는 방법이 달라졌는지를 명확하게 설명할 수 없기 때문이다.

① 사피어 – 워프 가설은 언어 우위론으로 입증할 수 있다.
② 사피어 – 워프 가설의 예로 에스키모어가 있다.
③ 사피어 – 워프 가설은 우리의 언어 생활과 밀접한 이론이다.
④ 언어와 사고의 관계에 대한 사피어 – 워프 가설을 증명하기는 쉽지 않다.

PART 3

09 다음 글을 통해 알 수 있는 내용으로 적절하지 않은 것은?

> 인간의 사유는 특정한 기준을 바탕으로 다른 것과의 차이를 인식하는 것이라고 할 수 있다. 이때의 기준을 이루는 근간(根幹)은 당연히 현실 세계의 경험과 인식이다. 하지만 인간은 현실적 경험으로 인식되지 않는 대상을 사유하기도 하는데, 그중 하나가 신화적 사유이며 이는 상상력의 산물이다. 상상력은 통념(通念)상 현실과 대립되는 위치에 속한다. 또한 현대 문명에서 상상력은 과학적·합리적 사고와 반대되는 사유 체계로 간주되기도 한다. 그러나 신화적 사유를 떠받치고 있는 상상력은 '현실적 – 비현실적', '논리적 – 비논리적', '합리적 – 비합리적' 등과 같은 단순한 양항 체계 속으로 환원될 수 없다.
>
> 초기 인류학에서는 근대 문명과 대비시켜 신화적 사유를 미개한 존재들의 미숙한 단계의 사고로 간주(看做)했었다. 이러한 입장을 대표하는 레비브륄에 따르면 미개인은 논리 이전의 사고방식과 비현실적 감각을 가진 존재이다. 그러나 신화 연구에 적지 않은 영향을 끼치며 오늘날에도 여전히 유효한 레비스트로스의 논의에 따르면, 미개인과 문명인의 사고방식은 사물을 분류하는 방식과 주된 관심 영역 등이 다를 뿐 어느 것이 더 합리적이거나 논리적이라고는 할 수는 없다. 또한 그것은 세계를 이해하는 두 가지의 서로 다른 방식 혹은 태도일 뿐이다. 신화적 사유를 비롯한 이른바 미개인의 사고방식을 가리키는 레비스트로스가 말하는 '야생의 사고'는, 이러한 사고방식이 근대인 혹은 문명인 못지않게 질서와 체계에 민감하고 그 나름의 현실적, 논리적, 합리적 기반을 갖추고 있음을 함축하고 있는 개념이다.
>
> 레비스트로스의 '야생의 사고'는 신화시대와 신화적 사유를 근대적 문명에 입각한 발전론적 시각이 아닌 상대주의적 시각으로 바라보았다는 점에서 의미가 크다. 그러나 그가 신화 자체의 사유 방식이나 특성을 특정 시대의 것으로 한정(限定)하는 오류를 범하고 있다는 점에 유의해야 한다. 과거 신화시대에 생겨난 신화적 사유는, 신화가 재현되고 재생되는 한 여전히 시간과 공간을 뛰어넘어 현재화되고 있기 때문이다.
>
> 이상에서 보듯이 신화적 사유는 현실적·경험적 차원의 '진실'이나 '비진실'로 구분될 수 없다. 신화는 허구적이거나 진실한 것 모두를 '재료'로 사용할 수 있으며, 이러한 재료들은 신화적 사유 고유의 규칙과 체계에 따라 배열된다. 그러므로 신화 텍스트에서 이러한 재료들의 구성 원리를 밝히는 것은 그 신화에 반영된 신화적 사유 체계를 밝히는 것이라 할 수 있다. 또한 이는 신화를 공유하고 전승(傳承)해 왔던 집단의 원형적 사유 체계에 접근하는 작업이라고도 할 수 있다.

① 신화는 그 고유의 규칙과 체계를 갖고 있다.
② 신화적 사유는 상상력의 산물이라 할 수 있다.
③ 신화적 사유는 특정 시대의 사유 특성에 한정된다.
④ 신화적 상상력은 상상력에 대한 통념적 인식과 차이가 있다.

10 다음은 A국 국회의원의 SNS(소셜네트워크서비스) 이용자 수 현황에 대한 자료이다. 이를 이용하여 작성한 그래프로 옳지 않은 것은?(단, 소수점 둘째 자리에서 반올림한다)

〈A국 국회의원의 SNS 이용자 수 현황〉

(단위 : 명)

구분	정당	당선 횟수별				당선 유형별		성별	
		초선	2선	3선	4선 이상	지역구	비례대표	남자	여자
여당	A	82	29	22	12	126	19	123	22
야당	B	29	25	13	6	59	14	59	14
	C	7	3	1	1	7	5	10	2
합계		118	57	36	19	192	38	192	38

① 국회의원의 여야별 SNS 이용자 수

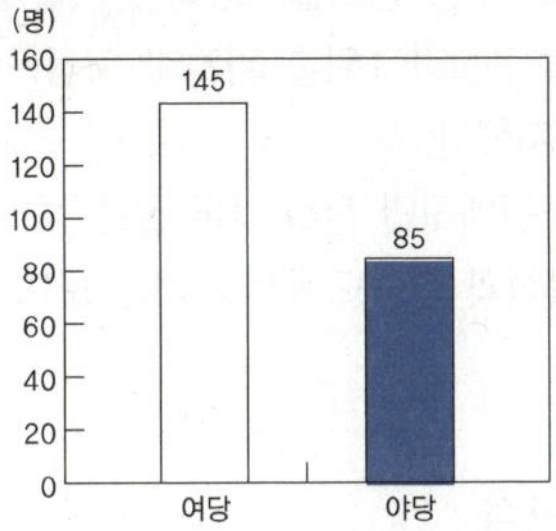

② 남녀 국회의원의 여야별 SNS 이용자 구성비

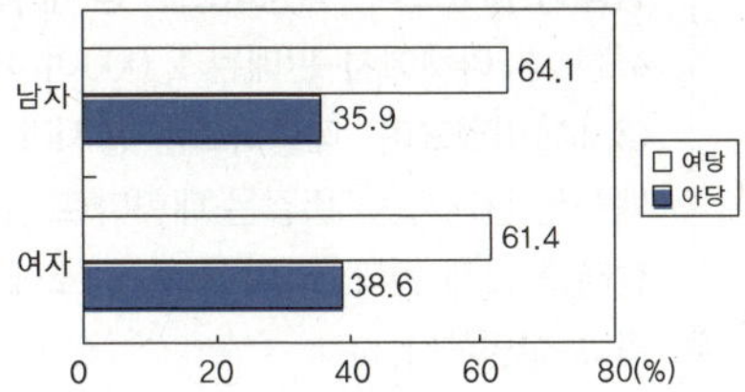

③ 야당 국회의원의 당선 횟수별 SNS 이용자 구성비

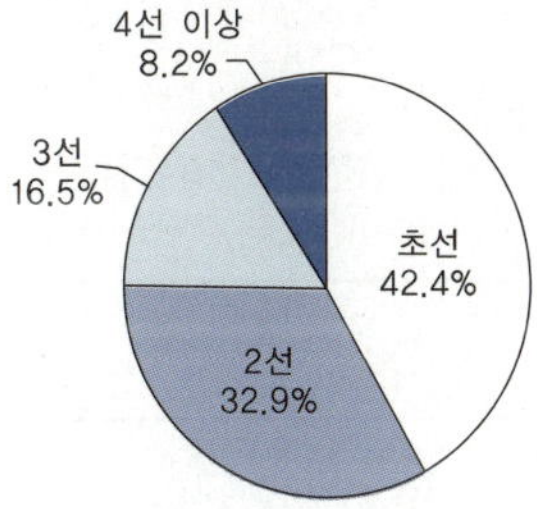

④ 2선 이상 국회의원의 정당별 SNS 이용자 수

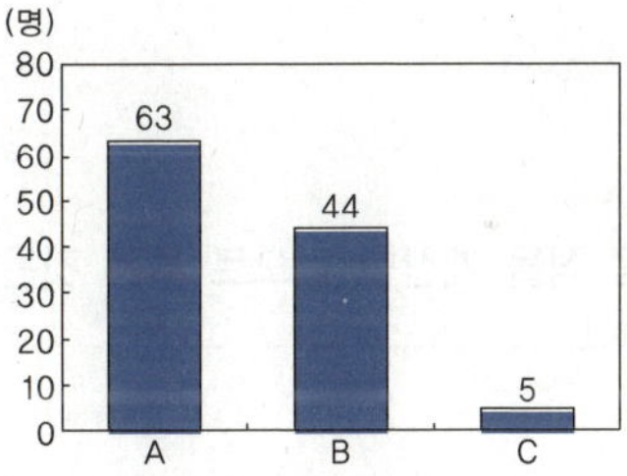

11 일정한 규칙으로 수를 나열할 때, 빈칸에 들어갈 수로 옳은 것은?

0 3 5 10 17 29 48 ( )

① 55

② 60

③ 71

④ 79

12 다음 상황과 관련 있는 한자성어는?

> 똑같은 상품이라도 대형마트와 백화점 중 어디에서 판매하느냐에 따라 구매 선호도에 차이를 보이는 것으로 조사됐다.
> 한 백화점에서 지하 1층에 위치한 마켓의 올 한해 상품판매 추이를 분석한 결과, 신선식품과 유기농 식품 등의 구매 선호도가 동일한 상품을 판매하는 대형마트보다 높게 나타났다. 상품군별 매출구성비를 살펴보면 신선식품의 경우 대형마트는 전체 매출의 23%대를 차지하고, 백화점 내 마켓은 32%의 구성비를 보이며 구매 선호도가 가장 높게 나타났다. 특히 유기농 상품매장의 경우 유기농 상품의 평균 구매단가가 8,550원으로 대형마트의 7,050원보다 21%나 높음에도 불구하고 백화점 내 마켓 매출이 대형마트보다 월평균 3배 이상 높은 것으로 확인됐다.
> 또 유기농 선호품목의 경우 백화점 내 마켓에서는 우유 등 유제품과 사과, 바나나 등 과일의 구매가 활발하지만, 대형마트에서는 잡곡과 쌀 등 곡류의 선호도가 높았다. 품목별 상품매출 구성비에서 상위 10위권 이내의 상품은 백화점의 경우 와인과 LCD TV, 프리미엄 냉장고, 노트북 등 문화가전 상품이 많았으나, 대형마트는 봉지라면과 쌀, 화장지, 병 소주 등 생활필수품이 인기를 끌었다. 백화점 내 마켓에서 판매된 2,000여 가지 상품 가운데 매출구성비 1위를 차지한 상품은 레드와인(3.4%)이었으며, 대형마트는 봉지라면(1.5%)이 1위를 차지했다.
> 백화점 관계자는 "똑같은 대형마트 상품이라도 백화점에서 판매하면 전혀 다른 상품 선호도와 소비형태를 낳게 된다."라며 "이는 장소에 따라 고객의 구매 목적과 집중도에서 차이를 보이기 때문"이라고 설명했다.

① 귤화위지
② 좌불안석
③ 불문가지
④ 전화위복

13 다음 식을 계산한 값으로 옳은 것은?

$$12+232\div 2^2+34$$

① 64
② 74
③ 84
④ 104

14 다음은 5월 7일부터 5월 13일까지 A제품의 도매가와 일주일간 평균 도매가를 정리한 자료이다. 5월 10일의 도매가는 얼마인가?

구분	5/7	5/8	5/9	5/10	5/11	5/12	5/13	평균
가격(원)	400	500	300	(　)	400	550	300	400

① 300원
② 350원
③ 400원
④ 450원

15 농도 8%의 소금물 400g에 농도 3%의 소금물 몇 g을 넣으면 농도 5%의 소금물이 되는가?

① 600g ② 650g

③ 700g ④ 750g

16 원가의 20%를 추가한 금액을 정가로 하는 제품을 15% 할인해서 50개를 판매한 금액이 127,500원일 때, 이 제품의 원가는?

① 1,500원 ② 2,000원

③ 2,500원 ④ 3,000원

17 명진이와 선우는 공원에서 8km 떨어진 정 반대편에 각각 살고 있다. 명진이는 공원까지 뛰어가는데 90분이 걸리고, 선우는 60분이 걸린다고 할 때, 두 사람이 서로의 집을 향해 뛰어간다면 몇 분 후에 만나겠는가?(단, 공원의 크기는 생각하지 않는다)

① 58분 ② 64분

③ 70분 ④ 72분

18 K마트에서는 사과 2개와 배 5개를 한 세트로 하여 온종일 특가로 판매하였다. 영업 시작 전 사과와 배의 개수가 3 : 7의 비율로 있었는데, 영업 마감 후에는 사과만 42개가 남았다. 영업 시작 전 사과와 배는 총 몇 개가 있었는가?

① 1,000개 ② 1,400개

③ 1,800개 ④ 2,100개

19 P회사에서는 업무효율을 높이기 위해 근무여건 개선방안에 대하여 논의하고자 한다. 귀하는 이에 대한 자료를 준비하기 위하여 전 직원의 야간근무 현황을 조사하였다. 다음 중 옳지 않은 것은?

〈야간근무 현황(주 단위)〉

(단위 : 일, 시간)

구분	임원	부장	과장	대리	사원
평균 야간근무 빈도	1.2	2.2	2.4	1.8	1.4
평균 야간근무 시간	1.8	3.3	4.8	6.3	4.2

※ 60분의 2/3 이상을 채울 시 1시간으로 야간근무수당을 계산함

① 과장은 한 주에 평균적으로 2.4일 정도 야간근무를 한다.

② 전 직원의 주 평균 야간근무 빈도는 1.8일이다.

③ 사원은 한 주 동안 평균 4시간 12분 정도 야간근무를 하고 있다.

④ 1회 야간근무 시 평균적으로 가장 긴 시간 동안 일하는 직원은 대리이다.

20 다음은 민간분야 사이버 침해사고 발생현황에 대한 자료이다. 기타 해킹이 가장 많았던 연도의 전체 사이버 침해사고 건수의 전년 대비 증감률은 얼마인가?(단, 소수점 첫째 자리에서 반올림한다)

〈민간분야 사이버 침해사고 발생현황〉

(단위 : 건)

구분	2020년	2021년	2022년	2023년
홈페이지 변조	6,490	10,148	5,216	3,727
스팸릴레이	1,163	988	731	365
기타 해킹	3,175	2,743	4,126	2,961
단순침입시도	2,908	3,031	3,019	2,783
피싱 경유지	2,204	4,320	3,043	1,854
전체	15,940	21,230	16,135	11,690

① −26%　　② −25%

③ −24%　　④ −23%

※ 다음은 A카페에서 커피 종류별 하루 평균 판매량 비율과 1잔당 가격을 나타낸 그래프이다. 이어지는 질문에 답하시오. **[21~22]**

〈하루 평균 판매량 비율〉

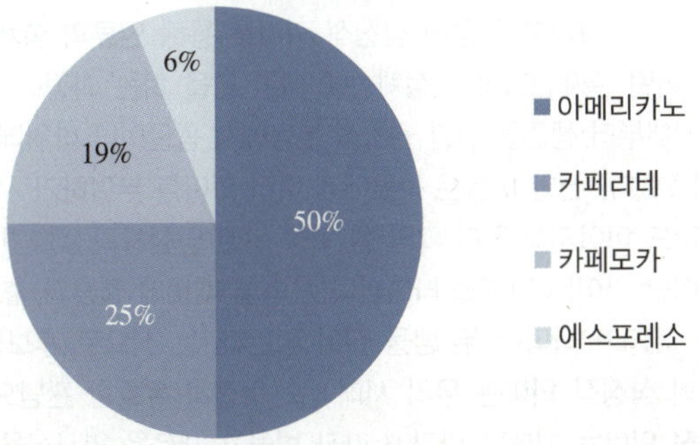

〈종류별 1잔당 가격〉

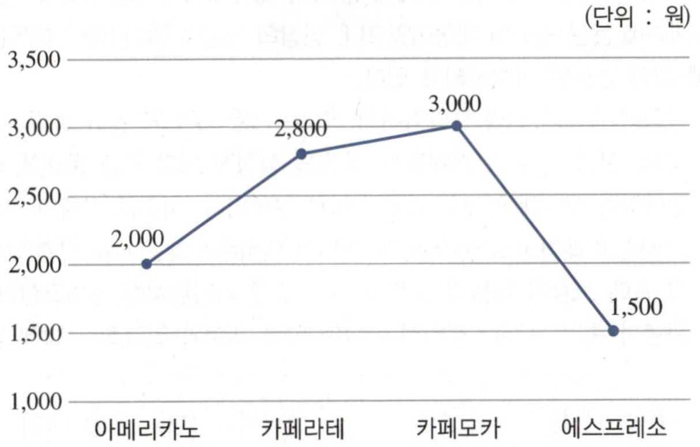

21 A카페가 하루 평균 200잔의 커피를 판매한다고 할 때, 카페라테는 에스프레소보다 하루에 몇 잔이 더 팔리는가?

① 38잔
② 40잔
③ 41잔
④ 42잔

22 A카페에서 오늘 총 180잔을 팔았다고 할 때, 아메리카노의 오늘 매출은 얼마인가?(단, 매출량은 하루 평균 판매량 비율을 따른다)

① 150,000원
② 165,000원
③ 180,000원
④ 200,000원

23 다음 문단을 논리적 순서대로 바르게 나열한 것은?

(가) 결국 이를 다시 생각하면, 과거와 현재의 문화 체계와 당시 사람들의 의식 구조, 생활상 등을 역추적할 수 있다는 말이 된다. 즉, 동물의 상징적 의미가 문화를 푸는 또 하나의 열쇠이자 암호가 되는 것이다. 그리고 동물의 상징적 의미를 통해 인류의 총체인 문화의 실타래를 푸는 것은 우리는 어떤 존재인가라는 정체성에 대한 답을 하는 과정이 될 수 있다.

(나) 인류는 선사시대부터 생존을 위한 원초적 본능에서 동굴이나 바위에 그림을 그리는 일종의 신앙 미술을 창조했다. 신앙 미술은 동물에게 여러 의미를 부여하기 시작했고, 동물의 상징적 의미는 현재까지도 이어지고 있다. 1억 원 이상 복권 당첨자의 23%가 돼지꿈을 꿨다거나, 황금 돼지해에 태어난 아이는 만복을 타고난다는 속설 때문에 결혼과 출산이 줄을 이었고, 대통령 선거에서 '두 돼지가 나타나 두 뱀을 잡아 먹는다.'는 식으로 후보들이 홍보를 하기도 했다. 이렇게 동물의 상징적 의미는 우리 시대에도 여전히 유효한 관념으로 남아 있는 것이다.

(다) 동물의 상징적 의미는 시대나 나라에 따라 변하고 새로운 역사성을 담기도 했다. 예를 들면, 뱀은 다산의 상징이자 불사의 존재이기도 했지만, 사악하고 차가운 간사한 동물로 여겨지기도 했다. 하지만 그리스에서 뱀은 지혜의 신이자, 아테네의 상징물이었고, 논리학의 상징이었다. 그리고 과거에 용은 숭배의 대상이었으나, 상상의 동물일 뿐이라는 현대의 과학적 사고는 지금의 용에 대한 믿음을 약화시키고 있다.

(라) 동물의 상징적 의미가 이렇게 다양하게 변하는 것은 문화가 살아 움직이기 때문이다. 문화는 인류의 지식, 신념, 행위의 총체로서, 동물의 상징적 의미 또한 문화에 속한다. 문화는 항상 현재 진행형이기 때문에 현재의 생활이 바로 문화이며, 이것은 미래의 문화로 전이된다. 문화는 과거, 현재, 미래가 따로 떨어진 게 아니라 뫼비우스의 띠처럼 연결되어 있는 것이다. 다시 말하면 그 속에 포함된 동물의 상징적 의미 또한 거미줄처럼 얽히고설켜 형성된 것으로, 그 시대의 관념과 종교, 사회·정치적 상황에 따라 의미가 달라질 수밖에 없다는 말이다.

① (가) – (다) – (라) – (나)
② (나) – (다) – (라) – (가)
③ (나) – (라) – (다) – (가)
④ (다) – (나) – (라) – (가)

24 일정한 규칙으로 문자를 나열할 때, 빈칸에 들어갈 문자로 옳은 것은?

(　) X U R O L

① E　　② D

③ C　　④ A

※ 제시된 명제가 모두 참일 때, 항상 참인 명제를 고르시오. [25~27]

25

- 민지의 가방은 진희의 가방보다 2kg 무겁다.
- 진희의 가방은 아름이의 가방보다 3kg 가볍다.

① 민지의 가방이 가장 무겁다.

② 아름이의 가방이 가장 무겁다.

③ 아름이의 가방이 가장 가볍다.

④ 민지와 아름이의 가방 무게는 서로 같다.

26

- 모든 철학자는 천재다. 모든 천재는 공처가다.
- 모든 조개는 공처가다. 모든 공처가는 거북이다.

① 모든 거북이는 천재다.

② 모든 공처가는 천재다.

③ 모든 조개는 거북이다.

④ 어떤 철학자는 거북이가 아니다.

27

- 사탕을 좋아하는 사람은 밥을 좋아한다.
- 초밥을 좋아하는 사람은 짬뽕을 좋아한다.
- 밥을 좋아하지 않는 사람은 짬뽕을 좋아하지 않는다.

① 사탕을 좋아하지 않는 사람은 짬뽕을 좋아한다.
② 밥을 좋아하는 사람은 짬뽕을 좋아하지 않는다.
③ 짬뽕을 좋아하는 사람은 사탕을 좋아하지 않는다.
④ 초밥을 좋아하는 사람은 밥을 좋아한다.

28 **다음 제시된 문자를 오름차순으로 나열하였을 때 6번째에 오는 문자는?**

G D W R S T

① T
② S
③ W
④ R

※ 다음은 D동물병원의 접수 코드이다. 이어지는 질문에 답하시오. **[29~30]**

〈D동물병원 접수 코드〉

• 접수 코드 부여 방식
[접수] – [진료시간] – [품종] – [업무] 순서의 7자리 수

• 접수

신규고객	기존고객	장기고객
01	02	03

• 진료시간

낮(09:00 ~ 18:00)	야간(18:00 ~ 24:00)	주말
11	12	13

• 품종

개	고양이	새(조류)	파충류	가축	기타
10	20	30	40	50	60

• 업무

예방접종	치료	정기검진	상담	기타
1	2	3	4	5

• 이번 달 접수 현황

0111102	0211203	0113202	0312301	0313505
0212404	0111603	0111104	0213605	0313202
0113101	0312504	0311302	0111403	0212204
0312105	0212103	0213202	0311101	0111604

29 이번 달에 수의사에게 사정이 생겨 주말 진료와 상담 업무는 취소하기로 하였다. 이번 달 접수가 취소되지 않는 것은 몇 건인가?

① 8건　② 9건
③ 10건　④ 11건

30 다음 중 접수 번호가 옳은 것은?

① 0111001　② 0214202
③ 03133033　④ 0112404

※ **다음 제시된 단어와 반대되는 의미를 가진 단어를 고르시오. [31~32]**

31

완비

① 불비　　② 우연
③ 필연　　④ 습득

32

정밀

① 조잡　　② 해산
③ 억제　　④ 촉진

33 **다음 글의 빈칸에 들어갈 단어를 〈보기〉에서 골라 바르게 짝지은 것은?**

> 퍼블리시티권이란 특정인이 자신의 초상, 성명, 목소리, 이미지 등을 상업적으로 이용하거나 제삼자에게 상업적인 이용을 허락할 수 있는 ___㉮___ 권리를 말한다. 초상 사용권이라고도 하는 이 권리는 연예인이나 스포츠 스타 등 유명인이 자신의 ___㉯___ 없이 자신의 초상이나 성명 등을 다른 사람이 상업적으로 이용할 수 없도록 하는 것으로, 재산 가치를 보호하는 권리라는 점에서 인격권인 초상권과는 다르다. 퍼블리시티권은 현대 사회에서 연예인이나 유명 운동선수들의 초상, 성명을 무단으로 사용하여 상업적 ___㉰___을/를 얻는 사람들이 많아지고, 이와 관련한 분쟁이 증가하는 과정에서 ___㉱___된 개념이다. 즉, 특정인과 동일시되는 요소들로 인해 얻을 수 있는 재산적 이익을 보호하기 위한 권리라고 할 수 있다.

보기

㉠ 이타적	㉡ 배타적	㉢ 동의	㉣ 결의
㉤ 이윤	㉥ 이율	㉦ 대두	㉧ 소실

	㉮	㉯	㉰	㉱
①	㉠	㉢	㉤	㉦
②	㉠	㉢	㉥	㉧
③	㉡	㉢	㉤	㉦
④	㉡	㉣	㉤	㉦

※ 제시된 명제가 모두 참일 때, 빈칸에 들어갈 명제로 가장 적절한 것을 고르시오. [34~35]

34

• 낡은 것을 버려야 새로운 것을 채울 수 있다. • ______________________________ • 새로운 것을 채우지 않는다면 더 많은 세계를 경험할 수 없다.

① 새로운 것을 채운다면 낡은 것을 버릴 수 있다.
② 낡은 것을 버리지 않는다면 새로운 것을 채울 수 없다.
③ 새로운 것을 채운다면 더 많은 세계를 경험할 수 있다.
④ 낡은 것을 버리지 않는다면 더 많은 세계를 경험할 수 없다.

PART 3

35

• 포유류는 새끼를 낳아 키운다. • 고양이는 포유류이다. • ______________________

① 포유류는 고양이이다.
② 고양이는 새끼를 낳아 키운다.
③ 새끼를 낳아 키우는 것은 고양이이다.
④ 새끼를 낳아 키우는 것은 포유류가 아니다.

※ 다음 글을 읽고 이어지는 질문에 답하시오. **[36~37]**

(가) 대부분의 실험 참가자들은 청소년기에 부모에게서 많은 칭찬과 보상을 받고 원만한 관계를 맺음으로써 성인기에 코르티솔 수치가 높아진 것으로 나타났다. 코르티솔 수치가 높다는 것은 주의에 집중하고 민첩하며 재빠른 상황 판단과 대처를 할 수 있다는 의미로, 이는 원만한 인간관계로 이어져 개인의 삶에 좋은 영향을 미친다고 볼 수 있다. 인간관계에서 벌어지는 미묘한 문제를 잘 알아채고 세부적인 사항들에 좀 더 주목할 수 있기 때문이다.

(나) 부모와 긍정적인 관계를 형성한 청소년은 성인이 되고 나서도 원만한 인간관계 등을 통해 개인의 삶에 긍정적인 영향을 주는 것으로 나타났다. 미국 아이오와 대학교 연구팀은 미국 시애틀 거주자를 대상으로 이에 대한 연구를 진행했다. 우선 실험참가자들이 청소년일 때 부모와의 관계를 확인하고, 이후 부모와의 긍정적인 관계가 성인이 된 후 어떠한 영향을 미쳤는지 살폈다.

(다) 그런데 일부 실험 참가자는 다른 양상이 나타났다. 청소년기에 시작된 부모의 칭찬과 보상이 코르티솔 수치에 별다른 영향을 미치지 않은 것이다. 이는 어릴 때부터 범죄, 가정 문제 등으로부터 이미 스스로를 보호하고 경계하면서 자랐기 때문일 것으로 분석된다. 즉, 부모와의 관계가 자녀의 삶에 영향을 미칠 뿐만 아니라 외부 환경이 끼치는 영향 역시 무시할 수 없다는 의미로 해석될 수 있는 것이다.

(라) 5년이 지난 뒤 19 ~ 22세 사이의 성인이 된 실험 참가자들에게서 타액 샘플을 채취한 다음 코르티솔 수치를 살폈다. 코르티솔은 스트레스에 반응하여 분비되는 호르몬으로, 인간관계를 자연스럽게 형성하면서 나타나는 호르몬으로도 볼 수 있다. 성별, 수입 상태, 수면 습관 등 다양한 변인을 통제한 상태에서 분석해본 결과, 부모와 청소년의 관계는 코르티솔 수치와 연관성을 보였다.

36 다음 중 윗글을 읽고, 각 문단을 순서대로 바르게 나열한 것은?

① (가) – (나) – (라) – (다)
② (가) – (다) – (라) – (나)
③ (나) – (라) – (가) – (다)
④ (나) – (라) – (다) – (가)

37 다음 중 윗글의 제목으로 가장 적절한 것은?

① 대인관계 형성, 인종별로 다르게 나타나
② 코르티솔로 나타나는 부모와 자식의 관계
③ 부모와의 좋은 관계, 개인의 삶에 영향 미쳐
④ 외부환경으로 나타나는 자녀의 스트레스

38 다음 중 제시된 도형과 같은 것은?

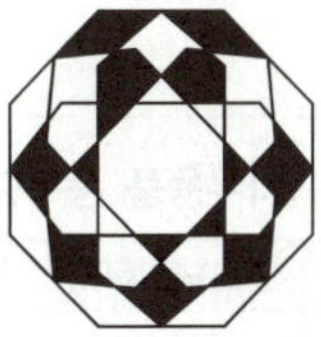

①

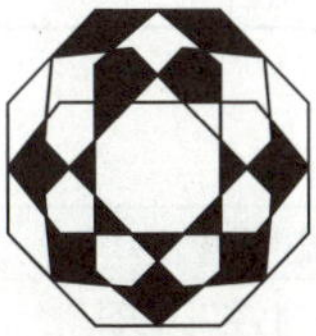

②

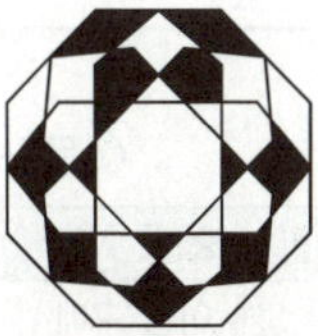

③

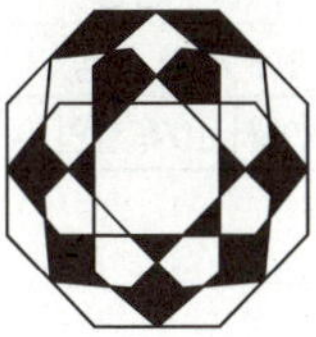

④

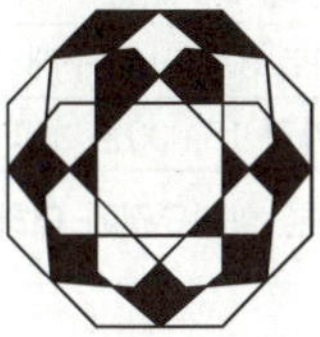

39 가족들과 레스토랑에서 외식을 계획 중인 H씨는 레스토랑에서 가격 할인을 받기 위해 A ~ D레스토랑에 대한 통신사별 멤버십 혜택을 다음과 같이 정리하였다. 다음의 각 상황에서 가장 비용이 저렴한 경우는?

〈통신사별 멤버십 혜택〉

구분	X통신사	Y통신사	Z통신사
A레스토랑	1,000원당 100원 할인	15% 할인	–
B레스토랑	15% 할인	20% 할인	15% 할인
C레스토랑	20% 할인 (VIP의 경우 30% 할인)	1,000원당 200원 할인	30% 할인
D레스토랑	–	10% 할인 (VIP의 경우 20% 할인)	1,000원당 100원 할인

① A레스토랑에서 14만 3천 원의 금액을 사용하고, Y통신사의 할인을 받는다.
② B레스토랑에서 16만 5천 원의 금액을 사용하고, X통신사의 할인을 받는다.
③ C레스토랑에서 16만 4천 원의 금액을 사용하고, X통신사의 VIP 할인을 받는다.
④ D레스토랑에서 15만 4천 원의 금액을 사용하고, Y통신사의 VIP 할인을 받는다.

40 김사원은 부처에 필요한 사무용품을 A문구사에서 구입하려고 한다. 품목별로 A문구사에서 진행 중인 사무용품 할인행사의 내용은 다음과 같다. 사무용품 구입 예산이 20,000원일 때, 효용의 합이 가장 높은 사무용품의 조합은?

〈사무용품 품목별 가격 및 효용〉

구분	결재판	스테이플러	볼펜 세트	멀티탭	A4용지(박스)
가격	5,000	1,200	2,500	8,200	5,500
효용	40	20	35	70	50

〈A문구사의 사무용품 할인행사 내용〉

할인 요건	할인 내용
결재판 3개 이상 구매	결재판 1개 추가 증정
스테이플러 4개 이상 구매	멀티탭 1개 추가 증정
볼펜 세트 3개 이상 구매	볼펜 세트 1개 추가 증정
총 상품가격 18,000원 초과	총 결제금액에서 10% 할인

※ 각 할인은 서로 다른 할인요건에 대하여 중복적용이 가능함

① 결재판 2개, 볼펜 세트 1개, 멀티탭 1개

② 스테이플러 6개, 볼펜 세트 2개, A4 용지 2박스

③ 결재판 3개, 스테이플러 1개, 볼펜세트 1개, A4용지 1박스

④ 결재판 1개, 스테이플러 2개, 볼펜세트 4개

41 다음 중 그림을 순서대로 바르게 배열한 것은?

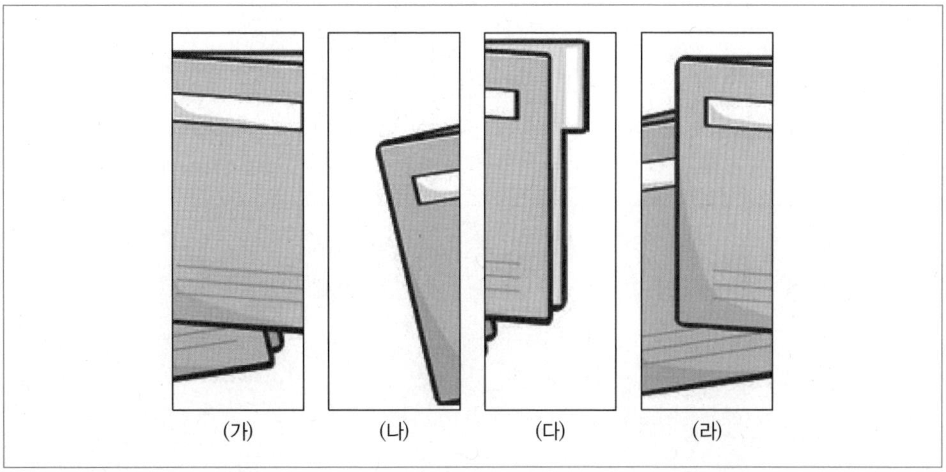

① (가) – (라) – (다) – (나)　　② (나) – (라) – (가) – (다)
③ (다) – (나) – (라) – (가)　　④ (라) – (가) – (다) – (나)

※ 다음 블록의 개수는 몇 개인지 고르시오(단, 보이지 않는 곳의 블록이 있다고 가정한다). [42~45]

42

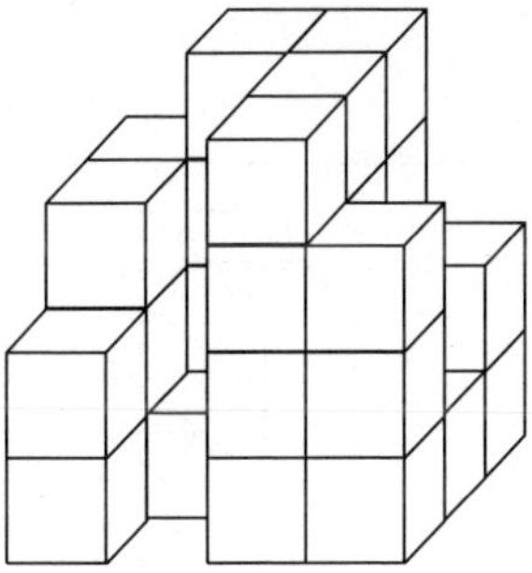

① 30개　　② 31개
③ 32개　　④ 33개

43

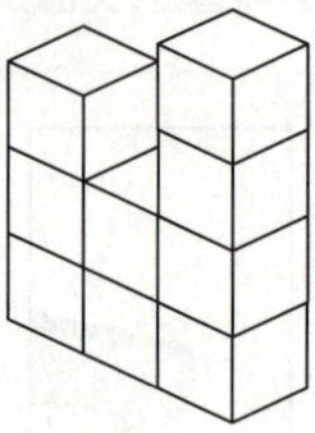

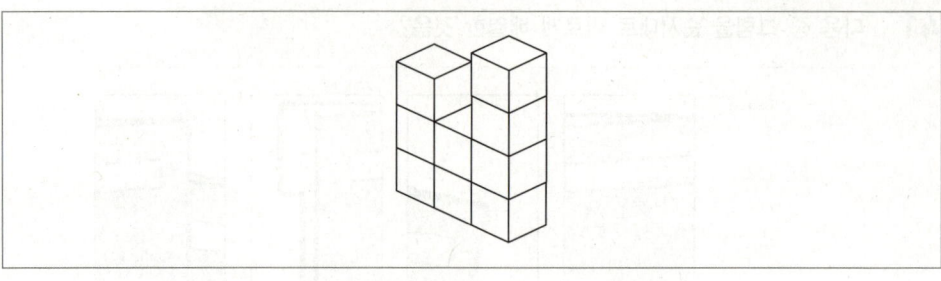

① 9개
② 10개
③ 11개
④ 12개

44

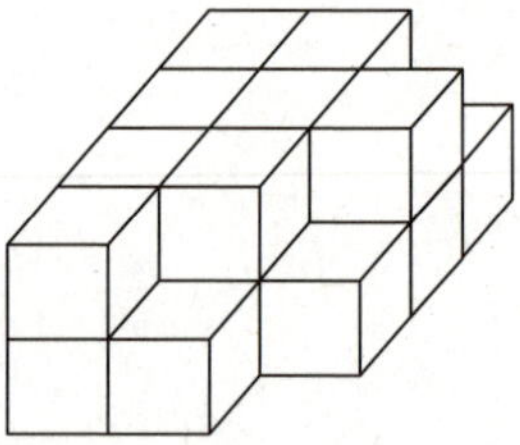

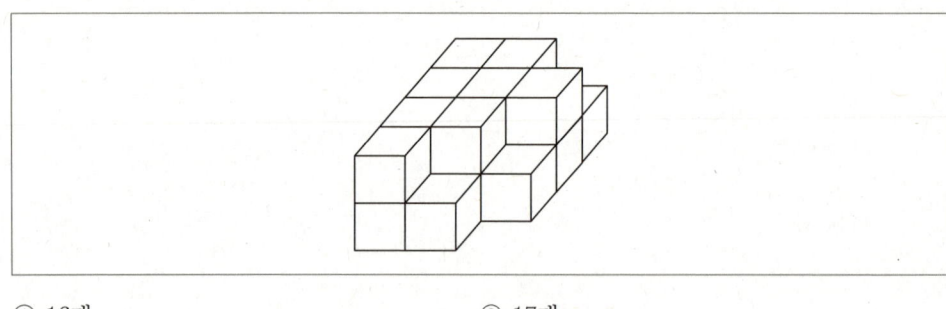

① 16개
② 17개
③ 18개
④ 19개

45

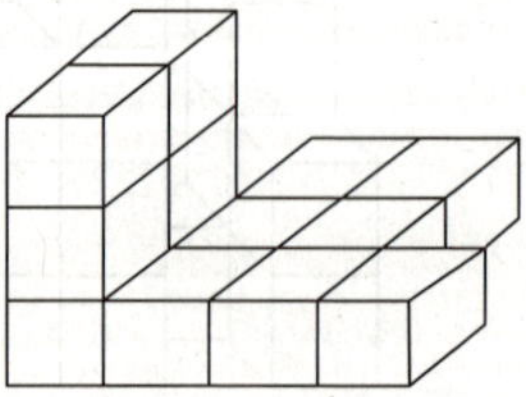

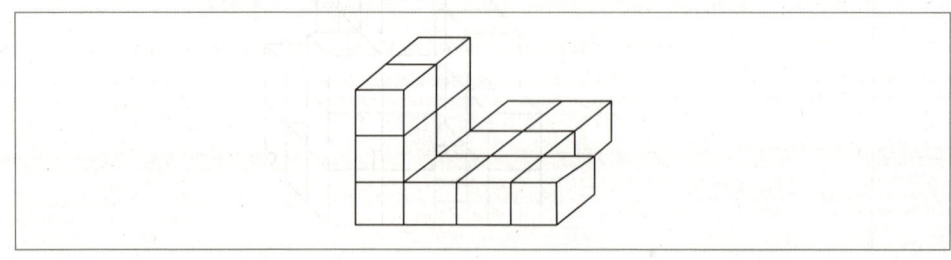

① 13개
② 14개
③ 15개
④ 16개

제4회 최종점검 모의고사

모바일 OMR
답안채점 / 성적분석
서비스

☑ 응시시간 : 45분 ☑ 문항 수 : 45문항 정답 및 해설 p.060

※ 다음 밑줄 친 단어와 같은 의미로 쓰인 것을 고르시오. **[1~2]**

01

우리 회사는 이번 정부 사업에서 판매권을 <u>땄다</u>.

① 선영이네 과일 가게는 막내딸 선영이의 이름을 <u>딴</u> 것이다.
② 이 병을 <u>따기</u> 위해서는 병따개가 필요할 것 같아.
③ 지난 올림픽에서 금메달을 <u>딴</u> 선수는 이번 경기에서도 좋은 소식을 전해 줄 것이다.
④ 서글서글한 막내 사위는 이번 가족 행사에서 장인어른에게 많은 점수를 <u>땄다</u>.

02

모든 일에는 다 <u>때</u>가 있는 법이다.

① 아무 <u>때</u>나 방문해도 괜찮을까요?
② 반려동물을 위한 병원을 선택할 <u>때</u> 고려해야 할 점은 무엇인가?
③ <u>때</u>를 자주 거르면 소화 기능이 떨어질 수 있다.
④ 아직은 <u>때</u>가 아니므로 조용히 기다려야 한다.

※ 다음 제시된 단어와 같거나 유사한 의미를 가진 단어를 고르시오. **[3~4]**

03

나위

① 유용 ② 여지
③ 자취 ④ 지경

04

갈음하다

① 분리하다 ② 대신하다
③ 어림하다 ④ 헤아리다

PART 3

05 C사원은 본사 이전으로 인해 집과 회사가 멀어져 회사 근처로 집을 구하려고 한다. D시에 있는 아파트와 빌라 총 세 곳의 월세를 알아본 C사원이 월세와 교통비를 생각해 집을 결정한다고 할 때, 옳은 것은?

구분	월세	거리(편도)
A빌라	280,000원	2.8km
B빌라	250,000원	2.1km
C아파트	300,000원	1.82km

※ 월 출근일 : 20일

※ 교통비 : 1km당 1,000원

① 월 예산 40만 원으로는 세 집 모두 불가능하다.

② B빌라에 살 때 회사와 집만 왕복하면 한 달에 33만 4천 원으로 살 수 있다.

③ C아파트의 교통비가 가장 많이 든다.

④ C아파트는 A빌라보다 한 달 금액이 20,000원 덜 든다.

06 다음은 지방자치단체 여성 공무원 현황에 대한 자료이다. 이에 대한 설명으로 옳지 않은 것은?

〈지방자치단체 여성 공무원 현황〉

(단위 : 명, %)

구분	2018년	2019년	2020년	2021년	2022년	2023년
전체 공무원	266,176	272,584	275,484	275,231	278,303	279,636
여성 공무원	70,568	75,608	78,855	80,666	82,178	83,282
여성 공무원 비율	26.5	27.7	(가)	29.3	29.5	29.8

① 2018년 이후 여성 공무원 수는 꾸준히 증가하고 있다.

② (가)에 들어갈 비율은 35% 이상이다.

③ 2023년에 남성 공무원이 차지하는 비율은 70% 이상이다.

④ 2023년 여성 공무원의 비율은 2018년과 비교했을 때, 3.3%p 증가했다.

07 다음 글의 빈칸에 들어갈 접속어로 가장 적절한 것은?

우리나라는 빠른 속도로 증가하는 질병인 치매의 사회경제적 부담에 대응하기 위하여 선제적으로 치매환자와 가족을 위한 정책 비전을 제시하고, 치매국가책임제 발표를 통해 관련한 세부 과제들을 더욱 구체화함으로써 큰 틀에서의 방향성은 확고히 마련하였다고 볼 수 있다. 하지만 이렇게 마련된 정책이 국민에게 맞춤형으로 적절히 제공되기 위해서는 수립된 계획을 적극적으로 추진해나갈 수 있도록 재정 확보, 전문 인력 양성, 국민 인식제고 등의 노력이 함께 뒷받침되어야 한다.

이번에 제시된 치매국가책임제의 내용은 제3차 국가치매관리종합계획에서 제시한 치매환자를 위한 보건복지 관련 정책 및 제도적 추진 방향을 보다 구체화하고 확대하였다는 점에서 큰 의의가 있다. 그럼에도 불구하고 치매안심센터가 지역 내 치매환자를 위한 종합적인 정보제공, 상담 등의 역할을 충실히 담당해나갈 수 있도록 기능을 명확히 하고, 관계자들의 전문성 확보, 효과적인 기관 설립 및 운영을 위한 정부차원의 적극적인 지원이 필요할 것으로 사료된다. ________ 치매환자를 대상으로 하는 장기요양서비스를 확대함에 있어서도 인프라 확충과 함께 관련 직종의 관계자가 치매케어를 보다 전문적으로 수행할 수 있도록 치매증상에 맞춘 서비스 제공기술 고도화 등의 노력이 전제되어야할 것이며, 의료서비스 기관의 확충 역시 충분히 그 역할을 담당해 나가도록 정책적 지원이 수반되어야 한다.

치매환자 및 가족을 위한 관련 정책을 신속히 안착시키기 위해서는 지역주민들이 치매환자에 대한 부정적 인식을 가지기보다 일상생활의 불편함을 함께 극복해 나가려는 사회적 분위기가 조성되어야 한다. 이를 위해 국민들의 치매에 대한 관심을 높이고, 적극적으로 홍보를 추진해 나가는 노력이 필요하다. 무엇보다도 치매질환을 갖고 있다고 해서 시설이나 병원으로 가야 할 것이 아니라, 충분히 내 집에서, 우리 동네에서 살아갈 수 있음을 제시해 주는 인식 대전환의 기회가 적극적으로 제시되어야 할 것이다.

① 그러나　　② 이렇듯
③ 하지만　　④ 또한

08 다음 글을 통해 추론할 수 있는 내용으로 가장 적절한 것은?

조건화된 환경의 영향을 중시하는 스키너와 같은 행동주의와는 달리, 로렌츠는 동물 행동의 가장 중요한 특성들은 타고나는 것이라고 보았다. 인간을 진화의 과정을 거친 동물의 하나로 보는 그는, 공격성은 동물의 가장 기본적인 본능이기에 인간에게도 자신의 종족을 향해 공격성을 보이는 생득적인 충동이 있다고 주장했다. 진화의 과정에서 가장 단합된 형태로 공격성을 띤 종족이 생존에 유리했으며, 이것이 인간이 호전성에 대한 열광을 갖게 된 이유라고 로렌츠는 설명한다.
로렌츠의 관찰에 따르면 치명적인 발톱이나 이빨을 가진 동물들이 같은 종의 구성원을 죽이는 경우는 드물다. 이는 중무장한 동물의 경우 그들의 자체 생존을 위해서는 자기 종에 대한 공격을 제어할 억제 메커니즘이 필요했고, 그것이 진화의 과정에 반영되었기 때문이라고 로렌츠는 보았다. 그에 비해 인간을 비롯한 신체적으로 약한 동물들은 자신의 힘만으로 자기 종을 죽이는 것이 매우 어려운 일이었기 때문에 억제 메커니즘에 대한 진화론적인 요구가 없었다는 것이다. 그런데 기술이 발달함에 따라 인간은 살상 능력을 지니게 되었고, 억제 메커니즘을 갖지 못한 인간에게 내재된 공격성은 자기 종을 살육하는 상황에 이르도록 했다.
그렇다면 인간에게 내재된 공격성을 제거하면 되지 않을까? 이 점에 대해서 로렌츠는 회의적이다. 인간의 공격적인 본능은 긍정적인 측면과 부정적인 측면을 모두 포함하여 오늘날 인류를 있게 한 중요한 요소 중의 하나이기 때문이다. 이를 제거하는 것이 인류에게 어떤 영향을 끼칠지 알 수 없으며, 또 공격성을 최대한 억제시킨다고 해도 공격성의 본능은 여전히 배출구를 찾으려 할 것이다.

① 늑대 등은 진화 과정에 반영된 공격 억제 메커니즘을 통해 자기 종에 대한 공격을 억제할 수 있다.
② 인간은 본능적인 공격성을 갖고 있지만, 학습을 통해 공격성을 억제한다.
③ 인간은 동물에 비해 지능이 뛰어나기 때문에 같은 종의 구성원을 공격하지 않는다.
④ 인간의 공격적인 본능을 억제해야 하는 이유는 부정적인 측면이 더 크기 때문이다.

※ 일정한 규칙으로 문자를 나열할 때, 빈칸에 들어갈 문자로 옳은 것을 고르시오. **[9~10]**

09

ㅜ ㄷ ( ) ㅅ ㅓ ㅋ

① ㅠ
② ㅂ
③ ㅅ
④ ㅗ

10

S ㅎ ㅜ G ㅁ ( )

① 一
② 二
③ 三
④ 四

11 다음 중 제시된 문자와 다른 것은?

Lady Marmalade Don't cha

① Lady Marmelade Don't cha
② Lady Marmalade Don't cha
③ Lady Marmalade Don't cha
④ Lady Marmalade Don't cha

PART 3

12 다음 문단을 논리적 순서대로 바르게 나열한 것은?

(가) '단어 연상법'은 프랜시스 갤턴이 개발한 것으로 지능의 종류를 구분하기 위한 것이었다. 이것은 피실험자에게 일련의 단어들을 또박또박 읽어주면서 각각의 단어를 듣는 순간 제일 먼저 떠오르는 단어를 말하게 하고, 실험자는 계시기를 들고 피실험자가 응답하는 데 걸리는 시간을 측정하여 차트에 기록하는 방법으로 진행한다. 실험은 대개 1백 개가량의 단어들로 진행했다. 갤턴은 응답 시간을 정확히 재기 위해 온갖 수단을 동원했지만, 그렇게 해서 얻은 정보의 양은 거의 없거나 지능의 수준을 평가하는 데 별로 중요하지 않은 경우가 많았다.

(나) 융이 그린 그래프들은 특정한 단어에 따르는 응답자의 심리 상태를 보여주었다. 이 결과를 통해 다음과 같은 두 가지 결론을 얻을 수 있었다. 첫째, 대답 과정에서 감정이 생겨난다. 둘째, 응답의 지연은 모종의 인식하지 못한 과정에 의해 자연 발생적으로 생겨난다. 하지만 이 기록을 토대로 결론을 내리거나 중요성을 따지기에는 너무 일렀다. 피실험자의 의식적 의도와는 별개로 작동하는 알지 못할 지연 행위가 있음이 분명했다.

(다) 당시에 성행했던 심리학 연구나 심리학을 정신의학에 응용하는 연구는 주로 의식에 초점이 맞춰져 있었다. 따라서 단어 연상법의 심리학에 대한 실험 연구도 의식을 바탕으로 진행되었다. 하지만 융은 의식 또는 의지의 작용을 넘어서는 무언가가 있을 것이라고 생각했다. 여기서 그는 '콤플렉스'라는 개념을 끌어들인다. 융의 정의에 따르면 그것은 특수한 종류의 감정으로 이루어진 무의식 속의 관념 덩어리인데, 이것이 응답 시간을 지연시켰다는 것이다. 이후 여러 차례 실험을 거듭한 결과 그 결론은 사실임이 밝혀졌으며, 콤플렉스와 개인적 속성은 융의 사상 체계에서 핵심적인 요소가 되었다.

(라) 융의 연구 결과 단어 연상의 응답 시간은 피실험자의 정서에 큰 영향을 받으며, 그 실험법은 감춰진 정서를 찾아내는 데 더 유용하다는 점이 입증되었다. 정신적 연상 연구를 통해 지능의 종류를 판단하고자 했던 단어 연상 실험이 오히려 그와는 다른 방향, 즉 무의식적인 감정이 빚어내는 효과를 드러내는 데 더 유용하다는 사실이 증명된 것이다. 그동안 갤턴을 비롯하여 그 실험법을 수천 명에게 실시했던 연구자들은 지연된 응답의 배후에 있는 피실험자의 정서에 주목하지 않았으며, 단지 응답의 지연을 피실험자가 반응하지 못한 것으로만 기록했던 것이다.

(마) 그런데 융은 이 실험에서 응답 시간이 늦어질 경우 피실험자에게 왜 응답을 망설이는지 물어보는 과정을 추가하였다. 그러자 놀랍게도 피실험자는 자신의 응답 시간이 늦어지는 것도 알지 못했을 뿐만 아니라, 그에 대해 아무런 설명도 하지 못했다. 융은 거기에 틀림없이 어떤 이유가 있으리라고 생각하고 구체적으로 파고들어갔다. 한번은 말(馬)이라는 단어가 나왔는데 어떤 피실험자의 응답 시간이 무려 1분이 넘었다. 자세히 조사해 보니 그 피실험자는 과거에 사고로 말을 잃었던 아픈 기억을 지니고 있었다. 실험이 있기 전까지는 잊고 있었던 그 기억이 실험 과정에서 되살아난 것이다.

① (가) – (마) – (라) – (나) – (다)
② (가) – (마) – (라) – (다) – (나)
③ (다) – (가) – (마) – (라) – (나)
④ (다) – (나) – (가) – (마) – (라)

13 다음 식을 계산한 값으로 옳은 것은?

$$2+81\div3\div3^2$$

① 4　② 5

③ 6　④ 7

14 D회사에서 달력을 주문하려고 한다. A업체와 B업체를 고려하고 있다고 할 때, 달력을 적어도 몇 권 이상 주문해야 A업체에서 주문하는 것이 B업체에서 주문하는 것보다 유리해지는가?

구분	권당 가격(원)	배송비(원)
A업체	1,650	3,000
B업체	1,800	무료

① 19권　② 20권

③ 21권　④ 22권

15 다음 빈칸에 들어갈 수 있는 수로 옳은 것은?

$$0.71<(\quad\quad)<\frac{9}{12}$$

① $\frac{3}{4}$　② $\frac{695}{1,000}$

③ 0.705　④ $\frac{145}{200}$

16 길이가 800m인 다리에 기차가 진입하는 순간부터 다리를 완전히 벗어날 때까지 걸린 시간은 36초였다. 기차의 속력은 몇 km/h인가?(단, 기차의 길이는 100m이다)

① 60km/h
② 70km/h
③ 80km/h
④ 90km/h

17 농도 8%의 소금물 20g을 증발시켜 농도 10%의 소금물을 만들었다. 이때, 증발한 물의 양은?

① 2g
② 3g
③ 4g
④ 5g

18 숫자 1, 2, 3을 전부 또는 일부 사용하여 같은 숫자가 이웃하지 않도록 다섯 자리 자연수를 만든다. 이때 만의 자리 숫자와 일의 자리 숫자가 같은 경우의 수는?

① 14가지
② 16가지
③ 18가지
④ 20가지

※ 다음 제시된 단어와 반대되는 의미를 가진 단어를 고르시오. [19~20]

19

흥분

① 안정 ② 획득
③ 상실 ④ 참신

20

희박

① 모방 ② 농후
③ 표류 ④ 인위

21 다음 명제가 모두 참일 때, 항상 옳은 것은?

- 진달래를 좋아하는 사람은 감성적이다.
- 백합을 좋아하는 사람은 보라색을 좋아하지 않는다.
- 감성적인 사람은 보라색을 좋아한다.

① 진달래를 좋아하는 사람은 보라색을 좋아한다.
② 백합을 좋아하는 사람은 감성적이다.
③ 감성적인 사람은 백합을 좋아한다.
④ 보라색을 좋아하는 사람은 감성적이다.

22 다음은 A, B, C 세 사람의 신장과 체중을 비교한 자료이다. 이에 대한 설명으로 옳은 것은?

〈A, B, C 세 사람의 신장·체중 비교표〉

(단위 : cm, kg)

구분	2015년		2020년		2023년	
	신장	체중	신장	체중	신장	체중
A	136	41	152	47	158	52
B	142	45	155	51	163	49
C	138	42	153	48	166	55

① 세 사람 모두 신장과 체중은 계속 증가하였다.
② 세 사람의 신장 순위는 2015년과 2023년이 동일하다.
③ B는 세 사람 중 가장 키가 크다.
④ 2015년 대비 2023년 신장이 가장 많이 증가한 사람은 C이다.

23 다음은 2024년 11월 시도별 이동자 수 및 이동률을 조사한 자료이다. 이에 대한 설명으로 옳지 않은 것은?(단, 소수점 둘째 자리에서 반올림한다)

〈2024년 11월 시도별 이동자 수(총 전입)〉

(단위 : 명)

구분	전국	서울	부산	대구	인천	광주
이동자 수	650,197	132,012	42,243	28,060	40,391	17,962

〈2024년 11월 시도별 이동률(총 전입)〉

(단위 : %)

구분	전국	서울	부산	대구	인천	광주
이동률	1.27	1.34	1.21	1.14	1.39	1.23

① 서울의 총 전입자 수는 전국의 총 전입자 수의 20.3%이다.
② 서울, 부산, 대구, 인천, 광주 중 대구의 총 전입률이 가장 낮다.
③ 서울은 총 전입자 수와 총 전입률 모두 다른 지역에 비해 가장 높다.
④ 부산의 총 전입자 수는 광주의 총 전입자 수의 2.4배이다.

※ 일정한 규칙으로 수를 나열할 때, 빈칸에 들어갈 수로 옳은 것을 고르시오. [24~25]

24

2,400　1,200　600　300　150　75　37.5　18.75　(　)

① 7.245　② 8.175

③ 9.375　④ 10.265

25

2　3　8　3　5　243　4　(　)　256

① 2　② 3

③ 4　④ 5

PART 3

※ 다음은 궁능원 관람객 수에 대한 자료이다. 이어지는 질문에 답하시오. [26~27]

〈2016 ~ 2023년 궁능원 관람객 수〉

(단위 : 천 명)

구분	2016년	2017년	2018년	2019년	2020년	2021년	2022년	2023년
유료 관람객 수	6,688	6,805	6,738	6,580	7,566	6,118	7,456	5,187
무료 관람객 수	3,355	3,619	4,146	4,379	5,539	6,199	6,259	7,511
외국인 관람객 수	1,877	2,198	2,526	2,222	2,690	2,411	3,849	2,089

〈2019 ~ 2023년 궁능원 관람객 수〉

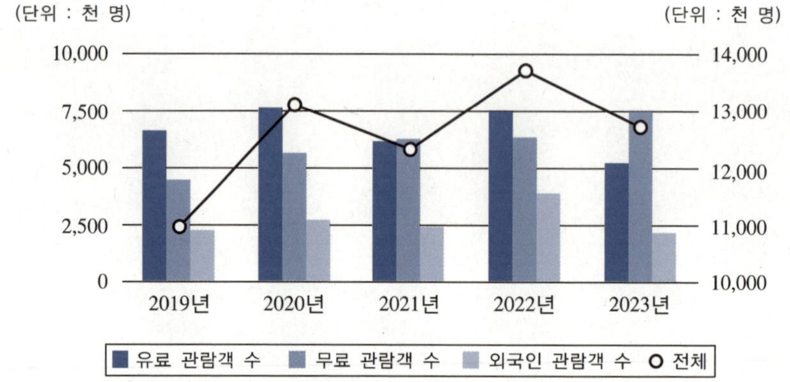

※ (전체 관람객 수)=(유료 관람객 수)+(무료 관람객 수)

26 다음 〈보기〉 중 자료에 대한 내용으로 옳지 않은 것을 모두 고르면?

보기

㉠ 2021년 전체 관람객 수는 전년보다 감소하였으나 무료 관람객 수는 전년보다 소폭 증가하였다.
㉡ 2023년 외국인 관람객 수는 전년 대비 43% 미만 감소하였다.
㉢ 2020 ~ 2023년의 전체 관람객 수와 유료 관람객 수의 증감 추이는 같다.
㉣ 2017 ~ 2023년 중 전체 관람객 수가 전년 대비 가장 많이 증가한 해는 2018년이다.

① ㉠, ㉡　② ㉠, ㉢
③ ㉡, ㉢　④ ㉡, ㉣

27 다음 자료를 참고하였을 때 2024년 예상 전체 관람객 수와 예상 외국인 관람객 수로 옳은 것은? (단, 소수점은 버린다)

〈2024년 궁능원 관람객 수 예측 자료〉

- 고궁 야간관람 및 '문화가 있는 날' 행사 확대 운영으로 유료 관람객 수는 2023년 대비 24% 정도 증가할 전망이다.
- 적극적인 무료 관람 콘텐츠 개발로 무료 관람객 수는 2016년 무료 관람객 수의 2.4배 수준일 것으로 예측된다.
- 외국인을 위한 문화재 안내판, 해설 등 서비스의 품질 향상 노력과 각종 편의시설 개선 노력으로 외국인 관람객 수는 2023년보다 약 35,000명 정도 증가할 전망이다.

	예상 전체 관람객 수	예상 외국인 관람객 수
①	13,765천 명	1,973천 명
②	14,483천 명	2,124천 명
③	14,768천 명	2,365천 명
④	15,822천 명	3,128천 명

PART 3

28 다음 글을 읽은 독자의 반응으로 적절하지 않은 것은?

지름 10μm 이하인 미세 먼지는 각종 호흡기 질환을 유발할 수 있기 때문에, 예방 차원에서 대기 중 미세 먼지의 농도를 알 필요가 있다. 이를 위해 미세 먼지 측정기가 개발되었는데, 이 기기들은 대부분 베타선 흡수법을 사용하고 있다. 베타선 흡수법을 이용한 미세 먼지 측정기는 입자의 성분에 상관없이 설정된 시간에 맞추어 미세 먼지의 농도를 자동적으로 측정한다. 이 기기는 크게 분립 장치, 여과지, 베타선 광원 및 감지기, 연산 장치 등으로 구성된다.

미세 먼지의 농도를 측정하기 위해서는 우선 분석에 쓰일 재료인 시료의 채취가 필요하다. 시료인 공기는 흡인 펌프에 의해 시료 흡입부로 들어오는데, 이때 일정한 양의 공기가 일정한 시간 동안 유입되도록 설정된다. 분립 장치는 시료 흡입부를 통해 유입된 공기 속 입자 물질을 내부 노즐을 통해 가속한 후, 충돌판에 충돌시켜 10μm보다 큰 입자만 포집하고 그보다 작은 것들은 통과할 수 있도록 한다.

결국 지름 10μm보다 큰 먼지는 충돌판에 그대로 남고, 이보다 크기가 작은 미세 먼지만 아래로 떨어져 여과지에 쌓인다. 여과지는 긴 테이프의 형태로 되어 있으며, 일정 시간 미세 먼지를 포집한다. 여과지에 포집된 미세 먼지는 베타선 광원과 베타선 감지기에 의해 그 질량이 측정된 후 자동 이송 구동 장치에 의해 밖으로 배출된다.

방사선인 베타선을 광원으로 사용하는 이유는 베타선이 어떤 물질을 통과할 때, 그 물질의 질량이 커질수록 베타선의 세기가 감쇠하는 성질이 있기 때문이다. 또한 종이는 빠르게 투과하나 얇은 금속판이나 플라스틱은 투과할 수 없어, 안전성이 뛰어나기 때문이다. 베타선 광원에서 조사(照射)된 베타선은 여과지 위에 포집된 미세 먼지를 통과하여 베타선 감지기에 도달하게 된다. 이때 감지된 베타선의 세기는 미세 먼지가 없는 여과지를 통과한 베타선의 세기보다 작을 수밖에 없다. 왜냐하면 베타선이 여과지 위에 포집된 미세 먼지를 통과할 때, 그 일부가 미세 먼지 입자에 의해 흡수되거나 소멸되기 때문이다. 따라서 미세 먼지가 없는 여과지를 통과한 베타선의 세기와 미세 먼지가 있는 여과지를 통과한 베타선의 세기에는 차이가 발생한다.

베타선 감지기는 이 두 가지 베타선의 세기를 데이터 신호로 바꾸어 연산 장치에 보낸다. 연산 장치는 이러한 데이터 신호를 수치로 환산한 후 미세 먼지가 흡수한 베타선의 양을 고려하여 여과지에 포집된 미세 먼지의 질량을 구한다. 이렇게 얻은 미세 먼지의 질량은 유량 측정부를 통해 측정한, 시료 포집 시 흡입된 공기량을 감안하여 ppb단위를 갖는 대기 중의 미세 먼지 농도로 나타나게 된다.

① 미세 먼지 측정기는 미세 먼지 농도 측정 시 미세 먼지의 성분에 영향을 받는군.
② 베타선 감지기는 베타선 세기를 데이터 신호로 바꾸어 주는 장치겠군.
③ 대기 중 미세 먼지의 농도 측정은 시료의 채취부터 시작하겠군.
④ 베타선은 플라스틱으로 만들어진 물체를 투과하지 못하겠군.

※ **제시된 명제가 모두 참일 때, 빈칸에 들어갈 명제로 가장 적절한 것을 고르시오 [29~30]**

29

• 공부를 잘하는 사람은 모두 꼼꼼하다.
• ____________________
• 따라서 꼼꼼한 사람 중 일부는 시간 관리를 잘한다.

① 공부를 잘하는 사람 중 일부는 꼼꼼하지 않다.
② 시간 관리를 잘하지 못하는 사람은 꼼꼼하다.
③ 꼼꼼한 사람은 시간 관리를 잘하지 못한다.
④ 공부를 잘하는 어떤 사람은 시간 관리를 잘한다.

30

• 스테이크를 먹는 사람은 지갑이 없다.
• ____________________
• 지갑이 있는 사람은 쿠폰을 받는다.

① 스테이크를 먹는 사람은 쿠폰을 받지 않는다.
② 스테이크를 먹지 않는 사람은 쿠폰을 받는다.
③ 쿠폰을 받는 사람은 지갑이 없다.
④ 지갑이 없는 사람은 쿠폰을 받지 않는다.

PART 3

※ 다음은 S사의 냉장고에 사용되는 기호와 주문된 상품이다. 이어지는 질문에 답하시오. **[31~32]**

〈기호〉

기능		설치형태		용량(L)		도어	
김치보관	RC	프리 스탠딩	F	840	84	4도어	TE
독립냉각	EF	키친 핏	C	605	60	2도어	DA
가변형	RQ	빌트인	B	584	58	1도어	DE
메탈쿨링	AX			486	48		
다용도	ED			313	31		

〈기호 부여 방식〉

AXRQB58DA	
AX, RQ	기능(복수선택 가능) → 메탈쿨링, 가변형 기능
B	설치형태 → 빌트인
58	용량 → 584L
DA	도어 → 2도어

〈주문된 상품〉

RCF84TE	EDC60DE	RQB31DA	AXEFC48TE
AXF31DE	EFB60DE	RQEDF84TE	EDC58DA
EFRQB60TE	AXF31DA	EFC48DA	RCEDB84TE

31 다음 고객이 주문한 상품은 무엇인가?

> 안녕하세요? 냉장고를 주문하려고요. 커버는 온도의 변화가 적은 메탈쿨링이 유행하던데 그걸로 할게요. 기존 냉장고를 교체할 거여서 프리 스탠딩 형태가 맞을 것 같아요. 또 저 혼자 사니까 가장 작은 용량으로 문도 1개면 될 것 같아요. 빨리 왔으면 좋겠는데 이번 주 안으로 배달이 되나요?

① EDC60DE ② AXF31DE
③ AXEFC48TE ④ AXF31DA

32 배달이 밀려서 주문된 상품 중 가변형 기능과 키친 핏 형태의 상품은 배송이 늦어진다고 할 때, 배송이 늦어지는 상품은 몇 개인가?

① 5개 ② 6개
③ 7개 ④ 8개

33 아시아 5개국 교육부장관이 한국에서 열리는 포럼에 참석하기 위하여 방문하였다. 그런데 A는 한국어와 일본어를, B는 일본어와 중국어를, C는 영어와 한국어를, D는 영어와 베트남어를 구사할 수 있다. B와 C가 대화하고자 할 때 다음 중 통역관으로 적절한 사람은?

① A
② D
③ A와 D
④ 없음

34 지영이의 생일을 맞이하여 민지, 재은, 영재, 정호는 함께 생일을 축하하고, 생일 케이크를 나눠 먹기로 하였다. 지영이가 다섯 조각으로 자른 케이크의 크기는 서로 다르며 각자 케이크 한 조각씩을 먹었다고 할 때, 케이크의 크기를 작은 순서로 나열한 것은?

- 생일 주인공이 가장 큰 조각의 케이크를 먹었다.
- 민지의 케이크 조각은 가장 작지도 않고, 두 번째로 작지도 않다.
- 재은이의 케이크 조각은 지영이의 케이크 조각보다 작지만, 민지의 케이크 조각보다는 크다.
- 정호의 케이크 조각은 민지의 케이크 조각보다는 작지만, 영재의 케이크 조각보다는 크다.

① 지영 – 재은 – 민지 – 영재 – 정호
② 정호 – 재은 – 민지 – 영재 – 지영
③ 영재 – 정호 – 민지 – 재은 – 지영
④ 영재 – 재은 – 민지 – 정호 – 지영

PART 3

35 A～G 7명은 일주일에 2명씩 돌아가며 당직을 한다. 다음의 〈조건〉을 따를 때, 이번 주에 반드시 당직을 하는 직원의 조합으로 적절한 것은?

조건

- A가 당직을 하면 B와 F도 당직을 한다.
- C나 A가 당직을 하지 않으면 E는 당직을 한다.
- G가 당직을 하면 E와 D도 당직을 하지 않는다.
- F가 당직을 하면 G는 당직을 한다.
- D는 이번 주에 당직을 한다.

① D, A
② D, C
③ D, E
④ D, F

36 다음 중 나머지 도형과 다른 것은?

①

②

③

④

※ 다음 중 제시된 도형과 같은 것을 고르시오. [37~38]

37

① 

② 

③ 

④ 

38

① 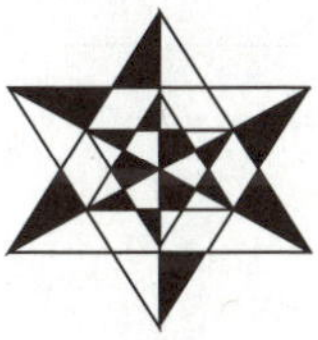

② 

③ 

④ 

※ 다음 블록의 개수는 몇 개인지 고르시오(단, 보이지 않는 곳의 블록은 있다고 가정한다). [39~42]

39

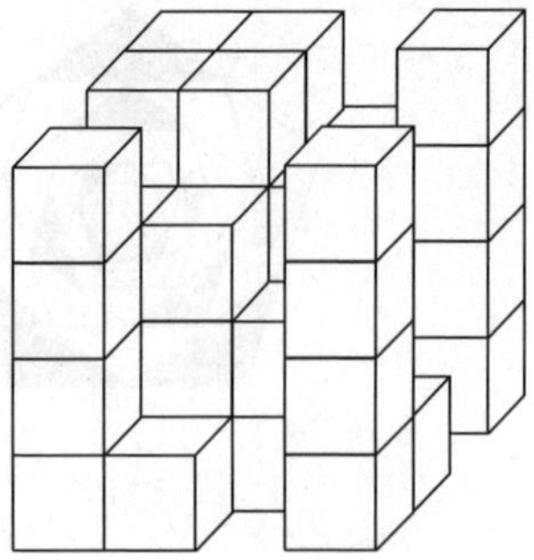

① 44개
② 43개
③ 42개
④ 41개

40

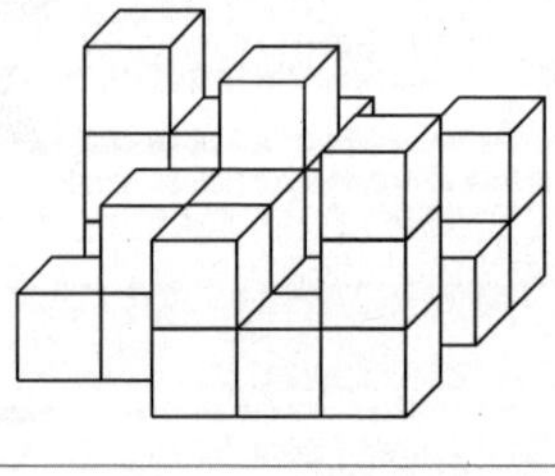

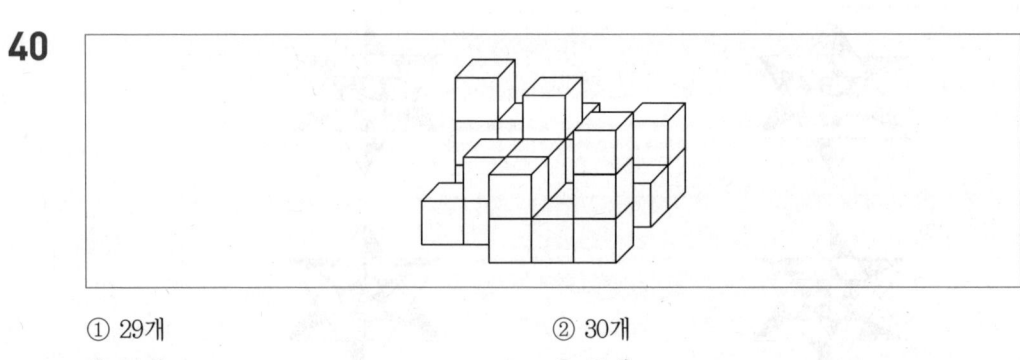

① 29개
② 30개
③ 31개
④ 32개

41

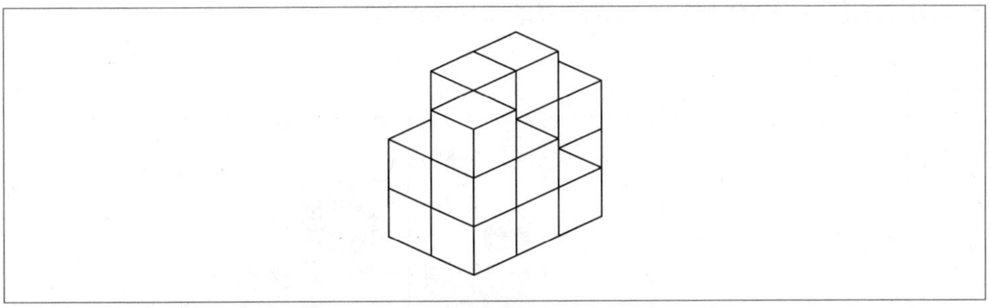

① 12개　② 14개
③ 16개　④ 18개

42

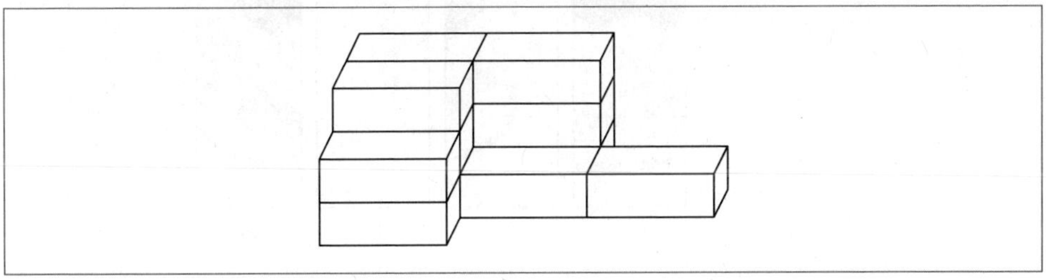

① 12개　② 13개
③ 14개　④ 15개

※ 다음 그림을 순서대로 바르게 배열한 것을 고르시오. [43~45]

43

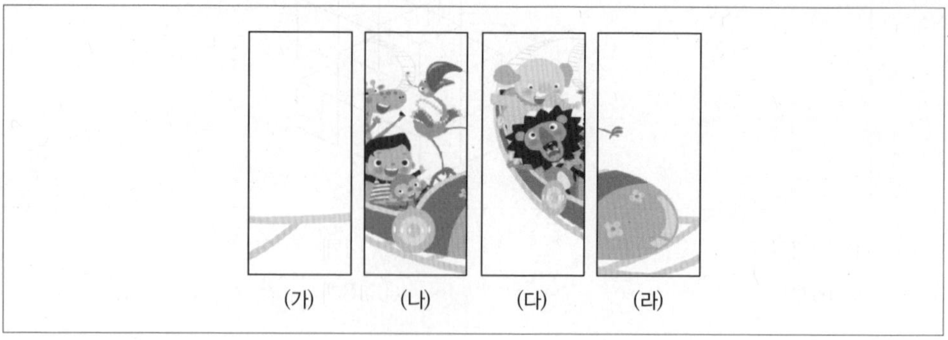

① (나) – (가) – (라) – (다)
② (다) – (가) – (라) – (나)
③ (다) – (나) – (가) – (라)
④ (다) – (나) – (라) – (가)

44

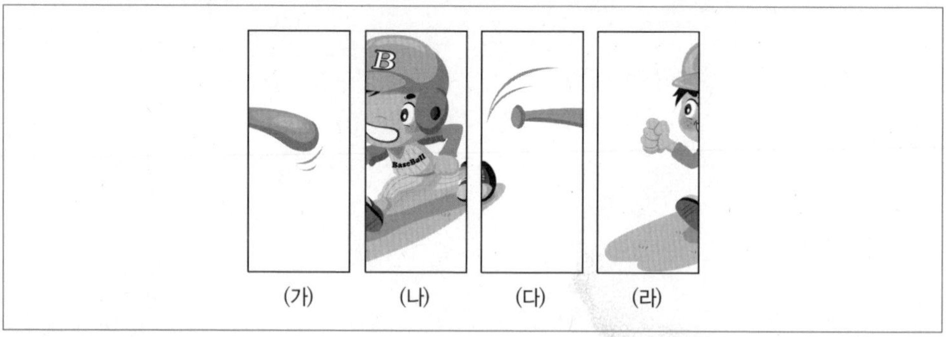

① (가) – (라) – (다) – (나)
② (다) – (나) – (가) – (라)
③ (라) – (나) – (가) – (다)
④ (라) – (나) – (다) – (가)

45

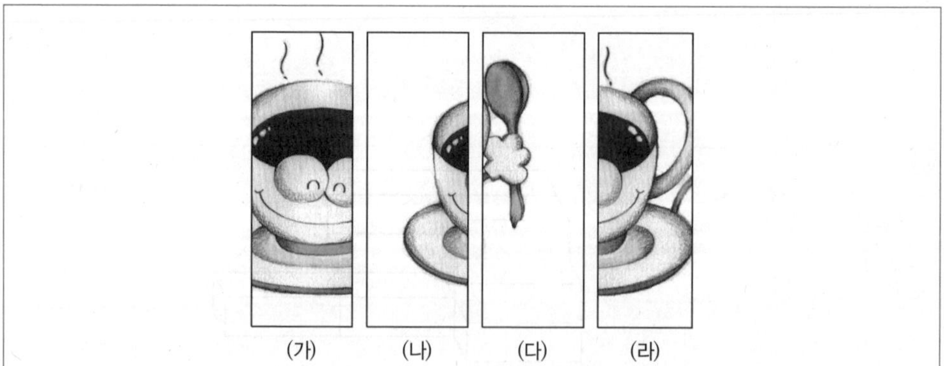

① (나) – (가) – (라) – (다)
② (나) – (다) – (가) – (라)
③ (나) – (라) – (가) – (다)
④ (나) – (라) – (다) – (가)

PART 4

면접

CHAPTER 01 면접 소개

01 면접 주요사항

면접의 사전적 정의는 면접관이 지원자를 직접 만나보고 인품(人品)이나 언행(言行) 따위를 시험하는 일로, 흔히 필기시험 후에 최종적으로 심사하는 방법이다.
최근 주요 기관의 인사담당자들을 대상으로 한 설문조사에서 채용 시 면접이 차지하는 비중이 50～80% 이상이라고 답한 사람은 전체 응답자의 80%를 넘었다. 이와 대조적으로 지원자들을 대상으로 취업 시험에서 면접을 준비하는 기간을 물었을 때, 대부분의 응답자가 2～3일 정도라고 대답했다.
지원자는 서류전형과 직무적성검사를 통과해야만 면접을 볼 수 있기 때문에 자연스럽게 면접은 그 비중이 작아질 수밖에 없다. 하지만 아이러니하게도 실제 채용 과정에서 면접이 차지하는 비중은 절대적이라고 해도 과언이 아니다.
기관들은 채용 과정에서 토론 면접, 인성 면접, 프레젠테이션 면접, 역량 면접 등의 다양한 면접을 실시한다. 1차 커트라인이라고 할 수 있는 서류전형을 통과한 지원자들의 스펙이나 능력은 서로 엇비슷하다고 판단하기 때문에 지원자의 인성을 파악하기 위해 면접을 더욱 강화하는 것이다.
면접의 기본은 자기 자신을 면접관에게 알기 쉽게 표현하는 것이다. 이러한 표현을 바탕으로 자신의 단점을 극복할 수 있는 연습을 한다면 좋은 결과를 얻을 수 있을 것이다.

1. 자기소개

자기소개를 시키는 이유는 면접자가 지원자의 자기소개서를 압축해서 듣고, 지원자의 첫인상을 평가할 시간을 가질 수 있기 때문이다. 면접을 위한 워밍업이라고 할 수 있으며, 첫인상을 결정하는 과정이므로 매우 중요한 순간이다. 자신을 잘 소개할 수 있는 문구의 1분 자기소개를 미리 준비해서 연습해야 한다.

2. 1분 자기소개 시 주의사항

면접에서 바른 자세가 중요하다는 것은 익히 알고 있다. 하지만 문제는 무의식적으로 나오는 흐트러진 자세 때문에 나쁜 인상을 줄 수 있다는 것이다. 이러한 습관을 고칠 수 있는 가장 좋은 방법은 캠코더로 녹화하거나 스터디를 통해 모의 면접을 해 보면서 끊임없이 피드백을 받는 것이다.

3. 대화법

전문가들이 말하는 대화법의 핵심은 '상대방을 배려하면서 이야기하라.'는 것이다. 대화는 나와 다른 사람의 소통이다. 내용에 대한 공감이나 이해가 없다면 대화는 더 이상 진전되지 않는다.

4. 첫인상

취업을 위해 성형수술을 받는 지원자들에 대한 이야기는 더 이상 뉴스거리가 되지 않는다. 그만큼 많은 사람이 좁은 취업문을 뚫기 위해 이미지 향상에 신경을 쓰고 있다. 하지만 외모와 첫인상을 절대적인 관계로 이해하는 것은 잘못된 판단이다. 외모가 첫인상에서 많은 부분을 차지하지만, 외모 외에 다른 결점이 발견된다면 그로 인해 장점들이 가려질 수도 있다. 첫인상은 말 그대로 한 번밖에 기회가 주어지지 않으며 몇 초 안에 결정된다. 첫인상을 결정짓는 요소 중 시각적인 요소가 80% 이상을 차지한다. 첫눈에 들어오는 생김새나 복장, 표정 등에 의해서 결정되는 것이다. 면접을 시작할 때 자기소개를 시키는 것도 지원자별로 첫인상을 평가하기 위해서이다. 첫인상이 중요한 이유는 만약 첫인상이 부정적으로 인지될 경우, 지원자의 다른 좋은 면까지 거부당하기 때문이다. 이러한 현상을 심리학에서는 초두효과(Primacy Effect)라고 한다.
이는 먼저 제시된 정보가 추후 알게 된 정보보다 더 강력한 영향을 미치는 현상으로, 앞서 제시된 정보가 나중의 것보다 기억이 더 잘 되고, 인출도 더 잘 된다는 것이다. 예를 들어 첫인상이 착하게 기억되면 나중에 나쁜 행동을 하더라도 순간의 실수로 생각되는 반면, 첫인상이 나쁘다면 착한 행동을 하더라도 그 진위에 의심을 사게 되는 것이다. 이처럼 한 번 형성된 첫인상은 여간해서 바꾸기 힘들다. 따라서 평소에 첫인상을 좋게 만들기 위한 노력을 꾸준히 해야만 한다.
깔끔한 옷차림과 부드러운 표정 그리고 말과 행동 등에 의해 전반적인 이미지가 만들어진다. 누구나 한두 가지 단점은 가지고 있지만 이미지 컨설팅을 통해서 자신의 단점들을 보완하는 지원자도 있다. 특히, 표정이 밝지 않은 지원자는 평소 웃는 연습을 의식적으로 하여 면접을 받는 동안 계속해서 여유 있는 표정을 짓는 것이 중요하다. 성공한 사람들은 인상이 좋다는 것을 명심하자.

02 면접의 유형 및 실전 대책

1. 면접의 유형

과거 천편일률적인 일대일 면접과 달리 현재는 면접에 다양한 유형이 도입되어 "면접은 이렇게 보는 것이다." 라고 말할 수 있는 정해진 유형이 없어졌다. 그러나 대부분의 기관에서 현재까지는 집단 면접과 다대일 면접이 진행되고 있으므로 어느 정도 유형을 파악하여 사전에 대비가 가능하다. 면접의 기본인 단독 면접부터 다대일 면접, 집단 면접, PT면접 유형과 그 대책에 대해 알아보자.

(1) 단독 면접

단독 면접이란 응시자와 면접관이 일대일로 마주하는 형식을 말한다. 면접위원 한 사람과 응시자 한사람이 마주 앉아 자유로운 화제를 가지고 질의응답을 되풀이하는 방식이다. 이 방식은 면접의 가장 기본적인 방법으로 소요시간은 10～20분 정도가 일반적이다.

① 단독 면접의 장점

필기시험 등으로 판단할 수 없는 성품이나 능력을 알아내는 데 가장 적합하다고 평가받아 온 면접방식으로 응시자 한 사람 한 사람에 대해 여러 면에서 비교적 폭넓게 파악할 수 있다. 응시자의 입장에서는 한 사람의 면접관만을 대하는 것이므로 상대방에게 집중할 수 있으며, 긴장감도 다른 면접방식에 비해서는 적은 편이다.

② 단독 면접의 단점

면접관의 주관이 강하게 작용해 객관성을 저해할 소지가 있으며, 면접 평가표를 활용한다 하더라도 일면적인 평가에 그칠 가능성을 배제할 수 없다. 또한 시간이 많이 소요되는 것도 단점이다.

단독 면접 준비 Point

단독 면접에 대비하기 위해서는 평소 일대일로 논리 정연하게 대화를 나눌 수 있는 능력을 기르는 것이 중요하다. 그리고 면접장에서는 면접관을 선배나 선생님 혹은 아버지를 대하는 기분으로 면접에 임하는 것이 부담도 훨씬 적고 실력을 발휘할 수 있는 방법이 될 것이다.

(2) 다대일 면접

다대일 면접은 일반적으로 가장 많이 사용되는 면접방법으로 보통 2 ~ 5명의 면접관이 1명의 응시자에게 질문하는 형태의 면접방법이다. 면접관이 여러 명이므로 다각도에서 질문을 하여 응시자에 대한 정보를 많이 알아낼 수 있다는 점 때문에 선호하는 면접방법이다.

하지만 응시자의 입장에서는 면접관에 따라 질문도 각양각색이고 동료 응시자가 없으므로 숨 돌릴 틈도 없게 느껴진다. 또한 관찰하는 눈도 많아서 조그만 실수라도 지나치는 법이 없기 때문에 정신적 압박과 긴장감이 높은 면접방법이다. 따라서 응시자는 긴장을 풀고 한 명의 면접관이 질문하더라도 면접관 전원을 향해 대답한다는 기분으로 또박또박 대답하는 자세가 필요하다.

① 다대일 면접의 장점

면접관이 집중적인 질문과 다양한 관찰을 통해 응시자가 과연 조직에 필요한 인물인가를 완벽히 검증할 수 있다.

② 다대일 면접의 단점

면접시간이 보통 10 ~ 30분 정도로 긴 편이고 응시자에게 지나친 긴장감을 조성하는 면접방법이다.

다대일 면접 준비 Point

질문을 들을 때 시선은 면접위원을 향하고 다른 데로 돌리지 말아야 하며, 대답할 때에도 고개를 숙이거나 입속에서 우물거리는 소극적인 태도는 피하도록 한다. 면접위원과 대등하다는 마음가짐으로 편안한 태도를 유지하면 대답도 자연스러운 상태에서 좀 더 충실히 할 수 있고, 이에 따라 면접위원이 받는 인상도 달라진다.

(3) 집단 면접

집단 면접은 다수의 면접관이 여러 명의 응시자를 한꺼번에 평가하는 방식으로 짧은 시간에 능률적으로 면접을 진행할 수 있다. 각 응시자에 대한 질문 내용, 질문 횟수, 시간 배분이 똑같지는 않으며, 모두에게 같은 질문이 주어지기도 하고, 각각 다른 질문을 받기도 한다.

또 어떤 응시자가 한 대답에 대한 의견을 묻는 등 그때그때의 분위기나 면접관의 의향에 따라 변수가 많다. 집단 면접의 경우 응시자의 입장에서는 개별 면접에 비해 긴장감은 다소 덜한 반면에 다른 응시자들과 확실하게 비교되므로 응시자는 몸가짐이나 표현력 · 논리성 등이 결여되지 않도록 자신의 생각이나 의견을 솔직하게 발표하여 집단 속에 묻히거나 밀려나지 않도록 주의해야 한다.

① 집단 면접의 장점

집단 면접의 장점은 면접관이 응시자 한 사람에 대한 관찰시간이 상대적으로 길고, 비교 평가가 가능하기 때문에 결과적으로 평가의 객관성과 신뢰성을 높일 수 있다는 점이며, 응시자는 동료들과 함께 면접을 받기 때문에 긴장감이 다소 덜하다는 것을 들 수 있다. 또한 동료가 답변하는 것을 들으며, 자신의 답변 방식이나 자세를 조정할 수 있다는 것도 큰 이점이다.

② 집단 면접의 단점

응답하는 순서에 따라 응시자마다 유리하고 불리한 점이 있고, 면접위원의 입장에서는 각각의 개인적인 문제를 깊게 다루기가 곤란하다는 것이 단점이다.

집단 면접 준비 Point

너무 자기 과시를 하지 않는 것이 좋다. 대답은 자신이 말하고 싶은 내용을 간단명료하게 말해야 한다. 내용이 없는 발언을 한다거나 대답을 질질 끄는 태도는 좋지 않다. 또 말하는 중에 내용이 주제에서 벗어나거나 자기중심적으로만 말하는 것도 피해야 한다. 집단 면접에 대비하기 위해서는 평소에 설득력을 지닌 자신의 논리력을 계발하는 데 힘써야 하며, 다른 사람 앞에서 자신의 의견을 조리 있게 개진할 수 있는 발표력을 갖추는 데에도 많은 노력을 기울여야 한다.

- 실력에는 큰 차이가 없다는 것을 기억하라.
- 동료 응시자들과 서로 협조하라.
- 답변하지 않을 때의 자세가 중요하다.
- 개성 표현은 좋지만 튀는 것은 위험하다.

(4) 집단 토론식 면접

집단 토론식 면접은 집단 면접과 형태는 유사하지만 질의응답이 아니라 응시자들끼리의 토론이 중심이 되는 면접방법으로 최근 들어 급증세를 보이고 있다.

이는 공통의 주제에 대해 다양한 견해들이 개진되고 결론을 도출하는 과정, 즉 토론을 통해 응시자의 다양한 면에 대한 평가가 가능하다는 집단 토론식 면접의 장점이 널리 확산된 데 따른 것으로 보인다. 사실 집단 토론식 면접을 활용하면 주제와 관련된 지식 정도와 이해력, 판단력, 설득력, 협동성은 물론 리더십, 조직 적응력, 적극성과 대인관계 능력 등을 파악하는 것이 용이하다고 한다. 토론식 면접에서는 자신의 의견을 명확히 제시하면서도 상대방의 의견을 경청하는 토론의 기본자세가 필수적이며, 지나친 경쟁심이나 자기 과시욕은 접어두는 것이 좋다.

또한 집단 토론의 목적이 결론을 도출해 나가는 과정에 있다는 것을 감안하여 무리하게 자신의 주장을 관철시키기보다 오히려 토론의 질을 높이는 데 기여하는 것이 좋은 인상을 줄 수 있다는 점을 알아야 한다. 취업 희망자들은 토론식 면접이 급속도로 확산되는 추세임을 감안해 특히 철저한 준비를 해야 한다.

평소에 신문의 사설이나 매스컴 등의 토론 프로그램을 주의 깊게 보면서 논리 전개 방식을 비롯한 토론 과정을 익히도록 하고, 친구들과 함께 간단한 주제를 놓고 토론을 진행해 볼 필요가 있다. 또한 사회 · 시사문제에 대해 자기 나름대로의 관점을 정립해두는 것도 꼭 필요하다.

집단 토론식 면접 준비 Point

- 토론은 정답이 없다는 것을 명심한다.
- 내 주장을 강조하지 않는다.
- 남이 말할 때 끼어들지 않는다.
- 필기구를 준비하여 메모하면서 면접에 임한다.
- 주제에 자신이 없다면 첫 번째 발언자가 되지 않는다.
- 자신의 입장을 먼저 밝힌다.
- 상대측의 사소한 발언에 집착하지 않고 전체적인 의미에 초점을 놓치지 않아야 한다.
- 남의 의견을 경청한다.
- 예상 밖의 반론에 당황스럽다 하더라도 유연함을 잃지 않아야 한다.

(5) PT 면접

PT 면접, 즉 프레젠테이션 면접은 최근 들어 집단 토론 면접과 더불어 그 활용도가 점차 커지고 있다. PT 면접은 기관마다 특성이 다르고 인재상이 다른 만큼 인성 면접만으로는 알 수 없는 지원자의 문제해결능력, 전문성, 창의성, 기본 실무능력, 논리성 등을 관찰하는 데 중점을 두는 면접으로, 지원자 간의 변별력이 높아 대부분의 기관에서 적용하고 있으며, 확산되는 추세이다.

면접 시간은 기관별로 차이가 있지만, 전문지식, 시사성 관련 주제를 제시한 다음 보통 20 ~ 50분 정도 준비하여 5분가량 발표할 시간을 준다. 단순히 질의응답으로 이루어지는 것이 아니라 면접관은 주제에 대해 일정 시간 동안 지원자의 발언과 발표하는 모습 등을 관찰하게 된다. 정확한 답이나 지식보다는 논리적 사고와 의사표현력이 더 중시되기 때문에 자신의 생각을 어떻게 설명하느냐가 매우 중요하다.

PT 면접에서 같은 주제라도 직무별로 평가요소가 달리 나타난다. 예를 들어, 영업직은 설득력과 의사소통능력에 중점을 둘 수 있겠고, 관리직은 신뢰성과 창의성 등을 더 중요하게 평가한다.

PT 면접 준비 Point

- 면접관의 관심과 주의를 집중시키고, 발표 태도에 유의한다.
- 모의 면접이나 거울 면접으로 미리 점검한다.
- PT 내용은 세 가지 정도로 정리해서 말한다.
- PT 내용에는 자신의 생각이 담겨 있어야 한다.
- PT 중간에 자문자답 방식을 활용한다.
- 평소 지원하는 분야의 동향이나 직무에 대한 전문지식을 쌓아둔다.
- 부적절한 용어 사용이나 무리한 주장 등은 하지 않는다.

2. 면접의 실전 대책

(1) 면접 대비사항

① 지원한 기관에 대한 사전지식을 충분히 갖는다.

필기시험 또는 서류전형의 합격통지가 온 후 면접시험 날짜가 정해지는 것이 보통이다. 이때 지원자는 면접시험을 대비해 사전에 본인이 지원한 기관 또는 부서에 대해 폭넓은 지식을 가질 필요가 있다.

지원 기관에 대해 알아두어야 할 사항

- 지원 기관의 연혁
- 지원 기관의 장
- 지원 기관의 경영목표와 방침
- 지원 분야의 업무 내용
- 지원 기관의 인재상
- 지원 기관의 비전

② 충분한 수면을 취한다.

충분한 수면으로 안정감을 유지하고 첫 출발의 신선한 마음가짐을 갖는다.

③ 면접 당일 아침에 인터넷으로 신문을 읽는다.

그날의 뉴스가 질문 대상에 오를 수가 있다. 특히 경제면, 정치면, 문화면 등을 유의해서 봐둘 필요가 있다.

출발 전 확인할 사항

스케줄표, 지갑, 신분증(주민등록증), 손수건, 휴지, 필기도구, 예비스타킹(여성의 경우) 등을 준비하자.

(2) 면접 시 옷차림

면접에서 옷차림은 간결하고 단정한 느낌을 주는 것이 가장 중요하다. 색상과 디자인 면에서 지나치게 화려한 색상이나, 노출이 심한 디자인은 자칫 면접관의 눈살을 찌푸리게 할 수 있다. 단정한 차림을 유지하면서 자신만의 독특한 멋을 연출하는 것, 지원 기관의 분위기를 파악했다는 센스를 보여주는 것 등이 면접 복장의 포인트다.

복장 점검

- 구두는 잘 닦여 있는가?
- 옷은 깨끗이 다려져 있으며 스커트 길이는 적당한가?
- 손톱은 길지 않고 깨끗한가?
- 머리는 흐트러짐 없이 단정한가?

(3) 면접요령

① 첫인상을 중요시한다.

상대에게 인상을 좋게 주지 않으면 어떠한 얘기를 해도 충분히 전달되지 않을 수 있다. 예를 들면 '저 친구는 표정이 없고 무엇을 생각하고 있는지 전혀 알 길이 없다.'라고 생각하게 만들면 최악의 상태다. 청결한 복장과 바른 자세로 면접장에 침착하게 들어가 건강하고 신선한 이미지를 주도록 한다.

② 좋은 표정을 짓는다.

얘기할 때의 표정은 중요한 사항 중 하나다. 거울 앞에서 웃는 연습을 해본다. 웃는 얼굴은 상대를 편안하게 만들고 특히 면접 등 긴박한 분위기에서는 큰 효과를 나타낼 것이다. 그렇다고 하여 항상 웃고만 있어서는 안 된다. 본인이 할 얘기를 진정으로 전하고 싶을 때는 진지한 표정으로 상대의 눈을 바라보며 얘기한다.

③ 결론부터 이야기한다.

본인의 의사나 생각을 상대에게 정확하게 전달하기 위해서는 먼저 무엇을 말하고자 하는가를 명확히 결정해 두어야 한다. 대답을 할 경우에는 결론을 먼저 이야기하고 나서 그에 따르는 설명과 이유를 나중에 덧붙이면 논지(論旨)가 명확해지고 이야기가 깔끔하게 정리된다. 보통 한 가지 사실을 이야기하거나 설명하는 데는 3분이면 충분하다. 복잡한 이야기도 어느 정도의 길이로 요약해서 이야기하면 상대도 이해하기 쉽고 자기도 정리할 수 있다. 긴 이야기는 오히려 상대를 불쾌하게 할 수가 있다.

④ 질문의 요지를 파악한다.

면접 때의 이야기는 간결성만으로 부족하다. 상대의 질문이나 이야기에 대해 적절하고 필요한 대답을 하지 않으면 대화는 끊어지고 자기의 생각도 제대로 표현하지 못한다. 이는 면접관이 지원자의 인품이나 사고방식 등을 명확히 파악할 수 없도록 만들게 된다. 면접에서는 면접관이 무엇을 묻고 있는지, 무슨 이야기를 하고 있는지 그 요점을 정확히 알아내야 한다.

(4) 면접 시 주의사항

① 지각은 있을 수 없다.

면접 당일에 시간을 맞추지 못하여 지각하는 것은 있을 수 없는 일이다. 약속을 못 지키는 사람은 좋은 평가를 받을 수 없다. 면접 당일에는 지정시간 10 ~ 20분쯤 전에 미리 면접장에 도착해 마음을 가라앉히고 준비해야 한다.

② 손가락을 움직이지 마라.

면접 시에 손가락을 까딱거리거나 만지작거리는 행동은 유난히 눈에 띌 뿐만 아니라 면접관의 눈에 거슬리기 마련이다. 다리를 떠는 행동은 말할 것도 없다. 불안정하거나 산만하다는 느낌을 줄 수 있으므로 주의할 필요가 있다.

③ 옷매무새를 자주 고치지 마라.

여성의 경우 외모에 너무 신경 쓴 나머지 머리를 계속 쓸어 올리거나, 깃과 치마 끝을 만지작거리는 경우가 많다. 짧은 미니스커트를 입고 와서 면접시간 내내 치마 끝을 내리는 행위는 면접관으로 하여금 인상을 찌푸리게 만든다. 인사담당자의 말에 의하면 이런 사람이 의외로 많다고 한다.

④ 적당한 목소리 톤으로 말해라.

면접관과의 거리가 어느 정도 떨어져 있기 때문에 작은 소리로 웅얼거리는 것은 좋지 않다. 그러나 너무 크게 소리를 질러가며 말하는 사람은 오히려 거북하게 느껴진다.

⑤ 성의 있는 응답 자세를 보여라.

질문에 대해 너무 '예, 아니요'로만 답변하면 성의 없다는 인상을 심어주게 된다. 따라서 설명을 덧붙일 수 있는 질문에 대해서는 지루하지 않을 만큼의 설명을 붙인다.

⑥ 구두를 깨끗이 닦는다.

앉아있는 사람의 구두는 면접관의 위치에서 보면 눈에 잘 띈다. 그러나 의외로 구두에 대해 신경써서 미리 깨끗이 닦아둔 사람은 드물다. 면접 전날 반드시 구두를 깨끗이 닦아준다.

⑦ 지나친 화장은 피한다.

여성의 경우 지나치게 화장을 짙게 하면 거부감을 불러일으킬 수 있다. 또한 머리도 단정히 정리해서 이마가 가급적이면 드러나 보이게 하는 것이 좋다. 여기저기 흘러나온 머리는 지저분하고 답답한 느낌을 준다. 지나친 액세서리도 금물이다.

⑧ 기타 사항

㉠ 앉으라고 할 때까지 앉지 마라. 의자로 재빠르게 다가와 앉으면 무례한 사람처럼 보이기 쉽다.
㉡ 응답 시 너무 말을 꾸미지 마라.
㉢ 질문이 떨어지자마자 답변을 외운 것처럼 바쁘게 대답하지 마라.
㉣ 혹시 잘못 대답하였다고 해서 혀를 내밀거나 머리를 긁지 마라.
㉤ 머리카락에 손대지 마라. 정서불안으로 보이기 쉽다.
㉥ 면접실에 다른 지원자가 들어올 때 절대로 일어서지 마라.
㉦ 동종업계나 라이벌 회사에 대해 비난하지 마라.
㉧ 면접관 책상에 있는 서류를 보지 마라.
㉨ 농담을 하지 마라. 쾌활한 것은 좋지만 지나치게 경망스러운 태도는 의지가 부족해 보인다.
㉩ 질문에 대해 대답할 말이 생각나지 않는다고 천장을 쳐다보거나 고개를 푹 숙이고 바닥을 내려다보지 마라.
㉪ 면접관이 서류를 검토하는 동안 말하지 마라.
㉫ 과장이나 허세로 면접관을 압도하려 하지 마라.
㉬ 은연중에 연고를 과시하지 마라.

면접 전 마지막 체크 사항

- 지원 기관의 소재지(본사·지사·공장 등)를 정확히 알고 있다.
- 지원 기관의 정식 명칭(Full Name)을 알고 있다.
- 약속된 면접시간 10분 전에 도착하도록 스케줄을 짤 수 있다.
- 면접실에 들어가서 공손히 인사한 후 또렷한 목소리로 자기 수험번호와 성명을 말할 수 있다.
- 앉으라고 할 때까지는 의자에 앉지 않는다는 것을 알고 있다.
- 자신에 대해 3분간 이야기할 수 있는 준비가 되어 있다.
- 자신의 긍정적인 면을 상대방에게 바르게 전달할 수 있다.

CHAPTER 02 대전광역시교육청 예상 면접질문

- 1분 동안 자신을 소개해 보시오.
- 교육공무직에 지원하게 된 동기를 말해 보시오.
- 대전광역시교육청의 교육비전을 말해 보시오.
- 대전광역시교육청의 기본방향을 말해 보시오.
- 대전광역시교육청의 심벌마크에 대해 설명해 보시오.
- 대전광역시교육청의 마스코트에 대해 설명해 보시오.
- 교육이란 무엇이라고 생각하는지 말해 보시오.
- 교육공무직원이 하는 일을 설명해 보시오.
- 교육공무직의 8가지 의무를 4가지 이상 말해 보시오.
- 교육공무직원의 업무를 3가지 이상 말해 보시오.
- 교육공무직원이 갖춰야 할 자세를 3가지 이상 말해 보시오.
- 교육공무직원이 필요한 이유를 4가지 이상 설명해 보시오.
- 교육공무직을 수행하는 데 있어 가장 중요한 것이 무엇이라고 생각하는지 말해 보시오.
- 교육공무제도의 장·단점을 설명해 보시오.
- 대전광역시교육청 행정서비스헌장에 대하여 설명해 보시오.
- 공무원과 교육공무직원의 공통점과 차이점을 말해 보시오.
- 교육청에서 하는 업무에 대하여 아는 대로 설명해 보시오.
- 학교에서 하는 업무를 아는 대로 말해 보시오.
- 교육청과 학교 근무의 차이점에 대하여 설명해 보시오.
- 지원한 직렬에서 수행하는 업무에 대하여 아는 대로 설명해 보시오.
- 2명의 상급자로부터 업무를 지시받았을 때 어떻게 해결할 것인지 말해 보시오.
- 업무를 수행하는 과정에서 상급자의 실수를 발견하였다면 어떻게 할 것인지 말해 보시오.
- 갈등이 있을 때 어떻게 해결하는지 말해 보시오.
- 채용 후 본인 업무 외 다른 업무를 시킬 경우 어떻게 대처할 것인지 말해 보시오.
- 민원 처리 방법에 대하여 설명해 보시오.
- 방문 민원 응대 방법에 대하여 설명해 보시오.
- 전화 응대 방법에 대하여 설명해 보시오.
- 폭언을 하는 민원인의 민원을 어떻게 해결할 것인지 말해 보시오.
- 부정청탁 금품 수수에 해당하는 사례를 말해 보시오.
- 최근 교육 관련 이슈에 대하여 소개하고, 자신의 의견을 말해 보시오.
- 교무 행정사가 되면 무엇을 잘할 수 있는지 말해 보시오.
- 학부모가 화를 내면서 찾아온다면 어떻게 할 것인지 말해 보시오.

- 지인이나 친구들에게 어떤 친구로 기억되고 싶은지 말해 보시오.
- 직장 내 동료와 갈등이 발생한다면 어떻게 해결할 것인지 말해 보시오.
- 먼 거리에 직장을 배정받았을 때, 어떻게 할 것인지 말해 보시오.
- 교사가 자신을 무시했을 때 어떻게 대처할 것인지 말해 보시오.

MEMO

[2026 최신판]

SDC

SDC는 시대에듀 데이터 센터의 약자로 약 30만 개의 NCS · 적성 문제 데이터를 바탕으로 최신 출제경향을 반영하여 문제를 출제합니다.

합격에듀 시대에듀

대전광역시 교육청

교육공무직원 소양평가

인성검사 3회 + 모의고사 7회 + 면접 + 무료공무직특강

편저 | SDC(Sidae Data Center)

모바일 OMR
답안채점 / 성적분석
서비스

[합격시대]
온라인 모의고사
무료쿠폰

합격의 모든 것

정답 및 해설

D A E J E O N

시대에듀

PART 2

직무능력검사

CHAPTER 01 언어논리력

CHAPTER 02 수리력

CHAPTER 03 문제해결력

CHAPTER 01 언어논리력 기출예상문제

01	02	03	04	05	06	07	08	09	10
④	②	③	①	④	④	④	③	①	②
11	12	13	14	15	16	17	18	19	20
①	②	③	②	③	③	④	③	②	④
21	22	23	24	25	26	27	28	29	30
①	③	②	②	④	②	④	②	②	②
31	32	33	34	35	36	37	38	39	40
④	③	②	①	②	②	②	③	③	②
41	42	43	44	45	46	47	48	49	50
③	③	④	③	①	④	③	①	④	②
51	52	53	54	55	56	57	58	59	60
③	④	①	②	③	④	①	①	②	④
61	62	63	64	65	66	67	68	69	70
④	②	①	②	③	③	②	①	①	②
71	72	73	74	75	76	77	78	79	80
③	②	③	①	④	②	③	④	①	②
81	82	83	84	85	86	87	88	89	90
②	④	③	③	④	③	③	④	④	④
91	92	93	94	95	96	97	98	99	100
②	②	③	③	①	①	③	④	③	④

01 어휘력

01

정답 ④

• 수단 : 어떤 목적을 이루기 위한 방법 또는 그 도구
• 방법 : 어떤 일을 해 나가거나 목적을 이루기 위하여 취하는 수단이나 방식

오답분석

① 수요 : 어떤 재화나 용역을 일정한 가격으로 사려고 하는 욕구
② 사유 : 대상을 두루 생각하는 일
③ 판단 : 사물을 인식하여 논리나 기준 등에 따라 판정을 내림

02

정답 ②

• 심심하다 : 하는 일이 없어 재미없고 지루하다.
• 무료하다 : 흥미 있는 일이 없어 지루하고 심심하다.

오답분석

① 조용하다 : 아무런 소리도 들리지 않고 고요하다.
③ 차분하다 : 마음이 가라앉아 조용하다.
④ 생각하다 : 사물을 헤아리고 판단하다. 또는 어떤 사람이나 일 따위에 대하여 기억하다.

03

정답 ③

• 미쁘다 : 믿음성이 있다.
• 미덥다 : 믿음성이 있다.

오답분석

① 헛물켜다 : 애쓴 보람 없이 헛일로 되다.
② 함초롬하다 : 젖거나 서려 있는 모습이 가지런하고 차분하다.
④ 벼리다 : 마음이나 의지를 가다듬고 단련하여 강하게 하다.

04

정답 ①

• 동조 : 남의 주장에 자기의 의견을 일치시키거나 보조를 맞춤
• 찬동 : 어떤 행동이나 견해 따위가 옳거나 좋다고 판단하여 그에 뜻을 같이함

오답분석

② 절용 : 아껴 씀
③ 향상 : 실력, 수준, 기술 따위가 나아짐. 또는 나아지게 함
④ 진보 : 정도나 수준이 나아지거나 높아짐

05

정답 ④

• 허름하다 : 값이 좀 싼 듯하다.
• 너절하다 : 허름하고 지저분하다.

오답분석

① 동조하다 : 남의 주장에 자기의 의견을 일치시키거나 보조를 맞추다.
② 극명하다 : 속속들이 똑똑하게 밝히다.
③ 결연하다 : 마음가짐이나 행동에 있어 태도가 움직일 수 없을 만큼 확고하다.

06

정답 ④

• 각오 : 앞으로 해야 할 일이나 겪을 일에 대한 마음의 준비
• 결심 : 할 일에 대하여 어떻게 하기로 마음을 굳게 정함

오답분석

① 결정 : 행동이나 태도를 분명하게 정함
② 결단 : 결정적인 판단을 하거나 단정을 내림
③ 방법 : 어떤 일을 해 나가거나 목적을 이루기 위하여 취하는 수단이나 방식

07

정답 ④

• 빌미 : 재앙이나 탈 따위가 생기는 원인
• 화근 : 재앙의 근원

오답분석

① 총기 : 총명한 기운. 또는 좋은 기억력
② 걸식 : 음식 따위를 빌어먹음. 또는 먹을 것을 빎
③ 축의 : 축하하는 뜻을 나타내기 위하여 행하는 의식. 또는 축하한다는 의미로 내는 돈이나 물건

08

정답 ③

• 살강 : 그릇을 얹어 놓기 위하여 부엌의 벽 중턱에 드린 선반으로, 발처럼 엮어서 만들기 때문에 그릇의 물기가 잘 빠짐
• 시렁 : 물건을 얹어 놓기 위하여 방이나 마루 벽에 두 개의 긴 나무를 가로질러 선반처럼 만든 것

오답분석

① 옴팡 : 초가나 오두막 따위의 작은 집
② 부뚜막 : 아궁이 위에 솥을 걸어 놓는 언저리
④ 상고대 : 나무나 풀에 내려 눈처럼 된 서리

09

정답 ①

• 무녀리 : '(처음으로) 문을 열고 나온'이라는 의미로, 한 태에 낳은 여러 마리 새끼 가운데 가장 먼저 나온 새끼 또는 말이나 행동이 좀 모자란 듯이 보이는 사람을 비유적으로 이르는 말
• 못난이 : 못나고 어리석은 사람

오답분석

② 어룽이 : 어룽어룽한 점이나 무늬. 또는 그런 점이나 무늬가 있는 짐승이나 물건
③ 암무당 : 여자 무당을 가리키는 말
④ 더펄이 : 성미가 침착하지 못하고 덜렁대는 사람. 또는 성미가 스스럼이 없고 붙임성이 있어 꽁하지 않은 사람

10

정답 ②

• 는개 : 안개비보다는 조금 굵고 이슬비보다는 가는 비
• 안개비 : 내리는 빗줄기가 매우 가늘어서 안개처럼 부옇게 보이는 비

오답분석

① 작달비 : 장대처럼 굵고 거세게 좍좍 내리는 비(≒장대비)
③ 개부심 : 장마로 큰물이 난 뒤, 한동안 쉬었다가 다시 퍼붓는 비가 명개를 부시어 냄. 또는 그 비
④ 그믐치 : 음력 그믐께에 비나 눈이 내림. 또는 그 비나 눈

11

정답 ①

• 기아 : 먹을 것이 없어 배를 곯는 것
• 기근 : 흉년으로 먹을 양식이 모자라 굶주림

오답분석

② 나태 : 행동, 성격 따위가 느리고 게으름
③ 태만 : 열심히 하려는 마음이 없고 게으름
④ 나만 : 게으르고 느림

12

정답 ②

• 고국 : 주로 남의 나라에 있는 사람이 자신의 조상 때부터 살던 나라를 이르는 말
• 모국 : 자기가 태어난 나라. 또는 외국에 나가 있는 사람이 자기 나라를 가리킬 때에 쓰는 말

오답분석

① 거부 : 요구나 제의 따위를 받아들이지 않고 물리침
③ 역점 : 심혈을 기울이거나 쏟는 점
④ 거절 : 상대편의 요구, 제안, 선물, 부탁 따위를 받아들이지 않고 물리침

13

정답 ③

• 수선 : 낡거나 헌 물건을 고침
• 수리 : 고장 나거나 허름한 데를 손보아 고침

오답분석

① 처지 : 처하여 있는 사정이나 형편
② 형편 : 일이 되어 가는 상태나 경로 또는 결과
④ 사려 : 여러 가지 일에 대하여 깊게 생각함. 또는 그런 생각

14

정답 ②

• 정직 : 마음에 거짓이나 꾸밈이 없이 바르고 곧음
• 진실 : 마음에 거짓이 없이 순수하고 바름

오답분석

① 교활 : 간사하고 꾀가 많음
③ 개정 : 글자나 글의 틀린 곳을 고쳐 바로잡음
④ 거짓 : 사실과 어긋난 것. 또는 사실이 아닌 것을 사실처럼 꾸민 것

15

정답 ③

• 구속 : 행동이나 의사의 자유를 제한하거나 속박함
• 속박 : 어떤 행위나 권리의 행사를 자유로이 하지 못하도록 강압적으로 얽어매거나 제한함

오답분석

① 도전 : 정면으로 맞서 싸움을 걺
② 검열 : 어떤 행위나 사업 따위를 살펴 조사하는 일
④ 반대 : 어떤 행동이나 견해, 제안 따위에 따르지 아니하고 맞서 거스름

16

정답 ③

• 낭비 : 시간이나 재물 따위를 헛되이 헤프게 씀
• 허비 : 헛되이 씀. 또는 그렇게 쓰는 비용

오답분석

① 장비 : 갖추어 차림. 또는 그 장치와 설비
② 절약 : 함부로 쓰지 아니하고 꼭 필요한 데에만 써서 아낌
④ 검소 : 사치하지 않고 꾸밈없이 수수함

17

정답 ④

• 독려 : 감독하며 격려함
• 고취 : 의견이나 사상 따위를 열렬히 주장하며 불어넣음

오답분석

① 달성 : 목적한 것을 이룸
② 구획 : 토지 따위를 경계를 지어 가름. 또는 그런 구역
③ 낙담 : 바라던 일이 뜻대로 되지 않아 마음이 몹시 상함

18

정답 ③

• 조달 : 자금이나 물자 따위를 대어 줌
• 공급 : 요구나 필요에 따라 물품 따위를 제공함

오답분석

① 참관 : 어떤 자리에 직접 나아가서 봄
② 조직 : 짜서 이루거나 얽어서 만듦
④ 달관 : 사소한 사물이나 일에 얽매이지 않고 세속을 벗어난 활달한 식견이나 인생관에 이름. 또는 그 식견이나 인생관

19

정답 ②

• 실하다 : 든든하고 튼튼하다.
• 야무지다 : 사람의 성질이나 행동, 생김새 따위가 빈틈이 없이 꽤 단단하고 굳세다.

오답분석

① 평탄하다 : 바닥이 평평하다.
③ 가파르다 : 산이나 길이 몹시 기울어져 있다.
④ 자욱하다 : 연기나 안개 따위가 잔뜩 끼어 흐릿하다.

20

정답 ④

• 가동하다 : 사람이나 기계 따위가 움직여 일하다.
• 작동하다 : 기계 따위가 작용을 받아 움직이거나 기계 따위를 움직이게 하다.

오답분석

① 상승하다 : 낮은 데서 위로 올라가다.
② 완만하다 : 경사가 급하지 않다.
③ 퇴영하다 : 뒤로 물러나서 가만히 틀어박혀 있다.

21

정답 ①

• 만성 : 병이나 버릇이 급하거나 심하지도 아니하면서 쉽게 고쳐지지 아니하는 성질
• 급성 : 병 따위의 증세가 갑자기 나타나고 빠르게 진행되는 성질

오답분석

② 상성 : 성질이 서로 맞음
③ 항성 : 언제나 변하지 아니하는 성질
④ 고성 : 크고 높은 목소리

22

정답 ③

• 승인 : 어떤 사실을 마땅하다고 받아들임
• 거부 : 요구나 제의 따위를 받아들이지 않고 물리침

오답분석

① 묵인 : 모르는 체하고 하려는 대로 내버려 둠으로써 슬며시 인정함
② 용인 : 용납하여 인정함
④ 묵과 : 잘못을 알고도 모르는 체하고 그대로 넘김

23

정답 ②

• 집결 : 한군데로 모이거나 모여 뭉침
• 해산 : 모였던 사람이 흩어짐

오답분석

① 소집 : 단체나 조직체의 구성원을 불러서 모음
③ 모집 : 사람이나 작품, 물품 따위를 일정한 조건 아래 널리 알려 뽑아 모음
④ 선발 : 많은 가운데서 골라 뽑음

24

정답 ②

• 방임 : 돌보거나 간섭하지 않고 제멋대로 내버려 둠
• 통제 : 일정한 방침이나 목적에 따라 행위를 제한하거나 제약함

오답분석

① 방치 : 내버려 둠
③ 자유 : 외부적인 구속이나 무엇에 얽매이지 아니하고 자기 마음대로 할 수 있는 상태
④ 방관 : 어떤 일에 직접 나서서 관여하지 않고 곁에서 보기만 함

25

정답 ④

• 성실 : 정성스럽고 참됨
• 태만 : 열심히 하려는 마음이 없고 게으름

오답분석

① 근면 : 부지런히 일하며 힘씀
② 성의 : 정성스러운 뜻
③ 정성 : 온갖 힘을 다하려는 참되고 성실한 마음

26

정답 ②

• 간섭 : 직접 관계가 없는 남의 일에 부당하게 참견함
• 방임 : 돌보거나 간섭하지 않고 제멋대로 내버려 둠

오답분석

① 참견 : 자기와 별로 관계없는 일이나 말 따위에 끼어들어 쓸데없이 아는 체하거나 간섭함
③ 섭정 : 군주가 직접 통치할 수 없을 때에 군주를 대신하여 나라를 다스림
④ 개간 : 거친 땅이나 버려둔 땅을 일구어 논밭이나 쓸모 있는 땅으로 만듦

27

정답 ④

• 개방 : 문이나 어떠한 공간 따위를 열어 자유롭게 드나들고 이용하게 함
• 폐쇄 : 문 따위를 닫아걸거나 막아 버림

오답분석

① 공개 : 어떤 사실이나 사물, 내용 따위를 여러 사람에게 널리 터놓음
② 석방 : 법에 의하여 구속하였던 사람을 풀어 자유롭게 하는 일
③ 개혁 : 제도나 기구 따위를 새롭게 뜯어고침

28

정답 ②

• 변절 : 절개나 지조를 지키지 않고 바꿈
• 지조 : 원칙과 신념을 굽히지 아니하고 끝까지 지켜나가는 꿋꿋한 의지

오답분석

① 변심 : 마음이 변함
③ 배반 : 믿음과 의리를 저버리고 돌아섬
④ 배신 : 믿음이나 의리를 저버림

29

정답 ②

• 출근 : 일터로 근무하러 나가거나 나옴
• 퇴근 : 일터에서 근무를 마치고 돌아가거나 돌아옴

오답분석

① 출세 : 사회적으로 높은 지위에 오르거나 유명하게 됨
③ 지출 : 어떤 목적을 위하여 돈을 지급하는 일
④ 개근 : 학교나 직장 따위에 일정한 기간 동안 하루도 빠짐없이 출석하거나 출근함

30

정답 ②

• 시끄럽다 : 듣기 싫게 떠들썩하다.
• 조용하다 : 아무런 소리도 들리지 않고 고요하다.

오답분석

① 소란스럽다 : 시끄럽고 어수선한 데가 있다.
③ 요란하다 : 시끄럽고 떠들썩하다.
④ 산만하다 : 어수선하여 질서나 통일성이 없다.

31

정답 ④

• 섬세 : 곱고 가늘음. 또는 매우 찬찬하고 세밀함
• 둔탁 : 소리가 굵고 거칠며 깊음. 또는 생김새가 거칠고 투박함

오답분석

① 치밀 : 자세하고 꼼꼼함. 또는 아주 곱고 촘촘함
② 정교 : 솜씨나 기술 따위가 정밀하고 교묘함. 또는 내용이나 구성 따위가 정확하고 치밀함
③ 둔통 : 둔하고 무지근하게 느끼는 아픔

32

정답 ③

• 해산 : 모였던 사람이 흩어짐. 또는 흩어지게 함
• 모으다 : 한데 합치다. 혹은 특별한 물건을 구하여 갖추어 가지다.

오답분석

① 짜하다 : 퍼진 소문이 왁자하다.
② 풍기다 : 냄새가 나다. 또는 냄새를 퍼뜨리다.
④ 퍼지다 : 끝 쪽으로 가면서 점점 굵거나 넓적하게 벌어지다. 또는 옆으로 자라거나 커지다.

33

정답 ②

• 가난 : 살림살이가 넉넉하지 못함. 또는 그런 상태
• 풍요 : 흠뻑 많아서 넉넉함

오답분석

① 도탄 : 진구렁에 빠지고 숯불에 탄다는 뜻으로, 몹시 곤궁하여 고통스러운 지경을 이르는 말
③ 불안 : 마음이 편하지 아니하고 조마조마함
④ 산만 : 어수선하여 질서나 통일성이 없음

34

정답 ①

• 이완 : 바짝 조였던 정신이 풀려 늦추어짐
• 긴장 : 마음을 조이고 정신을 바짝 차림

오답분석

② 낙천 : 세상과 인생을 즐겁고 좋은 것으로 여김
③ 하락 : 값이나 등급 따위가 떨어짐
④ 촉진 : 다그쳐 빨리 나아가게 함

35

정답 ②

• 내우 : 나라 안의 걱정
• 외환 : 외적의 침범에 대한 걱정

오답분석

① 가공 : 원자재나 반제품을 인공적으로 처리하여 새로운 제품을 만들거나 제품의 질을 높임
③ 만성 : 버릇이 되다시피 하여 쉽게 고쳐지지 아니하는 상태나 성질
④ 외지 : 자기가 사는 곳 밖의 다른 고장

36

정답 ②

• 선웃음 : 우습지도 않은데 꾸며서 웃는 웃음
• 읍혈 : 눈물을 흘리며 슬프게 욺

오답분석

① 미소 : 소리 없이 빙긋이 웃음. 또는 그런 웃음
③ 조소 : 흉을 보듯이 빈정거리거나 업신여기는 웃음(≒비웃음)
④ 담소 : 웃고 즐기면서 이야기함. 또는 그런 이야기

37

정답 ②

• 소소리바람 : 이른 봄에 살 속으로 스며들 듯이 차고 매서운 바람
• 열풍 : 뜨거운 바람

오답분석

① 선풍 : 회오리바람. 또는 돌발적으로 일어나 세상을 뒤흔드는 사건을 비유적으로 이르는 말
③ 질풍 : 몹시 빠르고 거세게 부는 바람
④ 소풍 : 휴식을 취하기 위해서 야외에 나갔다 오는 일

38

정답 ③

• 엉성하다 : 꽉 짜이지 않아 어울리는 맛이 없고 빈틈이 있다.
• 면밀하다 : 허술하거나 부족한 면이 없다.

오답분석

① 유별나다 : 보통의 것과 아주 다르다.
② 뻔뻔하다 : 부끄러운 짓을 하고도 염치없이 태연하다.
④ 서먹서먹하다 : 낯이 설거나 친하지 아니하여 자꾸 어색하다.

39

정답 ③

• 저열하다 : 질이 낮고 변변하지 못하다.
• 고매하다 : 인격이나 품성, 학식, 재질 따위가 높고 빼어나다.

오답분석

① 졸렬하다 : 옹졸하고 천하여 서투르다.
② 야비하다 : 성질이나 행동이 야하고 천하다.
④ 천하다 : 하는 짓이나 생긴 꼴이 고상한 맛이 없다.

40

정답 ②

• 반박하다 : 어떤 의견, 주장, 논설 따위에 반대하여 말하다.
• 수긍하다 : 옳다고 인정하다.

오답분석

① 부정하다 : 그렇지 아니하다고 단정하거나 옳지 아니하다고 반대하다.
③ 거부하다 : 요구나 제의 따위를 받아들이지 않고 물리치다.
④ 논박하다 : 어떤 주장이나 의견에 대하여 그 잘못된 점을 조리 있게 공격하여 말하다.

41

정답 ③

오답분석

① 호평 : 좋게 평함. 또는 그런 평판이나 평가
② 핀잔 : 맞대어 놓고 언짢게 꾸짖거나 비꼬아 꾸짖는 일
④ 화근 : 재앙의 근원

42

정답 ③

오답분석

① 야무지다 : 사람의 성질이나 행동, 생김새 따위가 빈틈이 없이 꽤 단단하고 굳세다.
② 호탕하다 : 호기롭고 걸걸하다.
④ 소박하다 : 꾸밈이나 거짓이 없고 수수하다.

43

정답 ④

오답분석

① 알싸하다 : 매운맛이나 독한 냄새 따위로 콧속이나 혀끝이 알알하다.
② 구수하다 : 보리차, 숭늉, 된장국 따위에서 나는 맛이나 냄새와 같다.
③ 쌉쌀하다 : 조금 쓴 맛이 있다.

44

정답 ③

오답분석

① 설익다 : 충분하지 아니하게 익다.
② 보듬다 : 사람이나 동물을 가슴에 붙도록 안다.
④ 사르다 : 키 따위로 곡식을 까불러 쓸모없는 것을 떨어 버리다.

45

정답 ①

오답분석

② 고별 : 같이 있던 사람과 헤어지면서 작별을 알림
③ 발신 : 우편이나 전신, 전화 따위를 보냄. 또는 그런 일
④ 출항 : 배가 항구를 떠나감

46

정답 ④

오답분석

① 잔상 : 외부 자극이 사라진 뒤에도 감각 경험이 지속되어 나타나는 상
② 파도 : 바다에 이는 물결
③ 빛무리 : 구름이 태양이나 달의 표면을 가릴 때, 태양이나 달의 둘레에 생기는 불그스름한 빛의 둥근 테

47

정답 ③

오답분석

① 잔망스럽다 : 보기에 몹시 약하고 가냘픈 데가 있다.
② 개탄스럽다 : 분하거나 못마땅하게 여길 만한 데가 있다.
④ 복스럽다 : 모난 데가 없이 복이 있어 보이는 데가 있다.

48

정답 ①

오답분석

② 값지다 : 물건 따위가 값이 많이 나갈 만한 가치가 있다.
③ 퍼지다 : 끝 쪽으로 가면서 점점 굵거나 넓적하게 벌어지다.
④ 다지다 : 누르거나 밟거나 쳐서 단단하게 하다.

49

정답 ④

오답분석

① 결과적 : 결과가 되는 것
② 공통적 : 둘 이상의 것들이 서로 관계되거나 통하는 것
③ 수동적 : 스스로 움직이지 않고 다른 것의 작용을 받아 움직이는 것

50

정답 ②

오답분석

① 서리 : 대기 중의 수증기가 지상의 물체 표면에 얼어붙은 것
③ 그림자 : 물체가 빛을 가려서 그 물체의 뒷면에 드리워지는 검은 그늘
④ 열구름 : 지나가는 구름

51
정답 ③

오답분석

① 먼지 : 가늘고 보드라운 티끌
② 티끌 : 티와 먼지를 통틀어 이르는 말
④ 녹 : 산화 작용으로 쇠붙이의 표면에 생기는 물질. 색깔은 붉거나 검거나 푸름

52
정답 ④

오답분석

① 소문 : 사람들 입에 오르내려 전하여 들리는 말
② 분쟁 : 갈라져 다툼
③ 논란 : 여럿이 서로 다른 주장을 내며 다툼

53
정답 ①

오답분석

② 고색 : 싫어하거나 꺼리는 낌새
③ 희생 : 다른 사람이나 어떤 목적을 위하여 자신의 목숨, 재산, 명예, 이익 따위를 바치거나 버림
④ 애락 : 슬픔과 즐거움을 아울러 이르는 말

54
정답 ②

오답분석

① 회교 : 인쇄소에서 출판사나 저자에게 교정을 돌리는 일
③ 회의 : 주관자가 기안한 것을 관계자들에게 돌려 의견을 묻거나 동의를 구함
④ 설명 : 어떤 일이나 대상의 내용을 상대편이 잘 알 수 있도록 밝혀 말함. 또는 그런 말

55
정답 ③

오답분석

① 작고 : 고인이 되었다는 뜻으로, 사람의 죽음을 높여 이르는 말
② 직주 : 곧장 달려감
④ 보고 : 일에 관한 내용이나 결과를 말이나 글로 알림

56
정답 ④

오답분석

① 우세하다 : 상대편보다 힘이나 세력이 강하다.
② 우아하다 : 고상하고 기품이 있으며 아름답다.
③ 우롱하다 : 사람을 어리석게 보고 함부로 대하거나 웃음거리로 만들다.

57
정답 ①

오답분석

② 무려하다 : 믿음직스러워 아무 염려할 것이 없다.
③ 사려하다 : 사치스럽고 화려하다.
④ 수상하다 : 보통과는 달리 이상하여 의심스럽다.

58
정답 ①

오답분석

② 무시하다 : 사물의 존재 의의나 가치를 알아주지 아니하다.
③ 실수하다 : 조심하지 아니하여 잘못하다.
④ 단순하다 : 복잡하지 않고 간단하다.

59
정답 ②

오답분석

① 퇴학하다 : 다니던 학교를 그만두다.
③ 졸업하다 : 학생이 규정에 따라 소정의 교과 과정을 마치다.
④ 전업하다 : 직업이나 사업을 전문으로 하다.

60
정답 ④

ⓛ 맥락 : 사물 따위가 서로 이어져 있는 관계나 연관
ⓜ 회피 : 꾀를 부려 마땅히 져야 할 책임을 지지 아니함
ⓑ 혼동 : 구별하지 못하고 뒤섞어서 생각함

오답분석

㉠ 추론 : 미루어 생각하여 논함
㉢ 남용 : 일정한 기준이나 한도를 넘어서 함부로 씀
㉣ 제시 : 어떠한 의사를 말이나 글로 나타내어 보임
㉦ 구현 : 어떤 내용이 구체적인 사실로 나타나게 함
㉧ 촉진 : 다그쳐 빨리 나아가게 함

61
정답 ④

㉡ 초점 : 사람들의 관심이나 주의가 집중되는 사물의 중심 부분
㉣ 대안 : 어떤 일에 대처할 방안
㉥ 인도 : 이끌어 지도함
㉦ 지향 : 어떤 목표로 뜻이 쏠리어 향함. 또는 그 방향이나 그쪽으로 쏠리는 의지

오답분석

㉠ 쟁점 : 서로 다투는 중심이 되는 점
㉢ 제안 : 안이나 의견으로 내놓음. 또는 그 안이나 의견
㉤ 의도 : 무엇을 하고자 하는 생각이나 계획. 또는 무엇을 하려고 꾀함
㉧ 지양 : 더 높은 단계로 오르기 위하여 어떠한 것을 하지 아니함

62

정답 ②

㉠ 구별 : 성질이나 종류에 따라 차이가 남. 또는 성질이나 종류에 따라 갈라놓음
㉢ 작동 : 기계 따위가 작용을 받아 움직임. 또는 기계 따위를 움직이게 함
㉤ 대응 : 어떤 일이나 사태에 맞추어 태도나 행동을 취함
㉦ 대처 : 어떤 정세나 사건에 대하여 알맞은 조치를 취함

오답분석

㉡ 변별 : 사물의 옳고 그름이나 좋고 나쁨을 가림
㉣ 이동 : 움직여 옮김. 또는 움직여 자리를 바꿈
㉥ 적응 : 일정한 조건이나 환경 따위에 맞추어 응하거나 알맞게 됨
㉧ 대신 : 어떤 대상의 자리나 구실을 바꾸어서 새로 맡음

63

정답 ①

제시된 단어는 반의 관계이다.

- 발송 : 물건, 편지, 서류 따위를 우편이나 운송 수단을 이용하여 보냄
- 수취 : 받아서 가짐
- 이륙 : 비행기 따위가 날기 위하여 땅에서 떠오름
- 착륙 : 비행기 따위가 공중에서 활주로나 판판한 곳에 내림

오답분석

② 송신 : 주로 전기적 수단을 이용하여 전신이나 전화, 라디오, 텔레비전 방송 따위의 신호를 보냄. 또는 그런 일
③ 수신 : 우편이나 택배 또는 전신이나 전화 따위를 받는 사람
④ 상륙 : 배에서 육지로 오름

64

정답 ②

제시된 단어는 유의 관계이다.

- 견문 : 보고 들음
- 식견 : 학식과 견문이라는 뜻으로, 사물을 분별할 수 있는 능력을 이르는 말
- 엄폐 : 가리어 숨김
- 은멸 : 숨어서 보이지 아니하게 됨

오답분석

① 엄수 : 명령이나 약속 따위를 어김없이 지킴
③ 파멸 : 파괴되어 없어짐
④ 전폐 : 모두 닫음. 또는 완전히 닫아 버림

65

정답 ③

제시된 단어는 유의 관계이다.

- 고립 : 다른 사람과 어울리어 사귀지 아니하거나 다른 사람의 도움을 받지 못하여 외따로 떨어짐
- 격리 : 다른 것과 통하지 못하게 사이를 막거나 떼어 놓음
- 발류 : 여럿 가운데에서 특별히 뛰어남
- 발군 : 여럿 가운데에서 특별히 뛰어남

오답분석

① 아군 : 우리 편 군대
② 아류 : 둘째가는 사람이나 사물
④ 군수 : 군대의 장수

66

정답 ③

㉠ 네 답이 <u>맞다</u>.
㉡ 현관에서 방문객을 <u>맞다</u>.
㉢ 어머니께 매를 <u>맞았다</u>.
㉣ 팔에 예방 주사를 <u>맞다</u>.

67

정답 ②

㉠ 독에 물이 가득 <u>차다</u>.
㉡ 공을 <u>차다</u>.
㉢ 손목에 시계를 <u>차다</u>.
㉣ 기한이 <u>차다</u>.

68

정답 ①

㉠ 날이 <u>개다</u>.
㉡ 이 환약은 반드시 찬물에 <u>개어</u> 먹으시오.
㉢ 이부자리를 <u>개고</u> 방을 청소하다.
㉣ 기분이 <u>개다</u>.

69

정답 ①

㉠ 커서 의사가 <u>되고</u> 싶다.
㉡ 쌀을 되로 <u>되다</u>.
㉢ 논밭을 <u>되다</u>.
㉣ 풀을 <u>되게</u> 쑤었다.

70

정답 ②

㉠ 몽골에는 말을 <u>탈</u> 수 있는 사람들이 많다.
㉡ 원숭이는 나무를 잘 <u>탄다</u>.
㉢ 나는 스케이트 <u>타는</u> 것을 좋아한다.
㉣ 풍선은 바람을 <u>타고</u> 날아가 버렸다.

71

정답 ③

빈칸에 들어갈 접속어로는 빈칸 앞의 사실에 대하여 별로 의미를 부여할 여지가 없다는 의미로, 주로 부정적인 뜻을 가진 문장에 쓰이는 '설혹'이 적절하다.

72

정답 ②

앞 문장의 널리 알려진 상식과 달리 빈칸 뒤 문장에서는 예외로 간주되는 사례를 언급하고 있으므로 빈칸에는 역접의 의미인 '그러나'가 적절하다.

73

정답 ③

앞뒤 문장이 서로 반대되는 내용이므로 역접의 의미인 '하지만'이 적절하다.

74

정답 ①

화행 이론은 적절성 조건을 이용하여 상황에 따라 달라지는 발화의 적절성에 대해 유용한 설명을 제공한다는 설명 뒤에 발화가 이루어지는 상황은 복잡다단하여 이것만으로는 발화와 상황의 상호 관계를 다 설명할 수 없다는 설명이 나오므로 빈칸에는 역접의 의미인 '그러나'가 적절하다.

75

정답 ④

㉠의 앞의 문장을 보면 에밀레종이 세계의 보배라 여겨지고 있지만, ㉠의 뒤에서는 에밀레종이 갖는 음향공학 차원의 가치는 간과되고 있다고 하였으므로 ㉠에는 역접의 접속어인 '그러나'가 적절하다. 다음으로 ㉡의 앞의 문장에서는 한국 범종과 중국 범종의 유사점을 이야기하고 있으나, ㉡의 뒤 문장에서는 중국 범종과의 차이점을 이야기하고 있으므로 ㉡에는 역접의 접속어인 '하지만'이 적절하다. 마지막으로 ㉢의 뒤 문장에서는 중국 범종과의 차이점을 추가적으로 이야기하고 있으므로 ㉢에는 '거기에다 더'의 의미를 지닌 '또한'이 적절하다.

76

정답 ②

㉠의 앞의 문장을 뒤의 문장이 보충설명해주고 있으므로 ㉠에는 '즉'이 적절하다. ㉡의 앞과 뒤의 문장은 서로 반대되므로 ㉡에는 '그러나'가 적절하다. 또한 ㉢에는 문장의 마지막 부분에 있는 '~때문이다.'라는 표현을 고려할 때 '왜냐하면'이 적절하다.

77

정답 ③

㉠ 앞의 문장은 직원들 사이의 소통과 중재가 필요하다는 주장의 근거가 되므로 ㉠에는 '그러므로'가 알맞다. 다음으로 ㉡ 뒤의 문장은 앞 문장의 A교육청이 인권센터를 설립했다는 내용에 이어 상담 창구를 통일했다는 내용을 추가로 이야기하므로 ㉡에는 '또한'이 알맞다. 마지막으로 상담 전 과정에서 보안을 최우선으로 한다는 ㉢ 앞의 문장은 모든 상담 접수를 온라인으로 받는다는 ㉢ 뒤 문장의 이유가 되므로 ㉢에는 '따라서'가 알맞다.

02 나열하기

78

정답 ④

제시문은 스페인의 건축가 가우디의 건축물에 관해 설명하는 글이다. 따라서 (나) 가우디 건축물의 특징인 곡선과 대표 건축물인 까사 밀라 – (라) 까사 밀라에 관한 설명 – (다) 가우디 건축의 또 다른 특징인 자연과의 조화 – (가) 이를 뒷받침하는 건축물인 구엘 공원의 순서로 나열하는 것이 적절하다.

79

정답 ①

제시문은 디젤 엔진과 가솔린 엔진을 비교하며, 디젤 엔진의 특징과 효율성을 설명하고 있다. 따라서 (바) 루돌프 디젤의 새로운 엔진 개발 – (나) 기존 가솔린 엔진의 단점 – (아) 가솔린 엔진의 기본 원리 – (가) 가솔린 엔진의 노킹 현상 – (마) 디젤 엔진의 기본 원리 – (사) 디젤 엔진의 높은 압축 비율 – (다) 오늘날 자동차 엔진으로 자리 잡은 디젤 엔진 – (라) 기술 발전으로 디젤 엔진의 문제 극복 순서로 나열하는 것이 적절하다.

80

정답 ②

제시문은 환율과 관련된 경제 현상을 설명한 것으로, 환율은 기초 경제 여건을 반영하여 수렴된다는 (가) 문단이 먼저 오는 것이 적절하며, '그러나' 환율이 예상과 다르게 움직이는 경우가 있다는 (라) 문단이 그 뒤에 오는 것이 적절하다. 다음으로 이러한 경우를 오버슈팅으로 정의하는 (나) 문단이, 그 뒤를 이어 오버슈팅이 발생하는 원인인 (다) 문단이 오는 것이 적절하다.

81
정답 ②

세조의 집권과 추락한 왕권 회복을 위한 세조의 정책을 설명하는 (나) 문단이 첫 번째 문단으로 적절하며, 다음으로 세조의 왕권 강화 정책 중 특히 주목되는 술자리 모습을 소개하는 (라) 문단이 와야 한다. 이후 당시 기록을 통해 세조의 술자리 모습을 설명하는 (가) 문단이 이어지는 것이 적절하며, 마지막으로 세조의 술자리가 가지는 의미를 해석하는 (다) 문단이 와야 한다. 따라서 (나) – (라) – (가) – (다) 순서로 나열하는 것이 적절하다.

82
정답 ④

제시문은 '돌림힘'에 대해 설명하고 있다. 먼저 (라) 문단을 통해 우리에게 친숙한 지레를 예로 들어 지레의 원리에 돌림힘의 개념이 숨어 있다고 흥미를 유발한 뒤, (가) 문단에서 돌림힘의 정의에 대해 설명하는 것이 적절하다. 다음으로 돌림힘과 돌림힘이 합이 된 알짜 돌림힘의 정의에 대해 설명하는 (다) 문단이 오고, 마지막으로 알짜 돌림힘이 일을 할 경우에 대해 설명하는 (나) 문단이 이어져야 한다. 따라서 (라) – (가) – (다) – (나) 순서로 나열하는 것이 적절하다.

03 추론하기

83
정답 ③

제시문에서 몰랐으면 아무 문제되지 않았을 텐데 알아서 문제가 발생하는 경우도 있음을 말하며 노이로제에 대해 설명하고 있다. 따라서 제목으로 가장 적절한 것은 ③이다.

84
정답 ③

제시문에서는 우리 민족과 함께해 온 김치의 역사를 비롯하여 김치의 특징과 다양성 등을 이야기하고 있으며, 복합산업으로 발전하면서 규모가 성장하고 있는 김치산업에 관해서도 이야기하고 있다. 따라서 글 전체의 내용을 아우를 수 있는 제목으로 가장 적절한 것은 ③이다.

오답분석

① · ④ 첫 번째 문단이나 두 번째 문단의 소제목은 될 수 있으나, 글 전체 내용을 나타내는 제목으로는 적절하지 않다.
② 마지막 문단에서 김치산업에 관한 내용을 언급하고 있지만, 이는 현재 김치산업의 시장 규모에 대한 내용일 뿐이므로 산업의 활성화 방안과는 거리가 멀다.

85
정답 ④

제시문에서 금융권, 의료업계, 국세청 등 다양한 영역에서 빅데이터가 활용되고 있는 사례들을 열거하고 있다. 따라서 글의 제목으로 가장 적절한 것은 ④이다.

86
정답 ③

'한국에서는 1명의 변사가 영화를 설명하는 방식을 취하였으며, 영화가 점점 장편화되면서부터는 2명 내지 4명이 번갈아 무대에 등장하는 방식으로 바뀌었다.'라는 부분을 통해 ③의 내용을 알 수 있다.

오답분석

① 한국과 일본은 모두 변사의 존재가 두드러졌다.
② 한국에서 변사가 본격적으로 등장한 것은 극장가가 형성된 1910년부터이다.
④ 자막과 반주 음악이 등장하면서 오히려 변사들의 역할이 미미해져 그 수가 줄어들었다.

87
정답 ③

16세기 말 그레고리력이 도입되기 전 프랑스 사람들은 3월 25일부터 4월 1일까지 일주일 동안 축제를 벌였다.

오답분석

① 만우절이 프랑스에서 기원했다는 이야기는 많은 기원설 중의 하나일 뿐, 정확한 기원은 알려지지 않았다.
② 프랑스는 16세기 말 그레고리력을 받아들이면서 달력을 새롭게 개정하였다.
④ 프랑스에서는 만우절에 놀림감이 된 사람들을 '4월의 물고기'라고 불렀다.

88
정답 ④

제시문의 첫 번째 문단을 통해 해학의 아름다움은 역사 속의 미덕이라는 내용을 확인할 수 있다. 따라서 글의 내용으로는 ④가 가장 적절하다.

89
정답 ④

마지막 문단에서 정약용은 청렴을 지키는 것의 효과는 첫째, '다른 사람에게 긍정적 효과를 미친다.', 둘째, '목민관 자신에게도 좋은 결과를 가져다준다.'라고 하였으므로 ④가 글의 내용으로 가장 적절하다.

오답분석

① 두 번째 문단에서 '정약용은 청렴을 당위 차원에서 주장하는 기존의 학자들과 달리 행위자 자신에게 실질적 이익이 된다는 점을 들어 설득하고자 한다.'를 통해 적절하지 않음을 알 수 있다.

② 두 번째 문단에서 '정약용은 "지자(知者)는 인(仁)을 이롭게 여긴다."라는 공자의 말을 빌려 "지혜로운 자는 청렴함을 이롭게 여긴다."라고 하였다.'를 통해 공자의 뜻을 계승한 것이 아니라 공자의 말을 빌려 청렴의 중요성을 강조하였음을 알 수 있다.
③ 두 번째 문단에서 '지혜롭고 욕심이 큰 사람은 청렴을 택하지만 지혜가 짧고 욕심이 작은 사람은 탐욕을 택한다.'라고 하였으므로 청렴한 사람은 욕심이 크기 때문에 탐욕에 빠지지 않는 것이 적절하다.

90

정답 ④

경제성과나 자선 활동은 반기업 정서를 해소하는 데 미치는 영향이 미약하다.

91

정답 ②

두 번째 문단에서 마이크로비드는 '면역체계 교란, 중추신경계 손상 등의 원인이 되는 잔류성유기오염물질을 흡착한다.'고 설명하고 있다.

92

정답 ②

빈칸 뒤에서는 고전 미학과 근대 미학이 각각 추구하는 이념과 대상에 대해 예를 들어 설명하고 있다. 따라서 빈칸에는 미학이 추구하는 이념과 대상도 시대에 따라 다름을 언급하는 ②가 들어가야 한다.

93

정답 ③

'이러한 작업'이 구체화된 바로 앞 문장을 보면 빈칸은 부분적 관점의 과학적 지식과 기술을 포괄적인 관점의 예술적 세계관을 바탕으로 이해하는 작업이므로 '과학의 예술화'가 빈칸에 들어갈 내용으로 적절하다.

94

정답 ③

제시문은 테레민이라는 악기를 두 손을 이용해 어떻게 연주하는가에 대한 내용이다. 두 번째 문단에서 '오른손으로는 수직 안테나와의 거리에 따라 음고를 조절하고, 왼손으로는 수평 안테나와의 거리에 따라 음량을 조절한다.'고 하였고, 마지막 문단에서는 오른손으로 음고를 조절하는 방법에 대해 설명하고 있다. 따라서 뒤에 이어질 내용은 왼손으로 음량을 조절하는 방법이 나오는 것이 적절하다.

95

정답 ①

정체성의 정의와 세계화 시대의 정체성 위기에 대하여 설명하고 있다. 제시문의 끝부분에서 세계화가 전개됨에 따라 정체성의 위기가 발생하고 있다는 내용을 언급하고 있으므로 그 다음에는 정체성 위기의 원인에 대한 내용이 나와야 한다.

96

정답 ①

17세기 철학자인 데카르트는 '동물은 정신을 갖고 있지 않으며, 고통을 느끼지 못하므로 심한 취급을 해도 좋다.'라고 주장하였다.

오답분석

② 피타고라스는 윤회설에 입각하여 동물에게 경의를 표해야 함을 주장하였다.
③ 루소는 '인간불평등 기원론'을 통해 인간과 동물은 동등한 자연의 일부임을 주장하였다.
④ 동물 복지 축산농장 인증제는 공장식 축산 방식의 문제를 개선하기 위한 동물 복지 운동의 일환으로 등장하였다.

97

정답 ③

㉠의 '떨어지다'는 '값, 기온, 수준, 형세 따위가 낮아지거나 내려가다.'의 의미로 사용되었으므로 이와 같은 의미로 사용된 것은 ③이다.

오답분석

① 이익이 남다.
② 입맛이 없어지다.
④ 병이나 습관 따위가 없어지다.

98

정답 ④

제시문은 서구화된 우리 문화의 현실 속에서 민족 문화의 전통을 계승하자는 논의가 결코 보수적인 것이 아님을 밝히고 구체적인 사례를 검토하면서 전통의 본질적 의미와 그것의 올바른 계승 방법을 모색한 논설문이다. 글쓴이는 전통이란 과거의 것 중에서 현재의 문화 창조에 이바지하는 것이라고 보고 우리 스스로 전통을 찾고 창조해야 한다고 주장하였다.

99

정답 ③

'비유의 참신성'은 논설문이나 설명문 같은 비문학이 아닌, 시와 소설 같은 문학 작품에서 주로 나타난다.

100

정답 ④

마지막 문단에서 전통은 과거에서 이어와 현재의 문화 창조에 이바지할 수 있다고 생각되는 것이라고 설명하였다.

CHAPTER 02 수리력 기출예상문제

01	02	03	04	05	06	07	08	09	10
③	②	④	②	③	③	④	③	②	③
11	12	13	14	15	16	17	18	19	20
②	①	③	③	②	③	①	③	②	④
21	22	23	24	25	26	27	28	29	30
①	①	③	④	③	③	③	②	①	④
31	32	33	34	35	36	37	38	39	40
②	③	③	②	②	④	③	④	③	④
41	42	43	44	45	46	47	48	49	50
①	④	③	②	④	②	②	②	③	③
51	52	53	54	55	56	57	58	59	60
②	③	④	④	④	①	①	④	④	②
61	62	63	64	65	66	67	68	69	70
②	④	①	①	④	①	①	④	①	①
71	72	73	74	75	76	77	78	79	
①	④	②	④	③	④	③	④	③	

01 기본계산

01

정답 ③

1,495÷23×3÷15
=65×3÷15
=195÷15
=13

02

정답 ②

0.28+2.4682−0.9681
=2.7482−0.9681
=1.7801

03

정답 ④

315×69÷5
=21,735÷5
=4,347

04

정답 ②

4.7+(22×5.4)−2
=4.7+118.8−2
=121.5

05

정답 ③

$7-\left(\frac{5}{3}\times\frac{21}{15}\times\frac{9}{4}\right)$

$=7-\frac{21}{4}$

$=\frac{28}{4}-\frac{21}{4}$

$=\frac{7}{4}$

06

정답 ③

$491\times64-(2^6\times5^3)$
$=31,424-(2^6\times5^3)$
$=31,424-8,000$
$=23,424$

07

정답 ④

$(6^3-3^4)\times15+420$
$=(216-81)\times15+420$
$=135\times15+420$
$=2,025+420$
$=2,445$

08
정답 ③

$746\times650\div25$
$=484,900\div25$
$=19,396$

09
정답 ②

$\left(\frac{4}{7}\times\frac{5}{6}\right)+\left(\frac{4}{7}\div\frac{3}{22}\right)$
$=\frac{20}{42}+\frac{4}{7}\times\frac{22}{3}$
$=\frac{10}{21}+\frac{88}{21}$
$=\frac{98}{21}$
$=\frac{14}{3}$

10
정답 ③

$48.231-19.292+59.124$
$=28.939+59.124$
$=88.063$

11
정답 ②

$\left(\frac{6}{1}\times\frac{32}{3}\right)\times\left(\frac{2}{1}\times\frac{11}{2}\right)$
$=64\times11$
$=704$

12
정답 ①

$5.5\times4+3.6\times5$
$=22+18$
$=40$

13
정답 ③

$27\times\frac{12}{9}\times\frac{1}{3}\times\frac{3}{2}$
$=3\times12\times\frac{1}{3}\times\frac{3}{2}$
$=3\times6$
$=18$

14
정답 ③

$\frac{4,324}{6}\times\frac{66}{2,162}-\frac{15}{6}$
$=22-2.5$
$=19.5$

15
정답 ②

$79,999+7,999+799+79$
$=(80,000-1)+(8,000-1)+(800-1)+(80-1)$
$=88,876$

16
정답 ③

$(14,465-3,354)+(1,989-878)+1$
$=11,111+1,111+1$
$=12,223$

17
정답 ①

$\frac{5}{6}\div\frac{5}{12}-\frac{3}{5}$
$=\frac{5}{6}\times\frac{12}{5}-\frac{3}{5}$
$=\frac{7}{5}$

18
정답 ③

$572\div4+33-8$
$=143+25$
$=168$

19
정답 ②

$\frac{7}{2}\times\frac{2}{3}-\frac{1}{2}$
$=\frac{7}{3}-\frac{1}{2}$
$=\frac{11}{6}$

20
정답 ④

15^2-5^2
$=(15+5)(15-5)$
$=20\times10$
$=200$

21

정답 ①

문제에 주어진 분모 8과 7, 그리고 선택지에서 가장 큰 분모인 28의 최소공배수인 56으로 통분해서 구한다.

$\frac{3}{8}<(\quad)<\frac{3}{7} \rightarrow \frac{21}{56}<(\quad)<\frac{24}{56}$

따라서 $\frac{11}{28}=\frac{22}{56}$이 빈칸에 들어갈 수 있다.

오답분석

② $\frac{4}{7}=\frac{32}{56}$

③ $\frac{3}{4}=\frac{52}{56}$

④ $\frac{7}{8}=\frac{49}{56}$

22

정답 ①

$\frac{7}{3}(\fallingdotseq 2.333)<2.984<\frac{16}{3}(\fallingdotseq 5.333)$

23

정답 ③

$0.3598<\frac{8}{15}(\fallingdotseq 0.533)<0.9584$

오답분석

① $\frac{7}{20}=0.35$

② $\frac{10}{9}\fallingdotseq 1.111$

④ $\frac{35}{33}\fallingdotseq 1.060$

24

정답 ④

$\frac{22}{9}(\fallingdotseq 2.44)<\frac{66}{25}(=2.64)<\frac{11}{4}(=2.75)$

오답분석

① $\frac{33}{17}\fallingdotseq 1.94$

② $\frac{59}{19}\fallingdotseq 3.11$

③ $\frac{62}{21}\fallingdotseq 2.95$

25

정답 ③

$\frac{1}{3}(\fallingdotseq 0.3333)<\frac{28}{81}(\fallingdotseq 0.3456)<\frac{10}{27}(\fallingdotseq 0.3703)$

오답분석

① $\frac{22}{81}\fallingdotseq 0.2716$

② $\frac{8}{27}\fallingdotseq 0.2962$

④ $\frac{4}{9}\fallingdotseq 0.4444$

02 응용수리

26

정답 ③

A의 속력을 xm/min이라 하면 B의 속력은 $1.5x$m/min이다. A, B가 12분 동안 이동한 거리는 각각 $12x$m, $12\times1.5x=18x$m이고, 두 사람이 이동한 거리의 합은 1,200m이므로 다음과 같은 식이 성립한다.

$12x+18x=1,200$

$\therefore x=40$

따라서 A의 속력은 40m/min이다.

27

정답 ③

회사에서 거래처까지의 거리를 $x$km라고 하면 다음과 같은 식이 성립한다.

- 거래처까지 가는 데 걸리는 시간 : $\frac{x}{80}$
- 거래처에서 돌아오는 데 걸리는 시간 : $\frac{x}{120}$

$\frac{x}{80}+\frac{x}{120}\leq 1$

$\rightarrow \frac{5x}{240}\leq 1$

$\rightarrow 5x\leq 240$

$\therefore x\leq 48$

따라서 거래처는 회사에서 최대 48km 떨어진 곳에 있어야 한다.

28

정답 ②

P점으로부터 멀리 있는 물체를 A, 가까이 있는 물체를 B라고 하자. P점부터 B까지의 거리를 $x$km라고 하면, A까지의 거리는 $4x$km이다.

13시간 후 P점으로부터 A까지의 거리는 $(4x+13)$km, B까지의 거리는 $(x+13)$km이므로 다음과 같은 식이 성립한다.

$(4x+13):(x+13)=7:5$

$\rightarrow 7(x+13)=5(4x+13)$

$\rightarrow 13x=26$

$\therefore x=2$

PART 2

따라서 현재 P점으로부터 두 물체까지의 거리는 각각 $4\times2=8$km, 2km이다.

29

정답 ①

정주가 걸어간 시간을 x분이라고 하면 자전거를 타고 간 시간은 $(30-x)$분이다.

$150(30-x)+50x=4,000$

$\rightarrow 100x=500$

$\therefore x=5$

따라서 정주가 걸어간 시간은 5분이다.

30

정답 ④

집에서 휴게소까지의 거리를 $x$km라고 하면 다음과 같은 식이 성립한다.

$\frac{x}{40}+\frac{128-x}{60}=3$

$\therefore x=104$

따라서 집에서 휴게소까지의 거리는 104km이다.

31

정답 ②

철수가 A지역에서 C지역까지 가는 데 걸린 시간은 $\frac{200}{80}=2$시간 30분이다.

만수는 철수보다 2시간 30분 늦게 도착했으므로 걸린 시간은 5시간이다.

따라서 만수의 속력은 $\frac{300}{5}=60$km/h이다.

32

정답 ③

종대의 나이가 14세이므로 종인이의 나이는 $14-3=11$세이다.

아버지의 나이를 x세라고 하면 다음과 같은 식이 성립한다.

$(14+11)\times1.6=x$

$\therefore x=40$

따라서 아버지의 나이는 40세이다.

33

정답 ③

현재 민수의 나이를 x세라고 하면 현재 아버지의 나이는 $(x+29)$세이므로 다음과 같은 식이 성립한다.

$2(x+12)+9=(x+29)+12$

$\therefore x=8$

따라서 현재 민수의 나이는 8세이다.

34

정답 ②

각 과일을 20개씩 구입할 때 사과는 $120\times20=2,400$원, 귤은 $40\times20=800$원, 배는 $260\times20=5,200$원이 필요하다. 총예산에서 이 금액을 제외하면 $20,000-(2,400+800+5,200)=11,600$원이 남는다. 남은 돈으로 구입할 수 있는 사과, 배, 귤의 개수는 다음과 같다.

$11,600\div(120+40+260)\fallingdotseq27.6$

즉, 27개씩 구입이 가능하다.

이때 필요한 비용은 $27\times(120+40+260)=11,340$원으로, 남은 금액은 $11,600-11,340=260$원이다.

따라서 남은 금액이 배 1개를 구입할 수 있는 금액이므로, 배의 최소 개수는 $20+27+1=48$개이다.

35

정답 ②

한 숙소에 4명씩 잘 때의 신입사원 수는 $4a+8=b$명이고, 한 숙소에 5명씩 잘 때의 신입사원 수는 $5(a-6)+4=b$명이다.

$4a+8=5(a-6)+4$

$\therefore a=34$

$b=34\times4+8=144$

$\therefore b-a=144-34=110$

따라서 구하는 값은 110이다.

36

정답 ④

작년보다 제주도 숙박권은 20%, 여행용 파우치는 10%를 더 준비했으므로 제주도 숙박권은 $10\times0.2=2$명, 여행용 파우치는 $20\times0.1=2$명이 경품을 더 받는다.

따라서 작년보다 4명이 경품을 더 받을 수 있다.

37

정답 ③

사탕을 x개 산다고 하면 초콜릿은 $(14-x)$개 살 수 있으므로 다음과 같은 식이 성립한다.

$235\leq15x+20(14-x)\leq250$

$\rightarrow 6\leq x\leq9$

따라서 사탕을 최대 9개까지 살 수 있다.

38

정답 ④

작년의 남자 입사자 수와 여자 입사자 수를 각각 x명, y명이라고 하면 다음과 같은 식이 성립한다.

- 작년 전체 입사자 수 : $x+y=820\cdots$ ㉠
- 올해 전체 입사자 수 : $1.08x+0.9y=810\cdots$ ㉡

㉠과 ㉡을 연립하여 계산하면 $x=400$, $y=420$이다.

따라서 올해 여자 입사자 수는 $0.9\times420=378$명이다.

39

정답 ③

각자 낸 돈을 x원이라고 하면, 총금액은 $8x$원이다. 숙박비는 $8x \times 0.3 = 2.4x$원, 외식비는 $2.4x \times 0.4 = 0.96x$원, 남은 경비는 92,800원이므로 다음과 같은 식이 성립한다.

$8x - (2.4x + 0.96x) = 92,800 \rightarrow 4.64x = 92,800$

$\therefore x = 20,000$

40

정답 ④

영업직의 인원수를 x명, 사무직의 인원수를 y명, 연구직의 인원수를 z명이라고 하자.

$x + y + z = 30 \cdots$ ㉠

$y = x + 10 = 2z \cdots$ ㉡

㉠과 ㉡을 연립하면 $x=6$, $y=16$, $z=8$이다.

직군별 하루 인건비는 다음과 같다.

- 영업직 : 10만 원
- 사무직 : $10 \times 0.8 = 8$만 원
- 연구직 : $10 \times (1+0.2) = 12$만 원

따라서 추가 편성해야 할 하루 인건비는 $6 \times 10 + 16 \times 8 + 8 \times 12 = 284$만 원이다.

41

정답 ①

30분까지의 기본료를 x원, 1분마다 추가요금을 y원이라고 하면, 1시간 대여료와 2시간 대여료에 대해 다음과 같은 식이 성립한다.

$x + 30y = 50,000 \cdots$ ㉠

$x + 90y = 110,000 \cdots$ ㉡

$\therefore x = 20,000,\ y = 1,000$

따라서 기본료는 20,000원, 30분 후 1분마다 추가요금은 1,000원이므로 3시간 대여료는 $20,000 + 150 \times 1,000 = 170,000$원이다.

42

정답 ④

2회에 낸 금액이 준우가 효민이보다 5,000원 많았으므로 1회에 효민이가 준우보다 많이 낸 것을 알 수 있다. 1회에 효민이가 낸 금액을 x원, 준우가 낸 금액을 y원이라고 하면 2, 3회에 효민이가 낸 금액은 $(1-0.25)x = 0.75x$원, 준우가 낸 금액은 $(y+2,000)$원이다.

효민이와 준우가 각각 부담한 총액이 같다고 했으므로

$x + 0.75x \times 2 = y + (y+2,000) \times 2$

$\rightarrow 2.5x - 3y = 4,000 \cdots$ ㉠

2회에 준우가 낸 금액이 효민이보다 5,000원 많다고 했으므로

$0.75x = (y+2,000) - 5,000$

$\rightarrow 0.75x - y = -3,000 \cdots$ ㉡

㉠$-3\times$㉡을 하면 $0.25x = 13,000$

$\therefore x = 52,000$

따라서 제습기 가격은 $(x + 0.75x \times 2) \times 2 = 260,000$원이다.

43

정답 ③

지난주에 주문한 생닭의 양은 $\frac{700,000}{1,400} = 500$마리이다.

이번 주는 한 마리당 금액이 2,100원이라고 했으므로 생닭 구매로 낸 총비용은 $2,100 \times 500 = 1,050,000$원이다.

44

정답 ②

일의 양을 1이라고 하면 A, B가 하루에 할 수 있는 일의 양은 각각 $\frac{1}{4}$, $\frac{1}{6}$이다. B가 혼자 일한 기간을 x일이라고 하자.

$\frac{1}{4} \times 2 + \frac{1}{6} \times x = 1$

$\therefore x = 3$

45

정답 ④

전체 일의 양을 1이라고 하면 선규가 혼자 일을 끝내는 데 걸리는 시간을 x일, 승룡이가 혼자 일을 끝내는 데 걸리는 시간 y일이다.

둘이 함께 5일 동안 일을 끝낸다면 다음과 같은 식이 성립한다.

$\left(\frac{1}{x} + \frac{1}{y}\right) \times 5 = 1 \cdots$ ㉠

선규가 먼저 4일 일하고, 승룡이가 7일 동안 일하여 끝낸다면 다음과 같은 식이 성립한다.

$\frac{4}{x} + \frac{7}{y} = 1 \cdots$ ㉡

㉠과 ㉡을 연립하면 $\frac{1}{y} = \frac{1}{15}$이다.

따라서 승룡이 혼자서 일을 끝내려면 15일이 걸린다.

46

정답 ②

명훈이와 우진이가 같이 초콜릿을 만드는 시간을 x시간이라고 하자.

명훈이와 우진이가 1시간 동안 만드는 초콜릿 양은 각각 $\frac{1}{30}$, $\frac{1}{20}$이므로 다음과 같은 식이 성립한다.

$\frac{1}{30} \times 3 + \frac{1}{20} \times 5 + \left(\frac{1}{30} + \frac{1}{20}\right)x = 1$

$\rightarrow \frac{1}{12}x = \frac{13}{20}$

$\therefore x = \frac{39}{5}$

따라서 두 사람이 함께 초콜릿을 만드는 시간은 $\frac{39}{5}$시간이다.

47

정답 ②

업무량을 1이라고 가정하면 갑, 을, 병사원이 하루에 할 수 있는 업무량은 각각 $\frac{1}{12}$, $\frac{1}{18}$, $\frac{1}{36}$이다.

3명이 함께 일할 경우 하루에 끝내는 업무량은 다음과 같다.

$\frac{1}{12}+\frac{1}{18}+\frac{1}{36}$

$\rightarrow \frac{3+2+1}{36}$

$\rightarrow \frac{6}{36}=\frac{1}{6}$

따라서 3명의 사원이 함께 업무를 진행할 때 걸리는 기간은 6일이다.

48

정답 ②

x분 후 A기계의 마스크 필터 생산량은 $(90+8x)$개, B기계의 마스크 필터 생산량은 $(10+4x)$개이다.

$90+8x=3(10+4x)$

$\rightarrow 4x=60$

$\therefore x=15$

따라서 15분 후 A기계의 마스크 필터 생산량은 B기계의 3배가 된다.

49

정답 ③

4과목의 평균이 85점 이상을 받아야 하므로 총점은 340점 이상이 된다.

따라서 갑돌이는 $340-(70+85+90)=95$점을 받아야 한다.

50

정답 ③

두 사이트 전체 참여자의 평균 평점은 전체 평점의 합을 전체 인원으로 나눈 값이다.

따라서 전체 참여자의 평균 평점은

$\frac{(1{,}000\times5.0)+(500\times8.0)}{1{,}000+500}=6.0$점이다.

51

정답 ②

전체 인원을 a명이라고 가정하면 성별에 따른 선호도 점수 총합은 다음과 같다.

- 남자 선호도 점수 총합 : $3\times\frac{3}{8}a=\frac{9}{8}a$점
- 여자 선호도 점수 총합 : $8\times\frac{5}{8}a=\frac{40}{8}a$점

따라서 전체 평균점수는 $\frac{(40+9)a}{8}\times\frac{1}{a}\fallingdotseq6.1$점이다.

52

정답 ③

각 학년의 전체 수학 점수의 합을 구하면 다음과 같다.

- 1학년 : $38\times50=1{,}900$점
- 2학년 : $64\times20=1{,}280$점
- 3학년 : $44\times30=1{,}320$점

따라서 전체 수학 점수 평균은 $\frac{1{,}900+1{,}280+1{,}320}{50+20+30}=\frac{4{,}500}{100}=45$점이다.

53

정답 ④

응시자 전체의 평균점수를 m이라고 하면 불합격한 사람 20명의 평균점수는 $(m-9)$이고, 합격한 사람 10명의 평균점수는 $2\{(m-9)-33\}$이다.

$\frac{10\{2(m-9)-33\}+20(m-9)}{30}=m$

$\rightarrow 20m-180-330+20m-180=30m$

$\rightarrow 10m=690$

$\therefore m=69$

따라서 전체 평균점수는 69점이다.

54

정답 ④

(소금의 양)=(농도)×(소금물의 양)

$y=\frac{x}{100}\times400+\frac{12}{100}\times200$

$\therefore y=4x+24$

55

정답 ④

농도 16%의 소금물 800g에 들어있는 소금의 양은 $\frac{16}{100}\times800=128$g이므로 순수한 물의 양은 $800-128=672$g이다.

증발할 때 걸리는 시간을 x분이라고 하면 다음과 같은 식이 성립한다.

$672-3x=312$

$\therefore x=120$

따라서 순수한 물의 양이 312g이 되는 것은 120분 후이다.

56

정답 ①

농도 6%의 소금물의 양을 xg이라고 하면 다음과 같은 식이 성립한다.

$\frac{6}{100}\times x+\frac{11}{100}\times(500-x)=\frac{9}{100}\times 500$

→ $6x+5,500-11x=4,500$

∴ $x=200$

따라서 농도 6%의 소금물을 200g 섞어야 한다.

57

정답 ①

추가해야 할 소금의 양을 xg이라고 하면 다음과 같은 식이 성립한다.

$\frac{12}{100}\times 100+x=\frac{20}{100}\times(100+x)$

→ $1,200+100x=2,000+20x$

∴ $x=10$

따라서 더 넣은 소금의 양은 10g이다.

58

정답 ④

농도 5%의 소금물 200g에는 10g의 소금이 들어있고, 농도 15%의 소금물 400g에는 60g의 소금이 들어있다. 이때 농도 x%의 소금물 200g에 들어있는 소금의 양을 y라고 하면 다음과 같은 식이 성립한다.

$\frac{10+y}{400}=\frac{60}{400}$

∴ $y=50$

x%의 소금물 200g에 들어있는 소금의 양은 50g이다.

따라서 x의 값은 $\frac{50}{200}\times 100=25$이다.

59

정답 ④

644와 476을 소인수 분해하면 다음과 같다.

$644=2^2\times 7\times 23$

$476=2^2\times 7\times 17$

즉, 644와 476의 최대공약수는 $2^2\times 7=28$이다.

이때 직사각형의 가로에 설치할 수 있는 조명의 개수를 구하면 $644\div 28+1=23+1=24$개이다.

직사각형의 세로에 설치할 수 있는 조명의 개수를 구하면 $476\div 28+1=17+1=18$개이다.

따라서 조명의 최소 설치 개수를 구하면 $(24+18)\times 2-4=84-4=80$개이다.

60

정답 ②

4와 7은 서로소이므로 4와 7의 최소공배수는 $4\times 7=28$이므로 5호선과 6호선은 28분마다 동시에 정차하게 된다. 오전 9시에 5호선과 6호선이 동시에 정차했으므로, 이후 동시에 정차하는 시각은 다음과 같다.

- 9시 28분
- 9시 56분[=9시+(28×2)분]
- 10시 24분[=9시+(28×3)분]
- 10시 52분[=9시+(28×4)분]
- 11시 20분[=9시+(28×5)분] …

따라서 오전 10시와 오전 11시 사이에 5호선과 6호선은 10시 24분과 10시 52분, 총 2번 동시에 정차한다.

61

정답 ②

분수쇼는 오전 10시 이후로 45분마다 시작하며, 퍼레이드는 60분마다 시작한다. 45와 60의 최소공배수를 구하면 180이므로 오전 10시 이후 3시간마다 두 이벤트의 시작을 함께 볼 수 있다.

따라서 오후 12시부터 오후 7시 사이에는 오후 1시와 오후 4시로, 총 2번 볼 수 있다.

62

정답 ④

A, G를 제외한 5명 중 C, D, E가 이웃하여 서는 경우의 수는 $3!\times 3!=36$가지이고, A와 G는 자리를 바꿀 수 있다.

따라서 $3!\times 3!\times 2=72$가지이다.

63

정답 ①

오늘 처리할 업무를 택하는 방법은 발송업무, 비용정산업무를 제외한 5가지 업무 중 3가지를 택하는 조합이다.

${}_5C_3={}_5C_2=\frac{5\times 4}{2\times 1}=10$

택한 5가지 업무 중 발송업무와 비용정산업무는 순서가 정해져 있으므로 두 업무를 같은 업무로 생각하면 5가지 업무의 처리 순서를 정하는 경우의 수를 구하는 것과 같다.

$\frac{5!}{2!}=\frac{5\times 4\times 3\times 2\times 1}{2\times 1}=60$

따라서 구하는 경우의 수는 $10\times 60=600$가지이다.

64
정답 ①

• 7권의 소설책 중 3권을 선택하는 경우의 수

$_7C_3 = \frac{7\times6\times5}{3\times2\times1}$=35가지

• 5권의 시집 중 2권을 선택하는 경우의 수

$_5C_2 = \frac{5\times4}{2\times1}$=10가지

따라서 소설책 3권과 시집 2권을 선택하는 경우의 수는 35×10=350가지이다.

65
정답 ④

• 전체 5명에서 2명을 뽑는 방법 : $_5C_2 = \frac{5\times4}{2}$=10가지

• 여자 3명 중에서 2명이 뽑힐 경우 : $_3C_2 = \frac{3\times2}{2}$=3가지

따라서 대표가 모두 여자일 확률은 $\frac{3}{10}\times100=30\%$이다.

66
정답 ①

임의로 전체 신입사원을 100명이라 가정하고 성별과 경력 유무로 구분하여 표를 작성하면 다음과 같다.

(단위 : 명)

구분	여성	남성	합계
경력 없음	60−20=40	20	60
경력 있음	100×0.2=20	20	100×0.8−60+20=40
합계	100×0.6=60	40	100

따라서 신입사원 중 여자 한 명을 뽑았을 때 경력자가 뽑힐 확률은 $\frac{20}{60}=\frac{1}{3}$이다.

67
정답 ①

문제 B를 맞힐 확률을 p라고 하면 다음과 같다.

$\left(1-\frac{3}{5}\right)\times p=\frac{24}{100}$

→ $\frac{2}{5}p=\frac{6}{25}$

∴ $p=\frac{3}{5}$

따라서 문제 A는 맞히고 문제 B는 맞히지 못할 확률은 $\left(1-\frac{3}{5}\right)\times\left(1-\frac{3}{5}\right)=\frac{4}{25}$이므로 16%이다.

03 자료해석

68
정답 ④

과일 종류별 무게를 가중치로 적용한 네 과일의 가중평균은 42만 원이다. (라)과일의 가격을 a만 원이라 가정하고 가중평균에 대한 방정식을 구하면 다음과 같다.

$(25\times0.4)+(40\times0.15)+(60\times0.25)+(a\times0.2)=42$

→ $10+6+15+0.2a=42$

→ $0.2a=42-31=11$

∴ $a=\frac{11}{0.2}=55$

따라서 (라)과일의 가격은 55만 원이다.

69
정답 ①

전년 대비 매출액이 증가한 해는 2018년, 2020년, 2022년, 2023년이고, 2018년에는 전년 대비 100%의 증가율을 기록했으므로 증가율이 가장 컸다.

70
정답 ①

실업률 증감은 다음과 같다.

$\frac{(\text{11월 실업률})-(\text{2월 실업률})}{(\text{2월 실업률})}\times100$

$=\frac{3.1-4.9}{4.9}\times100 \fallingdotseq -37\%$

71
정답 ①

도표에 나타난 프로그램 수입비용을 모두 합하면 380만 불이며, 이 중 영국에서 수입하는 액수는 150만 불이므로 그 비중은 $\frac{150\text{만}}{380\text{만}}\times100 \fallingdotseq 39.47$이므로, 약 39.5%이다.

72
정답 ④

전체 학생의 월간 총교육비 대비 초등학생의 월간 총교육비의 비율은 다음과 같다.

$\frac{800\times25.3}{1,500\times27.2}\times100$

→ $\frac{202.4}{408}\times100 \fallingdotseq 49.6\%$

따라서 구하는 값은 49.6%이다.

73

정답 ②

$\frac{600\times0.4\times44.8}{600\times31.2}\times100$

$\rightarrow \frac{0.4\times44.8}{31.2}\times100\fallingdotseq57.4\%$

따라서 구하는 값은 57.4%이다.

74

정답 ④

2023년 소포우편 분야의 2019년 대비 매출액 증가율은 $\frac{42-30}{30}\times100=40\%$이므로 옳지 않은 설명이다.

오답분석

① 매년 매출액이 가장 높은 분야는 일반통상 분야인 것을 확인할 수 있다.
② 일반통상 분야의 매출액은 2020년, 2021년, 2023년에, 특수통상 분야의 매출액은 2022년, 2023년에 감소했고, 소포우편 분야는 매년 매출액이 증가했다.
③ 2023년 1분기 매출액에서 특수통상 분야의 매출액이 차지하는 비중은 $\frac{12}{50}\times100=24\%$이므로 20% 이상이다.

75

정답 ③

2020년부터 2022년까지 경기 수가 증가하는 스포츠는 배구와 축구 2종목이다.

오답분석

① 농구의 2020년 전년 대비 경기 수 증가율은 $\frac{408-400}{400}\times100=2\%$이며, 2023년 전년 대비 경기 수 증가율은 $\frac{404-400}{400}\times100=1\%$이다. 따라서 2020년 전년 대비 경기 수 증가율이 더 높다.
② 2019년 농구와 배구의 경기 수 차이는 400−220=180회이고, 야구와 축구의 경기 수 차이는 470−230=240회이다. 따라서 농구와 배구의 경기 수 차이는 야구와 축구 경기 수 차이의 $\frac{180}{240}\times100=75\%$이므로 70% 이상이다.
④ 2021년부터 2022년까지의 종목별 평균 경기 수는 다음과 같다.
   - 농구 : $\frac{410+400}{2}=405$회
   - 야구 : $\frac{478+474}{2}=476$회
   - 배구 : $\frac{228+230}{2}=229$회
   - 축구 : $\frac{236+240}{2}=238$회

   2023년 경기 수가 2021년부터 2022년까지의 종목별 평균 경기 수보다 많은 스포츠는 야구 1종목이며, 야구 평균 경기 수는 축구 평균 경기 수의 $\frac{476}{238}=2$배이다.

76

정답 ④

남성의 골다공증 진료율이 가장 높은 연령대는 진료 인원이 가장 많은 70대이고, 여성의 골다공증 진료율이 가장 높은 연령대는 진료 인원이 가장 많은 60대로, 남성과 여성이 다르다.

오답분석

① 골다공증 발병이 진료로 이어진다면 여성의 진료 인원이 남성보다 많으므로 여성의 발병률이 남성보다 높음을 추론할 수 있다.
② 전체 골다공증 진료 인원 중 40대 이하가 차지하는 비율은 $\frac{3+7+34}{880}\times100=5\%$이다.
③ 전체 골다공증 진료 인원 중 진료 인원이 가장 많은 연령대는 60대이며, 그 비율은 $\frac{264}{880}\times100=30\%$이다.

77

정답 ③

전체 기업 47개 중에서 존속성 기술을 개발하는 기업은 3+8+5+7=23개, 와해성 기술을 개발하는 기업은 7+9+5+3=24개로 존속성 기술을 개발하는 기업의 비율이 와해성 기술을 개발하는 기업의 비율보다 낮다.

오답분석

① 와해성 기술을 개발하는 기업 중 벤처기업은 7+5=12개, 대기업은 9+3=12개로 동일하므로 와해성 기술을 개발하는 기업 중에는 벤처기업의 비율과 대기업의 비율이 동일하다.
② 기술 추동 전략을 취하는 기업 중 존속성 기술을 개발하는 기업은 5+7=12개, 와해성 기술을 개발하는 기업은 5+3=8개로 기술 추동 전략을 취하는 기업 중에는 존속성 기술을 개발하는 기업의 비율이 와해성 기술을 개발하는 기업의 비율보다 높다.
④ 벤처기업 중 기술 추동 전략을 취하는 기업은 5+5=10개, 시장 견인 전략을 취하는 기업은 3+7=10개로 동일하므로 기술 추동 전략을 취하는 기업의 비율은 시장 견인 전략을 취하는 기업의 비율과 동일하다.

78 정답 ④

영업부서에 지급되는 S등급과 A등급의 상여금의 합은 $(500 \times 1)+(420 \times 3)=1,760$만 원이고, B등급과 C등급의 상여금의 합은 $(300 \times 4)+(200 \times 2)=1,600$만 원으로 S등급과 A등급의 상여금의 합은 B등급과 C등급의 상여금의 합보다 많다.

오답분석

①·③ 마케팅부서와 영업부서의 등급별 배정인원은 다음과 같다.

구분	S등급	A등급	B등급	C등급
마케팅부서	2	6	8	4
영업부서	1	3	4	2

② A등급의 1인당 상여금은 B등급의 1인당 상여금보다 $\frac{420-300}{300} \times 100=40\%$ 많다.

79 정답 ③

• 2021년 전년 대비 감소율 : $\frac{20-15}{20} \times 100=25\%$

• 2022년 전년 대비 감소율 : $\frac{15-12}{15} \times 100=20\%$

따라서 2021년과 2022년의 경제 분야 투자규모의 전년 대비 감소율의 차이는 5%p이다.

오답분석

① 2023년 총지출을 a억 원이라고 가정하면, $a \times 0.05=16$억 원 → $a=\frac{16}{0.05}=320$, 총지출은 320억 원이므로 300억 원 이상이다.

② 2020년 경제 분야 투자규모의 2019년 대비 증가율은 $\frac{20-16}{16} \times 100=25\%$이다.

④ 2019 ~ 2023년 동안 경제 분야에 투자한 금액은 $16+20+15+12+16=79$억 원이다.

CHAPTER 03 문제해결력 기출예상문제

01	02	03	04	05	06	07	08	09	10	11	12	13	14	15	16	17	18	19	20
④	④	④	②	④	①	②	②	②	①	①	③	②	③	④	④	④	④	③	③
21	22	23	24	25	26	27	28	29	30	31	32	33	34	35	36	37	38	39	40
②	②	④	④	②	③	④	④	①	③	④	②	①	③	③	②	④	②	①	②
41	42	43	44	45	46	47	48	49	50	51	52	53	54	55	56	57	58	59	60
④	①	①	④	①	②	②	②	②	④	④	②	③	②	②	②	②	②	②	②
61	62	63	64	65	66	67	68	69	70	71	72	73	74	75	76	77	78	79	80
②	④	④	①	④	①	④	③	②	②	③	④	④	②	②	④	①	④	④	②
81	82	83	84	85	86	87	88	89	90										
④	③	④	②	①	①	③	③	③	③										

PART 2

01 수 · 문자추리

01

정답 ④

홀수 항은 +11, 짝수 항은 +29를 더하는 수열이다.
따라서 ( )=62−29=33이다.

02

정답 ④

앞의 항에 +1, +2, +3을 번갈아 가며 적용하는 수열이다.
따라서 ( )=14+2=16이다.

03

정답 ④

홀수 항은 ×(−2)+2, 짝수 항은 +3, +6, +9, …인 수열이다.
따라서 ( )=10×(−2)+2=−18이다.

04

정답 ②

앞의 항에 0.1, 0.15, 0.2, 0.25, …씩 더하는 수열이다.
따라서 ( )=1.1+0.3=1.4이다.

05

정답 ④

앞의 항에 $+\frac{1}{2}$, $-\frac{2}{3}$, $+\frac{3}{4}$, $-\frac{4}{5}$, $+\frac{5}{6}$, …인 수열이다.

따라서 ( )$=\frac{13}{12}+\left(-\frac{4}{5}\right)=\frac{17}{60}$이다.

06

정답 ①

홀수 항은 ×2+0.2, ×2+0.4, ×2+0.6, …인 수열이고, 짝수 항은 ×3−0.1인 수열이다.
따라서 ( )=12.2×3−0.1=36.5이다.

07

정답 ②

홀수 항에는 +0.5, +1.5, +2.5, …를 하고, 짝수 항에는 $+\frac{1}{2}$, $+\frac{1}{4}$, $+\frac{1}{6}$, …을 하는 수열이다.

따라서 ( )=−5+0.5=−4.5이다.

08

정답 ②

앞의 항에 +8, $-\frac{1}{2}$, ×2가 번갈아 가며 적용되는 수열이다.

따라서 ( )=101+8=109이다.

09

정답 ②

앞의 항에 ×(−2.5)가 적용되는 수열이다.
따라서 ( )=−40÷(−2.5)=16이다.

10

정답 ①

앞의 항에 ×(−3)이 적용되는 수열이다.
따라서 ( )=−459×3=1,377이다.

11

정답 ①

분자는 +17, 분모는 ×3인 수열이다.

따라서 ( )$=\frac{2+17}{3\times3}=\frac{19}{9}$이다.

12

정답 ③

홀수 항은 +1, +2, +3, …이고, 짝수 항은 ×5, ×10, ×15, …인 수열이다.
따라서 ( )=12.5÷5=2.5이다.

13

정답 ②

앞의 항에 $\times 3-2$를 적용하는 수열이다.

따라서 (　)$=34\times 3-2=100$이다.

14

정답 ③

홀수 항은 $+10\div 2$, 짝수 항은 $\times(-10)$을 적용하는 수열이다.

따라서 (　)$=\left(\frac{7}{4}+10\right)\div 2=\frac{47}{8}$이다.

15

정답 ④

각 항을 네 개씩 묶고 각각을 A, B, C, D라고 하면 다음과 같은 규칙을 갖는다.

$\underline{A\ B\ C\ D} \rightarrow A+B+C+D=10$

$\underline{1.5\ 3.5\ 3\ (\quad)} \rightarrow 1.5+3.5+3+(\quad)=10$

따라서 (　)$=10-1.5-3.5-3=10-8=2$이다.

16

정답 ④

$\underline{A\ B\ C} \rightarrow A^2-\sqrt{B}=C$

따라서 (　)$=8^2-\sqrt{81}=55$이다.

17

정답 ④

$\underline{A\ B\ C} \rightarrow A^2+B^2=C$

따라서 (　)$=5^2+6^2=61$이다.

18

정답 ④

각 자릿수의 합이 다음 항의 수이다.

$\underline{A\ B\ C} \rightarrow A=8{,}521,\ B=8+5+2+1=16,\ C=1+6=7$

따라서 (　)$=7$이다.

19

정답 ③

$\underline{A\ B\ C} \rightarrow C=(A-B)\times 2$

따라서 (　)$=19-\frac{10}{5}=14$이다.

20

정답 ③

$\underline{A\ B\ C} \rightarrow A+B=C$

따라서 (　)$=4+7=11$이다.

21
정답 ②

앞의 항에 2×3^n을 더해 다음 항을 구하는 수열이다(n은 앞의 항의 순서이다).
즉, 더해지는 값이 +6, +18, +54, +162, … 인 수열이다.
따라서 ( )=−76−6=−82이다.

22
정답 ②

$\underline{A\ B\ C} \rightarrow A+B-8=C$이다.
따라서 ( )=5+3−8=0이다.

23
정답 ④

$\underline{A\ B\ C} \rightarrow A^B=C$이다.
따라서 ( )$=3^4=81$이다.

24
정답 ④

$\underline{A\ B\ C} \rightarrow A+C=3B$이다.
따라서 ( )=(14+22)÷3=12이다.

25
정답 ②

$\underline{A\ B\ C} \rightarrow A^2+B^2=C$이다.
따라서 ( )$=\sqrt{68-2^2}=8$이다.

26
정답 ③

×1, +1, −1, ×2, +2, −2, ×3, +3, …을 하는 문자열이다.

B	B	C	B	D	F	D	L	(O)
2	2	3	2	4	6	4	12	15

27
정답 ④

홀수 항은 2씩 더하고, 짝수 항은 4씩 곱하는 문자열이다.

c	A	(e)	D	g	P
3	1	5	4	7	16

28
정답 ④

앞의 항에서 2씩 빼는 문자열이다.

ㅍ	ㅋ	ㅈ	ㅅ	ㅁ	(ㄷ)
13	11	9	7	5	3

29

정답 ①

−1, +2, −3, +4, −5, …을 하는 문자열이다.

ㄹ	ㄷ	ㅁ	ㄴ	ㅂ	(ㄱ)
4	3	5	2	6	1

30

정답 ③

홀수 항은 2씩 곱하고, 짝수 항은 3씩 빼는 문자열이다.

E	N	(J)	K	T	H
5	14	10	11	20	8

31

정답 ④

+1, +2, +3, …를 하는 문자열이다.

ㄴ	ㄷ	ㅁ	ㅇ	ㅌ	ㄷ	(ㅈ)
2	3	5	8	12	17(=14+3)	23(=14+9)

32

정답 ②

$\underline{A\ B\ C} \rightarrow A \times B - 1 = C$인 문자열이다.

A	B	A	L	B	W	D	B	(G)
1	2	1	12	2	23	4	2	7

33

정답 ①

앞의 항과 그다음 항을 더하면 바로 그다음 항이 되는 문자열이다.

ㄱ	ㄷ	ㄹ	ㅅ	(ㅋ)	ㄹ
1	3	4	7	11	18

34

정답 ③

앞의 항에 2씩 곱하고 −1을 더하는 문자열이다.

B	C	E	I	Q	(G)
2	3	5	9	17	33

35

정답 ③

앞의 항에 2씩 곱하는 문자열이다.

A	B	D	H	P	(F)
1	2	4	8	16	32

PART 2

36

정답 ②

오답분석

①·③·④ 앞의 항에 차례로 +1, +2, +3을 한 것이다.

37

정답 ④

오답분석

①·②·③ 앞의 항에 차례로 ×2, −2, ×2을 한 것이다.

38

정답 ②

오답분석

①·③·④ 앞의 항에 −3, ×3, +3을 한 것이다.

39

정답 ①

오답분석

②·③·④ 앞의 항에 −3을 한 것이다.

40

정답 ②

오답분석

①·③·④ 앞의 항에 ×2를 한 것이다.

02 언어추리

41

정답 ④

'아침에 커피를 마신다.'를 A, '회사에서 회의를 한다.'를 B라고 하면 첫 번째 명제는 '수∨목 → A'이고, 첫 번째 명제의 대우는 '~A → ~(수∧목)'이다. 결론 '~A → B'가 성립하기 위해서는 '~(수∧목) → B'나 '~B → 수∨목'인 두 번째 명제가 필요하다. 따라서 빈칸에 들어갈 내용으로 적절한 것은 '회사에서 회의를 하지 않으면 수요일이나 목요일이다.'이다.

42

정답 ①

'아침에 운동을 한다.'를 A, '건강한 하루를 시작한 것'을 B, '일찍 일어났다.'를 C라고 하면, 첫 번째 명제는 A → B, 결론은 ~B → ~C이다. 첫 번째 명제의 대우가 ~B → ~A이므로 ~B → ~A → ~C가 성립하기 위한 두 번째 명제는 ~A → ~C나 C → A이다. 따라서 빈칸에 들어갈 내용으로 적절한 것은 '일찍 일어나면 아침에 운동을 한다.'이다.

43

정답 ①

'비가 온다.'를 A, '산책을 나간다.'를 B, '공원에 들른다.'를 C라고 하면, 첫 번째 명제는 ~A → B, 두 번째 명제는 ~C → ~B이며, 두 번째 명제의 대우가 B → C이다. 삼단논법에 의해 ~A → B → C가 성립하므로 결론은 ~A → C나 ~C → A이다. 따라서 빈칸에 들어갈 내용으로 적절한 것은 '공원에 들르지 않으면 비가 온 것이다.'이다.

44

정답 ④

'창의적인 문제해결'을 A, '브레인스토밍을 한다.'를 B, '상대방의 아이디어를 비판한다.'를 C라고 하면, 첫 번째 명제는 A → B, 두 번째 명제는 B → ~C이므로 A → B → ~C가 성립한다. 따라서 A → ~C인 '창의적인 문제해결을 하기 위해서는 상대방의 아이디어를 비판해서는 안 된다.'가 적절하다.

45

정답 ①

'등산을 자주 하다.'를 A, '폐활량이 좋아진다.'를 B, '오래 달릴 수 있다.'를 C라고 하면, 첫 번째 명제는 A → B, 두 번째 명제는 B → C이므로 A → B → C가 성립한다. 따라서 A → C인 '등산을 자주하면 오래 달릴 수 있다.'가 적절하다.

46

정답 ②

동주는 관수보다, 관수는 보람이보다, 보람이는 창호보다 크다.
따라서 동주 – 관수 – 보람 – 창호 순으로 크다.
그러나 인성이는 보람이보다 작지 않은 것은 알 수 있지만, 다른 사람과의 관계는 알 수 없다.

47

정답 ②

어떤 꽃은 향기롭고, 향기로운 꽃은 주위에 나비가 많고, 나비가 많은 꽃은 아카시아이다. 따라서 어떤 꽃은 아카시아이다.

48

정답 ②

창조적인 기업은 융통성이 있고, 융통성이 있는 기업 중의 일부는 오래간다. 따라서 창조적인 기업이 오래 갈지 아닐지 알 수 없다.

49

정답 ②

주어진 조건에 따라 머리가 긴 순서대로 나열하면 '슬기 – 민경 – 경애 – 정서 – 수영'이 된다.
따라서 슬기의 머리가 가장 긴 것을 알 수 있다.
또한 경애가 단발머리인지는 주어진 조건만으로 알 수 없다.

50

정답 ④

주어진 조건을 바탕으로 다섯 명이 먹은 음식을 정리하면 다음과 같다.

구분	쫄면	라면	우동	김밥	어묵
민하	×	×	×	×	○
상식	×	○	×	×	×
은희	×	×	○	×	×
은주	×	×	×	○	×
지훈	○	×	×	×	×

따라서 바르게 연결된 것은 민하 – 어묵, 상식 – 라면의 ④이다.

51

정답 ④

첫 번째 조건에 따라 A는 선택 프로그램에 참가하므로 A는 수·목·금요일 중 하나의 프로그램에 참가한다. A가 목요일 프로그램에 참가하면 E는 A보다 나중에 참가하므로 금요일의 선택 3 프로그램에 참가할 수밖에 없다.
따라서 항상 참이 되는 것은 ④이다.

오답분석

① 두 번째 조건에 따라 C는 필수 프로그램에 참가하므로 월·화요일 중 하나의 프로그램에 참가하며, 이때, C가 화요일 프로그램에 참가하면 C보다 나중에 참가하는 D는 선택 프로그램에 참가할 수 있다.
② B는 월·화요일 프로그램에 참가할 수 있으므로 B가 화요일 프로그램에 참가하면 C는 월요일 프로그램에 참가할 수 있다.
③ C가 화요일 프로그램에 참가하면 E는 선택 2 또는 선택 3 프로그램에 참가할 수 있다.

52

정답 ②

조건에 따라 A, B, C, D의 사무실 위치를 정리하면 다음과 같다.

구분	2층	3층	4층	5층
경우 1	부장	B과장	대리	A부장
경우 2	B과장	대리	부장	A부장
경우 3	B과장	부장	대리	A부장

따라서 B가 과장이므로 대리가 아닌 A는 부장의 직책을 가진다.

오답분석

① A부장 외의 또 다른 부장은 2층, 3층 또는 4층에 근무한다.
③ 대리는 3층 또는 4층에 근무한다.
④ B는 2층 또는 3층에 근무한다.

53

정답 ③

세 번째 조건에 따라 D는 6명 중 두 번째로 키가 크므로 1팀에 배치되는 것을 알 수 있다. 또한 두 번째 조건에 따라 B는 2팀에 배치되므로 같은 팀에 배치되어야 하는 E와 F는 아무도 배치되지 않은 3팀에 배치되는 것을 알 수 있다. 마지막으로 네 번째 조건에 따라 B보다 키가 큰 A는 2팀에 배치되므로 결국 A, B, C, D, E, F는 다음과 같이 배치된다.

1팀	2팀	3팀
C > D	A > B	E, F

따라서 키가 가장 큰 사람은 C이다.

54

정답 ②

두 개의 불고기 버거 중 하나는 A가 먹었고, 나머지 하나는 C와 D 중 1명이 먹었으므로 B는 불고기 버거를 먹을 수 없다. 또한 B는 치킨 버거를 먹지 않았으므로 반드시 1개 이상의 버거를 먹는다는 조건에 따라 B는 새우 버거를 먹었을 것이다.

55

정답 ②

C가 불고기 버거를 먹었다면 C는 새우 버거와 불고기 버거를 먹은 것이 된다. 54번 해설을 참고하면 B가 새우 버거를 먹었으므로 D는 치킨 버거를 먹을 수 있다. 이때 한 사람이 같은 종류의 버거 2개를 먹을 수 없으므로 D는 치킨 버거만 먹게 되고, 남은 치킨 버거 하나는 A가 먹게 된다. 따라서 A는 불고기 버거와 치킨 버거, B는 새우 버거, C는 새우 버거와 불고기 버거, D는 치킨 버거를 먹었다.

03 지각능력

56 정답 ②

떠뀨쪼띠쨰쪠삐땨쌔 – 떠뀨쪼띠쪠쨰삐땨쌔

57 정답 ②

GLIEABGHIQ369 – GLIEADGHIQ369

58 정답 ②

1141049657 – 1141048657

59 정답 ②

わろるぺぽぜすじごげぢぴ – わろるぺぽぜすじごげぢよ

60 정답 ②

아버지는내일돌아오신다 – 아버지는내일둘아오신다

61 정답 ②

sesquipadalian

62 정답 ④

無足之言檝于千里

63 정답 ④

위두어렁셩두어렁셩다링디리

64 정답 ①

1307 – 2571 – 6429

65 정답 ④

81631 – 64 – 64668

66 정답 ①

ナピパコアウヨバ – ナピパコアウヨパ

67
정답 ④

앵행앻헿헹앵 – 앵행앻헿행앵

68
정답 ③

알로줄제탈독장블 – 알로줄제탈독정블

69
정답 ②

하사날고미다히여 – 하사날고마다히여

70
정답 ②

⑦65④①9⑧5 – ⑦65④①⑨⑧5

71
정답 ③

제시된 문자를 내림차순으로 나열하면 'Y－W－R－Q－P－F'이므로 3번째에 오는 문자는 'R'이다.

72
정답 ④

제시된 문자를 내림차순으로 나열하면 'ㅌ－ㅣ－ㅁ－ㅓ－ㅑ－ㄱ'이므로 3번째 오는 문자는 'ㅁ'이다.

73
정답 ④

제시된 문자를 오름차순으로 나열하면 'E－F－M－P－X－Z'이므로 2번째 오는 문자는 'F'이다.

74
정답 ②

제시된 문자를 오름차순으로 나열하면 '말－멋－메－문－물－민'이므로 3번째에 오는 문자는 '메'이다.

75
정답 ②

- 앞 두 자리 : ㅎ, ㅈ → N, I
- 세 번째, 네 번째 자리 : 1, 3
- 다섯 번째, 여섯 번째 자리 : Q, L
- 마지막 자리 : 01

따라서 생성할 비밀번호는 'NI13QL01'이다.

76
정답 ④

황조은 부장(4월 8일생)의 비밀번호는 'IH08LK03'이다.

77
정답 ①

'ㅊ', 'ㅓ', 'ㅇ', 'ㄹ', 'ㅑ', 'ㅇ', 'ㄹ', 'ㅣ', '　' → 'ㅆ', 'ㅔ', 'ㄲ', 'ㅋ', 'ㅒ', 'ㄲ', 'ㅋ', 'ㅞ', '　' → qQokPokXZ

78

정답 ④

구분	j	Y	Z	b	O	i	l	X	i	h	U	h
변환 문자	ㅊ	ㅓ	ㅡ	ㄴ	ㅐ	ㅈ	ㅌ	ㅔ	ㅈ	ㅇ	ㅙ	ㅇ
원래 문자	ㄷ	ㅐ	ㅡ	ㅎ	ㅏ	ㄴ	ㅁ	ㅣ	ㄴ	ㄱ	ㅜ	ㄱ

따라서 해독한 문자는 '대한민국'이다.

79

정답 ④

(라) – (다) – (나) – (가) 순으로 나열하는 것이 적절하다.

80

정답 ②

(나) – (라) – (다) – (가) 순으로 나열하는 것이 적절하다.

81

정답 ④

(마) – (라) – (가) – (다) – (나) 순으로 나열하는 것이 적절하다.

82

정답 ③

제시된 도형과 같은 것은 ③이다.

83

정답 ④

제시된 도형과 같은 것은 ④이다.

84

정답 ②

제시된 도형과 같은 것은 ②이다.

85

정답 ①

제시된 도형과 같은 것은 ①이다.

86

정답 ①

87

정답 ③

88

정답 ③

1층 : 21개, 2층 : 13개, 3층 : 9개, 4층 : 3개

∴ 21+13+9+3=46개

89

정답 ③

1층 : 17개, 2층 : 16개, 3층 : 13개, 4층 : 8개

∴ 17+16+13+8=54개

90

정답 ③

가로 블록 : 5개, 세로 블록 : 7개

∴ 5+7=12개

PART 3

최종점검 모의고사

제1회 최종점검 모의고사

01	02	03	04	05	06	07	08	09	10	11	12	13	14	15	16	17	18	19	20
③	②	③	③	④	②	③	③	④	③	④	②	①	①	③	④	④	④	④	③
21	22	23	24	25	26	27	28	29	30	31	32	33	34	35	36	37	38	39	40
②	②	②	①	②	③	②	④	②	③	④	①	③	②	④	③	②	②	③	③
41	42	43	44	45															
①	③	③	④	②															

01

정답 ③

- 마수걸이 : 맨 처음으로 물건을 파는 일 또는 거기서 얻은 소득
- 개시(開市) : 하루 중 처음으로, 또는 가게 문을 연 뒤 처음으로 이루어지는 거래

오답분석

① 시작 : 어떤 일이나 행동의 처음 단계를 이루거나 그렇게 하게 함
② 시초 : 맨 처음
④ 시의 : 다른 사람에게 보인 뜻

02

정답 ②

- 납득 : 다른 사람의 말이나 행동, 형편 따위를 잘 알아서 긍정하고 이해함
- 수긍 : 옳다고 인정함

오답분석

① 사려 : 여러 가지 일에 대하여 깊게 생각함
③ 모반 : 배반을 꾀함
④ 반역 : 나라와 겨레를 배반함

03

정답 ③

- 정돈 : 어지럽게 흩어진 것을 규모 있게 고쳐 놓거나 가지런히 바로잡아 정리함
- 갈무리 : 물건 따위를 잘 정리하거나 간수함

오답분석

① 누비다 : 두 겹의 천 사이에 솜을 넣고 줄이 죽죽 지게 박다. 또는 이리저리 거리낌 없이 다니다.
② 꼬투리 : 어떤 이야기나 사건의 실마리. 또는 남을 해코지하거나 헐뜯을 만한 거리
④ 칠칠하다 : 나무, 풀, 머리털 따위가 잘 자라서 알차고 길다. 또는 주접이 들지 아니하고 깨끗하고 단정하다.

04

정답 ③

$\div 2$와 $\times(-4)$가 반복되는 수열이다.
따라서 (　)$=164\times(-4)=-656$이다.

05

정답 ④

홀수 항은 $\times 0.2$, $\times 0.3$, $\times 0.4$, …이고, 짝수 항은 $\times\left(-\frac{1}{3}\right)$, $\times\frac{1}{4}$, $\times\left(-\frac{1}{5}\right)$, $\times\frac{1}{6}$, …인 수열이다.

따라서 ($\quad$)$=\left(-\frac{1}{120}\right)\times\frac{1}{6}=-\frac{1}{720}$ 이다.

06

정답 ②

㉠을 기준으로 앞의 문장과 뒤의 문장이 서로 일치하지 않는 상반되는 내용을 담고 있으므로 가장 적절한 접속어는 '하지만'이다.
㉡을 기준으로 앞의 문장은 기차의 냉난방시설을 다루고 있지만 뒤의 문장은 지하철의 냉난방시설에 대해 다루고 있으므로 가장 적절한 접속어는 '반면'이다.
㉢의 앞뒤 내용을 살펴보면, 앞선 내용의 과정들이 끝나고 이후의 내용이 이어지므로 이를 이어주는 접속어인 '마침내'가 들어가는 것이 가장 적절하다.

07

정답 ③

㉠ 뒤의 문장에서는 국가의 통제하에 박물관이 설립된 유럽과 달리 미국은 민간 차원에서 박물관이 설립되었다고 이야기하므로 ㉠에는 '반면'이 알맞다.
㉡ 뒤의 문장에서는 19세기 중후반에 설립된 박물관들과 더불어 해당 시기에 전문 박물관이 급진적으로 증가하였다는 내용이 이어지므로 ㉡에는 '또한'이 알맞다.
㉢의 앞에서는 미국이 미술의 발전을 도모하였다는 것을, 뒤에서는 그로 인해 많은 박물관이 형성되었다는 것을 이야기하므로 ㉢에는 원인과 결과를 이어주는 '때문에'가 적절하다.

08

정답 ③

달리기를 잘한다. → 영어를 잘한다. → 부자이다.
따라서 달리기를 잘하는 '나'는 부자이다.

09

정답 ④

영희는 가방을 좋아하고, 가방을 좋아하면 바나나를 좋아한다. 즉, 영희는 바나나를 좋아한다. 두 번째 문장의 대우 명제는 '바나나를 좋아하면 비행기를 좋아하지 않는다.'이다. 따라서 '영희는 비행기를 좋아하지 않는다.'를 유추할 수 있다.

오답분석

① 세 번째 문장의 대우는 '바나나를 좋아하지 않는 사람은 가방을 좋아하지 않는다.'이다.
② 주어진 문장은 두 번째 문장의 이이다. 따라서 참일 수도 거짓일 수도 있다.
③ 두 번째 문장과 세 번째 문장의 대우 명제를 결합하면 '비행기를 좋아하는 사람은 가방을 좋아하지 않는다.'를 유추할 수 있다.

10

정답 ③

어떤 남자는 경제학을 좋아하고, 경제학을 좋아하는 남자는 국문학을 좋아하고, 국문학을 좋아하는 남자는 영문학을 좋아한다. 따라서 어떤 남자는 영문학을 좋아한다.

11

정답 ④

1층 : 10개, 2층 : 7개, 3층 : 3개
∴ $10+7+3=20$개

12

정답 ②

1층 : 7개, 2층 : 4개

∴ $7+4=11$개

13

정답 ①

1층 : 6개, 2층 : 3개, 3층 : 1개

∴ $6+3+1=10$개

14

정답 ①

첫 번째 문단에서는 청년실업과 함께 경쟁에서의 불공정성을 통해 나타나는 한국 청년들의 어려움을 제시하고 있다. 따라서 이러한 불공정성과 차별적 출발선을 제목으로 표현하는 것이 적절하다. 고령화 속 저출산은 청년실업으로 나타나는 부가적인 문제로 볼 수 있다.

15

정답 ③

청년실업의 가장 큰 문제점으로 세대갈등이 아닌 교육구조의 문제를 지적하고 있다.

16

정답 ④

청년실업의 해결방안 중 여성의 경제활동참가에 대한 내용은 포함되어 있지 않다.

17

정답 ④

$65+6\times34+56$

$=121+204$

$=325$

18

정답 ④

C안이 추가로 받을 표를 x표라고 하자. 총 50명의 직원 중 21명이 아직 투표하지 않았으므로 $x\le21$이다. C안에 추가로 투표할 인원을 제외한 $(21-x)$명이 개표 중간 결과에서 가장 많은 표를 받은 A안에 투표한 수보다 C안의 표가 더 많아야 한다.

$15+(21-x)<6+x$

$\rightarrow 30<2x$

∴ $15<x$

따라서 A, B안의 득표수와 상관없이 C안이 선정되려면 최소 16표가 더 필요하다.

19

정답 ④

• 만나는 시간

(거리)=(속력)×(시간)이므로 두 사람이 이동한 시간을 x시간이라고 할 때 두 사람이 이동한 거리의 합은 16km이다.

$16=3x+5x$

∴ $x=2$

따라서 두 사람은 출발한 지 2시간 만에 만나게 된다.

• 거리의 차
 – 갑이 이동한 거리 : $3\times2=6$km
 – 을이 이동한 거리 : $5\times2=10$km
 따라서 두 사람이 이동한 거리의 차이는 $10-6=4$km이다.

20

정답 ③

K사의 전 직원을 x명이라고 하자. 찬성한 직원은 $0.8x$명이고, 그중 남직원은 $0.8x\times0.7=0.56x$명이다.

구분	찬성	반대	합계
남자	$0.56x$	$0.04x$	$0.6x$
여자	$0.24x$	$0.16x$	$0.4x$
합계	$0.8x$	$0.2x$	x

따라서 여직원 한 명을 뽑았을 때 이 사람이 유연근무제에 찬성한 사람일 확률은 $\frac{0.24x}{0.4x}=\frac{3}{5}$이다.

21

정답 ②

D사의 판매율이 가장 높은 연도는 2023년, G사의 판매율이 가장 높은 연도는 2021년으로 다르다.

오답분석

① D사와 G사는 2022년만 감소하여 판매율 증감추이가 같다.
③ D사의 판매율이 가장 높은 연도는 2023년이고, U사의 판매율이 가장 낮은 연도도 2023년으로 동일하다.
④ G사의 판매율이 가장 낮은 연도는 2019년이고, U사의 판매율이 가장 높은 연도도 2019년으로 동일하다.

22

정답 ②

100대 기업까지 48.7%이고, 200대 기업까지 54.5%이다.
따라서 101 ~ 200대 기업이 차지하고 있는 비율은 $54.5-48.7=5.8$%이다.

오답분석

①·③ 표를 통해 쉽게 확인할 수 있다.
④ 표를 통해 0.2%p 감소했음을 알 수 있다.

23

정답 ②

• 전라도 지역에서 광주가 차지하는 비중
 13,379(광주)+13,091(전남)+13,208(전북)=39,678명
 $\rightarrow \frac{13,379}{39,678}\times100 \fallingdotseq 33.72\%$
• 충청도 지역에서 대전이 차지하는 비중
 11,863(대전)+10,785(충남)+8,437(충북)+575(세종)=31,660명
 $\rightarrow \frac{11,863}{31,660}\times100 \fallingdotseq 37.47\%$

따라서 전라도 지역에서 광주가 차지하는 비중이 충청도 지역에서 대전이 차지하는 비중보다 작다.

오답분석

① 의료인력이 수도권 특히 서울, 경기에 편중되어 있으므로 불균형상태를 보이고 있다.
③ 서울과 경기를 제외한 나머지 지역 중 의료인력수가 가장 많은 지역은 부산(28,871명)이고 가장 적은 지역은 세종(575명)이다. 따라서 부산과 세종의 의료인력수의 차는 28,296명으로 이는 경남(21,212명)보다 크다.
④ 제시된 자료에 의료인력별 수치가 나와 있지 않으므로 의료인력수가 많을수록 의료인력 비중이 고르다고 말할 수는 없다.

24

정답 ①

㉠ • 1시간 미만 운동하는 3학년 남학생 수 : 87명
• 4시간 이상 운동하는 1학년 여학생 수 : 46명
따라서 옳은 설명이다.

㉡ 제시된 자료에서 남학생 중 1시간 미만으로 운동하는 남학생의 비율이 여학생 중 1시간 미만으로 운동하는 여학생의 비율보다 각 학년에서 모두 낮음을 확인할 수 있다.

오답분석

㉢ 남학생과 여학생 모두 학년이 높아질수록 3시간 이상 4시간 미만 운동하는 학생의 비율은 낮아진다. 그러나 남학생과 여학생 모두 학년이 높아질수록 4시간 이상 운동하는 학생의 비율은 높아지므로 옳지 않은 설명이다.

㉣ 3학년 남학생의 경우 3시간 이상 4시간 미만으로 운동하는 학생의 비율은 4시간 이상 운동하는 학생의 비율보다 낮다.

25

정답 ②

1988년 대비 2023년 벼농사 작업별로 가장 크게 기계화율이 증가한 작업은 건조 / 피복($93.9-9.5=84.4\%$)이며, 가장 낮은 작업은 방제($98.1-86.7=11.4\%$)이다.

따라서 두 증가량의 차이는 $84.4-11.4=73\%$이다.

26

정답 ③

2023년 밭농사 작업의 기계화율 평균은 $\frac{99.8+9.5+71.1+93.7+26.8}{5}=60.18\%$이다.

27

정답 ②

• 해답하다 : 질문이나 의문을 풀이하다.
• 의문하다 : 의심스럽게 생각하다.

오답분석

① 밝히다 : 드러나지 않거나 알려지지 않은 사실, 내용, 생각 따위를 드러내 알리다.
③ 답하다 : 부르는 말에 응하여 어떤 말을 하다.
④ 풀다 : 모르거나 복잡한 문제 따위를 알아내거나 해결하다.

28

정답 ④

• 얻다 : 구하거나 찾아서 가지다.
• 잃다 : 가졌던 물건이 자신도 모르게 없어져 그것을 갖지 아니하게 되다.

오답분석

① 습득하다 : 주워서 얻다.
② 획득하다 : 얻어 내거나 얻어 가지다.
③ 거두다 : 여러 사람에게서 돈이나 물건 따위를 받아들이다.

29

정답 ②

• 맞다 : 문제에 대한 답이 틀리지 아니하다.
• 틀리다 : 셈이나 사실 따위가 그르게 되거나 어긋나다.

오답분석

① 일치하다 : 비교되는 대상들이 서로 어긋나지 아니하고 같거나 들어맞다.
③ 들어맞다 : 정확히 맞다.
④ 상응하다 : 서로 응하거나 어울리다.

30

정답 ③

'격세지감(隔世之感)'은 오래지 않은 동안에 몰라보게 변하여 아주 다른 세상이 된 것 같은 느낌을 뜻한다.

오답분석

① 건목수생(乾木水生) : 마른나무에서 물이 난다는 뜻으로, 아무것도 없는 사람에게 무리하게 무엇을 내라고 요구함을 이르는 말
② 견강부회(牽强附會) : 이치에 맞지 않는 말을 억지로 끌어 붙여 자기에게 유리하게 함
④ 독불장군(獨不將軍) : 무슨 일이든 자기 생각대로 혼자서 처리하는 사람

31

정답 ④

홀수 항은 ×2, 짝수 항은 ÷2로 나열된 수열이다.

B	X	D	L	H	F	P	(C)
2	24	4	12	8	6	16	3

32

정답 ①

+3, +4, +5, +6, +7, …으로 나열된 수열이다.

ㄴ	ㅁ	ㅈ	ㅎ	ㅂ	(ㅍ)
2	5	9	14	20	27

33

정답 ③

1965년 노벨상 수상자인 게리 베커에 대한 내용으로 이야기를 시작하며 베커가 주장한 '시간의 비용' 개념을 소개하는 (라) 문단이 맨 처음에 위치한다. (라) 문단을 보충하는 내용으로 베커의 '시간의 비용이 가변적'이라는 개념을 언급한 (가) 문단이 오고 베커와 같이 시간의 비용이 가변적이라고 주장한 경제학자 린더의 주장을 소개한 (다) 문단이 이어진다. 마지막으로 베커와 린더의 공통적 전제인 사람들에게 주어진 시간이 고정된 양이라는 사실과 기대수명이 늘어남으로써 시간의 가치가 달라질 것이라는 내용의 (나) 문단이 순서대로 연결된다. 따라서 (라) – (가) – (다) – (나)이다.

34

정답 ②

제시문은 세습 무당 집안 출신의 남자들이 조선 후기의 사회적 분위기에 힘입어 돈을 벌기 위해 소리판을 벌이기 시작하였고, 자신의 명성과 소득을 위해 대중이 좋아할 만한 소리를 발굴하고 개발하였다는 내용을 핵심으로 하고 있다.

35

정답 ④

'어휘력이 좋다.'를 A, '책을 많이 읽다.'를 B, '글쓰기 능력이 좋다.'를 C라고 하면 첫 번째 명제는 ~A → ~B, 두 번째 명제는 ~C → ~A이다. 삼단논법에 의해 ~C → ~A → ~B가 성립하므로 마지막 명제는 ~C → ~B나 B → C이다.
따라서 빈칸에 들어갈 내용으로 적절한 것은 '글쓰기 능력이 좋지 않으면 책을 많이 읽지 않은 것이다.'이다.

36

정답 ③

‘세미나에 참여한 사람’을 A, ‘봉사활동 지원자’를 B, ‘신입사원’을 C라고 하면, 첫 번째 명제에 따라 A는 B에 포함되며, 두 번째 명제에 따라 C는 A와 겹치지 않지만 B와는 겹칠 가능성이 있다. 이를 벤 다이어그램으로 표현하면 다음과 같다.

• 첫 번째 명제

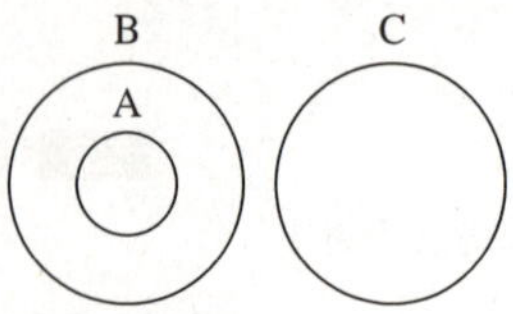

• 두 번째 명제

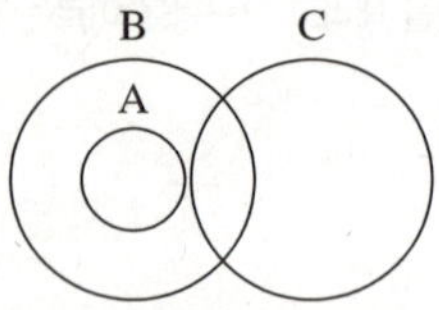

따라서 빈칸에는 ‘신입사원은 봉사활동에 지원하였을 수도, 하지 않았을 수도 있다.’가 적절하다.

37

정답 ②

A가 가 마을에 살고 있다고 가정하면, B 또는 D는 가 마을에 살고 있다. F가 가 마을에 살고 있다고 했으므로 C, E는 나 마을에 살고 있음을 알 수 있다. 하지만 C가 A, E 중 1명은 나 마을에 살고 있다고 말한 것은 진실이 되므로 모순이다.
A가 나 마을에 살고 있다고 가정하면, B, D 중 1명은 가 마을에 살고 있다는 말은 거짓이므로 B, D는 나 마을에 살고 있다. A, B, D가 나 마을에 살고 있으므로 나머지 C, E, F는 가 마을에 살고 있음을 알 수 있다.

38

정답 ②

i) A의 진술이 참인 경우
A가 1위, C가 2위이다. 그러면 B의 진술은 참이다. 따라서 B가 3위, D가 4위이다. 그러나 D가 C보다 순위가 낮음에도 C의 진술은 거짓이다. 이는 제시된 조건에 위배된다.

ii) A의 진술이 거짓인 경우
제시된 조건에 따라 A의 진술이 거짓이라면 C는 3위 또는 4위일 것인데, 자신보다 높은 순위의 사람에 대한 진술이 거짓이므로 C는 3위, A는 4위이다. 그러면 B의 진술은 거짓이므로, D가 1위, B가 2위이다.

39

정답 ③

제시된 문자나 수를 내림차순으로 나열하면 ‘23 – V – 20 – S – 18 – Q’이므로 4번째에 오는 문자나 수는 ‘S’이다.

40

정답 ③

제시된 문자를 오름차순으로 나열하면 ‘ㅅ – H – ㅈ – J – K – ㅌ’이므로 3번째에 오는 문자는 ‘ㅈ’이다.

41

정답 ①

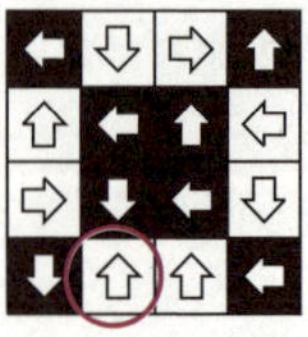

42

정답 ③

43

정답 ③

앞의 항에 +3, −6, +9, −12, +15, …인 수열이다.

따라서 ( )=95+15=110이다.

44

정답 ④

나열된 수를 각각 A, B, C라고 하면 다음과 같은 관계가 성립한다.

$\underline{A\ B\ C} \rightarrow A^2+B^2=C$

따라서 ( )$=\sqrt{74-5^2}=\sqrt{49}=7$이다.

45

정답 ②

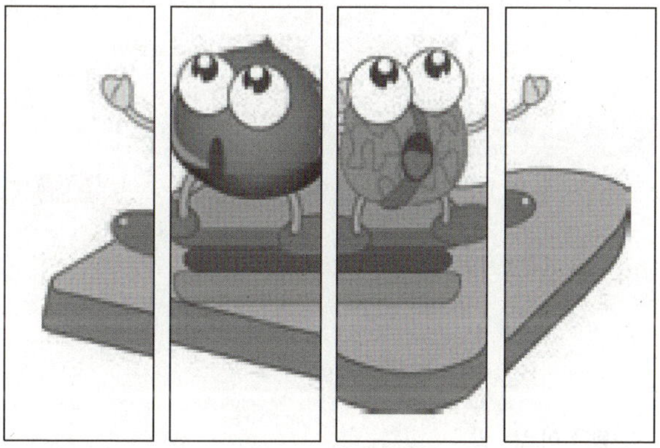

(가) (라) (다) (나)

제2회 최종점검 모의고사

01	02	03	04	05	06	07	08	09	10	11	12	13	14	15	16	17	18	19	20
①	②	①	③	④	③	①	①	④	④	③	③	④	③	④	②	③	④	③	④
21	22	23	24	25	26	27	28	29	30	31	32	33	34	35	36	37	38	39	40
①	①	③	②	①	①	③	④	①	④	②	②	④	④	④	③	④	①	②	③
41	42	43	44	45															
②	③	②	②	④															

01

정답 ①

- 아성(牙城) : 아주 중요한 근거지를 비유적으로 이르는 말
- 근거 : 근본이 되는 거점 또는 어떤 일이나 의논, 의견에 그 근본이 됨

오답분석

② 유예 : 망설여 일을 결행하지 아니함
③ 유린 : 남의 권리나 인격을 짓밟음
④ 요원 : 까마득함

02

정답 ②

- 빈천 : 가난하고 천함
- 적빈 : 몹시 가난함

오답분석

① 천학 : 학식이 얕음 또는 그런 사람
③ 변천 : 세월의 흐름에 따라 바뀌고 변함
④ 좌천 : 낮은 관직이나 지위로 떨어지거나 외직으로 전근됨을 이르는 말

03

정답 ①

- 속성 : 사물의 특징이나 성질
- 성질 : 사물이나 현상이 가지고 있는 고유의 특성

오답분석

② 성급 : 성질이 급함
③ 성찬 : 풍성하게 잘 차린 음식
④ 종속 : 자주성이 없어 주체가 되는 것에 딸려 붙음

04

정답 ③

$125 \div 5 \times 15 + 25$
$= 25 \times 15 + 25$
$= 375 + 25$
$= 400$

05

정답 ④

- 초급, 중급, 고급에서 넘어지지 않을 각각의 확률 : $\frac{4}{5}$, $\frac{3}{4}$, $\frac{2}{3}$
- 초급 2번, 중급 1번, 고급 1번을 타는 확률 : $\frac{4}{5}\times\frac{4}{5}\times\frac{3}{4}\times\frac{2}{3}=\frac{8}{25}$
- 초급 1번, 중급 2번, 고급 1번을 타는 확률 : $\frac{4}{5}\times\frac{3}{4}\times\frac{3}{4}\times\frac{2}{3}=\frac{3}{10}$
- 초급 1번, 중급 1번, 고급 2번을 타는 확률 : $\frac{4}{5}\times\frac{3}{4}\times\frac{2}{3}\times\frac{2}{3}=\frac{4}{15}$

$\therefore \frac{8}{25}+\frac{3}{10}+\frac{4}{15}=\frac{133}{150}$

따라서 구하는 확률은 $\frac{133}{150}$이다.

06

정답 ③

정육면체는 면이 6개이고 회전이 가능하므로 윗면을 기준면으로 삼았을 때, 경우의 수는 다음과 같다.

- 기준면에 색을 칠하는 경우의 수 : 6가지
- 아랫면에 색을 칠하는 경우의 수 : $6-1=5$가지
- 옆면에 색을 칠하는 경우의 수 : $(4-1)!=3!=6$가지

따라서 $6\times5\times6=180$가지의 서로 다른 정육면체를 만들 수 있다.

07

정답 ①

- 메지다 : 밥이나 떡, 반죽 등이 끈기가 적음
- 차지다 : 끈기가 많음

오답분석

③ 마디다 : 1. 쉽게 닳아 없어지지 않다.
　　　　　2. 자라는 속도가 느리다.
④ 마뜩하다 : 마음에 들다.

08

정답 ①

- 불신 : 믿지 아니함. 또는 믿지 못함
- 신뢰 : 굳게 믿고 의지함

오답분석

② 신경 : 어떤 일에 대한 느낌이나 생각
③ 불치 : 병이 잘 낫지 아니함. 또는 고치지 못함
④ 거짓 : 사실과 어긋난 것. 또는 사실이 아닌 것을 사실처럼 꾸민 것

PART 3

09

정답 ④

• 통합 : 둘 이상의 조직이나 기구 따위를 하나로 합침
• 분리 : 서로 나뉘어 떨어짐 또는 그렇게 되게 함

오답분석

① 종합 : 여러 가지를 한데 모아서 합함
② 총괄 : 개별적인 여러 가지를 한데 모아서 묶음
③ 통제 : 일정한 방침이나 목적에 따라 행위를 제한하거나 제약함

10

정답 ④

'감탄고토(甘呑苦吐)'는 달면 삼키고 쓰면 뱉는다는 뜻으로, 자신의 비위에 따라서 사리의 옳고 그름을 판단함을 이르는 말

오답분석

① 감언이설(甘言利說) : 귀가 솔깃하도록 남의 비위를 맞추거나 이로운 조건을 내세워 꾀는 말
② 당랑거철(螳螂拒轍) : 제 역량을 생각하지 않고, 강한 상대나 되지 않을 일에 덤벼드는 무모한 행동거지를 비유적으로 이르는 말
③ 무소불위(無所不爲) : 하지 못하는 일이 없음

11

정답 ③

빈칸 앞의 내용에 따른 결론으로 '문화와 산업의 적절한 균형을 복원시키고 문화를 우리의 삶의 일부로 받아들이는 자세'가 필요함을 이야기하고 있다. 따라서 빈칸에는 '그러므로'가 들어가는 것이 적절하다.

12

정답 ③

공급자가 소수 기업에 의해 지배되는 경우, 즉 독과점에 해당하는 경우나 공급자가 공급하는 상품이 업계에서 중요한 부품인 경우와 같이 공급자의 힘이 커지면 산업 매력도는 떨어지게 된다.

13

정답 ④

주어진 정보는 미지수가 3개씩인 방정식이므로 연립하여 미지수를 2개로 줄인다.

조합 1+조합 3 : $(A+B+C)+(A+D+E)=2A+B+C+D+E=10+13=23$

(조합 1+조합 3)−조합 4 : $(2A+B+C+D+E)-(B+C+D)=2A+E=23-12=11$ … ㉠

조합 1−조합 2=$(A+B+C)-(B+C+E)=A-E=10-15=-5$ … ㉡

A와 E에 대한 방정식 ㉠, ㉡을 연립하면 다음과 같다.

㉠+㉡ : $3A=6 \rightarrow A=2,\ E=7$

$A=2,\ E=7$을 조합 3에 대입하면 $D=4$이다.

$D=4,\ E=7$을 조합 5에 대입하면 $B=3$이다.

$A=2,\ B=3$을 조합 1에 대입하면 $C=5$이다.

$\therefore A=2,\ B=3,\ C=5,\ D=4,\ E=7$

따라서 가장 무거운 추는 E이고 그 무게는 7kg이다.

14

정답 ③

농·축·수산물별 부적합건수 비율은 다음과 같다.

• 농산물 : $\frac{1,725}{146,305}\times100 \fallingdotseq 1.18\%$

• 축산물 : $\frac{1,909}{441,574}\times100 \fallingdotseq 0.43\%$

• 수산물 : $\frac{284}{21,910} \times 100 \fallingdotseq 1.30\%$

따라서 부적합건수 비율이 가장 높은 것은 수산물이다.

오답분석

① 생산단계에서의 수산물 부적합건수 비율은 $\frac{235}{12,922} \times 100 \fallingdotseq 1.82\%$이고, 농산물 부적합건수 비율은 $\frac{1,209}{91,211} \times 100 \fallingdotseq 1.33\%$이다.

② 농·축·수산물의 부적합건수의 평균은 $(1,725+1,909+284) \div 3 = 1,306$건이다.

④ 농산물 유통단계의 부적합건수는 516건으로 49건인 수산물 부적합건수의 10배 이상이다.

15

정답 ④

세 번째 문단을 통해 저작권의 의의는 인류의 지적 자원에서 영감을 얻은 결과물을 다시 인류에게 돌려주는 데 있음을 알 수 있다. 따라서 ④의 내용은 적절하지 않다.

16

정답 ②

제시문에서는 저작권 소유자 중심의 저작권 논리를 비판하며 저작권이 의의를 가지려면 저작물이 사회적으로 공유되어야 한다고 주장하고 있다.

따라서 이에 대한 비판으로는 ②가 적절하다.

17

정답 ③

샌드위치를 소개하는 (다) 문단이 가장 먼저 오는 것이 적절하며, 그다음으로 샌드위치 이름의 유래를 소개하는 (나) 문단이 이어지는 것이 적절하다. 그 뒤로 샌드위치 백작에 대한 평가가 엇갈림을 설명하는 (가) 문단이, 마지막으로 엇갈린 평가를 구체적으로 설명하는 (라) 문단이 오는 것이 적절하다.

18

정답 ④

음식 이름의 주인공인 샌드위치 백작은 일부에서는 유능한 정치인·군인이었던 인물로 평가되는 반면, 다른 한편에서는 무능한 도박꾼으로 평가되고 있는 것을 볼 때 ④가 빈칸에 들어갈 내용으로 가장 적절하다.

19

정답 ③

7시간이 지났다면 용민이는 $7 \times 7 = 49$km, 효린이는 $3 \times 7 = 21$km를 걸은 것이다.

용민이는 호수를 한 바퀴 돌고나서 효린이가 걸은 21km까지 더 걸었다.

따라서 호수의 둘레는 $49 - 21 = 28$km이다.

20

정답 ④

• 전년 대비 2024년 데스크탑 PC의 판매량 증감률 : $\frac{4,700-5,000}{5,000} \times 100 = \frac{-300}{5,000} \times 100 = -6\%$

• 전년 대비 2024년 노트북의 판매량 증감률 : $\frac{2,400-2,000}{2,000} \times 100 = \frac{400}{2,000} \times 100 = 20\%$

21

정답 ①

자료는 비율을 나타내기 때문에 실업자의 수는 알 수 없다.

오답분석

② 실업자 비율은 2%p 증가하였다.
③ 경제활동인구 비율은 80%에서 70%로 감소하였다.
④ 취업자 비율은 12%p 감소했지만, 실업자 비율은 2%p 증가하였기 때문에 취업자 비율의 증감폭이 더 크다.

22

정답 ①

• 1학년 전체 학생 중 빨강을 좋아하는 학생 수의 비율 : $\frac{50}{250}\times100=20\%$
• 2학년 전체 학생 중 노랑을 좋아하는 학생 수의 비율 : $\frac{75}{250}\times100=30\%$

23

정답 ③

2017년도, 2018년도, 2021년도는 금융부채가 비금융부채보다 각각 약 1.48배, 1.48배, 1.4배 많다.

오답분석

① 2020년도의 부채비율은 56.6÷41.6×100≒136.1로 약 136%이며, 부채비율이 가장 높다.
② 자산은 2014년도부터 2022년도까지 꾸준히 증가했다.
④ 부채는 2020년도 이후 줄어들고 있다.

24

정답 ②

첫 번째 항부터 +8, ×10을 번갈아 적용하는 수열이다.
따라서 ( )=9×10=90

25

정답 ①

앞의 항에 $\times\frac{1}{4}$과 ×2−4를 번갈아 가며 적용하는 수열이다.
따라서 ( )=3.75×2−4=3.5이다.

26

정답 ①

알파벳 순서에 따라 숫자로 변환하면 다음과 같다.

a	b	c	d	e	f	g	h	i	j	k	l	m
1	2	3	4	5	6	7	8	9	10	11	12	13
n	o	p	q	r	s	t	u	v	w	x	y	z
14	15	16	17	18	19	20	21	22	23	24	25	26

제시된 문자열을 숫자로 변환하면 각각 '2, 7, 5, 10, ( ), 13, 11, 16'인 문자열로 +5, −2가 번갈아 적용된다.
따라서 ( )=10−2=8, 즉 'h'이다.

27

정답 ③

홀수 항은 2씩 빼고, 짝수 항은 2씩 더하는 수열이다.

ㅈ	ㄷ	ㅅ	ㅁ	ㅁ	(ㅅ)
9	3	7	5	5	7

28

정답 ④

먼저 첫 번째 조건과 두 번째 조건에 따라 6명의 신입 사원을 부서별로 1명, 2명, 3명으로 나누어 배치한다. 이때, 세 번째 조건에 따라 기획부에 3명, 구매부에 1명이 배치되므로 인사부에는 2명의 신입 사원이 배치된다. 또한 1명이 배치되는 구매부에는 마지막 조건에 따라 여자 신입 사원이 배치될 수 없으므로 반드시 1명의 남자 신입 사원이 배치된다. 남은 5명의 신입 사원을 기획부와 인사부에 배치하는 방법은 다음과 같다.

구분	기획부(3명)	인사부(2명)	구매부(1명)
경우 1	남자 1명, 여자 2명	남자 2명	남자 1명
경우 2	남자 2명, 여자 1명	남자 1명, 여자 1명	

경우 1에서는 인사부에 남자 신입 사원만 배치되므로 '인사부에는 반드시 여자 신입 사원이 배치된다.'의 ④는 옳지 않다.

29

정답 ①

주어진 조건만으로는 4, 5층의 화분 수를 1, 2층의 화분 수와 비교할 수 없다.
그러므로 비교 가능한 조건으로 나열하면 '1층 – 2층 – 3층' 또는 '4층 – 5층 – 3층'의 순서만 가능하다.
따라서 어떤 조건에서든지 3층의 화분 수가 가장 적은 것을 알 수 있다.

30

정답 ④

2층의 화분 수가 4층의 화분 수보다 많다면 '1층 – 2층 – 4층 – 5층 – 3층'의 순서가 된다.
이때 4층의 화분 수는 세 번째로 많은 것일 뿐이며, 화분의 정확한 개수는 알 수 없다.
따라서 4층의 화분 수가 건물 내 모든 화분 수의 평균인지는 알 수 없다.

31

정답 ②

8643547688<u>8</u>448

32

정답 ②

2023년과 2024년 총 매출액에 대한 비율이 같은 기타 영역이 가장 차이가 작다.

오답분석

① 2023년 매출액은 1,907억 원이고, 2024년 매출액은 2,548억 원으로, 2024년이 641억 원 더 많다.
③ 애니메이션 영역(12.6 → 9.7)과 게임 영역(56.1 → 51.4)은 모두 2023년에 비해 2024년에 매출액 비중이 감소하였다.
④ 게임 영역은 2023년에 56.1%, 2024년에 51.4%로 매출액 비중이 50% 이상이다.

33

정답 ④

1바퀴를 도는 데 갑은 2분, 을은 3분, 병은 4분이 걸린다.
2, 3, 4의 최소공배수는 12이므로 세 사람이 다시 만나기까지 걸리는 시간은 12분이다.
따라서 출발점에서 다시 만나는 시각은 4시 42분이다.

34

정답 ④

오답분석

①

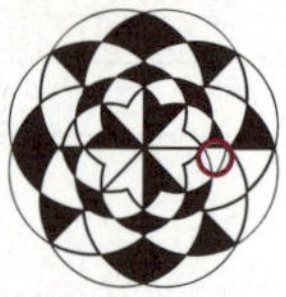

②

③

35

정답 ④

오답분석

①

②

③

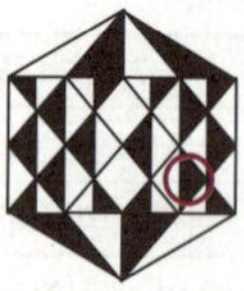

36

정답 ③

A와 D의 진술이 모순되므로, A의 진술이 참인 경우와 거짓인 경우를 구한다.

i) A의 진술이 참인 경우

A의 진술에 따라 D가 부정행위를 하였으며, 거짓을 말하고 있다. B는 A의 진술이 참이므로 B의 진술도 참이며, B의 진술이 참이므로 C의 진술은 거짓이 되고, E의 진술은 참이 된다. 따라서 부정행위를 한 사람은 C, D이다.

ii) A의 진술이 거짓인 경우

A의 진술에 따라 D는 참을 말하고 있고, B는 A의 진술이 거짓이므로 B의 진술도 거짓이 된다. B의 진술이 거짓이므로 C의 진술은 참이 되고, E의 진술은 거짓이 된다. 그러면 거짓을 말한 사람은 A, B, E이지만 조건에서 부정행위를 한 사람은 2명이므로 모순이 되어 옳지 않다.

37

정답 ④

수녀는 언제나 참이므로 A가 될 수 없고, 왕은 언제나 거짓이므로 C가 될 수 없다. 따라서 수녀는 B 또는 C이고, 왕은 A 또는 B가 된다.

i) 왕이 B이고 수녀가 C라면, A는 농민인데 거짓을 말해야 하는 왕이 A를 긍정하므로 모순된다.

ii) 왕이 A이고 수녀가 B라면, 항상 참을 말해야 하는 수녀가, 자신이 농민이라고 거짓을 말하는 왕의 말이 진실이라고 하므로 모순된다.

iii) 왕이 A이고 수녀가 C라면, B는 농민인데 이때 농민은 거짓을 말하는 것이고 수녀는 자신이 농민이 아니라고 참을 말하는 것이므로 성립하게 된다.

38

정답 ①

(가) (라) (다) (나)

39

정답 ②

1층 17개, 2층 13개, 3층 7개

∴ 17+13+7=37개

40

정답 ③

1층 : 6개, 2층 : 4개, 3층 : 2개

∴ 6+4+2=12개

41

정답 ②

1층 : 12개, 2층 : 4개

∴ 12+4=16개

42

정답 ③

1층 : 14개, 2층 : 8개

∴ 14+8=22개

43

정답 ②

'양식 자격증이 있다.'를 A, '레스토랑에 취직하다.'를 B, '양식 실기시험에 합격하다.'를 C라고 하면 첫 번째 명제는 ~A → ~B, 두 번째 명제는 A → C이다. 첫 번째 명제의 대우는 B → A이므로 B → A → C가 성립한다. 따라서 B → C인 '레스토랑에 취직하려면 양식 실기시험에 합격해야 한다.'가 적절하다.

44

정답 ②

'음악을 좋아한다.'를 A, '미술을 좋아한다.'를 B, '사회를 좋아한다.'를 C라고 하면, 첫 번째 명제와 두 번째 명제는 각각 A → B, C → A이므로 C → A → B이다. 따라서 C → B의 대우 명제인 '미술을 좋아하지 않는 사람은 사회를 좋아하지 않는다.'가 적절하다.

45

정답 ④

'음악을 좋아하다.'를 p, '상상력이 풍부하다'를 q, '노란색을 좋아하다.'를 r이라고 하면, 첫 번째 명제는 $p \rightarrow q$, 두 번째 명제는 $\sim p \rightarrow \sim r$이다. 이때, 두 번째 명제의 대우 $r \rightarrow p$에 따라 $r \rightarrow p \rightarrow q$가 성립한다. 따라서 $r \rightarrow q$이므로 '노란색을 좋아하는 사람은 상상력이 풍부하다.'가 적절하다.

제3회 최종점검 모의고사

01	02	03	04	05	06	07	08	09	10	11	12	13	14	15	16	17	18	19	20
①	③	②	④	②	②	③	④	③	②	④	①	④	②	①	③	④	④	②	③
21	22	23	24	25	26	27	28	29	30	31	32	33	34	35	36	37	38	39	40
①	③	②	④	②	③	④	③	②	④	①	①	③	④	②	③	③	③	③	④
41	42	43	44	45															
②	②	①	④	①															

01

정답 ①

제시문과 ①의 '가지다'는 '직업, 자격증 따위를 소유하다.'를 뜻한다.

오답분석

② 모임을 치르다.
③ 아이나 새끼, 알을 배 속에 지니다.
④ 생각, 태도, 사상 따위를 마음에 품다.

02

정답 ③

• 간헐적 : 얼마 동안의 시간 간격을 두고 되풀이하여 일어나는
• 이따금 : 얼마쯤씩 있다가 가끔

오답분석

① 근근이 : 어렵사리 겨우
② 자못 : 생각보다 매우
④ 빈번히 : 번거로울 정도로 도수(度數)가 잦게

03

정답 ②

• 간격 : 공간적으로 벌어진 사이, 사물 사이의 관계에 생긴 틈
• 극간 : 사물 사이의 틈

오답분석

① 간주 : 상태, 모양, 성질 따위가 그와 같다고 봄. 또는 그렇다고 여김
③ 간조 : 간단하고 조잡함
④ 간섭 : 직접 관계가 없는 남의 일에 부당하게 참견함

04

정답 ④

제시된 조건에 따라 앞서 달리고 있는 순서대로 나열하면 'A－D－C－E－B'가 된다.
따라서 이 순위대로 결승점까지 달린다면 C는 3등을 할 것이다.

05

정답 ②

제시된 명제만으로는 진실 여부를 판별할 수 없다.

오답분석

① 첫 번째와 두 번째 명제에 의해 참이다.
③ 두 번째 명제로부터 참이라는 것을 알 수 있다.
④ 두 번째와 세 번째 명제를 통해 참이라는 것을 알 수 있다.

06

정답 ②

제시된 진료 현황을 각각의 명제로 보고 이들을 기호로 나타내면 다음과 같다(단, 명제가 참일 경우 그 대우도 참이다. 또 ~A라는 기호는 A 병원이 진료를 하지 않는다는 뜻이다).

- B 병원이 진료를 하지 않으면 A 병원이 진료한다(~B → A / ~A → B).
- B 병원이 진료를 하면 D 병원은 진료를 하지 않는다(B →~D / D → ~B).
- A 병원이 진료를 하면 C 병원은 진료를 하지 않는다(A →~C / C → ~A).
- C 병원이 진료를 하지 않으면 E 병원이 진료한다(~C → E / ~E → C).

이를 하나로 연결하면 다음과 같다.

- D 병원이 진료를 하면 B 병원이 진료를 하지 않고, B 병원이 진료를 하지 않으면 A 병원은 진료를 한다. A 병원이 진료를 하면 C 병원은 진료를 하지 않고, C 병원이 진료를 하지 않으면 E 병원은 진료를 한다(D → ~B → A → ~C → E).

명제가 참일 경우 그 대우 명제도 참이므로 ~E → C → ~A → B → ~D도 참이다.
E 병원은 공휴일에 진료를 하지 않으므로 위의 명제를 참고하면 C와 B 병원만이 진료를 하게 된다.
따라서 공휴일에 진료를 하는 병원은 2곳이다.

07

정답 ③

빈칸의 앞에서 '시장경제는 개인과 공동의 목적이 서로 상반되는 모순을 갖는다.'라는 이야기를 하고, 뒤에서 '시장경제의 운영을 위해서는 국가의 소임이 중요하다.'라는 이야기를 하고 있다.
따라서 빈칸에는 인과관계를 나타내는 접속어 '그래서'가 들어가는 것이 적절하다.

08

정답 ④

첫 번째 문단에서 '사피어 – 워프 가설'을 간략하게 소개하고, 두 번째 ~ 세 번째 문단을 통해 '사피어 – 워프 가설'을 적용할 수 있는 예를 들고 있다. 이후 네 번째 ~ 다섯 번째 문단을 통해 '사피어 – 워프 가설'을 언어 우위론적 입장에서 설명할 가능성이 있으면서도, 언어 우위만으로 모든 설명이 되지는 않음을 밝히고 있다.
따라서 제시문은 '사피어 – 워프 가설'의 주장에 대한 설명(언어와 사고의 관계)과 함께 그것을 하나의 이론으로 증명하기 어려움을 말하고 있다.

09

정답 ③

제시문에서 레비스트로스는 신화 자체의 사유 방식이나 특성을 특정 시대의 것으로 한정하는 오류를 범하고 있다고 언급하였다. 과거 신화시대에 생겨난 신화적 사유는 신화가 재현되고 재생되는 한 여전히 시간과 공간을 뛰어 넘어 현재화되고 있다.

10

정답 ②

남녀 국회의원의 여야별 SNS 이용자 구성비 중 여자의 경우 여당이 $(22\div38)\times100 \fallingdotseq 57.9\%$이고, 야당은 $(16\div38)\times100 \fallingdotseq 42.1\%$이므로 옳지 않은 그래프이다.

오답분석

① 국회의원의 여야별 SNS 이용자 수는 각각 145명, 85명이다.

③ 야당 국회의원의 당선 횟수별 SNS 이용자 구성비는 85명 중 초선 36명, 2선 28명, 3선 14명, 4선 이상 7명이므로 각각 계산해 보면 42.4%, 32.9%, 16.5%, 8.2%이다.

④ 2선 이상 국회의원의 정당별 SNS 이용자는 A당 29+22+12=63명, B당 25+13+6=44명, C당 3+1+1=5명이다.

11

정답 ④

n을 자연수라 하면 $(n+1)$항에서 n항을 더하고 +2를 한 값이 $(n+2)$항이 되는 수열이다.

따라서 (　)=48+29+2=79이다.

12

정답 ①

제시문에서는 대형마트와 백화점 중 판매되는 곳에 따라 나타나는 상품 구매 선호도의 차이를 이야기하고 있다.

따라서 제시문과 관련 있는 한자성어로는 '회남의 귤을 회북에 옮겨 심으면 탱자가 된다.'라는 뜻으로 '환경에 따라 사람이나 사물의 성질이 변함'을 의미하는 '귤화위지(橘化爲枳)'가 가장 적절하다.

오답분석

② 좌불안석(坐不安席) : 앉아도 자리가 편안하지 않다는 뜻으로, 마음이 불안하거나 걱정스러워서 한군데에 가만히 앉아 있지 못하고 안절부절못하는 모양을 이르는 말

③ 불문가지(不問可知) : 묻지 아니하여도 알 수 있음을 이르는 말

④ 전화위복(轉禍爲福) : 재앙과 근심, 걱정이 바뀌어 오히려 복이 됨을 이르는 말

13

정답 ④

$12+232\div2^2+34$

$=12+58+34$

$=104$

14

정답 ②

5월 10일의 도매가를 x원이라고 하면 $\frac{400+500+300+x+400+550+300}{7}=400$이다.

$x+2,450=2,800$

$\therefore x=350$

따라서 5월 10일의 도매가는 350원이다.

15

정답 ①

농도 3%의 소금물을 xg이라고 하면 다음과 같은 식이 성립한다.

$\frac{8}{100}\times400+\frac{3}{100}\times x=\frac{5}{100}(400+x)$

$\rightarrow 3,200+3x=2,000+5x$

$\rightarrow 2x=1,200$

$\therefore x=600$

따라서 농도 3%의 소금물 600g을 넣어야 한다.

16

정답 ③

제품의 원가를 x원이라고 하자.
제품의 정가는 $(1+0.2)x=1.2x$원이고 판매가는 $1.2x(1-0.15)=1.02x$원이다.
50개를 판매한 금액이 127,500원이므로 다음과 같은 식이 성립한다.

$1.02x\times50=127,500$

$\rightarrow 1.02x=2,550$

$\therefore x=2,500$

따라서 이 제품의 원가는 2,500원이다.

17

정답 ④

명진이와 선우는 각각 1분 동안 $\frac{8}{90}$km, $\frac{8}{60}$km를 이동한다.
두 사람이 서로의 집을 향해 뛰어간다고 했으므로 두 사람이 만나는 지점에서 각각 이동한 거리의 합은 16km가 된다.
이때 걸리는 시간을 a분이라 가정하면 다음과 같은 식이 성립한다.

$\left(\frac{8}{90}+\frac{8}{60}\right)\times a=16$

$\rightarrow \frac{16+24}{180}\times a=16$

$\therefore a=72$

따라서 두 사람이 만나는 데 걸리는 시간은 72분 후이다.

18

정답 ④

영업 시작 전 사과와 배의 개수를 각각 $3x$, $7x$개라고 하자.
온종일 판매된 세트 개수를 y개라고 하면 다음과 같은 식이 성립한다.

$3x-2y=42\cdots$ ㉠

$7x-5y=0\cdots$ ㉡

㉠과 ㉡을 연립하면 $x=210$, $y=294$이다.
따라서 영업 시작 전 사과와 배는 $3\times210+7\times210=2,100$개가 있었다.

19

정답 ②

전 직원의 주 평균 야간근무 빈도는 직급별 사원 수를 알아야 구할 수 있는 값이다.
단순히 직급별 주 평균 야간근무 빈도를 모두 더해 직급 수로 나누어 평균을 구하는 것은 옳지 않다.

오답분석

① 자료를 통해 알 수 있다.
③ 0.2시간은 60분×0.2=12분이다. 따라서 4.2시간은 4시간 12분이다.
④ 대리는 주 평균 1.8일, 6.3시간의 야간근무를 한다. 야근 1회 시 평균 6.3÷1.8=3.5시간 근무로 가장 긴 시간 동안 일한다.

20

정답 ③

기타 해킹 사고가 가장 많았던 연도는 2022년이고, 전년 대비 감소했으므로 증감률은 $\frac{16,135-21,230}{21,230}\times100 \fallingdotseq -24\%$이다.

21

정답 ①

하루 평균 판매량에서 카페라테는 25%, 에스프레소는 6%를 차지하므로 총 200잔을 판매했을 때의 판매량은 다음과 같다.

- 카페라테 : $200\times\frac{25}{100}=50$
- 에스프레소 : $200\times\frac{6}{100}=12$

따라서 카페라테는 50잔, 에스프레소는 12잔이 판매되었으므로 카페라테가 $50-12=38$잔 더 팔렸다.

22

정답 ③

오늘 판매된 커피 180잔 중 아메리카노는 50%로 90잔이 판매되었고, 매출은 $90\times2,000=180,000$원이다.

23

정답 ②

제시문은 신앙 미술에 나타난 동물의 상징적 의미와 사례, 변화와 그 원인 그리고 동물의 상징적 의미가 지닌 문화적 가치에 대하여 설명하는 글이다. 따라서 (나) 신앙 미술에 나타난 동물의 상징적 의미와 그 사례 – (다) 동물의 상징적 의미의 변화 – (라) 동물의 상징적 의미가 변화하는 원인 – (가) 동물의 상징적 의미가 지닌 문화적 가치의 순서대로 배열하는 것이 적절하다.

24

정답 ④

(앞의 항)$-3=$(뒤의 항)인 수열이다.

(A)	X	U	R	O	L
27(24+3)	24	21	18	15	12

25

정답 ②

- 민지의 가방 무게 : 진희의 가방 무게+2kg
- 아름이의 가방 무게 : 진희의 가방 무게+3kg

따라서 가방이 무거운 순서대로 나열하면 '아름 – 민지 – 진희' 순임을 알 수 있다.

26

정답 ③

모든 조개는 공처가이고, 모든 공처가는 거북이다.
따라서 모든 조개는 거북이다.

27

정답 ④

세 번째 명제의 대우는 '짬뽕을 좋아하는 사람은 밥을 좋아한다.'이다.
따라서 두 번째 명제와 연결하면 '초밥을 좋아하는 사람은 밥을 좋아한다.'라는 명제를 얻을 수 있다.

28

정답 ③

제시된 문자를 오름차순으로 나열하면 'D – G – R – S – T – W'이므로 6번째에 오는 문자는 'W'이다.

29

정답 ②

0111102	0211203	0113202	0312301	0313505
0212404	0111603	0111104	0213605	0313202
0113101	0312504	0311302	0111403	0212204
0312105	0212103	0213202	0311101	0111604

따라서 주말 진료와 상담 업무의 접수를 취소하면 총 9건이 남는다.

30

정답 ④

오답분석

① 0111001 → 품종에 00은 없다.
② 0214202 → 진료시간에 14는 없다.
③ 03133033 → 접수 코드는 7자리이다.

31

정답 ①

- 완비 : 빠짐없이 완전히 갖춤
- 불비 : 제대로 다 갖추어져 있지 아니함

오답분석

② 우연 : 아무런 인과 관계가 없이 뜻하지 아니하게 일어난 일
③ 필연 : 사물의 관련이나 일의 결과가 반드시 그렇게 될 수밖에 없음
④ 습득 : 학문이나 기술 따위를 배워서 자기 것으로 함

32

정답 ①

- 정밀 : 아주 정교하고 치밀하여 빈틈이 없고 자세함
- 조잡 : 말이나 행동, 솜씨 따위가 거칠고 잡스러워 품위가 없음

오답분석

② 해산 : 모였던 사람이 흩어짐. 또는 흩어지게 함
③ 억제 : 감정이나 욕망, 충동적 행동 따위를 내리눌러서 그치게 함
④ 촉진 : 다그쳐 빨리 나아가게 함

33

정답 ③

ⓛ 배타적 : 남을 배척하는
ⓒ 동의 : 다른 사람의 행위를 승인하거나 시인함
ⓜ 이윤 : 장사 따위를 하여 남은 돈
ⓢ 대두 : 머리를 쳐든다는 뜻으로, 어떤 세력이나 현상이 새롭게 나타남을 이르는 말

오답분석

ⓖ 이타적 : 자기의 이익보다는 다른 이의 이익을 더 꾀하는
ⓡ 결의 : 뜻을 정하여 굳게 마음을 먹음. 또는 그런 마음
ⓑ 이율 : 원금에 대한 이자의 비율
ⓞ 소실 : 사라져 없어짐. 또는 그렇게 잃어버림

34

정답 ④

'낡은 것을 버리다.'를 p, '새로운 것을 채우다.'를 q, '더 많은 세계를 경험하다.'를 r이라고 하면, 첫 번째 명제는 $p \rightarrow q$이며, 마지막 명제는 $\sim q \rightarrow \sim r$이다. 이때 첫 번째 명제의 대우는 $\sim q \rightarrow \sim p$이므로 마지막 명제가 참이 되기 위해서는 $\sim p \rightarrow \sim r$이 필요하다. 따라서 빈칸에 들어갈 명제는 $\sim p \rightarrow \sim r$의 ④이다.

35

정답 ②

고양이는 포유류이고, 포유류는 새끼를 낳아 키운다. 따라서 고양이는 새끼를 낳아 키운다.

36

정답 ③

부모와의 긍정적인 관계가 개인의 삶에 긍정적인 영향을 주었음을 소개한 (나) 문단이 첫 번째 문단으로 적절하다. 그리고 (나) 문단에서 소개한 실험을 설명하는 (라) 문단이 두 번째 문단으로 와야 한다. (라) 문단의 실험 참가자들에 대한 실험 결과를 설명하는 (가) 문단이 세 번째 문단으로, 다음으로 (가) 문단과 상반된 내용을 설명하는 (다) 문단이 마지막 문단으로 나오는 것이 적절하다.

37

정답 ③

제시문은 청소년기에 맺은 부모와의 긍정적인 관계가 성인기의 원만한 인간관계로 이어져 개인의 삶에 영향을 미침을 설명하고 있다. 따라서 ③이 제목으로 적절하다.

38

정답 ③

오답분석

①

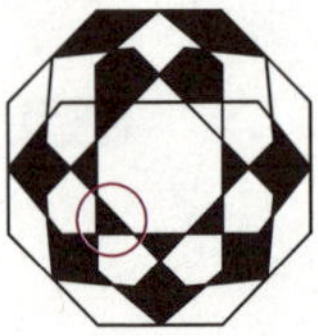

②

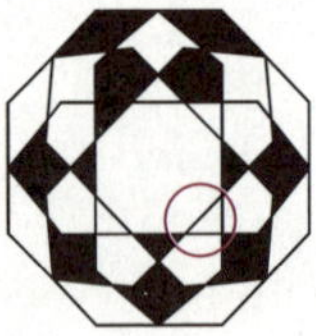

④

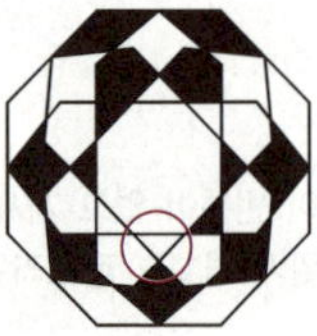

39

정답 ③

① 143,000×0.85=121,550원
② 165,000×0.85=140,250원
③ 164,000×0.7=114,800원
④ 154,000×0.8=123,200원
따라서 가장 비용이 저렴한 경우는 ③이다.

40

정답 ④

각 조합에 대해 할인행사가 적용된 총 결제금액과 총효용을 산출하면 다음과 같다.

조합	총 결제금액	총효용
①	[5,000×2+2,500×1+8,200×1]×0.9=18,630원	80+35+70=185
②	[1,200×6+2,500×2+5,500×2]×0.9=20,880원	–
③	[5,000×3+1,200×1+2,500×1+5,500×1]×0.9=21,780원	–
④	5,000×1+1,200×2+2,500×4=17,400원	220+35=255

①과 ④ 외의 조합의 경우, 할인을 적용받아도 결제금액이 예산범위를 초과하므로 구입이 불가능하다.
따라서 ①과 ④ 중 효용의 합이 더 높은 것은 총효용이 255인 ④이다.

41

정답 ②

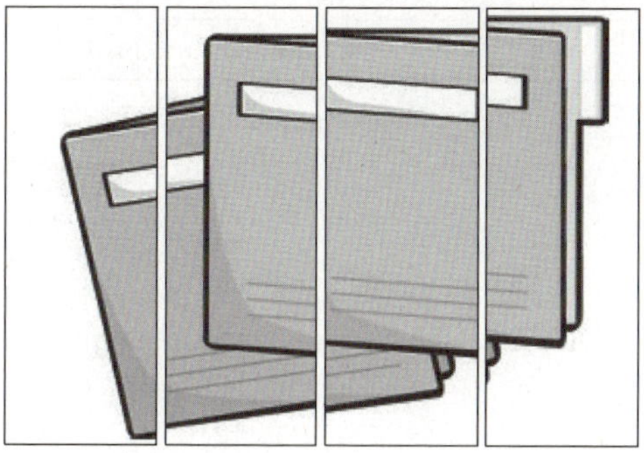

(나) (라) (가) (다)

42

정답 ②

1층 : 11개, 2층 : 9개, 3층 : 7개, 4층 : 4개
∴ 11+9+7+4=31개

43

정답 ①

1층 : 3개, 2층 : 3개, 3층 : 2개, 4층 : 1개
∴ 3+3+2+1=9개

44

정답 ④

1층 : 11개, 2층 : 8개
∴ 11+8=19개

45

정답 ①

1층 : 9개, 2층 : 2개, 3층 : 2개
∴ 9+2+2=13개

제4회 최종점검 모의고사

01	02	03	04	05	06	07	08	09	10	11	12	13	14	15	16	17	18	19	20
④	④	②	②	②	②	④	①	④	④	①	①	②	③	④	④	③	③	①	②
21	22	23	24	25	26	27	28	29	30	31	32	33	34	35	36	37	38	39	40
①	④	③	③	③	④	②	①	④	②	②	③	①	③	③	④	③	④	①	①
41	42	43	44	45															
③	②	④	④	①															

01

정답 ④

제시문과 ④의 '땄다'는 '점수나 자격 따위를 얻다.'를 뜻한다.

오답분석

① 이름이나 뜻을 취하여 그와 같게 하다.
② 꽉 봉한 것을 뜯다.
③ 노름, 내기, 경기 따위에서 이겨 돈이나 상품 따위를 얻다.

02

정답 ④

제시문과 ④의 '때'는 '좋은 기회나 알맞은 시기'를 뜻한다.

오답분석

① 시간의 어떤 순간이나 부분
② 어떤 경우
③ 끼니 또는 식사 시간

03

정답 ②

• 나위 : 더 할 수 있는 여유나 더 해야 할 필요
• 여지 : 어떤 일을 하거나 어떤 일이 일어날 가능성이나 희망

오답분석

① 유용 : 쓸모가 있음
③ 자취 : 어떤 것이 남긴 표시나 자리
④ 지경 : 경우나 형편, 정도의 뜻을 나타내는 말

04

정답 ②

• 갈음하다 : 다른 것으로 바꾸어 대신하다.
• 대신하다 : 어떤 대상의 자리나 구실을 바꾸어서 새로 맡다.

오답분석

① 분리하다 : 서로 나누어 떨어지게 하다.
③ 어림하다 : 대강 짐작으로 헤아리다.
④ 헤아리다 : 수량을 세다.

05

정답 ②

(B빌라 월세)+(한 달 교통비)=250,000+(2.1×2×20×1,000)=334,000원
따라서 B빌라에서 33만 4천 원으로 살 수 있다.

오답분석

① A빌라는 392,000원, B빌라는 334,000원, C아파트는 372,800원으로 모두 40만 원으로 가능하다.
③ C아파트가 편도 거리 1.82km로 교통비가 가장 적게 든다.
④ C아파트는 372,800원으로 A빌라보다 19,200원 덜 든다.

06

정답 ②

(가)를 계산하면 $\frac{78,855}{275,484} \times 100 \fallingdotseq 28.6\%$이다.

오답분석

① 표에서 확인할 수 있다.
③ 2023년 남성 공무원 비율은 100−29.8=70.2%이다.
④ 2023년 여성 공무원 비율은 2018년 비율보다 29.8−26.5=3.3%p 증가했다.

07

정답 ④

빈칸 바로 앞의 문장에서는 치매안심센터의 효과적인 운영을 위한 정부차원의 적극적인 지원이 필요함을 이야기하고, 빈칸 뒤의 문장에서는 치매케어의 전문적 수행을 위한 노력과 정책적 지원의 필요성을 이야기한다. 따라서 두 문장을 연결해 주는 접속어로 '그 위에 더, 또는 거기에다 더'를 뜻하는 '또한'이 적절하다.

08

정답 ①

치명적인 이빨이나 발톱을 가진 동물들은 살상 능력이 크기 때문에 자신의 종에 대한 공격을 제어할 억제 메커니즘이 필요했고, 그것이 진화의 과정에 반영되었다고 했으므로 적절한 내용이다.

오답분석

②·③ 인간은 신체적으로 약하기 때문에 자신의 힘만으로 자기 종을 죽이는 것이 어려웠을 뿐 공격성은 학습이나 지능과 관계가 없다.
④ 인간의 공격적인 본능은 긍정적인 측면과 부정적인 측면을 모두 포함해서 오늘날 인류를 있게 한 중요한 요소이다.

09

정답 ④

홀수 항은 2씩 빼고, 짝수 항은 4씩 더하는 수열이다.

ㅜ	ㄷ	(ㅗ)	ㅅ	ㅓ	ㅋ
7	3	5	7	3	11

10

정답 ④

대문자 알파벳, 한글 자음, 한자 순서로 나열되며, 앞의 항에 −5, −4, −3, −2, −1, …을 더하는 수열이다.

S	ㅎ	十	G	ㅁ	(四)
19	14	10	7	5	4

11

정답 ①

Lady Marmelade Don't cha

12

정답 ①

제시문은 (가) 대상이 되는 연구 방법의 진행 과정과 그 한계 – (마) 융이 기존의 연구 방법에 추가한 과정을 소개 – (라) 기존 연구자들이 간과했던 새로운 사실을 찾아낸 융의 실험의 의의 – (나) 융의 실험을 통해 새롭게 드러난 결과 분석 – (다) 새롭게 드러난 심리적 개념을 정의한 융의 사상 체계에서의 핵심적 요소에 대한 설명 순으로 나열하는 것이 적절하다.

13

정답 ②

$2+81\div3\div3^2$
$=2+27\div3^2$
$=2+3$
$=5$

14

정답 ③

주문할 달력의 수를 x권이라 하면 업체별 비용은 다음과 같다.

- A업체의 비용 : $(1,650x+3,000)$원
- B업체의 비용 : $1,800x$원

A업체에서 주문하는 것이 B업체에서 주문하는 것보다 유리해야 하므로 다음의 식을 만족해야 한다.

$1,650x+3,000<1,800x$

$\therefore\ x>20$

따라서 달력을 21권 이상 주문한다면, A업체에서 주문하는 것이 더 유리하다.

15

정답 ④

$0.71<(\quad)<\frac{9}{12} \rightarrow 0.71<(\quad)<0.75$

따라서 빈칸에는 $\frac{145}{200}=0.725$가 들어갈 수 있다.

오답분석

① $\frac{3}{4}=0.75$

② $\frac{695}{1,000}=0.695$

16

정답 ④

기차는 다리에 진입하여 완전히 벗어날 때까지 다리의 길이인 800m에 기차의 길이 100m를 더한 총 900m(0.9km)를 36초(0.01시간) 동안 이동했다.

따라서 (속력)=$\frac{(거리)}{(시간)}$이므로 기차의 속력은 $\frac{0.9}{0.01}$=90km/h이다.

17

정답 ③

물이 증발해도 소금의 양은 변함이 없으므로, 증발한 물의 양을 x라고 하자.

$\frac{8}{100}\times20=\frac{10}{100}\times(20-x)$

$\rightarrow 160=200-10x$

$\therefore x=4$

따라서 증발한 물의 양은 4g이다.

18

정답 ③

만의 자리와 일의 자리가 1인 경우는 다음과 같다.

12,121, 12,131, 12,321, 13,121, 13,131, 13,231

만의 자리와 일의 자리가 2인 경우와 3인 경우도 경우의 수가 같다.

따라서 전체 경우의 수는 3×6=18가지이다.

19

정답 ①

- 흥분 : 어떤 자극을 받아 감정이 북받쳐 일어남
- 안정 : 바뀌어 달라지지 아니하고 일정한 상태를 유지함

오답분석

② 획득 : 얻어 내거나 얻어 가짐
③ 상실 : 어떤 사람과 관계가 끊어지거나 헤어지게 됨
④ 참신 : 새롭고 산뜻함

20

정답 ②

- 희박 : 기체나 액체 따위의 밀도나 농도가 짙지 못하고 낮거나 엷음
- 농후 : 맛, 빛깔, 성분 따위가 매우 짙음

오답분석

① 모방 : 다른 것을 본뜨거나 본받음
③ 표류 : 물 위에 떠서 정처 없이 흘러감
④ 인위 : 자연의 힘이 아닌 사람의 힘으로 이루어지는 일

21

정답 ①

주어진 조건을 정리하면 '진달래를 좋아함 → 감성적 → 보라색을 좋아함 → 백합을 좋아하지 않음'이므로 진달래를 좋아하는 사람은 보라색을 좋아한다.

22

정답 ④

2015년 대비 2023년 신장 증가량은 A가 22cm, B가 21cm, C가 28cm로 C가 가장 많이 증가하였다.

오답분석

① B의 2023년 체중은 2020년에 비해 감소하였다.
② 2015년의 신장 순위는 B, C, A 순서이지만 2023년의 신장 순위는 C, B, A 순서이다.
③ 2023년에 세 사람 중 가장 키가 큰 사람은 C이다.

23

정답 ③

총 전입자 수는 서울이 가장 높지만, 총 전입률은 인천이 가장 높다.

오답분석

① 서울의 총 전입자 수는 전국의 $\frac{132,012}{650,197}\times 100 \fallingdotseq 20.3\%$이므로 옳다.
② 대구의 총 전입률이 1.14%로 가장 낮다.
④ 부산의 총 전입자 수는 광주의 총 전입자 수의 $\frac{42,243}{17,962} \fallingdotseq 2.4$배이다.

24

정답 ③

앞의 항에 $\div 2$가 적용되는 수열이다.
따라서 (　)$=18.75\div 2=9.375$이다.

25

정답 ③

나열된 수를 각각 A, B, C라고 하면 다음과 같은 관계가 성립한다.
$\underline{A\ B\ C} \rightarrow A^B=C$
$256=4^4$
$\therefore$ (　)$=4$

26

정답 ④

ⓛ 2022년 대비 2023년 외국인 관람객 수의 감소율은 $\frac{3,849-2,089}{3,849}\times 100 \fallingdotseq 45.73\%$이다.
따라서 2023년 외국인 관람객 수는 전년 대비 43% 이상 감소하였다.
ⓔ 제시된 그래프를 보면 2021년과 2023년 전체 관람객 수는 전년보다 감소했으며, 증가폭은 2020년이 2022년보다 큼을 확인할 수 있다.
그래프에 제시되지 않은 2017년, 2018년, 2019년의 전년 대비 전체 관람객 수 증가폭과 2020년의 전년 대비 전체 관람객 수 증가폭을 비교하면 다음과 같다.

- 2017년 : $(6,805+3,619)-(6,688+3,355)=381$천 명
- 2018년 : $(6,738+4,146)-(6,805+3,619)=460$천 명
- 2019년 : $(6,580+4,379)-(6,738+4,146)=75$천 명
- 2020년 : $(7,566+5,539)-(6,580+4,379)=2,146$천 명

따라서 전체 관람객 수가 전년 대비 가장 많이 증가한 해는 2020년이다.

오답분석

ⓖ 제시된 자료를 통해 확인할 수 있다.
ⓒ 제시된 그래프를 보면 2020 ~ 2023년 전체 관람객 수와 유료 관람객 수는 증가 – 감소 – 증가 – 감소의 추이를 보인다.

27

정답 ②

- 2024년 예상 유료 관람객 수 : 5,187×1.24≒6,431천 명
  2024년 예상 무료 관람객 수 : 3,355×2.4=8,052천 명
  ∴ 2024년 예상 전체 관람객 수 : 6,431+8,052=14,483천 명
- 2024년 예상 외국인 관람객 수 : 2,089+35=2,124천 명

28

정답 ①

미세 먼지 측정기는 대기 중 미세 먼지의 농도 측정 시 농도만 측정하는 것이지 그 성분과는 아무런 관련이 없다.

29

정답 ④

'공부를 잘하는 사람은 모두 꼼꼼하다.'라는 명제를 통해 '꼼꼼한 사람 중 일부는 시간관리를 잘한다.'는 마지막 명제가 나오기 위해서는 '공부를 잘한다.'와 '시간 관리를 잘한다.' 사이에 어떤 관계가 성립되어야 한다. 그런데 마지막 명제에서 그 범위를 '모두'가 아닌 '일부'로 한정하였으므로 '공부를 잘하는 사람 중 일부가 시간 관리를 잘한다.'는 명제가 필요하다.

30

정답 ②

'스테이크를 먹는다.'를 A, '지갑이 없다.'를 B, '쿠폰을 받는다.'를 C라 하면, 첫 번째 명제와 마지막 명제는 각각 A → B, ~B → C이다. 이때, 첫 번째 명제의 대우는 ~B → ~A이므로 마지막 명제가 참이 되려면 ~A → C가 필요하다.
따라서 빈칸에 들어갈 명제는 '스테이크를 먹지 않는 사람은 쿠폰을 받는다.'가 적절하다.

31

정답 ②

- 메탈쿨링=AX
- 프리 스탠딩=F
- 313L=31
- 1도어=DE

따라서 고객이 주문한 상품은 AXF31DE이다.

32

정답 ③

주문된 상품 중 가변형 기능과 키친 핏 형태가 포함되어 있는 것은 'EDC60DE, RQB31DA, AXEFC48TE, RQEDF84TE, EDC58DA, EFRQB60TE, EFC48DA' 총 7개이다.

33

정답 ①

B는 일본어와 중국어, C는 영어와 한국어를 하기 때문에 통역을 하는 사람은 일본어와 중국어 중 하나, 영어와 한국어 중 하나는 할 줄 알아야 한다. 그러므로 A가 통역을 하는 것이 가장 적절하다.

34

정답 ③

생일 주인공인 지영이가 먹은 케이크 조각이 가장 크고, 민지가 먹은 케이크 조각은 가장 작지도 않고 두 번째로 작지도 않으므로 민지는 세 번째 또는 네 번째로 작은 케이크를 먹었을 것이다. 이때 재은이가 먹은 케이크 조각은 민지가 먹은 케이크 조각보다 커야 하므로 민지는 세 번째로 작은 케이크 조각을, 재은이는 네 번째로 작은 케이크 조각을 먹었음을 알 수 있다. 또 정호의 케이크 조각은 민지의 것보다는 작지만 영재의 것보다는 크므로 영재의 케이크가 가장 작음을 알 수 있다.
따라서 바르게 나열한 것은 ③이다.

35

정답 ③

i) 'D는 이번 주에 당직을 한다.'는 다섯 번째 조건에 따라 D를 언급한 세 번째 조건을 먼저 살펴본다. 세 번째 조건의 대우는 'E나 D가 당직을 하면 G는 당직을 하지 않는다.'이다. 따라서 G는 당직을 하지 않는다.

ii) 네 번째 조건의 대우는 'G가 당직을 하지 않으면 F는 당직을 하지 않는다.'이다. 따라서 F도 당직을 하지 않는다.

iii) 첫 번째 조건의 대우는 'B나 F가 당직을 하지 않으면 A도 당직을 하지 않는다.'이다. 따라서 A도 당직을 하지 않는다.

iv) 두 번째 조건에서 'A가 당직을 하지 않으면 E는 당직을 한다.'가 도출되므로, D, E가 당직을 하게 된다.

36

정답 ④

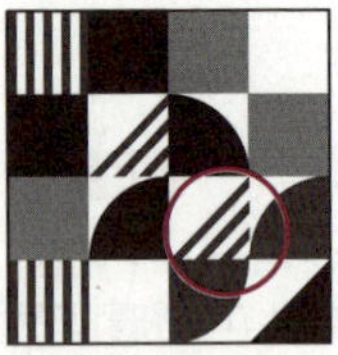

37

정답 ③

오답분석

①

②

④

38

정답 ④

오답분석

①

②

③

39

정답 ①

1층 : 14개, 2층 : 12개, 3층 : 11개, 4층 : 7개

∴ 14+12+11+7=44개

40

정답 ①

1층 : 16개, 2층 : 10개, 3층 : 3개

∴ 16+10+3=29개

41

정답 ③

1층 : 7개, 2층 : 6개, 3층 : 3개
∴ 7+6+3=16개

42

정답 ②

1층 : 6개, 2층 : 4개, 3층 : 3개
∴ 6+4+3=13개

43

정답 ④

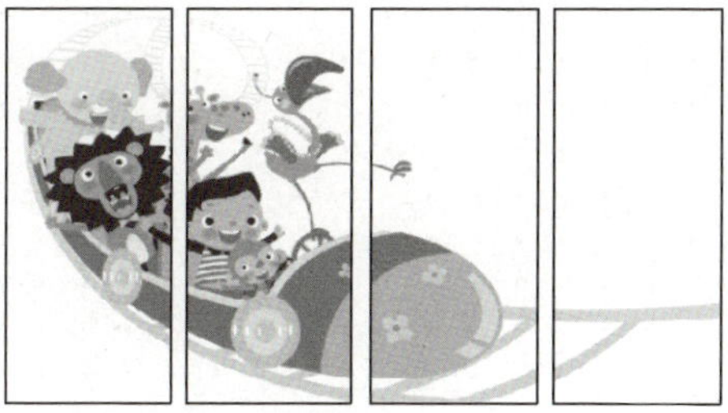

(다) (나) (라) (가)

44

정답 ④

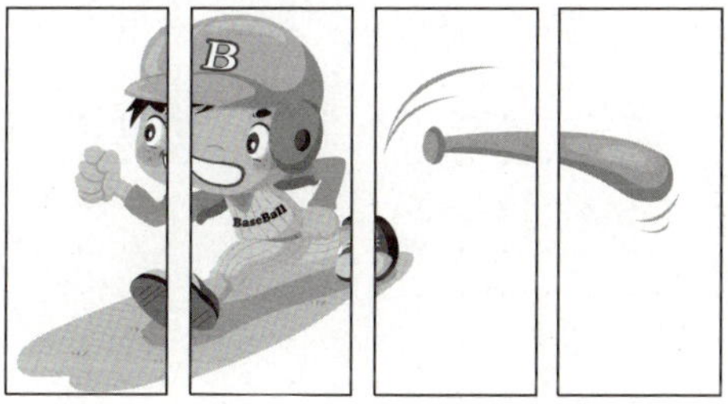

(라) (나) (다) (가)

45

정답 ①

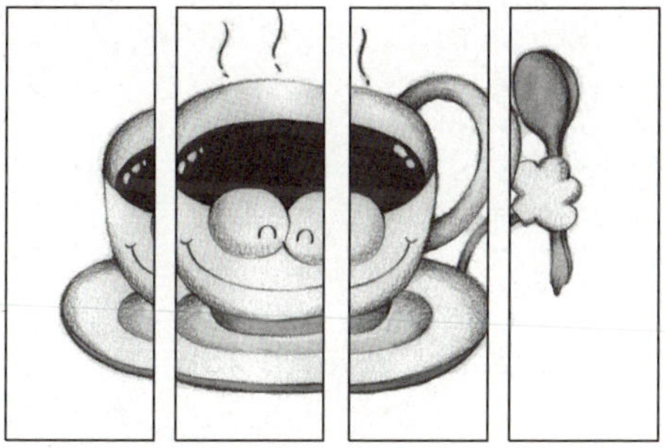

(나) (가) (라) (다)

시대에듀

M E M O

※ 절취선을 따라 분리하여 실제 시험과 같이 사용하면 더욱 효과적입니다.

대전광역시교육청 교육공무직원 소양평가 답안카드

고사장

성 명

수 험 번 호						
⓪	⓪	⓪	⓪	⓪	⓪	⓪
①	①	①	①	①	①	①
②	②	②	②	②	②	②
③	③	③	③	③	③	③
④	④	④	④	④	④	④
⑤	⑤	⑤	⑤	⑤	⑤	⑤
⑥	⑥	⑥	⑥	⑥	⑥	⑥
⑦	⑦	⑦	⑦	⑦	⑦	⑦
⑧	⑧	⑧	⑧	⑧	⑧	⑧
⑨	⑨	⑨	⑨	⑨	⑨	⑨

감독위원 확인
인

문번	1	2	3	4	문번	1	2	3	4	문번	1	2	3	4
1	①	②	③	④	21	①	②	③	④	41	①	②	③	④
2	①	②	③	④	22	①	②	③	④	42	①	②	③	④
3	①	②	③	④	23	①	②	③	④	43	①	②	③	④
4	①	②	③	④	24	①	②	③	④	44	①	②	③	④
5	①	②	③	④	25	①	②	③	④	45	①	②	③	④
6	①	②	③	④	26	①	②	③	④					
7	①	②	③	④	27	①	②	③	④					
8	①	②	③	④	28	①	②	③	④					
9	①	②	③	④	29	①	②	③	④					
10	①	②	③	④	30	①	②	③	④					
11	①	②	③	④	31	①	②	③	④					
12	①	②	③	④	32	①	②	③	④					
13	①	②	③	④	33	①	②	③	④					
14	①	②	③	④	34	①	②	③	④					
15	①	②	③	④	35	①	②	③	④					
16	①	②	③	④	36	①	②	③	④					
17	①	②	③	④	37	①	②	③	④					
18	①	②	③	④	38	①	②	③	④					
19	①	②	③	④	39	①	②	③	④					
20	①	②	③	④	40	①	②	③	④					

※ 본 답안카드는 마킹연습용 모의 답안카드입니다.

※ 절취선을 따라 분리하여 실제 시험과 같이 사용하면 더욱 효과적입니다.

대전광역시교육청 교육공무직원 소양평가 답안카드

고사장

성 명

수 험 번 호						
⓪	⓪	⓪	⓪	⓪	⓪	⓪
①	①	①	①	①	①	①
②	②	②	②	②	②	②
③	③	③	③	③	③	③
④	④	④	④	④	④	④
⑤	⑤	⑤	⑤	⑤	⑤	⑤
⑥	⑥	⑥	⑥	⑥	⑥	⑥
⑦	⑦	⑦	⑦	⑦	⑦	⑦
⑧	⑧	⑧	⑧	⑧	⑧	⑧
⑨	⑨	⑨	⑨	⑨	⑨	⑨

감독위원 확인
㉧

문번	1	2	3	4	문번	1	2	3	4	문번	1	2	3	4		
1	①	②	③	④	21	①	②	③	④	41	①	②	③	④		
2	①	②	③	④	22	①	②	③	④	42	①	②	③	④		
3	①	②	③	④	23	①	②	③	④	43	①	②	③	④		
4	①	②	③	④	24	①	②	③	④	44	①	②	③	④		
5	①	②	③	④	25	①	②	③	④	45	①	②	③	④		
6	①	②	③	④	26	①	②	③	④							
7	①	②	③	④	27	①	②	③	④							
8	①	②	③	④	28	①	②	③	④							
9	①	②	③	④	29	①	②	③	④							
10	①	②	③	④	30	①	②	③	④							
11	①	②	③	④	31	①	②	③	④							
12	①	②	③	④	32	①	②	③	④							
13	①	②	③	④	33	①	②	③	④							
14	①	②	③	④	34	①	②	③	④							
15	①	②	③	④	35	①	②	③	④							
16	①	②	③	④	36	①	②	③	④							
17	①	②	③	④	37	①	②	③	④							
18	①	②	③	④	38	①	②	③	④							
19	①	②	③	④	39	①	②	③	④							
20	①	②	③	④	40	①	②	③	④							

※ 본 답안카드는 마킹연습용 모의 답안카드입니다.

※ 절취선을 따라 분리하여 실제 시험과 같이 사용하면 더욱 효과적입니다.

대전광역시교육청 교육공무직원 소양평가 답안카드

고사장

성 명

수 험 번 호						
⓪	⓪	⓪	⓪	⓪	⓪	⓪
①	①	①	①	①	①	①
②	②	②	②	②	②	②
③	③	③	③	③	③	③
④	④	④	④	④	④	④
⑤	⑤	⑤	⑤	⑤	⑤	⑤
⑥	⑥	⑥	⑥	⑥	⑥	⑥
⑦	⑦	⑦	⑦	⑦	⑦	⑦
⑧	⑧	⑧	⑧	⑧	⑧	⑧
⑨	⑨	⑨	⑨	⑨	⑨	⑨

감독위원 확인
㊞ 인

문번	1	2	3	4	문번	1	2	3	4	문번	1	2	3	4		
1	①	②	③	④	21	①	②	③	④	41	①	②	③	④		
2	①	②	③	④	22	①	②	③	④	42	①	②	③	④		
3	①	②	③	④	23	①	②	③	④	43	①	②	③	④		
4	①	②	③	④	24	①	②	③	④	44	①	②	③	④		
5	①	②	③	④	25	①	②	③	④	45	①	②	③	④		
6	①	②	③	④	26	①	②	③	④							
7	①	②	③	④	27	①	②	③	④							
8	①	②	③	④	28	①	②	③	④							
9	①	②	③	④	29	①	②	③	④							
10	①	②	③	④	30	①	②	③	④							
11	①	②	③	④	31	①	②	③	④							
12	①	②	③	④	32	①	②	③	④							
13	①	②	③	④	33	①	②	③	④							
14	①	②	③	④	34	①	②	③	④							
15	①	②	③	④	35	①	②	③	④							
16	①	②	③	④	36	①	②	③	④							
17	①	②	③	④	37	①	②	③	④							
18	①	②	③	④	38	①	②	③	④							
19	①	②	③	④	39	①	②	③	④							
20	①	②	③	④	40	①	②	③	④							

※ 본 답안카드는 마킹연습용 모의 답안카드입니다.

※ 절취선을 따라 분리하여 실제 시험과 같이 사용하면 더욱 효과적입니다.

대전광역시교육청 교육공무직원 소양평가 답안카드

고사장

성 명

수 험 번 호						
⓪	⓪	⓪	⓪	⓪	⓪	⓪
①	①	①	①	①	①	①
②	②	②	②	②	②	②
③	③	③	③	③	③	③
④	④	④	④	④	④	④
⑤	⑤	⑤	⑤	⑤	⑤	⑤
⑥	⑥	⑥	⑥	⑥	⑥	⑥
⑦	⑦	⑦	⑦	⑦	⑦	⑦
⑧	⑧	⑧	⑧	⑧	⑧	⑧
⑨	⑨	⑨	⑨	⑨	⑨	⑨

감독위원 확인
㉤ 인

문번	1	2	3	4	문번	1	2	3	4	문번	1	2	3	4
1	①	②	③	④	21	①	②	③	④	41	①	②	③	④
2	①	②	③	④	22	①	②	③	④	42	①	②	③	④
3	①	②	③	④	23	①	②	③	④	43	①	②	③	④
4	①	②	③	④	24	①	②	③	④	44	①	②	③	④
5	①	②	③	④	25	①	②	③	④	45	①	②	③	④
6	①	②	③	④	26	①	②	③	④					
7	①	②	③	④	27	①	②	③	④					
8	①	②	③	④	28	①	②	③	④					
9	①	②	③	④	29	①	②	③	④					
10	①	②	③	④	30	①	②	③	④					
11	①	②	③	④	31	①	②	③	④					
12	①	②	③	④	32	①	②	③	④					
13	①	②	③	④	33	①	②	③	④					
14	①	②	③	④	34	①	②	③	④					
15	①	②	③	④	35	①	②	③	④					
16	①	②	③	④	36	①	②	③	④					
17	①	②	③	④	37	①	②	③	④					
18	①	②	③	④	38	①	②	③	④					
19	①	②	③	④	39	①	②	③	④					
20	①	②	③	④	40	①	②	③	④					

※ 본 답안카드는 마킹연습용 모의 답안카드입니다.

※ 절취선을 따라 분리하여 실제 시험과 같이 사용하면 더욱 효과적입니다.

대전광역시교육청 교육공무직원 소양평가 답안카드

고사장

성 명

수 험 번 호						
⓪	⓪	⓪	⓪	⓪	⓪	⓪
①	①	①	①	①	①	①
②	②	②	②	②	②	②
③	③	③	③	③	③	③
④	④	④	④	④	④	④
⑤	⑤	⑤	⑤	⑤	⑤	⑤
⑥	⑥	⑥	⑥	⑥	⑥	⑥
⑦	⑦	⑦	⑦	⑦	⑦	⑦
⑧	⑧	⑧	⑧	⑧	⑧	⑧
⑨	⑨	⑨	⑨	⑨	⑨	⑨

감독위원 확인
(인)

문번	1	2	3	4	문번	1	2	3	4	문번	1	2	3	4
1	①	②	③	④	21	①	②	③	④	41	①	②	③	④
2	①	②	③	④	22	①	②	③	④	42	①	②	③	④
3	①	②	③	④	23	①	②	③	④	43	①	②	③	④
4	①	②	③	④	24	①	②	③	④	44	①	②	③	④
5	①	②	③	④	25	①	②	③	④	45	①	②	③	④
6	①	②	③	④	26	①	②	③	④					
7	①	②	③	④	27	①	②	③	④					
8	①	②	③	④	28	①	②	③	④					
9	①	②	③	④	29	①	②	③	④					
10	①	②	③	④	30	①	②	③	④					
11	①	②	③	④	31	①	②	③	④					
12	①	②	③	④	32	①	②	③	④					
13	①	②	③	④	33	①	②	③	④					
14	①	②	③	④	34	①	②	③	④					
15	①	②	③	④	35	①	②	③	④					
16	①	②	③	④	36	①	②	③	④					
17	①	②	③	④	37	①	②	③	④					
18	①	②	③	④	38	①	②	③	④					
19	①	②	③	④	39	①	②	③	④					
20	①	②	③	④	40	①	②	③	④					

※ 본 답안카드는 마킹연습용 모의 답안카드입니다.

※ 절취선을 따라 분리하여 실제 시험과 같이 사용하면 더욱 효과적입니다.

대전광역시교육청 교육공무직원 소양평가 답안카드

고사장

성 명

수 험 번 호						
⓪	⓪	⓪	⓪	⓪	⓪	⓪
①	①	①	①	①	①	①
②	②	②	②	②	②	②
③	③	③	③	③	③	③
④	④	④	④	④	④	④
⑤	⑤	⑤	⑤	⑤	⑤	⑤
⑥	⑥	⑥	⑥	⑥	⑥	⑥
⑦	⑦	⑦	⑦	⑦	⑦	⑦
⑧	⑧	⑧	⑧	⑧	⑧	⑧
⑨	⑨	⑨	⑨	⑨	⑨	⑨

감독위원 확인
인

문번	1	2	3	4	문번	1	2	3	4	문번	1	2	3	4		
1	①	②	③	④	21	①	②	③	④	41	①	②	③	④		
2	①	②	③	④	22	①	②	③	④	42	①	②	③	④		
3	①	②	③	④	23	①	②	③	④	43	①	②	③	④		
4	①	②	③	④	24	①	②	③	④	44	①	②	③	④		
5	①	②	③	④	25	①	②	③	④	45	①	②	③	④		
6	①	②	③	④	26	①	②	③	④							
7	①	②	③	④	27	①	②	③	④							
8	①	②	③	④	28	①	②	③	④							
9	①	②	③	④	29	①	②	③	④							
10	①	②	③	④	30	①	②	③	④							
11	①	②	③	④	31	①	②	③	④							
12	①	②	③	④	32	①	②	③	④							
13	①	②	③	④	33	①	②	③	④							
14	①	②	③	④	34	①	②	③	④							
15	①	②	③	④	35	①	②	③	④							
16	①	②	③	④	36	①	②	③	④							
17	①	②	③	④	37	①	②	③	④							
18	①	②	③	④	38	①	②	③	④							
19	①	②	③	④	39	①	②	③	④							
20	①	②	③	④	40	①	②	③	④							

※ 본 답안카드는 마킹연습용 모의 답안카드입니다.

2026 최신판 시대에듀 대전광역시교육청 교육공무직원 소양평가 인성검사 3회 + 모의고사 7회 + 면접 + 무료공무직특강

개정7판1쇄 발행	2025년 09월 10일 (인쇄 2025년 08월 25일)
초 판 발 행	2019년 05월 03일 (인쇄 2019년 04월 05일)
발 행 인	박영일
책 임 편 집	이해욱
편 저	SDC(Sidae Data Center)
편 집 진 행	안희선 · 구본주
표지디자인	김경모
편집디자인	김기화 · 장성복
발 행 처	(주)시대고시기획
출 판 등 록	제10-1521호
주 소	서울시 마포구 큰우물로 75 [도화동 538 성지 B/D] 9F
전 화	1600-3600
팩 스	02-701-8823
홈 페 이 지	www.sdedu.co.kr
I S B N	979-11-383-9806-0 (13320)
정 가	24,000원

대전광역시 교육청

교육공무직원 소양평가

교 육 공 무 직 ROAD MAP

전국 시·도
교육청

부산광역시
교육청

대전광역시
교육청

경상북도
교육청

경상남도
교육청

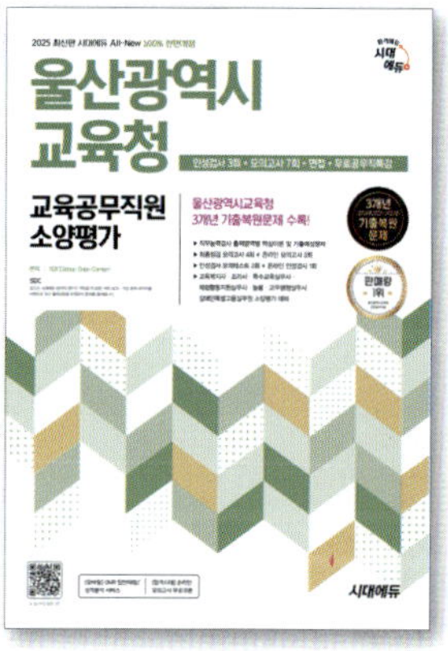

울산광역시
교육청

세종특별자치시
교육청

전라북도
교육청

충청남도
교육청

※ 도서의 이미지 및 구성은 변동될 수 있습니다.

답안채점 • 성적분석 서비스

모바일 OMR

도서 내 모의고사 우측 상단에 위치한 QR코드 찍기 → 로그인 하기 → '시작하기' 클릭 → '응시하기' 클릭 → 나의 답안을 모바일 OMR 카드에 입력 → '성적분석 & 채점결과' 클릭 → 현재 내 실력 확인하기

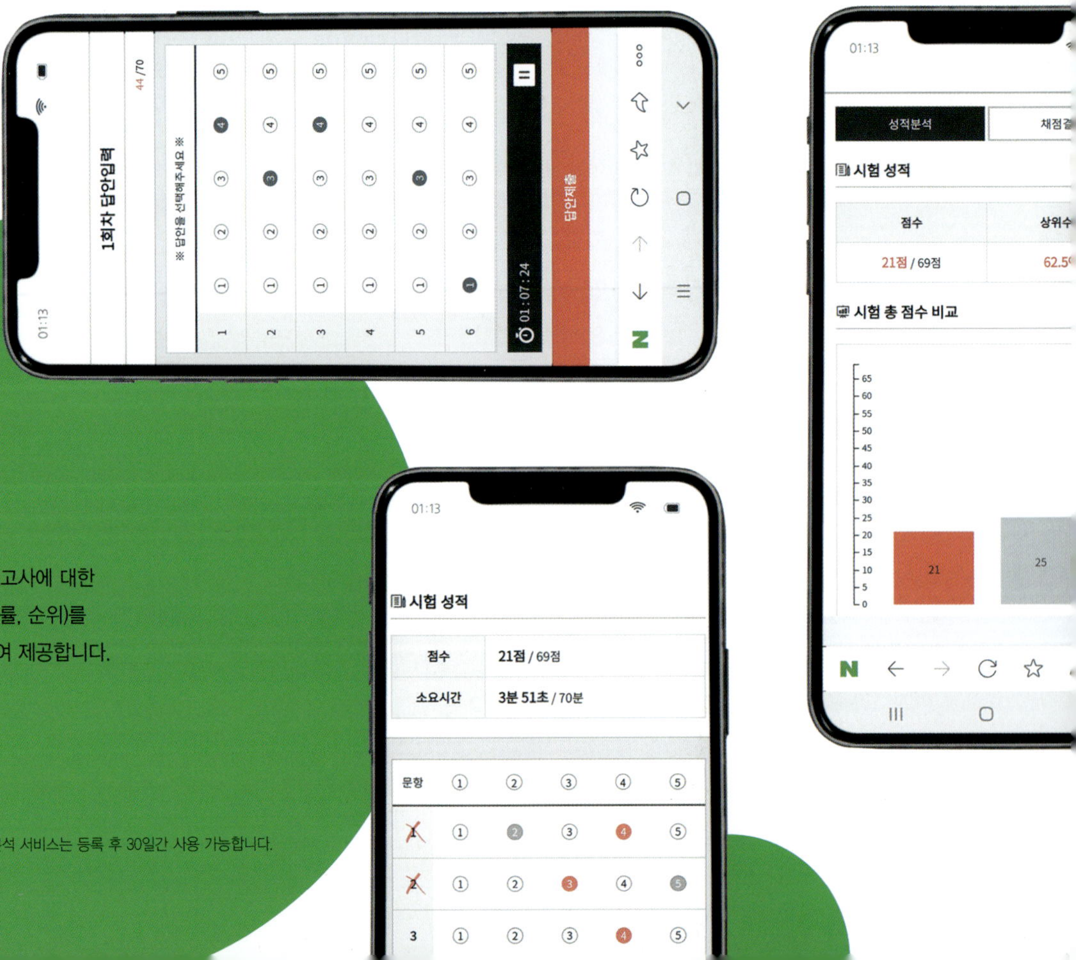

도서에 수록된 모의고사에 대한
객관적인 결과(정답률, 순위)를
종합적으로 분석하여 제공합니다.

※OMR 답안채점 / 성적분석 서비스는 등록 후 30일간 사용 가능합니다.